HISTÓRIA DA VIOLÊNCIA

O GEN | Grupo Editorial Nacional reúne as editoras Guanabara Koogan, Santos, Roca, AC Farmacêutica, Forense, Método, LTC, E.P.U. e Forense Universitária, que publicam nas áreas científica, técnica e profissional.

Essas empresas, respeitadas no mercado editorial, construíram catálogos inigualáveis, com obras que têm sido decisivas na formação acadêmica e no aperfeiçoamento de várias gerações de profissionais e de estudantes de Administração, Direito, Enfermagem, Engenharia, Fisioterapia, Medicina, Odontologia, Educação Física e muitas outras ciências, tendo se tornado sinônimo de seriedade e respeito.

Nossa missão é prover o melhor conteúdo científico e distribuí-lo de maneira flexível e conveniente, a preços justos, gerando benefícios e servindo a autores, docentes, livreiros, funcionários, colaboradores e acionistas.

Nosso comportamento ético incondicional e nossa responsabilidade social e ambiental são reforçados pela natureza educacional de nossa atividade, sem comprometer o crescimento contínuo e a rentabilidade do grupo.

Robert Muchembled

HISTÓRIA DA VIOLÊNCIA

Do fim da Idade Média
aos nossos dias

Tradução: Abner Chiquieri

Rio de Janeiro

- A EDITORA FORENSE se responsabiliza pelos vícios do produto no que concerne à sua edição, aí compreendidas a impressão e a apresentação, a fim de possibilitar ao consumidor bem manuseá-lo e lê-lo. Os vícios relacionados à atualização da obra, aos conceitos doutrinários, às concepções ideológicas e referências indevidas são de responsabilidade do autor e/ou atualizador.

  As reclamações devem ser feitas até noventa dias a partir da compra e venda com nota fiscal (interpretação do art. 26 da Lei n. 8.078, de 11.09.1990).

Traduzido de
UNE HISTOIRE DE LA VIOLENCE: DE LAFIN DU MOYEN ÂGE À NOS JOURS, PREMIER ÉDITION
© Éditions du Seuil, 2008
All Rights Reserved.
ISBN: 978-2-02-102691-7

- História da Violência
  ISBN 978-85-309-3592-4
  Direitos exclusivos para o Brasil na língua portuguesa
  Copyright © 2012 by
  FORENSE UNIVERSITÁRIA um selo da EDITORA FORENSE LTDA.
  Uma editora integrante do GEN | Grupo Editorial Nacional
  Travessa do Ouvidor, 11 – 6º andar – 20040-040 – Rio de Janeiro – RJ
  Tel.: (0XX21) 3543-0770 – Fax: (0XX21) 3543-0896
  bilacpinto@grupogen.com.br | www.grupogen.com.br

- O titular cuja obra seja fraudulentamente reproduzida, divulgada ou de qualquer forma utilizada poderá requerer a apreensão dos exemplares reproduzidos ou a suspensão da divulgação, sem prejuízo da indenização cabível (art. 102 da Lei n. 9.610, de 19.02.1998).

  Quem vender, expuser à venda, ocultar, adquirir, distribuir, tiver em depósito ou utilizar obra ou fonograma reproduzidos com fraude, com a finalidade de vender, obter ganho, vantagem, proveito, lucro direto ou indireto, para si ou para outrem, será solidariamente responsável com o contrafator, nos termos dos artigos precedentes, respondendo como contrafatores o importador e o distribuidor em caso de reprodução no exterior (art. 104 da Lei n. 9.610/98).

1ª edição – 2012
Tradução: Abner Chiquieri

- CIP – Brasil. Catalogação-na-fonte.
  Sindicato Nacional dos Editores de Livros, RJ.

M915h

Muchembled, Robert, 1944-

História da violência: do fim da Idade Média aos nossos dias/Robert Muchembled; tradução: Abner Chiquieri. – Rio de Janeiro: Forense Universitária, 2012.

Tradução de: Une histoire de la violence
Inclui bibliografia
ISBN 978-85-309-3592-4

1. Violência – Europa – História. I. Título.

12-6312.

CDD: 303.62094
CDU: 316.485.26(4)

Sumário

INTRODUÇÃO..	1
CAPÍTULO PRIMEIRO. O que é a violência?...	7
A violência é inata?..	.8
Violência e virilidade...	.12
O esperma e o sangue: uma história da honra..	23
CAPÍTULO II. O espetacular declínio da violência em sete séculos................	33
Fiabilidade das contas do crime..	33
Sete séculos de queda...	40
A "fábrica" dos jovens machos...	42
CAPÍTULO III. As festas juvenis da violência (séculos XIII-XVII).................	.47
Uma cultura da violência...	48
Festas sangrentas e jogos brutais...	54
Violências juvenis..	69
CAPÍTULO IV. A paz urbana no fim da Idade Média..	83
Cidades tranquilizadoras...	84
O enquadramento da juventude..	94
A violência custa caro...	101
CAPÍTULO V. Caim e Medeia. Homicídio e construção dos gêneros sexuados (1500-1650) .	117
Uma revolução judiciária...	119
Em busca do filho indigno: a progressão do tabu do sangue......................	129
Medeia, a mãe culpada..	145
CAPÍTULO VI. Duelo nobiliário, revoltas populares. As metamorfoses da violência.........	159
O duelo, uma exceção francesa..	162
Jovens nobres afiados...	168
Violências populares e frustrações juvenis..	180

CAPÍTULO VII. A violência domesticada (1650-1960) 195
    Sangue proibido 197
    A cidade civilizadora 209
    Violência e mutações da honra na aldeia 222

CAPÍTULO VIII. Arrepios mortais e relatos negros (séculos XVI-XX) 239
    O diabo, com certeza... Nascimento do relato negro 240
    Do assassino sanguinário ao bandido bem-amado 247
    Sangue de tinta 258

CAPÍTULO IX. A volta dos bandos. Adolescência e violência contemporâneas 269
    A morte nesse jardim 271
    Da delinquência juvenil 278
    O "furor de viver" ou o eterno retorno 283

O fim da violência é possível? 295

Bibliografia escolhida 299

Introdução

Do século XIII ao século XXI, a violência física e a brutalidade das relações humanas seguem uma trajetória declinante em toda a Europa Ocidental. Testemunha disso é a curva dos homicídios constantes nos arquivos judiciários. No mais alto nível inicial observado, há setecentos anos, sucede uma primeira redução, de cerca de metade, por volta de 1600-1650, seguida de uma queda espetacular: o número de casos é dividido por 10, em três séculos, até os anos 1960, enquanto as décadas seguintes conhecem uma relativa, mas nítida, ascensão.[1] Durante todo o período, o ato mortífero registra, entretanto, permanências, em matéria de sexo e de idade, que provocam múltiplas interrogações. Ele concerne muito pouco às mulheres, cujo número se situa, hoje, em torno de 10%, com pequenas variações desde o fim da Idade Média, e acontece, principalmente, cometido por jovens do sexo masculino entre 20 e 30 anos. Até o século XIX, é mais frequente nos Estados do Sul que nas regiões do Norte. Em nossos dias, uma fronteira invisível separa ainda o mundo ocidental do antigo bloco soviético, principalmente da Rússia, onde a taxa de homicídio atinge 28,4 para 100.000 habitantes, em 2000, enquanto flutua entre 1,9 e 0,7 na Comunidade europeia antes de sua ampliação.[2]

A única conclusão de que compartilha a maior parte dos pesquisadores equivale a constatar a emergência, no Velho Continente, de um poderoso modelo de gestão da brutalidade masculina, juvenil em particular. Excluindo-se as guerras, que

---

[1] A verificação é unanimemente feita pelos especialistas, mas as explicações de conjunto só estão ainda no estágio das hipóteses. Ver Manuel Eisner, "Long-term historical trends in violent crime", *Crime and Justice. A Review of Research*, vol. XXX, 2003, p. 83-142, com uma abundante bibliografia.

[2] *Ibid.*; consulte também Jean-Claude Chesnais, *Histoire de la violence em Occident de 1800 à nos jours*, ed. revista e aumentada, Paris, Hachette, 1982, a propósito da Europa por volta de 1930 (cartão p. 57) e por volta de 1978 (p. 61-63); *id.*, "Les morts violentes dans le monde", *Population et Sociétés*, nº 395, novembro de 2003, p. 3 (taxa de homicídio em 2000: a Colômbia ocupa o primeiro lugar com 60,8, seguida pela Rússia. Os Estados Unidos registram uma taxa de 6,2, o Canadá, de 1,5; a França, de 0,7; o Japão, de 0,6).

dependem de outro tipo de análise, o homem se revela cada vez menos abertamente como um lobo para o homem nesse espaço – pelo menos até o último terço do século XX. As mudanças observadas a partir dessa data poderiam traduzir uma inquietante volta da tendência.

Como a "fábrica" europeia conseguiu controlar e modelar a agressividade individual? Alguns especialistas das ciências humanas consideram-na como um dado puramente biológico. Uma abordagem histórica distingue essa noção da de violência, que constitui sua formação ética por uma civilização.[3] O fato de que as variáveis de sexo e de idade concernentes ao gesto homicida pouco tenham mudado desde há sete séculos no Ocidente parece, à primeira vista, confirmar a tese da natureza predatória e assassina do ser humano. Mas o declínio secular da curva dos crimes de sangue resulta essencialmente de uma lenta evolução de ordem cultural. Ele traduz, sobretudo, a diminuição dos conflitos opondo jovens do sexo masculino, os da elite, que se matavam, frequentemente, em duelo, assim como os do povo, que multiplicavam as confrontações viris e os combates com arma branca nos lugares coletivos. As explicações devem ser buscadas na mutação radical da noção masculina de honra e no apaziguamento das relações humanas, primeiramente no lugar público, depois, mais lentamente, na vida familiar, durante um processo de "civilização dos costumes", de que Norbert Elias se fez o teórico.[4]

Realidade biológica, a agressividade masculina se acha, também, muito fortemente orientada pela sociedade, pela religião, pelo Estado... A baixa representação das mulheres nesse quadro depende igualmente dos dois fatores. Elas se matam ou se ferem pouco entre elas, e são mais atacadas com uma relativa moderação pelos homens, que evitam, muitas vezes, concentrar-se em seu rosto, seu ventre e seus órgãos reprodutores. Esse fenômeno se explica, talvez, por um mecanismo natural de inibição, útil à sobrevivência da espécie. Acrescentam-se a isso, no entanto, modelos culturais imperativos que exigem das filhas de Eva que elas demonstrem uma suavidade específica de seu sexo, proibindo-se a brutalidade e jamais portando uma arma. Até hoje, a cultura da violência é fundamentalmente masculina em nosso universo. Este livro visa a mostrar que ela se transforma, entretanto, radicalmente, de 1300 a 2000. Sob o aguilhão da instituição judiciária, ela passa lentamente do *status* de linguagem coletiva normal produtora de elo social, que serve para validar as hierarquias de poder e as relações entre as gerações ou os sexos, nas comunidades de base, ao de tabu maior. O Ocidente inventa, assim, a adolescência, por meio de uma tutela simbólica reforçada sobre os meninos solteiros. O movimento completa os efeitos de um novo sistema educativo destinado a enquadrar mais estreitamente uma idade que parece particularmente turbulenta, insubmissa e perigosa aos olhos dos poderes ou das pessoas estabelecidas. Até aqui pouco analisado, esse aspecto da "civilização dos costumes" visa a limitar a agressividade "natural" das novas gerações

---

3   Consulte o cap. primeiro.
4   Norbert Elias, *La Civilisation des mœurs*, Paris, Calmann-Lévy, 1974.

masculinas, impondo-lhes a proibição do assassinato, com o consentimento crescente dos adultos de sua paróquia.

A principal ruptura se situa por volta de 1650, quando se afirma em toda a Europa, mortificada por intermináveis guerras, uma intensa desvalorização da visão do sangue. A partir desse momento, a "fábrica" ocidental remodela os comportamentos individuais ordinariamente brutais, em particular entre os jovens, por um sistema de normas e de regras de civilidade que desvaloriza os enfrentamentos com armas, os códigos de vingança pessoal, a aspereza das relações hierárquicas e a rigidez das relações entre sexos ou faixas etárias. Resulta, no decorrer dos séculos, uma verdadeira transformação da sensibilidade coletiva ante o homicídio, que termina, finalmente, por fazer dele um tabu poderoso durante a época industrial.

A mutação não se efetua facilmente, salvo para muitos citadinos que se deixam mais facilmente "desarmar". É que a "paz urbana" já moderava, melhor que em outro lugar, a violência dos habitantes, desde o fim da Idade Média: um dispositivo apoiado em multas e sanções moduladas debelava a agressividade dos jovens locais, dando-lhes um sentido de autocontrole precoce, enquanto os solteiros perigosos nascidos fora da cidade eram marcados, depois banidos – enviados para matar em outra parte, de alguma maneira. Outros grupos sociais desenvolvem práticas de resistência tenazes. Em primeiro lugar, os nobres exigem o direito de matar em nome do pudor. Estabelecida durante o século XVI, sua cultura do duelo garante a transição entre a lei da vingança sanguinária e o monopólio estatal da violência, porque ela codifica a agressividade aristocrática, o que permite melhor orientá-la para o serviço armado do príncipe, e depois, mais tarde, da nação. Amplamente majoritário até o século XIX, o mundo camponês se opõe por muito tempo e obstinadamente à erosão de suas tradições viris fundadoras, como o revela um amplo ciclo de revoltas armadas, às vezes muito graves. Ele acaba, todavia, muito lentamente, por aceitar a proibição do sangue, que oferece aos adultos novos meios de refrear o ímpeto dos jovens impacientes para tomar seu lugar ao sol. Mais recentemente, a brutal emergência, no fim do século XX, do problema colocado pelos jovens "provocadores de quebra-quebra" dos subúrbios dá o sentimento de um retorno do recalcado. Não estaria o processo a ponto de se inverter para vir a cabo numa "descivilização" dos costumes?

O tempo da tentativa de síntese consagrada a um fenômeno capital para a compreensão da Europa atual parece-me ter chegado, depois de cerca de 40 anos de trabalho pessoal e numerosas orientações de pesquisa. O método paciente do historiador, capaz de indagar por muito tempo para descobrir índices, a cara enfiada nos arquivos, deve ser ampliado e confrontado com o de outros especialistas das ciências humanas. Os dados pontuais, locais ou regionais, não ganham todo o seu sentido senão em seu cruzamento recíproco, antes de passar pelo crivo de explicações mais gerais. Comparações entre os diversos países para os quais existem trabalhos acessíveis em quantidade suficiente, assim como uma mudança de escala que instale o olhar a longo prazo, revelam-se igualmente indispensáveis, a fim de evitar a miopia documental e os preconceitos nacionais. A construção do sentido histórico não depende de uma ciência guiada por leis infalíveis, mas de "bricolagem" artesanal de conceitos, de técnicas, às vezes, importadas e de informações trabalhosamente coletadas. As páginas que seguem tentam, assim, compor um afresco multissecular, utilizando inúmeros fragmentos de realidade passada que perdem seu brilho se não se procura entrelaçá-los. Esquadrinhado pelos meus levantamentos durante várias décadas, o condado de Artésia serve como exemplo de laboratório para tentar penetrar no enigma que fixa a permanência, há sete séculos, das estruturas da violência homicida na Europa Ocidental, num fundo de espetacular declínio dos atos criminosos recenseados pela justiça. A descoberta do principal paradigma, associando, prioritariamente, o fenômeno aos jovens de sexo masculino só foi possível seguindo esse procedimento. O fato é bastante conhecido pelos especialistas da era industrial, mas foi quase sempre ignorado ou negligenciado por aqueles que estudam as épocas anteriores. Também não me havia parecido crucial, quando eu redigia minha tese sobre a violência na Artésia nos anos 1980. Para interpretá-lo corretamente, foi necessário, em seguida, sair do domínio criminal restrito, ampliando a perspectiva aos procedimentos globais utilizados por uma sociedade para garantir sua perenidade diante do temível desafio da passagem da testemunha às gerações novas pelos adultos que envelhecem. Hipótese de trabalho transformada em eixo de minha reflexão, a ideia segundo a qual a gestão da violência masculina à ocidental se estabelece a partir do fim da Idade Média, para resolver essa questão de maneira nova, se esclareceu pouco a pouco. Mais do que a proibição do incesto, a da violência masculina se transforma lentamente em obsessão.

Ela se impõe, no entanto, sem inibir completamente o potencial agressivo dos meninos, necessária nas guerras "justas" de uma civilização cada vez mais conquistadora depois das Grandes Descobertas. Ela o desvia, o enquadra, o controla pela moral e pela religião, tornando-o mais útil que destruidor. O mecanismo emperra, entretanto, com frequência. Não em tempo de conflitos generalizados que esclarecem as posições dos jovens, mas, ao contrário, durante os períodos de paz e de forte crescimento demográfico, porque os interessados experimentam, então, dificuldades crescentes de inserção. Tal é, em especial, o caso na França, por volta de 1520, 1610, 1789, 1910, e ainda há pouco, em 2005, nos subúrbios. As condições podem, evidentemente, variar, segundo os países, e, mais ainda, as regiões ou as localidades, o que impede de formular uma explicação peremptória. Pelo menos, parece existir, desde o fim da Idade Média, uma forte correlação geral entre os acessos de violência juvenil e o desregramento, por diversas razões, dos procedimentos de gestão da substituição das gerações no solo europeu.

Os dois primeiros capítulos apresentam sucessivamente uma definição da noção muito complexa de violência e um olhar panorâmico sobre seu espetacular declínio há sete séculos, particularmente sensível a propósito do homicídio. Os sete seguintes desenvolvem uma trama mais cronológica, não sem alguns restabelecimentos, as tradições ultrapassadas continuando, muitas vezes, a coexistir com as novidades. Originárias da civilização agrária tradicional, as festas juvenis da violência são descritas até seu questionamento durante o século XVII, no capítulo III. Elas não cedem, no entanto, terreno, senão lentamente, na sequência, colorindo até nossos dias costumes que se julgam doravante selvagens. Tal era já o caso nas mais poderosas cidades dos séculos XIV e XV, onde existia uma espécie de municipalização da agressividade, garantida por um sistema de multas. Evocada no capítulo IV, ela garantia a paz urbana original, cuja eficacidade declina desde a época de Lutero e Calvino, sob os golpes conjugados dos monarcas conquistadores e das Igrejas violentamente antagonistas.

O capítulo V retraça o estabelecimento, de 1500 a 1650, mais ou menos, de uma nova sensibilidade induzida por essas forças vivas. Por toda parte na Europa, a atenção da justiça criminal se concentra no homicídio e no infanticídio, o que se manifesta pela multiplicação das penas de morte contra os autores. Estes últimos se recrutam majoritariamente entre os jovens dos dois sexos. A "fábrica" ocidental se põe, assim, a construir, de maneira radicalmente nova, os dois gêneros sexuados e a exigir um respeito crescente da vida humana. Poderosas resistências aparecem, no entanto. O capítulo VI examina duas das mais obstinadas, da parte dos nobres e dos camponeses. Os primeiros impõem uma cultura brutal renovada, inventando as regras do duelo, com a qual se acomodam os Estados belicosos, então dominantes, porque esse tipo de cruel enfrentamento permite, no fundo, uma impiedosa seleção dos melhores oficiais. Quanto aos camponeses revoltados, desejosos de conservar suas tradições viris, eles se chocam numa impiedosa repressão.

Depois de 1650, e até os anos 1950, abre-se uma era de violência domesticada, que faz o objeto do capítulo VII. Excluindo-se as fases de guerra, as sociedades europeias estão, a partir de então, regidas por um tabu do sangue imperativo que os distingue claramente dos Estados Unidos. Somente um ínfimo "resíduo" juvenil, qualificado de crapuloso, selvagem e bárbaro, comprova o contrário. A maior parte dos jovens de sexo masculino aceita docilmente a proibição de matar. As moças que a transgridem, livrando-se do seu feto ou do seu recém-nascido, essas encontram uma indulgência crescente, no decorrer dos séculos, por parte dos juízes, dos jurados e da opinião pública, porque são consideradas, então, cada vez mais frequentemente, como vítimas da sociedade. A civilização dispõe de numerosos vetores para impor às novas gerações suas mensagens éticas e morais, ou prolongá-las sob a forma de reflexos condicionados.

Consagrado ao relato trágico e ao romance policial, do século XVI à metade do século XX, o capítulo VIII mostra como o gosto pelo sangue passa da realidade ao imaginário e torna-se um fantasma, para melhor pacificar os costumes dos leitores, oferecendo-lhes o exutório de arrepios mortais. De maneira mais ambígua, esse gênero camaleão permite, também, sonhar a violência, fazendo dela uma experiência pessoal onírica, mantê-la para torná-la operatória e útil à coletividade em caso de necessidade. Contradição interna de nossa cultura, a exaltação literária do crime de morte, por exemplo, em *Fantasma*, pouco antes da Primeira Guerra Mundial, encontra saídas lícitas nos conflitos "justos" e patrióticos. A agressividade juvenil é, então, mais enquadrada ou desviada do que erradicada. Ela reaparece cada vez que os procedimentos de refreamento se atenuam, que os conflitos entre classes de idade se intensificam.

Prendendo-se ao retorno obsedante de bandos de jovens, desde 1945, o capítulo IX lembra que a adolescência contemporânea permanece ligada à violência – principalmente em suas margens mal integradas, mas, talvez, também, de maneira mais ampla, como testemunham as rixas entre torcedores de times de futebol. Em nossa época, a ineficiência crescente dos procedimentos de transmissão da tocha social aos mais jovens pelos mais antigos, cuja esperança de vida é muito mais longa que outrora e que são, às vezes, tentados a conservar interminavelmente o poder, revela inquietantes fraturas. A explicação principal das explosões recentes de brutalidade destruidora nos subúrbios reside, sem dúvida, menos numa pretensa "descivilização" dos costumes do que nas dificuldades aumentadas para os mais desprotegidos, em particular para essas novas gerações dos dois sexos, de assumir sua fatia do bolo social, em um período fortemente marcado pelo desemprego e pelo medo do amanhã. O ciclo ocidental de controle da agressividade juvenil, inaugurado há meio milênio, estaria a ponto de acabar sob nossos olhos?

CAPÍTULO PRIMEIRO

O que é a violência?

Tendo surgido no início do século XIII em francês, a palavra "violência", que deriva do latim *vis*, designando a "força" ou o "vigor", caracteriza um ser humano com um caráter colérico e brutal. Ela define, também, uma relação de força visando a submeter ou a constranger outrem. Nos séculos seguintes, a civilização ocidental lhe conferiu um lugar fundamental, seja para denunciar profundamente seus excessos e chamá-la de ilegítima, lembrando que a lei divina proíbe matar outro homem, seja para lhe dar um papel positivo, eminente, e caracterizá-la como legítima, para validar a ação do cavaleiro, que derrama o sangue para defender a viúva e o órfão, ou tornar lícitas guerras justas mantidas pelos reis cristãos contra os infiéis, os provocadores de tumultos e os inimigos do príncipe. Até a metade do século XX, o continente viveu na violência. Não somente a violência permite responder aos desafios do Islã rival, em especial à ameaça turca, mas ela presidia, frequentemente, as relações entre monarcas e pequenos ou grandes senhores. A guerra interna entre Estados, ou, a partir do século XVI, entre religiões cristãs antagonistas, impôs-se durante mais de meio milênio, transportando-se sobre a cena mundial, no século XVIII, e culminando nas terríveis deflagrações planetárias da primeira metade do século XX. As gerações nascidas depois de 1945 são as primeiras a tê-la visto desaparecer das regiões ocidentais, enquanto certas fronteiras do leste do continente continuaram a sofrer suas devastações – ou continuam, pelo menos, sob sua ameaça. A União europeia representa, há pouco tempo, um oásis, nesse domínio, e constitui o único grande conjunto do globo a ter erradicado de seu solo a pena de morte para todos os crimes, inclusive as violências mortais. Depois de ter lenta e dolorosamente exorcizado o problema, ela considera a vida humana como um valor sagrado, e o homicídio, como um tabu maior.

O objeto deste livro é tentar compreender como a cultura ocidental chegou, em sete séculos, a exterminar uma violência assassina multiforme, que ainda fazia parte, há pouco tempo, de sua trama profunda. Quem sabe se ela não teria sido até mais cruel e mais destrutiva, em certas épocas, do que em outras civilizações? Porque os temíveis guerreiros produzidos em seu solo tinham levado o ferro e o fogo para outros povos, no momento das cruzadas, da conquista da América pelos conquistadores, no século XVI, no resto do mundo, na época da colonização, antes de transmitir a tocha aos Estados Unidos da América, no século passado. Uma verdadeira "cultura de guerra" domina, desde suas origens até o desenvolvimento do Ocidente, e se intensifica até a partir das Grandes Descobertas.

Não é esse o meu propósito. Ela não deixa de ser o "adubo" de outras violências, porque repousa sobre uma ética viril que erige a força brutal como modelo de comportamento, particularmente na sociedade profundamente desigual da Idade Média e do Antigo Regime. Ela deixa apenas ao segundo gênero um papel de mulher fraca desarmada, obrigatoriamente dependente, protegida por homens que tiram dela seu prazer e querem que ela lhes forneça filhos para continuar a linhagem. Nobres ou plebeus, poderosos ou fracos, todos os homens são educados no ambiente de uma "cultura da violência", repousando sobre a necessidade de defender a honra masculina contra os competidores. A brutalidade das relações humanas compõe uma linguagem social universal, considerada normal e necessária no Ocidente, até, pelo menos, o século XVII. Antes de se encontrar lentamente monopolizada pelo Estado e pela nação, a violência modela a personalidade masculina sobre o padrão nobre da virilidade e da virtuosidade no uso das armas exigido de todo aristocrata, desenhando no vazio, por oposição, o modelo da mulher fraca. Até o desarmamento das populações ordinárias, lenta e dificilmente operado por ordem dos príncipes, a partir do século XVII, o menor homem compartilha dessa ética e mexe com a faca ou com a espada com facilidade, sem grande respeito pela vida humana. A partir do século das Luzes, os esforços das autoridades civis e religiosas para desvalorizar esse tipo de atitude começam a produzir seus frutos. As grandes revoltas camponesas armadas, inflamando regiões inteiras, escasseiam, e o número de homicídios processados pelos tribunais declina em toda parte, na França, na Inglaterra, nos Países Baixos, na Suécia... Uma nova cultura do tabu do sangue e da recusa da violência se impõe lentamente, não sem brutais ressurgências, nem grandes variações cronológicas e geográficas no continente.

Eminentes produções do gênio ocidental, desde o século XIX, as ciências humanas se apossaram da questão da violência homicida. Seu discurso comum de desvalorização desse fenômeno "criminal" ignora, no mais das vezes, seus aspectos sociais estruturantes e as formas positivas que ela podia ter aos olhos dos atores, como autoridades da Idade Média ou do século XVI. É preciso buscar essa pista se desejarmos compreender o problema da melhor forma possível e descobrir as causas de suas mutações extraordinárias há meio milênio. Pode-se, inicialmente, perguntar se a violência é inata ou se ela resulta de uma construção cultural, antes de tentar precisar a relação estreita que ela mantém com a virilidade, na história ocidental, o que conduz, finalmente, a refletir sobre a ligação simbólica tecida entre o esperma e o sangue para definir a honra masculina em nossa cultura.

A violência é inata?

Em termos legais, a violência designa os crimes contra as pessoas, dos quais fazem parte o homicídio, os golpes e ferimentos, os estupros etc. A classificação desses fenômenos não é idêntica segundo os países e as épocas, o que complica a tarefa dos historiadores. Os especialistas do Antigo Regime não incluem aí, geralmente, o infanticídio, sob o pretexto de que ele se encontra particularmente sub-registrado. Hoje, os ataques aos bens compõem uma categoria à parte, enquanto certos roubos são acompanhados de brutalidades graves, às vezes até mortais. Quanto às estatísticas, recentes ou antigas, dos países anglo-saxônicos, distinguem claramente dois tipos de homicídios: voluntário ou involuntário – sendo o último chamado *manslaughter*. Tal ausência de harmonização ilustra fortes diferenças de apreensão do assunto, segundo os países e, mais ainda, conforme os períodos considerados.

Ora, suas características gerais apresentam um enigma de peso. Desde o século XIII, o perfil tipo dos culpados modificou-se pouco a pouco, apesar de um considerável declínio, constatado por toda parte na Europa, da curva respectiva. As mulheres são muito minoritárias. Os mais numerosos são homens jovens com a idade de 20 a 29 anos. Sob o Antigo Regime, suas vítimas apresentavam, frequentemente, características idênticas, e os enfrentamentos mortais colocavam em jogo, mais frequentemente, questões de direito, de precedência, de honra... Os representantes dos grupos mais remediados e com mais títulos eram tão implicados quanto os outros. O nítido declínio da violência sanguinária, a partir do século XVII, parece, ao mesmo tempo, ligado à pacificação geral do espaço público e ao abandono pelos filhos de família de tais enfrentamentos, em proveito do duelo entre pares, antes da criminalização deste, numa etapa ulterior.[1] Em nossa época, os principais autores de violências mortais são sempre homens jovens, que se revelam pouco diplomados e, principalmente, originários de meios populares ou pobres.[2] Isso revela não somente uma clivagem econômica e social, mas também uma grande diferença cultural, porque os comportamentos violentos foram mais rápida e facilmente erradicados pela educação, a moral e a pressão ambiente entre os herdeiros das camadas superiores.

Essas observações autorizam a pensar que a violência não é um fenômeno puramente inato. Ela se distingue da agressividade, que é uma potencialidade de violência cujo poder destrutivo pode ser inibido pelas civilizações – se assim decidirem, e quando encontram uma adesão suficiente dos interessados para impor suas visões. No início do século XXI, por exemplo, os jovens de condição humilde têm muito menos a perder que os filhos de família cuja reputação e o plano de carreira podem ser arruinados se eles forem processados na justiça por terem ferido ou matado alguém. Para os primeiros, ao contrário, um sentimento de injustiça ou de vivas frustrações enfraquece as obrigações morais e éticas relativas à proibição de derramar o sangue humano, que as instâncias de socialização inculcam em todos.

Nossa civilização resolveu essa contradição maior praticando um uso semântico muito vago do conceito de violência. Ao mesmo tempo, ela o marcava globalmente

---

1   M. Eisner, "Long-term historical trends in violent crime", *op. cit.*, p. 122-123.
2   Laurent Mucchielli, *Violences et insécurité*, Paris, La Découverte, 2001.

com o selo do proibido. Os especialistas distinguem, com efeito, duas acepções antagonistas do termo. A primeira definição identifica a violência no centro da vida: todos os seres vivos são movidos por comportamentos predatórios e de defesa quando são ameaçados. Mas o homem não é um animal ordinário, e ele não teria a vontade consciente de destruir seu semelhante. Essa visão humanista, herdada, ao mesmo tempo, do cristianismo e das Luzes filosóficas, não é compartilhada por todos os pesquisadores. Psicanalistas, psicólogos, etólogos identificam no homem uma agressividade específica. Freud desenvolve essa ideia opondo a pulsão de morte (Thanatos) à da vida (Eros). Ele fundamenta sua reflexão no complexo de Édipo ligado ao "assassinato" fantasmático do pai. Erich Fromm classifica as formas de violência humana em dois grupos, umas ligadas ao normal, outras ao patológico. Entre as primeiras, figuram as que se exprimem no jogo ou visam a garantir a conservação da existência, por medo, frustração, inveja ou ciúme, mas também, com uma dose de patologia, por desejo de vingança ou perda de esperança. Orientado por pulsões de morte, o segundo conjunto inclui a violência compensatória "nos indivíduos acometidos de impotência", o sadismo, a sede de sangue "arcaica" produtora da embriaguez do assassinato. O autor afirma, sem rodeios, que o homem é o único primata capaz de matar e torturar membros de sua espécie, sem nenhuma razão, por puro prazer. Nossos semelhantes podem "gozar sendo violentos e massacrando-se", acrescenta Daniel Sibony. O neurologista, psiquiatra e etólogo Boris Cyrulnik sustenta a teoria de uma violência específica no homem, porque este, diferentemente do animal, pode criar mundos imaginários, o que o leva, às vezes, a cometer genocídios quando ele identifica "raças inferiores" para destruir.[3]

Mais sulfurosas quando são aplicadas aos humanos, algumas teorias etológicas derivadas da observação dos comportamentos animais, a exemplo do que fez Konrad Lorenz, reatam os mecanismos da agressão à defesa do "território" individual ou do território do grupo.[4] Elas provocaram vibrantes rejeições por parte dos pesquisadores que julgam que o instinto agressivo não é o princípio organizador das sociedades humanas: ele teria, no caso, levado a um impasse biológico e à destruição da espécie. Ao contrário, as características essenciais da espécie seriam a cooperação e a solidariedade. As duas posições dependem de filosofias inconciliáveis. Elas opõem os herdeiros de Thomas Hobbes,[5] segundo o qual "o homem é um lobo para o homem", e deve,

---

[3] Sigmund Freud, *Malaise dans la civilisation*, Paris, PUF, 1971, entre as obras do fundador da psicanálise; Erich Fromm, *Le Cœur de l'homme. Sa propension au bien et au mal*, Paris, Payot, 1979, especialmente p. 23-42, 212-215 (ver também id., *La Passion de détruire*, Paris, Robert Laffont, 1975); Daniel Sibony, *Violence*, Paris, Seuil, 1998; Boris Cyrulnik, *Mémoire de singe et parole d'homme*, Paris, Hachette, 1983; id., *La Naissance du sens*, Paris, Hachette, 1995. Ver também Robert Muchembled, "Anthropologie de la violence dans la France moderne (XVe-XVIIIe siècle)", *Revue de synthèse*, t. CVIII, série geral, 1987, p. 31-33 e Véronique Le Goaziou, *La Violence*, Paris, Le Cavalier Bleu, 2004, p. 26-27.

[4] Konrad Lorenz, *L'Agression. Une histoire naturelle du mal*, Paris, Flammarion, 1969.

[5] Autor do *Leviatã* em 1651.

então, abandonar-se a um Estado absoluto, único capaz de protegê-lo, aos que sustentam a bondade natural do homem, representados por Rousseau e pelos filósofos das Luzes. Entre esses extremos se encontram os herdeiros de uma teologia pessimista da natureza humana, profundamente marcada pela agressividade, e que não veem salvação senão na fé: "o religioso visa sempre a apaziguar a violência, a impedi-lo de se irritar"; ele "diz realmente aos homens *o que se deve fazer e não fazer* para evitar o retorno da violência destruidora" e leva uma comunidade em crise a escolher uma "vítima expiatória", cujo sacrifício permite restabelecer a ordem perturbada.[6]

Tal discussão não é nem da alçada nem das competências do historiador. Quando muito, ele pode observar que os séculos passados nos legaram uma dupla concepção da violência: legítima, quando é estabelecida por instituições, como os Estados decidindo sobre a guerra ou as Igrejas decretando perseguições contra os "heréticos"; ilegítima, se ela se exerce individualmente de encontro às leis e à moral. Essa ambiguidade fundamental traduz o fato de que a violência humana depende, ao mesmo tempo, do biológico e do cultural. Mesmo se a busca da dominação sexual, necessária à reprodução da espécie, colore de maneira inconsciente e automática o "reflexo agressivo milenar", este se encontra geralmente desviado, expulso pelas regras e as proibições parentais e sociais. Impostas a todos desde a infância, essas últimas produzem automatismos a fim de garantir a sobrevivência e a proteção da coletividade.[7] Tal teoria apresenta o interesse de não definir o crime de sangue como um intangível absoluto, mas como a transgressão por um indivíduo das normas que lhe edita sua cultura, em condições que dependem das oportunidades de sucesso que ela lhe deixa. Particularmente insuportável para os homens jovens, um bloqueio excessivo é, então, susceptível de reativar a agressividade, se é verdade que ela depende de um mecanismo inconsciente de sobrevivência do organismo diante de perigos ou sinais hostis provenientes do meio. A noção de "território" pode ser utilizada com prudência, porque o homem, não sendo um animal, não é também um puro espírito. A consciência de uma ameaça chega até ele de situações angustiantes: a superpopulação de uma cidade, a densidade de uma multidão, a aproximação inquietante de um indivíduo armado ou cuja atitude se revela estranha. De origem biológica, mas plástica e culturalmente modificada segundo os tempos, os lugares e os valores dominantes de uma sociedade, a regulação da distância – em outros termos, a área de segurança no interior da qual um indivíduo não deixa penetrar um inimigo – exerce um papel importante nas interações agressivas.[8]

---

6   René Girard, *La Violence et le Sacré*, Paris, Grasset, 1972, p. 38, 359.
7   Henri Laborit, *L'Agressivité détournée. Introduction à une biologie du comportement social*, Paris, UGE, 1970, especialmente p. 137, 175-179. Desmond Morris (*The Human Sexes. A Natural History of Man and Woman*, Londres, Network Books, 1997) considera também que o imperativo da sobrevivência da espécie se impõe ao "macaco nu": o homem.
8   Edward T. Hall, *La Dimension cachée*, Paris, Seuil, 1971, reed., 1978.

As abordagens psicológicas comportam uma parte de explicação que é útil levar em conta. A violência é ativada por frustrações ou ferimentos narcisistas, que dependem da esfera do amor-próprio e da estima de si. A intensidade da resposta brutal parece maior em caso de insultos ou de expressão de depreciação que emanam de uma pessoa admirada ou de um representante da autoridade, como um professor, um policial.[9] Ela é ainda mais forte em grupo – Gustave Le Bon o mostrou a respeito dos fenômenos de multidão.[10] Com efeito, os indivíduos, sentindo-se, então, desinibidos, experimentam um sentimento de impunidade ligado ao anonimato, como se constata no seio dos bandos de provocadores de quebra-quebra encapuzados, de subúrbio, no início do século XXI. Alguns trabalhos empíricos demonstraram, além disso, que uma forte densidade de população, por exemplo, numa escola maternal, aumenta os comportamentos agressivos, cada um parecendo defender seu território.[11]

Violência e virilidade

As teorias psicológicas ou psicanalíticas não explicam completamente a violência. É que esta instaura uma complexa relação com os outros, com a vítima primeiramente, e, depois, com todas as instâncias que devem levar em conta suas formas e suas consequências para medir seu alcance e exterminá-la. Toda sociedade procura controlar os perigos que poderiam questionar sua perenidade e estabelece seu próprio limiar de tolerância à violência. Ela o faz de maneira teórica, por meio dos valores dominantes em uso e a lei, e, mais concretamente, pelo exercício da justiça criminal. Assim, Luís Fróis, um jesuíta português que morou no Japão, descreve, em 1585, as grandes diferenças de costumes desse último país com Portugal em matéria de agressividade, de homicídio e de seu castigo:

> 4. Para nós, é uma injúria falar direto nos olhos a alguém que ele está mentindo; os japoneses riem e consideram isso como um cumprimento.
> 5. Nós não matamos sem uma ordem ou uma jurisdição; no Japão, todo mundo pode matar em sua casa.
> 6. Para nós, é surpreendente matar um homem, e absolutamente não, matar vacas, galinhas ou cães; os japoneses se espantam vendo-nos matar animais, mas, para eles, matar homens é uma coisa normal.

---

9   Alan D. Berkowitz, *The Social Norms. Approach to Violence Prevention*, artigo no *site* do autor (www.alanberkowitz.com).
10 Gustave Le Bon, *Psychologie des foules*, Paris, Félix Alcan, 1895.
11 Alain Vernet, Franck Henry, com Cyril Boutet e Abdeenour Chalal, "Contribution à la compréhension des comportements agressifs et violents, *Le Journal des psychologues*, nº 241, outubro de 2006, p. 60-61. Experiências conduzidas com animais vivendo em sociedades organizadas destacaram o desenvolvimento de uma agressividade patológica, apesar de uma alimentação suficiente, em caso de superpopulação: E. T. Hall, *La Dimension cachée, op. cit.*, p. 39-60.

7. Na Europa, não matamos para roubo, pelo menos até certa quantia; no Japão, isso se faz pelo mínimo latrocínio.
8. Para nós, se um homem mata outro, se é em legítima defesa, ele é inocentado pela justiça; no Japão, o que matou deve morrer, por sua vez, e se ele consegue fugir, mata-se outro em seu lugar. [...]
24. Para nós, matar moscas com a mão é tido como sujo; no Japão, os príncipes e os senhores o fazem, arrancando suas asas, antes de jogá-las. [...]
58. Nós sucumbimos muitas vezes à cólera e só raramente dominamos nossa impaciência; eles, de maneira estranha, se mantêm sempre muito moderados e reservados.[12]

Além disso, a percepção do fenômeno varia no seio de uma mesma civilização, especialmente em função dos grupos sociais, das idades e do sexo. Verdadeiras culturas da violência prosperam, até duravelmente, quando as condições de existência são rudes, e a lei, difícil de aplicar, como entre os pioneiros da fronteira do Oeste americano no século XIX. Singularmente pacificado a partir dessa mesma época, nosso próprio universo ocidental conhece, no entanto: bandos de jovens dos subúrbios, unidades militares de elite, adeptos de alguns esportes, universo das prisões, mundos populares confrontados com a rudeza das condições de existência...[13]

A agressividade destrutiva é, entretanto, uma coisa de homens. Na Europa de hoje, as mulheres representam 10% dos culpados de homicídio, o que era também o caso na Inglaterra, no século XIII, e as variações constatadas há 700 anos são pequenas. Na França, elas contam 14% nas estatísticas do conjunto dos crimes e delitos cometidos em 2002, e 5% da população carcerária.[14] Na China, de 1736 a 1903, elas fornecem dificilmente mais de 2% dos 22.553 autores de homicídios conhecidos, mas 11% das vítimas.[15] Seria tentador reportar esses fatos a invariantes da natureza humana, a suavidade feminina opondo-se à brutalidade viril. Mas as explicações ligadas aos hormônios masculinos, particularmente ativados pelo clima, em especial pelo calor, logo dão uma reviravolta. As que invocam a agressividade predadora induzida pela necessidade de garantir a sobrevivência da espécie, inscrita nos genes do caçador masculino, levando-o a destruir seus concorrentes e a fecundar um máximo de parceiras, constituem afirmações peremptórias impossíveis de serem verificadas pelo historiador.[16] Para ele, o essencial se encontra do lado da construção

---

12 *Traité de Luís Fróis, s.j. (1585) sur les contradictions de mœurs entre Européens et Japonais*, trad. do português por Xavier de Castro, Paris, Edições Chandeigne, 1993, p. 111-113, 117.
13 Yves Michaud, *La Violence*, Paris, PUF, 1986, "La violence de la vie", p. 37.
14 Ver Le Goaziou, *La Violence*, op. cit., p. 81. Na Inglaterra, no século XIII, 90% dos autores de homicídio são homens, segundo James Buchanan Given, *Society and Homicide in Thirteenth-Century England*, Stanford, Stanford University Press, 1977.
15 James Lee, "Homicide et peine capitale em Chine à la fin de l'Empire. Analyse statistique préliminaire des données", *Études chinoises*, vol. X, nº 1-2, 1991, p. 124-125.
16 Ver os trabalhos de D. Morris, especialmente *The Human Sexes. A Natural History of Man and Woman*, op. cit.

do ser humano por sua cultura. O elo primordial não se estabelece entre a violência e a masculinidade, porque esta é um dado biológico. Liga-se com a virilidade, uma noção definida por cada sociedade, no quadro da determinação dos "gêneros" sexuais de que ela reconhece a existência. Até uma época recente, o Ocidente só admitia dois gêneros e estabelecia entre eles uma forte desigualdade funcional.

Acontecia o mesmo na China imperial, onde a sujeição das mulheres era ainda mais flagrante. Mas tais semelhanças escondem tratamentos muito diferentes do crime de sangue. Na sociedade autocrática e conservadora do império do Meio, a ordem social era, além disso, construída sobre a supremacia dos antepassados. O tabu fundamental em matéria de violência, mortal ou não, prendia-se ao parricídio, que constituía o "absoluto do mal familiar, social, físico e metafísico". Ele se estendia ao assassinato dos avós, ao dos superiores ou antepassados, ao assassinato do marido pela mulher, mesmo se a ação não tivesse tido senão um início de realização, e se o filho ou a esposa só tivessem exercido um papel modesto na ação. O louco parricida não era mais poupado, porque esse crime era considerado o mais excepcional de todos. Ele representava a transgressão mais extrema contra a autoridade paterna, "concebida, ao mesmo tempo, como o fundamento e o reflexo da ordem celeste elevando-se por degraus sabiamente dosados até o imperador". O assassinato do pai ou da mãe era, na realidade, muito raro: só foi imputado a 58 homens dos 22.162 culpados de homicídio, e a sete mulheres em 491, em quase dois séculos. Com exceção da esposa, referida em 844 casos, o assassinato familiar masculino, que representa 17% do total, visava, sobretudo, a parentes distantes ou muito distantes, enquanto 66% das raras mulheres sanguinárias tinham matado seu cônjuge, e 15%, um outro membro de seus parentes. O sistema chinês repousava sobre a definição da sociedade como uma extensão da família e fundamentava sua identidade numa "metáfora paterna". Inculcada pelas leis morais e o culto dos antepassados, esta parece ter sido muito eficazmente defendida pela ação judicial. Raras, as execuções capitais por parricídio davam em espetáculo o mal absoluto e sua punição. "Tudo se passa como se os juízes tivessem, com intervalos regulares, a necessidade de dar ao corpo social a representação do perigo supremo e de sua erradicação." Porque o crime mais temido, como a pedofilia, na França de nossos dias, é o que representa uma insuportável ameaça de destruição dos valores coletivos fundando a perenidade de uma civilização. A punição ultrapassa, então, totalmente o fato reprimido, para permitir uma reconstrução geral do tecido social e cultural desfeito.[17]

O exemplo chinês permite compreender melhor a relatividade da noção de crime, que é sempre formada pelas sociedades em função dos princípios fundamentais que elas querem defender. Algumas praticaram a morte de recém-nascidos ou o incesto ritual entre irmão e irmã, o que leva a perguntar se a universalidade dos tabus nesses domínios não constitui essencialmente um absoluto inventado pelas ciên-

---

17 Françoise Lauwaert, *Le Meurtre en famille. Parricide et infanticide en Chine (XVIIIe-XIXe siècle)*, Paris, Odile Jacob, 1999, p. 21, 26-26, 103, 145, 158-159, 312-315.

cias humanas no quadro da promoção de nossa própria cultura. No que concerne à proibição bíblica, "Não matarás", ela não foi sempre operatória no solo europeu. Sua verdadeira promoção pode até ser datada do tempo dos monarcas absolutos, quando um grande esforço teórico e judicial foi empreendido para "disciplinar" as populações angustiadas pelas terríveis guerras religiosas, entre 1562 e 1648. O restabelecimento da ordem, em datas variáveis segundo os países, promoveu como crimes inexpiáveis o homicídio masculino e o infanticídio feminino. Aplicada muito mais frequentemente que antes, nesses domínios, a pena de morte exerceu uma função simbólica de definição do perigo supremo e de sua erradicação. Isso lembra um pouco o caso da China imperial, mas difere dela quanto aos objetivos essenciais.

Para reforçar a sacralidade de soberanos e de Grandes que não se hesitou em assassinar, tais como Henrique III e Henrique IV, na França, ou Guilherme de Orange, que sonhava em cingir uma coroa nos Países Baixos, os legisladores europeus desenvolveram o conceito de lesa-majestade. Aplicado ao regicida, foi, em seguida, estendido a outros delitos cometidos contra a autoridade monárquica ou religiosa: moeda falsificada, deserção de soldados, traição, bruxaria satânica... O suplício de Ravaillac, esquartejado vivo por quatro cavalos, em 1610, serviu de modelo para definir o horror absoluto de seu ato. Esse crime sem igual se ligou estreitamente ao de parricida, o mais grave homicídio depois do assassinato do príncipe, punido com mutilações prévias à execução – o pulso cortado, por exemplo. A explosão dos suplícios de que fala Michel Foucault[18] constituiu uma cadeia de sentidos que religava os ataques à pessoa real aos que visavam ao pai, e, mais geralmente, ao fato de derramar o sangue humano. Diferentemente da China imperial, tratava-se de impor um novo sistema do Estado, mostrando sua eficácia em proteger os sujeitos contra os perigos vividos durante décadas anteriores conturbadas. Uma das expressões mais visíveis de seu sucesso foi de proceder, muito lentamente, ao desarmamento das populações, ao enquadramento dos excessos do duelo nobiliário e à punição dos criminosos mais perigosos. O espetáculo dos sofrimentos de um regicida era excepcional, já o suplício dos homossexuais ou a fogueira das bruxas, relativamente raros, salvo nos territórios germânicos, principalmente para as últimas, foram os autores de agressões mortais e de infanticídios que mais se destacavam.

A primeira metade do século XVII viu os números do homicídio caírem significativamente na Europa ocidental, enquanto se multiplicavam as penas capitais na matéria.[19] Enquanto a violência sanguinária e o assassinato de recém-nascidos eram antes considerados fenômenos banais, lentamente e pouco eficazmente processados pelos tribunais, eles adquiriram o estatuto de crimes absolutos e se entrelaçaram intimamente ao conceito de lesa-majestade. No século XVIII, as prioridades mudaram

---

18   Michel Foucault, *Surveiller et punir. Naissance de la prison*, Paris, Gallimard, 1975.
19   Logo a seguir, cap. II e R. Muchembled, "Fils de Caïn, enfants de Médée. Homicide et infanticide devant le Parlement de Paris (1575-1604)", *Annales Histoire, Sciences Sociales*, t. LXII, 2007, p. 1063-1094.

de novo para estabelecer-se ao lado dos crimes contra os bens, numa época de forte impulso econômico e comercial. Tanto na Inglaterra quanto na França, os dois grandes rivais na cena europeia e mundial, o roubo tornou-se, por sua vez, o delito mais inaceitável, e as penas de morte se multiplicaram contra os culpados, em particular em Londres e em Paris, as duas principais metrópoles comerciais europeias.[20]

Contrariamente à teoria, hoje abandonada, da passagem "da violência ao roubo", entre o fim da Idade Média e o século das Luzes, a principal mudança não provém de uma modificação em profundidade das realidades criminais, mas de uma evolução do olhar repressivo.[21] A cultura ocidental não parou de adaptar-se às novidades depois de meio milênio. A emergência de um novo tipo de crime absoluto e, em sua esteira, de uma repressão mais intensa das transgressões ligadas a ele, traduz a mutação dos valores essenciais que subentendem o fenômeno. No início do século XXI, a balança judicial ocidental se deslocou novamente. O crime absoluto se estabeleceu em torno da preservação da vida e da inocência sexual das crianças. Em uma época em que a pena de morte foi erradicada na Europa, é sintomático observar que os que evocam possíveis exceções as invocam contra essa ameaça contra os pequenos, definida em nossos dias como o mais inqualificável dos crimes que possa cometer um ser humano.

A relatividade da noção de criminalidade convida a distinguir cuidadosamente o que pode depender de uma patologia individual quando da passagem ao ato criminoso, definições da transgressão ou dos comportamentos ilícitos construídos pelo Estado, a justiça e as diversas instâncias de controle da coletividade respectiva. A loucura, por exemplo, só inspira uma mínima parte dos culpados de homicídio. Uma explicação mais frequente vê a origem do gesto sanguinário em frustrações nascidas de contradições entre os desejos individuais dos culpados e as oportunidades de futuro que lhe oferece a sociedade. Mas esse discurso criminológico se aplica mais à época contemporânea do que aos séculos anteriores. A observação nº 8 do jesuíta Luís Fróis destaca a banalidade do homicídio na Europa e evoca o mecanismo da graça do príncipe, em caso de legítima defesa, enquanto os japoneses são impiedosos na matéria, como o serão cada vez mais os juízes ocidentais durante o século XVII. Impérios orientais, japoneses ou chineses, e monarquias absolutas ocidentais se unem, finalmente, para demonstrar a ilegitimidade da violência indivi-

---

20 Douglas Hay, Peter Linebaugh, John G. Rule, E. P. Thompson, Carl Winslow, *Albion's Fatal Tree. Crime and Society in Eighteenth-Century England*, Londres, Allen Lane, 1975, reed., Harmondsworth, Penguin, 1977, p. 116; André Abbiateci *et al.*, *Crimes et criminalité en France. XVIIe-XVIIIe siècles*, Paris, Armand Colin, 1971.

21 Bernadette Boutelet, "Étude par sondage de la criminalité dans le bailliage de Pont-de-L'Arche (XVIIe-XVIIIe siècles): de la violence au vol, em marche vers l'escroquerie", *Annales de Normandie*, t. XII, 1962, p. 235-262. A teoria foi retomada por Pierre Chaunu e seus alunos, depois defendida por Jens Chr. V. Johansen e Henrik Stevnsborg, "Hasard ou myopie. Réflexions autour de deux théories de l'histoire du droit", *Annales Économies, Sociétés, Civilisations* (doravante *ESC*), t. XLI, 1986, p. 601-624, a respeito da Dinamarca, antes de ser abandonada pela maior parte dos especialistas.

dual culminando na morte de um semelhante. Eles reforçam, assim, sua tutela sobre seus súditos, brandindo a ameaça da pena capital para os que se arriscam a isso. Não era a mesma coisa nas sociedades europeias um ou dois séculos antes. Então menos controladas pelo Estado, elas davam mais espaço ao local e consideravam a morte de um ser humano com uma certa indiferença, no ambiente de uma cultura onde a violência viril era normal.

A agressividade representava um valor positivo em tal ambiente. Era evidentemente preferível que ela não provocasse a morte do adversário, em virtude da moral cristã, mas tal desgraça, então frequente, não causava a marginalização do culpado. Facilmente perdoado por uma carta de graça real, ao custo de uma multa, ele pagava também uma compensação financeira à família da vítima, sob a forma de uma "paz de sangue", e reencontrava seu lugar na paróquia, com toda a honorabilidade. Uma indulgência ainda maior se ligava aos jovens criminosos do sexo masculino, porque os adultos do lugar admitiam seus excessos sanguinários, considerando que era preciso que a juventude ficasse isenta. Semelhante tolerância explica por que a classe de idade mais afetada pelo homicídio é a dos 20-29 anos. Durante sua longa espera pelo casamento, tanto na aldeia quanto na cidade, seus representantes praticam uma cultura de bandos de solteiros centrados na competição entre semelhantes, para aumentar seu valor aos olhos das moças e para compensar as frustrações ligadas a esse estado inconfortável, entre a infância e uma completa vida de adulto. Sua principal preocupação consiste em exaltar uma virilidade que os faz existir aos olhos de todos. Eles portam armas, em especial facas ou espadas, das quais gostam de se servir quando dos combates destinados a provar sua valentia, provocando ou recebendo um ferimento, que a infecção e a ineficiência da medicina do tempo tornam, muitas vezes, mortal.[22] Levados ao combate e em posse de uma ética guerreira tanto quanto viril, os jovens nobres não se diferenciam fundamentalmente dos plebeus, nesse domínio, antes de seu isolamento após a invenção das regras do duelo aristocrático, durante o século XVI.

Nem todos os solteiros matam. Só uma estreita minoria se torna culpada. As mais importantes taxas de homicídio levantadas para o século XIII se estabelecem em um pouco mais de 100 assassinatos para 100 mil habitantes. Como as mulheres são muito pouco afetadas, raciocinar-se-á sobre um máximo de 100 assassinos para 50 mil homens, de todas as idades, ou seja, cerca de 0,2% do contingente. A classe de idade dos jovens do sexo masculino para casar não representa mais de um quinto da população masculina, nas condições demográficas do tempo, e fornece menos da metade desse total. O que quer dizer que um rapaz solteiro em 1.000, no máximo, se revela um assassino. Matar seu semelhante não tem, então, nada de banal, mesmo

---

[22] Charles Petit-Dutaillis, *Documents nouveaux sur les mœurs populaires et le droit de vengeance dans les Pays-Bs au XVe siècle. Lettres de rémission de Philippe le Bon*, Paris, Champion, 1908 e Robert Muchembled, *La Violence au village (XVe-XVIIe siècle). Comportements populaires et mentalités em Artois*, Turnhout, Brepols, 1989, em especial p. 221-247, a respeito dos jovens. Ver, também, em seguida, o cap. III.

se a coisa acontece cem vezes mais frequentemente do que em nossos dias. O código viril masculino que é a causa disso se exerce muito mais frequentemente, com brutalidade, mas sem consequências tão graves. O homicídio é a parte que emerge de um sistema de confrontação entre pares que se regula, geralmente, por simples golpes e, mais ainda, por ostentação de desafios entre "jovens galos". Ele é o índice das evoluções dessa cultura da violência masculina da qual traduz os deslizes mortais.

Ora, sua taxa passa em média a 10 para 100.000 na primeira metade do século XVII. A queda é espetacular. O número de jovens assassinos do sexo masculino se encontra dividido por 10, sinal do recuo da cultura da violência viril diante da subida de uma intolerância nova, canalizada por múltiplos outros caminhos além da justiça. A "fábrica" ocidental está prestes a inventar a adolescência como uma idade perigosa que se deve enquadrar de muito perto para evitar seus excessos sanguinários. O movimento se acentua vigorosamente na sequência, visto que a taxa se estabelece em torno de 1%, na metade do século XX, cem vezes menos que na Idade Média. Isso implica uma queda da violência assassina juvenil em proporções idênticas. Porque os atores principalmente afetados são sempre os mesmos. Na Inglaterra, no início do século XXI, o homicídio é um fato masculino por excelência. O culpado e a vítima se conhecem, no mais das vezes, são até familiares e brigaram em quase metade dos casos. Sua idade mais corrente se situa entre 16 e 35 anos. A arma pontiaguda é a mais utilizada em 28% dos casos.[23]

O homicídio é uma construção social. Hoje, as autoridades e as forças encarregadas da repressão elaboram sua definição precisa e sua interpretação, privilegiando alguns de seus aspectos e ocultando outros fenômenos, tais como os falecimentos devidos a negligência ou a direção perigosa no trânsito, e isso antes mesmo que um acusado seja submetido ao processo legal que decidirá ou não sobre sua culpabilidade.[24] "O criminoso se torna o duplo (*alter ego*) inverso do homem honesto", o conjunto do ritual judicial, permitindo ao Estado "garantir sua autoridade de maneira emocional e simbólica".[25] O alvo principal visado no domínio dos crimes de sangue é a figura do jovem de sexo masculino que espera, impacientemente, chegar à maturidade e às vantagens da vida adulta, mas que transgride os códigos mais sagrados, matando seu semelhante. Levando-o a se definir em relação a uma ética de virilidade, a sociedade lhe impõe saber manter a razão e adquirir os autocontroles indispensáveis para evitar esse crime inexpiável. Ela lhe proíbe o uso da violência física ilegítima, definida em oposição àquela que se encontra decretada pela coletividade e

---

23   Shani D'Cruze, Sandra Walklate e Samantha Pegg, *Murder. Social and Historical Approaches to Understanding Murder and Murderers*, Cullompton, Willan, 2006, p. 14-17 e Fiona Brookman, *Understanding Homicide*, Londres, Sage Publications, 2005, p. 34-35 concernentes às idades dos acusados e das vítimas.
24   F. Brookman, *Understanding Homicide*, op. cit., p. 309-310.
25   Antoine Garapon, *L'Âne portant des reliques. Essai sur le rituel judiciaire*, Paris, Le Centurion, 1985, p. 145, 159.

colocada a seu serviço, como a guerra justa. Esta serve, aliás, também, para controlar o potencial explosivo das novas gerações, ligando-os à defesa do bem comum e do modelo do homem honesto adulto. O declínio acelerado das taxas de homicídio a partir do século XVII testemunha o sucesso crescente do controle social na matéria. O homicídio tornou-se um fenômeno residual em nossas sociedades. A brutalidade física menos extrema se encontra também codificada como anormal, definida como um obstáculo para o sucesso social ulterior dos homens jovens. Tanto que a agressividade tem a reputação de ligar-se, principalmente, aos marginais ou aos perdedores do sistema, estigmatizados, ao mesmo tempo, pelas autoridades – a polícia, a justiça – e pelas mídias modernas, que contribuem em conjunto para reforçar a angústia das pessoas de bem sobressaltadas diante de incompreensíveis atos de selvageria.

O mau gosto do sangue e o tabu da violência constituem as pedras angulares do sistema ocidental, desde que este partiu para a conquista do globo, há meio milênio. Marcados com o carimbo da ilegitimidade absoluta nas relações internas nas sociedades, eles permitiram aos Estados atribuírem-se o monopólio da força legítima, ao mesmo tempo pela guerra e pelo uso da pena de morte, até sua recente ab-rogação. Eles contribuíram, também, para garantir a transmissão menos conflituosa possível entre as gerações, condicionando o contrato implícito enlaçado entre elas na aquisição de mecanismos de pacificação dos costumes pelos mais jovens: a gestão do patrimônio deve continuar a ser garantida sobre o modelo anterior, como "bons pais de família", a fim de que os assassinos irredutíveis, frequentemente originários de meios pobres, sejam tanto mais licitamente excluídos da "sucessão" normal. Quando os jovens se revelam muito numerosos, depois de um período de paz e de progressão demográfica, as tensões entre gerações se agravam. A violência juvenil torna, então, a subir com força. Na França, ela produz os "Apaches" da Belle Époque, que redescobrem a tentação do combate com faca ou os "promovedores de quebra-quebra" dos subúrbios em 2005.

A domesticação da agressividade viril ocupa espaço num conjunto muito mais amplo, a saber, o pacto social e cultural, fundando o Estado e o conjunto da civilização ocidental. Realidade biológica, ela se encontra fortemente modelada e orientada pelas forças de coesão dominantes, para produzir um modelo de sujeito ordinário que não coloca o tempo todo em questão os valores ou as normas de sua comunidade, tanto nacional quanto local. A forja europeia consegue o esforço violento de produzir afabilidade a partir de um elemento particularmente instável: a sexualidade dos jovens machos.[26]

Alguns autores observaram que a repressão do homicídio está não somente ligada à definição da masculinidade e à progressão da disciplina concernente ao sexo forte, mas igualmente a uma reformulação dos papéis viris e femininos em proveito

---

26 R. Muchembled, *L'Orgasme et l'Occident. Une histoire du plaisir du XVIe siècle à nos jours*, Paris, Seuil, 2005.

dos primeiros. Na Inglaterra, uma nova "cultura da sensibilidade", surgida no século XVIII nas obras de ficção sentimentais, pinta os machos com os traços de caçadores ou de pescadores selvagens, cujas mulheres são as presas. Ela foi interpretada como um esforço para levar o homem de honra machista e brutal a se metamorfosear em ser sensível e prudente.[27] No século XIX, a rejeição acentuada da violência se associa estreitamente ao desejo de mudar o modelo masculino para torná-lo mais "natural". A tolerância demonstrada pelo assassinato não premeditado (*manslaughter*), punido, no máximo, com um ano de prisão, começa a desaparecer, e o acidente mortal não conduz mais sistematicamente a uma absolvição. O número dos acusados do sexo forte aumenta duas vezes mais rapidamente que o das mulheres entre 1805 e 1842, sinal de uma "masculinização" do crime e dos castigos que traduz um movimento a longo termo de intensificação da disciplina exigida dos homens.[28]

Visível especialmente nas ruas, no lugar de trabalho e em casa, a modificação dos papéis masculinos induz a dos papéis femininos. O conceito de "masculinidade hegemônica" foi forjado por pesquisadores anglo-saxônicos para explicar essas transformações em cadeia que concernem igualmente à criança. O conjunto depende do móbil masculino. Até as mutações registradas no fim do século XX, a posição do macho, qualquer que seja seu *status* social, está fortemente correlacionada com a afirmação de sua heterossexualidade, mas, muito menos que antes, com a necessidade de colocá-la violentamente em cena no teatro da vida quotidiana. Quanto às mulheres, elas devem ficar em seu lugar para confirmar o homem como tal. Essa passividade exigida pelas normas culturais constrói a mulher como um ser suave e desarmado, ordinariamente incapaz de violência assassina. Aquela que se deixa levar pela agressividade parece anormal, até mesmo totalmente Outra. A mãe que mata seu próprio filho o é ainda mais, louca, desnaturada ou profundamente perturbada pelo que lhe acontece. Tal concepção atrai a atenção sobre um ato tão monstruoso e aumenta, assim, as estatísticas registradas na matéria. Quanto à criança, ela é doravante considerada inocente por natureza. Se ela mata um semelhante, é considerada profundamente má ou diabólica.[29] Fortes diferenças sociais existem, contudo, na prática, porque o processo de abrandamento dos costumes e de redefinição dos papéis masculinos ou femininos não penetra todas as camadas sociais com a mesma intensidade, nem na mesma velocidade. O que alimenta, na era industrial, a denúncia da brutalidade e da rudeza dos mundos operários ou da recusa de evolução dos camponeses, orientando mais precisamente a repressão judicial para essas categorias de população.

---

27 Graham J. Barker-Benfield, *The Culture of Sensibility. Sex and Society in Eighteenth-Century Britain*, Chicago, The University of Chicago Press, 1992, p. 37-103 em particular.
28 Martin J. Wiener, "The Victorian Criminalization of Men", in Pieter Spierenburg (dir.), *Men and Violence. Gender, Honor, and Rituals in Modern Europe and America*, Columbus, Ohio State University Press, 1998, p. 198-203, 209; id., *Men of Bood. Contesting Violence in Victorian England*, Cambridge, Cambridge University Press, 2004.
29 S. D'Cruze, *Murder*, op. cit., p. 40-41, 79, para o resumo de diversos trabalhos e p. 149, 157, a respeito do conceito de "masculinidade hegemônica".

Nossa civilização não quer colocar a questão da violência das mulheres e minora, provavelmente, a que elas sofrem. Há vários séculos, ela prefere colocar à frente a figura da "mulher civilizadora", cuja missão é, ao mesmo tempo, abrandar os costumes, desviar o homem da violência e refrear a brutalidade de seus desejos sexuais. Se é evidente que as interessadas exercem um papel fundamental na transmissão cultural, nada prova que elas tenham concebido seu papel como o de uma suave e obediente ovelha. Na Grécia contemporânea, em Pouri, elas batem, com frequência, nas crianças de peito, para calá-las, e batem em seus filhos até a idade de 12 anos, momento em que eles passam para a autoridade do pai. Elas reproduzem, assim, os castigos corporais que receberam durante a infância: enforcamento pelos pés e os punhos na viga mestra da casa, ou com a cabeça para baixo em uma árvore, às vezes sob um fogo destinado a "defumar" uma criança insuportável; agulhas enfiadas na palma; ovos quentes esmagados sob as axilas. Eternas menores, elas sofrem, aliás, ainda, humilhações na idade adulta, em especial por parte de sua sogra. Um filho desrespeitoso ou preguiçoso pode ser expulso com pedradas pelo seu pai. Menos cruéis em Arnaia, as punições corporais continuam severas, os tapas frequentes, mesmo se presentes os contrabalançam. Nas duas localidades, as meninas são educadas a respeitar os privilégios de seus irmãos, que receberão a herança.[30]

As mulheres podem, na realidade, ser violentas, cruéis no momento das execuções capitais, sob o Antigo Regime, brutais entre si ou contra os homens, utilizando suas unhas ou seus dentes, puxando-se pelos cabelos, golpeando um ou outro com pontapés ou murros... Inúmeros documentos testemunham isso, mais frequentemente no fim da Idade Média e no século XVI do que mais adiante. O processo que levou a minimizar sua violência começou muito cedo nas cidades.[31] Ele se desenvolveu mais lentamente nos campos. Até essa mudança, variável segundo os países e as regiões, a brutalidade banal constituía o terreno ordinário da vida. A Grécia contemporânea fornece simplesmente um esclarecimento sobre o que podia ser mais geralmente a violência feminina, antes que ela seja oculta ou negada. Provavelmente menos desenvolvida que a dos homens, em particular sob sua forma sanguinária – talvez porque as mulheres não usavam armas, diferentemente dos homens, até o século XVII –, ela se instalava numa "cultura da violência" que afetava toda a população. As próprias crianças eram educadas a sofrê-la e a praticá-la. Assim, os pequenos pastores camponeses defendiam o acesso a seu território contra os rebanhos de outras aldeias, com estilingue e cajado na mão, causando terríveis ferimentos, às vezes mortais, aos rivais de sua idade. Todo o mundo era violento no fim da Idade Média e no início dos Tempos modernos.[32] Estados e Igrejas não tinham, então,

---

30   Marie-Élisabeth Handman, "L'Enfer et le Paradis? Violence et tyrannie douce em Grèce contemporaine", in Cécile Dauphin e Arlette Farge (dir.), De la violence et des femmes, Paris, Pocket, 1999, p. 128-129.
31   Consulte o cap. IV.
32   R. Muchembled, La Violence au village, op. cit., em especial p. 39-42.

nem os meios nem a real vontade de tentar controlar de perto a violência sanguinária das populações, sobretudo porque ela desempenhava um papel estruturante nas sociedades locais, estabelecendo as hierarquias e contribuindo para as trocas entre os habitantes. Não se tratava absolutamente de uma lei da selva, porque códigos e rituais precisos enquadravam a brutalidade das relações humanas. Nesse universo de proximidade, um estrito senso da honra obrigava os machos a vingar não somente o que era deles, que repousava na expressão demonstrada de sua virilidade, mas também o que era do seu grupo familiar completo, vigiando de perto as mulheres, para proteger sua pureza sexual ou sua virtude. As sociedades mediterrâneas mais tardias conservaram essa concepção coletiva da honra, que se encontra, também, na base do duelo nobre, na época dos reis absolutos.[33] Em nossos dias, na Calábria, "o que caracteriza a honra [masculina] não está nada além do domínio do pênis e da faca. Com efeito, para um homem verdadeiro, deve-se possuir a potência sexual que permite reproduzir-se, portanto, garantir a posteridade de seu sangue e de seu nome, e deve-se saber manejar a faca, que serve para a conservação do grupo".[34]

A cultura juvenil da violência do século XV ou XVI ocidental repousa sobre regras idênticas. A arma pontiaguda, espada ou faca, é uma representação simbólica do indivíduo, que sofre um purgatório muito longo entre a infância e o casamento, e deve igualmente provar que ele é capaz de chegar à idade de homem. Os jovens vivem em bandos de pares, à noite, depois do trabalho, nos domingos e dias de festa. Sua agressividade se volta essencialmente contra semelhantes, que concorrem com eles num mercado matrimonial restrito. No resto do tempo, eles fazem a corte às moças, muitas vezes coletivamente. Eles tentam laboriosamente ganhar seus favores sexuais, apesar da estrita vigilância que pesa sobre elas, pelo fato de seus pais e irmãos, mas também das mulheres de todas as idades, enquadrarem as jovens onde sua virtude poderia correr riscos, em especial quando das vigílias coletivas, nos campos, no lavadouro, no moinho etc. Inconfortável, a posição dos rapazes é a de um terceiro grupo de população, em relação aos homens adultos dominantes e ao sexo frágil, cuja sociabilidade mistura as idades e inclui até os meninos impúberes. Nesse quadro, os ferimentos infligidos e os homicídios cometidos pelos jovens galos são tratados com uma indulgência muito grande pelos mais velhos, as autoridades locais, a justiça e o próprio rei, que concede facilmente seu perdão.[35] Sem dúvida, seria esse o preço a pagar para evitar que os solteiros frustrados e fortemente mantidos em tutela não se voltem mais frequentemente contra os machos estabelecidos que monopolizam o poder e as mulheres? Assim é alimentado um ciclo regular de grande violência, regido pela lei da honra e da vingança. Mas a emergência de um Estado

---

33 Ibid., p. 43-45. A respeito das sociedades mediterrâneas, Jean G. Peristiany (dir.), *Honour and Shame. The Values of Mediterranean Society*, Londres, Weidenfeld and Nicolson, 1965; Raymond Verdier (dir.), *Vengeance. Le face-à-face victime/agressor*, Paris, Autrement, 2004, p. 10, 18-19.
34 Nello Zagnoli, "S'arracher la haine", *in* R. Verdier (dir.), *Vengeance, op. cit.*, p. 119.
35 A seguir, cap. III.

forte, a partir do século XVI, põe lentamente em causa o equilíbrio desse sistema, multiplicando os interditos contra os excessos da juventude e valorizando o preço da vida humana sob a ameaça da pena de morte para os assassinos.

A passagem da vingança privada baseada na defesa coletiva da honra ao interdito do homicídio não se fez nem rápida nem facilmente. A primeira etapa, a mais rápida, em cerca de dois séculos, consistiu em tirar os homens jovens de boa família do modelo cultural violento comum. A invenção do duelo, cuidadosamente codificado, contribuiu para essa mutação. Criação espontânea, esse tipo de combate ilustra inicialmente a vontade dos nobres de conservar seu direito eminente à brutalidade sanguinária. A monarquia os intima, no entanto, mais ou menos firme e rapidamente segundo os países, a abandonar essa prática pouco econômica em vidas humanas, a fim de consagrar sua vitalidade à única glória do príncipe, arriscando sua existência nos campos de batalha. A "civilização dos costumes" começa pela "curialização" (disciplinamento) dos guerreiros em Versalhes, sob Luís XIV, quando lhes é imposta a obrigação de refrear a agressividade sob a máscara da polidez.[36] As tradições de enfrentamento viril se conservam, entretanto, por muito tempo no mundo popular, principalmente nas regiões meridionais da Europa ou nas zonas menos controladas que outras pelo poder central, Auvergne ou Gévaudan, na França, por exemplo. Os momentos de crise de transmissão dos valores, sobre um fundo de superpopulação juvenil, os fazem também, com frequência, tornar a aumentar fortemente. Os membros dos bandos de subúrbio do início do século XXI manejam, assim, um conceito de honra viril que lembra em parte o dos jovens machos dos séculos passados, concentrando principalmente os efeitos destruidores de sua agressividade sobre semelhantes. Pode-se ainda ver aí um mecanismo que permite desviá-la em parte dos adultos, enquanto estes são a causa primeira do estrito controle que pesa sobre os interessados.

O tratamento judicial do homicídio constitui, então, o elemento revelador dos avanços da pacificação dos costumes e do controle da agressividade viril. A história da violência no Velho Continente é a da virada de uma cultura na qual ela possuía efeitos positivos susceptíveis de regular o campo coletivo para uma outra que a marcou profundamente com o carimbo da ilegitimidade. Constituída em tabu supremo, ela serviu a partir de então para definir os papéis normativos em função do sexo, da faixa etária e da condição social. Os seres humanos foram, assim, ventilados sob uma escala do bem e do mal em função de sua "natureza": inocente no caso das crianças, suave para as mulheres, autocontrolada, mas continuando viril, para os jovens solteiros do sexo masculino.

O esperma e o sangue: uma história da honra

A violência homicida tornou-se um fenômeno residual na Europa ocidental no início do século XXI. Ela continua muito mais importante no resto do mundo,

---

36 N. Elias, *La Civilisation des mœurs, op. cit.*; id., *La Société de Cour*, Paris, Flammarion, 1976.

inclusive nos Estados Unidos, na Rússia ou nos países do antigo bloco soviético. Inúmeras teorias foram apresentadas para tentar explicar o fenômeno, sem levar suficientemente em conta sua característica central, praticamente estável há sete séculos: ela atinge sua intensidade máxima entre os jovens de 20 a 29 anos do sexo masculino. Uma explicação satisfatória só pode ser encontrada a longo prazo, cedendo todo o seu espaço ao problema da passagem à idade adulta.

As condições econômicas exercem um papel seguro, modulando a agressividade humana, mas não constituem um fator explicativo suficiente. Os picos de violência juvenil não estão correlacionados com uma degradação geral das condições de existência, mas, antes, a situações de excesso demográfico, com um fundo de incômodos originários de dificuldades particulares de integração, nos subúrbios parisienses atuais, por exemplo. Assim, as flutuações, em menor prazo, das curvas do homicídio, durante o período industrial, estão, provavelmente, ligadas a efeitos desse tipo, assim como as diferenças sensíveis registradas entre os países, as regiões, as cidades e os campos. As guerras, que esclarecem precisamente as posições dos homens jovens, têm, antes, um efeito atenuante, exceto quando são seguidas por uma forte desorganização que faz o leito de uma criminalidade de crise orientada para os bens, com o uso da força tornado mais cômodo pelo enfraquecimento dos códigos morais e das estruturas de controle.

Com a interpretação social tendo revelado seus limites, os especialistas se voltaram para hipóteses mais amplas. Muitos deles foram seduzidos pela hipótese de Norbert Elias, relativa ao lento processo de civilização dos costumes referentes ao Ocidente a partir do século XVI. O autor identifica um modelo novo de indivíduo, cada vez menos impulsivo, ao mesmo tempo controlado por disciplinas mais eficazes estabelecidas pelas Igrejas e pelos Estados e capaz de um autocontrole crescente de seus instintos. Duas forças essenciais conduzem a essa mutação da personalidade: o Estado moderno e a economia de mercado, que se desenvolve nas grandes cidades, tais como Londres e Paris. O primeiro reclama o monopólio da violência legal e exige a pacificação dos comportamentos, a começar pelos guerreiros nobres, sujeitos ao refinamento da etiqueta e às obrigações de uma polidez que bane a expressão aberta da agressividade. Por outro lado, o comércio, em pleno progresso, produz e reclama, ao mesmo tempo, uma restrição da violência interpessoal, porque ele só pode desenvolver-se na liberdade e na segurança, afirmam os pensadores das Luzes, a exemplo de Adam Smith.[37] Sedutora, a teoria é, no entanto, considerada muito geral e insuficiente por outros historiadores, em especial pelos que recusam suas simplificações a respeito da Idade Média.[38] Inúmeros pesquisadores escandinavos

---

37 Id., *La Civilisation des mœurs*, op. cit., e comentário por M. Eisner, "Long-term historical trends in violent crime", *op. cit.*, p. 123-125.
38 Peter Schuster, *Eine Stadt vor Gericht. Recht und Alltag im spättmittelalterlichen Konstanz*, Paderborn, Schöning, 2000.

tentaram verificar empiricamente sua validade, mas a maioria o utiliza, hoje, como um elemento de explicação, entre outros.[39]

A tese do declínio da violência ligado ao controle crescente realizado pelo Estado moderno remonta, pelo menos, ao *Leviatã*, de Hobbes. Diferentemente de Elias, que a encerra em um amplo processo civilizador espontâneo, alguns autores fazem dela a única explicação da emergência de uma sociedade mais pacífica, em consequência do reforço da lei e da ação das autoridades, traduzidos pelo desenvolvimento da pena de morte.[40] A fraqueza do argumento reside no fato de que a clara rarefação dos homicídios se observa no mesmo momento, durante as primeiras décadas do século XVII, tanto nos Estados absolutos, como a Suécia e a França, quanto em outros desprovidos de estruturas centralizadas, tais como as Províncias Unidas ou a Inglaterra. Não é o desenvolvimento dos meios de coerção que esclarece realmente o fenômeno, porque as cidades italianas da Renascença, embora dotadas de amplas forças de polícia, não chegavam a fazer cair uma forte conflituosidade quotidiana.[41] Parece mais pertinente procurar a causa em uma melhor adesão do sujeito à legitimidade representada pelo Estado, qualquer que seja ele. Pôde-se observar um reforço do sentido de solidariedade e da confiança mútua nas sociedades protestantes da metade norte da Europa, assim como na Nova Inglaterra, onde a taxa de homicídio caiu, igualmente, a partir de 1630, enquanto os países mediterrâneos católicos permaneceram, ainda, muito tempo marcados pelo velho modelo de violência sanguinária, provavelmente por causa do tipo de relação muito diferente estabelecido entre as autoridades e a sociedade civil.[42] O desenvolvimento de uma ética protestante não formaria, então, somente o leito do capitalismo.[43] Ele contribuiria, também, fortemente, para a regressão dos comportamentos assassinos, em particular em relação aos homens jovens.

As explicações sociais ou políticas, inclusive a engenhosa teoria de Norbert Elias, revelam-se insatisfatórias, então é preciso acrescentar uma dimensão cultural, no sentido amplo do termo. O problema só ganha toda a sua amplitude se tentarmos compreendê-lo em relação ao conjunto da civilização que o carrega. Como a morte

---

39   Dag Lindström, "Interpersonal violence in Scandinavia: interpretation of long-term trends", congresso "Violence in history: long-term trends and the role of wars", Bruxelles, 3-4 de dezembro de 2004, p. 12-14; Heikki Ylikangas, "What happened to violence? An analysis of the development of violence from medieval times to the early modern era based on finnish source material", in Heikki Ylikangas, Petri Karonen e Martti Lehti (dir.), *Five Centuries of Violence in Finland and the Baltic Area*, Columbus, Ohio State University Press, 2001, p. 78-83.
40   H. Ylikangas, "What happened to violence?...", *op. cit.*
41   Gerd Schwerhoff, *Köln im Kreuzverhör. Kriminalität, Hersschaft und Gesellschaft in einer frühneuzeitlichen Stadt*, Bonn, Bouvier, 1991, p. 61.
42   Randolph Roth, "Homicide in early modern England, 1549-1800: the need for a quantitative synthesis", *Crime, Histoire et Sociétés. Crime, History, and Societies*, vol. 5, nº 2, 2001, p. 55; Peter Blastenbrei, *Kriminalität in Rom, 1560-1585*, Tübingen, Niemeyer, 1995, p. 284.
43   Max Weber, *L'Éthique protestante et l'Esprit du capitalisme*, Paris, Plon, 1964 (1ª ed. alemã, 1905).

ou o cemitério, a violência está no coração da vida, antes de sua criminalização progressiva, a partir do século XVII. A Inglaterra constitui, no entanto, um caso à parte. Seu sistema judiciário exclui a tortura e difere do dos outros países da Europa. Desde a conquista normanda, o homicídio aí é da alçada exclusiva da coroa. Ele se apresenta sob três formas: o que se encontra punido pela pena de morte, o que parece desculpável e pode ser agraciado por uma carta de perdão real, o que é justificável, examinado por um júri que pode pronunciar a absolvição.[44] Em outros lugares, em especial na França, nos Países Baixos ou na Espanha, o sistema judiciário inquisitório, escrito e secreto, desenvolvido a partir do século XVI, conserva a tradição da remissão do príncipe para os casos não deliberados que merecem tal indulgência. Mas os tribunais ignoram a noção de circunstâncias atenuantes. A pena de morte pode, teoricamente, ser aplicada em caso de acidente, de não premeditação ou de cumplicidade para tais crimes. Isso leva os interessados a pedir a graça real, seja após sua condenação pela corte, seja após sua fuga para se colocarem em lugar seguro e se subtraírem aos processos judiciais. Na França, o desenvolvimento do princípio do arbitrário dos juízes superiores, com sede nos parlamentos – que lhes permite escolher, em consciência, a punição, diferentemente dos magistrados subalternos, obrigados a seguir a lei –, começa, entretanto, a modificar as coisas no decorrer do século XVI. Sua aplicação corresponde a um endurecimento da prática, porque as sentenças de morte por homicídio se multiplicam sob Henrique III e Henrique IV.[45] A repressão se torna igualmente rigorosa em outros países, em datas variáveis, essencialmente entre o início das guerras religiosas, durante os anos de 1560 e o fim da guerra dos Trinta Anos, em 1648. Paralelamente, os acordos particulares para estabelecer uma "paz de sangue" entre o culpado e os parentes de sua vítima diminuem.[46] A passagem da regulação da violência pelas famílias a um sistema controlado pelos Estados, mas também pelas Igrejas, efetua-se no quadro dos progressos da "disciplina social" sobre a qual debateram longamente os historiadores da Reforma.[47] O período é marcado por uma onda de medidas, visando a limitar as ocasiões de pecar, proibindo os costumes devassos, as danças, a frequentação de numerosas festas e de tabernas, no momento dos ofícios religiosos, o abuso de bebidas alcoólicas, o porte de armas etc. A vigilância dos comportamentos, em particular dos excessos cometidos pelos homens jovens, intensifica-se, tanto em terra protestante quanto católica.[48] O efeito

---

44 John H. Langbein, *Torture and the Law of Proof. Europe and England in the Ancien Regime*, Chicago, The University of Chicago Press, 1977.
45 R. Muchembled, "Fils de Caïn, enfants de Médée...", *op. cit.*, p. 1079.
46 Xavier Rousseaux, "From case to crime: homicide regulation in medieval and modern Europe", in Dietmar Willoweit (dir.), *Die Entstehung des öffentliche Strafrechts. Bestandsaufnahme eines europäischen Forschungsproblem*, Cologne, Böhlau, 1999, p. 157.
47 Ver, entre outros, Heinz Schilling, *Religion, Political Culture and the Emergence of Early Modern Society*, Leyde, E. J. Brill, 1992.
48 Gerhard Oestreich, *Neostoicism and the Early Modern State*, Cambridge, Cambridge University Press, 1982; R. Muchembled, *Culture populaire et culture des élites dans la France moderne (XVe-XVIIe*

não é, evidentemente, nem imediato nem completo, porque fortes resistências aparecem no mundo rural e entre os citadinos pobres. As crianças de boa família, alvos dos pedagogos dos dois campos e de uma vigilância moral acentuada, são muito cedo afetadas. Educadas diferentemente de como eram no passado, elas são também objeto de uma aprendizagem nova da vida de relações, por meio dos códigos de polidez, que desenvolvem o modelo de "homem honesto", a partir dos anos 1630, na França, por exemplo.[49]

Até aí, os enfrentamentos juvenis se estabelecem num sistema de relações muito diferente do nosso, fundado em códigos sociais precisos. Como no reino animal, onde os combates entre machos culminam raramente no desaparecimento de um dos protagonistas, trata-se muito mais de demonstrações viris, cujas consequências se revelaram fatais, do que de lutas mortais. O essencial gira em torno da defesa da honra. Em um universo onde cada indivíduo possui o que é seu – e não unicamente os nobres –, este é diretamente ligado ao sexo, ao *status* e à idade. Ele exprime, também, valores coletivos, diferentemente das culturas de culpabilidade pessoal desenvolvidas a seguir. Cada um é vigiado de perto por seus concidadãos e se encontra desvalorizado aos olhos de todos, se não agir como deve. A lei da vergonha rege esse universo onde o olhar de outrem tem muito mais importância que o olhar sobre si. Resulta daí uma rede muito densa de normas e de exigências, característica de uma sociedade de proximidade e de vigilância recíproca. A desonra que se abate sobre alguém contamina a totalidade dos membros de seu "clã", família, próximos, vizinhos, amigos, até o conjunto de uma aldeia ou de um bairro, se o agressor, originário de outra paróquia, pode, em seguida, gabar-se de ter humilhado todos os da precedente. A violência assassina só faz refletir a intensidade das emoções coletivas que unem um ser ao seu grupo, de tal forma que a vingança se torna uma obrigação sagrada, indispensável para restaurar a honra coletiva conspurcada.[50] Não somente a pureza das mulheres deve ser defendida como um valor supremo por todos os homens, mas estes devem evitar "perder a cara" em público se sua virilidade for colocada em dúvida, se eles forem objeto de injúrias, de ameaças ou até de troças. Ceder diante de um ofensor, apanhar ou ser difamado é desonroso, não somente para o que é afetado, mas para todos os seus próximos, que o obrigam a reagir, mesmo se ele não o deseja.

Nesse quadro, a violência é, ao mesmo tempo, legítima e obrigatória, para escapar da vergonha. Ela ultrapassa amplamente a vontade dos interessados, porque

---

siècle). *Essai*, Paris, Flammarion, 1978, reed., "Champs", 1991, com um prefácio inédito, p. 205 e seguintes, a respeito das interdições concernentes aos jovens dos Países Baixos católicos.

49   R. Muchembled, *La Société policée. Politique et politese em France du XVIe au XXe siècle*, Paris, Seuil, 1998, p. 77-122.
50   Émile Durkheim, *Le Suicide. Étude de sociologie*, Paris, F. Alcan, 1897. Ver também Ch. Petit-Dutaillis, *Documents nouveaux sur les mœurs populaires*, op. cit.; Helmut Thomé, "Explainig long-term trends in violent crime", *Crime, Histoire et Sociétés. Crime, History and Societies*, vol. 5, n° 2, 2001, p. 69-87.

ele desencadeia mecanismos exigentes que os ultrapassam. Barreiras existem para fazer cessar a escalada assassina, sob a forma das "pazes à parte". Incentivados por personagens que ocupam uma posição neutra de "apaziguadores" locais, aldeões respeitados, notáveis ou vigários, em especial, elas são frequentemente seladas por um acordo verbal, notificado em público, na taberna. Algumas são registradas por escrito, diante de tabeliães. Elas comportam indenizações financeiras e simbólicas: o culpado deve pronunciar palavras de arrependimento público para reparar a honra que ele maltratou. Os reis fazem sistematicamente alusão a elas, em suas cartas de graça, exigindo que "satisfação seja previamente dada à parte interessada", antes que o perdão assuma efeito completamente. A violência se encontra, também, levada em conta pela justiça oficial, que incentiva, com vigor, os acordos privados desse tipo e reduz as multas previstas pela lei, quando os acusados se dispõem a isso, tanto em Arras, no século XV, quanto na Escandinávia, no século XVI.[51]

Tal uso da humilhação pública para resolver os conflitos e permitir a reintegração do culpado na comunidade só desaparece lentamente, em seguida. Os tribunais, principalmente os de proximidade, aplicam sentenças mais severas que antes, para servir aos interesses do Estado, mas continuam, também, em certos casos, a decretar penas de "vergonha reintegradora", destinadas a devolver a paz à paróquia. Muitas vítimas de origem humilde procuram, com efeito, menos obter a fria punição do culpado do que a restauração de sua posição aos olhos dos outros habitantes. Eles se dirigem aos juízes para fazer restabelecer sua honra, transferindo a infâmia sobre o acusado, sujeito a humilhar-se por sua vez.[52] Tais estratégias testemunham uma percepção aumentada da importância dada pela justiça criminal, mas também de uma capacidade das populações de manipular as novidades, para torná-las úteis a seus interesses, sem abandonar totalmente as tradições. Os demandistas camponeses, em particular, se põem a recorrer à justiça, cada vez mais, como um novo meio de pressão para obrigar um adversário a um acordo ao qual ele se recusa. É a razão pela qual um número muito grande de casos não tem conclusão legal, porque eles são abandonados pelos queixosos, quando a parte adversa, desejosa de evitar despesas muito altas, aceita, finalmente, um acordo de paz particular.[53] As cortes de justiça serão, ainda por muito tempo, utilizadas

---

51   R. Muchembled, *Le Temps des supplices. De l'obéissance sous les rois absolus*, XVe-XVIIIe siècle, Paris, Armand Colin, 1992, reed., Paris, Agora, 2006, p. 57; D. Lindström, "Interpersonal violence in Scandinavia", *op. cit.*; Eva Österberg, "Criminality, social control, and the early modern state", *Social Science History*, t. XVI, 1992, p. 76-84; John Braithwaite, *Crime, Shame, and Reintegration*, Cambridge, Cambridge University Press, 1989.

52   E. Österberg, "Criminality, social control, and the early modern state", *op. cit.*, p. 91-93; D. Lindström, "Interpersonal violence in Scandinavia", *op. cit.*, que se refere aos trabalhos de Erling Sandmo, para a Noruega depois de 1600, e aos de Jens Chr. V. Hohansen, concernentes à Dinamarca no século XVII.

53   François Billacois e Hugues Neveux (dir.), "Porter plainte. Stratégies villageoises et justice em Île-de-France", *Droit et culture*, nº 19, 1990, p. 5-148.

dessa maneira pelos aldeões para resolver conflitos internos e restabelecer a ordem social perturbada, como na Dinamarca, no século XIX.[54]

A velha cultura da violência lícita, necessária para restaurar a honra de um grupo, não desaparece com a "revolução judiciária" do século XVII. Ela se adapta, no entanto, aos novos interditos. Nos campos, passa-se lentamente do uso da força à queixa diante dos tribunais para obter reparação, o que explica atrasos importantes em relação ao resto da sociedade, até mesmo longas resistências nos mundos mediterrâneos, onde a *vendetta* continua, às vezes, a vigorar até nossos dias. A aculturação judiciária das cidades se faz mais rapidamente, porque a violência assassina perturba a ordem pública e angustia os habitantes honestos. O novo rigor dos tribunais, a invenção da polícia, em Paris, sob Luís XIV, o assustador exemplo de inúmeros jovens enforcados por roubo, nas forcas de Tyburn, em Londres, contribuem para habituar os súditos à forte proteção do Estado. Esta se integra numa nova cultura da culpabilidade pessoal, deixando menos espaço que antes ao sentido coletivo da honra e à lei da vergonha. As populações mais frágeis ficam presas a isso, assim como os homens jovens que possuem uma identidade coletiva marcada. No século XVII, os estudantes da Universidade de Uppsala, na Suécia, continuam a assaltar a guarda, enquanto os de Dorpat agridem os soldados e os de Åbo/Turku enfrentam os escolares. Nas três cidades, os conflitos se multiplicam com os burgueses.[55] A cultura da violência juvenil continua, também, a observar-se entre os aprendizes londrinos do século XVIII, ou em alguns ofícios urbanos com reputação de rudes, tais como os açougueiros, os carregadores, os pobres que alugam seus braços e seus serviços... A utilização do sentido da honra tradicional, para esses grupos, continua a servir para reforçar sua consciência coletiva e para reclamar dos outros o respeito de sua posição social num ambiente difícil e até hostil. As autoridades só veem aí uma brutalidade excessiva totalmente ilícita, que elas combatem duramente. Elas tratam da mesma maneira os excessos dos soldados, que ocupam, também, uma posição desconfortável em face do resto da população citadina, habitualmente hostil, o que os leva a cerrar fileiras em torno de uma idêntica concepção da honra e da virilidade.

O recuo da violência sanguinária na Europa começa pelo Norte protestante – Escandinávia, Inglaterra, Províncias Unidas –, mas, também, pela França e pelos Países Baixos, católicos, antes de se generalizar em toda a parte ocidental do continente entre o século XVII e o século XIX. Como o movimento inicial diz respeito a tipos de Estados muito diferentes, entre os quais países pouco centralizados, ele não poderia ser explicado em termos puramente políticos de promoção da monarquia absoluta. Ele não é, também, especificamente protestante. Centrada sobre a responsabilidade e a culpabilidade do indivíduo em detrimento da lei da vergonha e da honra coletiva, a ética que o subentende se reencontra igualmente na França ca-

---

54 D. Lindström, "Interpersonal violence in Scandinavia", *op. cit.*, p. 13, citando os trabalhos de Hans Henrik Appel e de Jens Chr. V. Johansen.
55 *Ibid.*, p. 14, conforme os trabalhos de Lars Geschwind.

tólica ou nos Países Baixos espanhóis, marcados por uma forma ainda mais exigente de catolicismo barroco. Além disso, o fenômeno não se encontra especificamente ligado à urbanização, porque as cidades escandinavas são escassas e pequenas. Enfim, se ele é o produto de um evidente abrandamento dos costumes, não pode ser perfeitamente decodificado por meio da teoria de Norbert Elias. Porque esta supõe uma imitação, pelas diversas categorias sociais, do guerreiro francês, abrandado no contato da etiqueta de Versalhes, nas últimas décadas do século XVII. Ora, a forte queda da taxa de homicídio começa, na realidade, cerca de 50 anos mais cedo, por volta de 1620-1630, e mesmo nos anos 1580, na França. Elias tem, no entanto, razão no que concerne à importância dos nobres na origem do processo. Pôde-se observar, desde o século XVII, na Escandinávia, depois em Amsterdã, no tempo das Luzes, que as elites sociais abandonaram completamente a "cultura do combate com faca" ou com arma branca, enquanto elas participavam disso ativamente no fim da Idade Média, como o conjunto da população. Essa secessão dos privilegiados e dos ricos é, entretanto, ilusória. Seus membros abandonaram, com certeza, práticas desde então criminalizadas, susceptíveis de criar graves preocupações aos interessados e a suas famílias, mas eles inventaram uma forma mais nobre e mais cruel de combate mortal, o duelo, contra o qual as autoridades lutaram longamente. Na França, elas tiveram que aceitar um compromisso e deixar subsistir, a despeito da lei e da moral cristã, a possibilidade, para os aristocratas, de defender até a morte a honra de sua linhagem. Mais ou menos com essa exceção, o homicídio tornou-se cada vez mais intolerável na sociedade civil e encontrou-se afastado de uma cultura da violência lícita confinada aos representantes legais do príncipe e aos militares, no ambiente de guerras, evidentemente sempre justas.

Finalmente, o único dado comum utilizável para compreender a transformação, no decorrer dos séculos, de um direito comunitário em tabu moral, cuja transgressão é doravante duramente punida pelas autoridades, aplica-se aos atores principais, homens jovens à espera da idade adulta. A Europa das guerras religiosas inova, modificando profundamente o olhar que tem sobre eles e decretando o fim da tolerância por seus excessos sanguinários. A mutação é, na realidade, de maior amplitude, porque ela concerne ao *status* da juventude masculina em geral. Originárias de uma desconfiança crescente diante dos perigos representados por essa faixa etária, novas formas de controle e de educação são definidas, a fim de frear sua agressividade e de lhes deixar muito menos latitude que antes para existir entre o mundo da infância e o dos adultos. As relações aldeãs tradicionais repousavam sobre o poder dos homens maduros, enquanto as mulheres se reagrupavam entre elas, e os meninos púberes se encontravam com "reinos de juventude", para resistir melhor às exigências dos primeiros e esperar sua vez de chegar a uma vida plena e completa. Essa estrutura que permitia a substituição ao idêntico das gerações não incitava ao progresso econômico exigido pelas cidades, nem às evoluções exigidas pelos reis e pelas Igrejas. Esse sistema foi quebrado para ser substituído por um novo pacto social. O abandono, pelos jovens machos, da violência ligada ao código de honra coletivo por uma cultura da culpabilidade pessoal definida pela pressão moral do tempo se impunha, para modificar o mecanismo repetitivo de transmissão dos bens e dos princípios fundadores às novas gerações, em um continente povoado por 80% de camponeses. O Ocidente inventava, assim, a adolescência, uma idade da vida mais bem definida e mais bem enquadrada, a fim de impor, em toda parte, o dinamismo novo dos Estados, das Igrejas e das cidades, inclusive às massas de granito rurais afundadas em tradições de fixidez social. Não se tratava somente de impedir os homens jovens de colocar em perigo a paz das comunidades, mas de lhes ensinar uma nova abordagem da existência, o respeito desta última e a obediência devida às instâncias que se proclamavam as guardiãs da violência legítima.

A queda acelerada das taxas de homicídio a partir do século XVII não traduz uma realidade perfeitamente objetiva, mas um olhar cada vez mais severo sobre a brutalidade que preside as trocas sociais, até aí ritualmente inculcada nos rapazes solteiros. As cifras concernentes à criminalidade de sangue devem recolocar-se no quadro de uma longa ofensiva política, religiosa e cultural, para apaziguar os costumes juvenis, desvalorizando a defesa da honra. Esta fundava, antes, a perenidade de uma civilização europeia dominada pelos senhores da terra e fortemente povoada por rurais. Momento considerável, se é verdade que existe um, o momento em que a Europa parte para a conquista do mundo! O equilíbrio interno do continente se encontra assim modificado, começando pelas regiões mais dinâmicas, que desenvolvem suas experiências coloniais no século XVII. Em vias de apaziguamento no interior, a violência dos jovens machos, a começar pela dos filhos de família, encontra-se, assim, parcialmente reorientada para o exterior, exceto nas camadas sociais em que sobrevive a noção antiga da honra sobre a qual repousa o código da vingança sanguinária, ou nos momentos de exaltação devidos ao aumento da população e às dificuldades de integração das novas gerações. Os contrabandistas do século XVIII, as figuras célebres de Mandrin e de Cartouche, pertencem a essa faixa etária, assim como os principais atores da Revolução Francesa...

CAPÍTULO II

O espetacular declínio da violência em sete séculos

Uma pesagem global dos dados recolhidos pelos historiadores e criminalistas concernentes ao homicídio e aos ataques às pessoas se revela indispensável antes de prosseguirmos. É preciso, todavia, ter cuidado para não lhes atribuir um valor absoluto e tentar, antes, perceber o que eles ensinam. Uma corrente de pensamento recente lhes nega toda validade como indicadores da "realidade" dos crimes que encerram. É perfeitamente exato que eles não capturam jamais o "triste número" dos atos agressivos realmente cometidos, mas unicamente sua tradução em termos de queixas oficialmente registradas, e, depois, de tratamento policial e judicial delas. Entretanto, esqueceu-se, muito frequentemente, de que sua função não é, e nunca foi, revelar a totalidade dos fenômenos conflituosos por que passa uma sociedade. Produzidos por instâncias de controle ou de repressão, até mesmo simplesmente deduzidos de fontes oficiais que visam a outros objetivos além do desconto sistemático dos delitos – antes da chegada das estatísticas, no século XVIII –, eles traduzem menos a atividade criminal concreta do que um olhar normativo dirigido sobre o que os contemporâneos consideram as piores ameaças. Reinterpretá-los sob esse ângulo, no quadro de uma ampla história cultural e social, permite dar-lhes toda a sua importância como elemento revelador dos movimentos profundos que afetam a percepção da violência contra as pessoas no decorrer dos últimos sete séculos.

Fiabilidade das contas do crime

Multiforme, a violência jamais se encontra inteiramente concentrada nos documentos repressivos, inclusive em nossa época. Suas manifestações mais leves, como as injúrias e as ameaças destinadas a aterrorizar um interlocutor, os golpes que não deixam marcas, ou, ainda mais, a brutalidade entre membros de uma mesma família, escapam, geralmente, do registro. Exceto nas cidades que mantinham, às vezes, desde a idade Média, listas de multas a esse respeito, mesmo por um simples tapa.[1] O melhor indicador é constituído pelo homicídio, considerado um crime capital na ci-

---

1 Consulte o cap. IV.

vilização ocidental cristã desde suas origens. Na sociedade de vigilância automatizada atual, e levando em conta técnicas policiais científicas, a dissimulação de um cadáver humano ou dos restos de um recém-nascido se revela difícil. Casos recentes, muito rápida e fortemente mediatizados, o mostraram, depois de macabras descobertas em lixeiras ou congeladores. As estatísticas recentes são, por isso, bastante próximas da realidade nesse domínio. Não foi sempre assim no passado. Mas a gravidade do assassinato aos olhos dos representantes da lei e da moral cristã impedia dissimulá-lo tão facilmente quanto as formas de violência banal. Somente o infanticídio, apesar de sua criminalização, a partir de 1557, na França, foi o objeto, até pouco tempo, de uma poderosa lei do silêncio local e familiar.[2] É, sem dúvida, a principal razão pela qual os pesquisadores que trabalham com os séculos pré-industriais não integram, geralmente, nos levantamentos de homicídios os números que dizem respeito a isso, julgados como pouco credíveis.

É verdade que a fiabilidade desses últimos depende também da eficacidade das práticas punitivas. Antes da chegada das contas do crime, novidade que marca a primazia recente de um olhar profundamente repressivo, a justiça se revela mais temível em aparência que na realidade. Muitos delinquentes caem muito facilmente entre as malhas muito amplas da rede timidamente manipulada pelos raros oficiais encarregados de manter a ordem.[3] No fim da Idade Média e, muitas vezes, ainda no século XVI, inúmeros são os assassinos que fogem sem deixar a menor pista nos arquivos, salvo, às vezes, nas cidades bem governadas, onde os que foi possível identificar se veem condenar à morte por contumácia ou a um banimento formal. Ainda, é preciso que uma queixa tenha sido constituída ou que um rumor se tenha imposto, porque a ação pública não é automática. Outros documentos indiretos, tais como os recolhimentos de cadáveres em via pública, provam que os homicídios são gravemente sub-registrados. Quanto às cartas de remissão, de volta do desterro, ou de perdão, outorgadas pelo rei da França ou por outros grandes príncipes europeus, em virtude de seu direito de graça soberana, elas se distinguem das fontes judiciais clássicas, porque interdizem toda ação possível, mesmo já comprometida, contra o interessado, o autorizam a voltar, se ele foi banido, e anulam uma pena decretada por um tribunal. Esses textos que completam os da repressão permitem medir a intensidade e a generalização da violência real, mais importantes que o fazem crer as peças conservadas do processo. Estima-se que mais de 50 mil cartas de remissão teriam sido concedidas pelos reis da França, entre 1304 e 1568 – data do fim da série, mas não da prática, mantida até a Revolução. Perto de 15 mil teriam sido concedidas sob Carlos VI, de 1380 a 1422. Um outro impulso notável é assinalado a partir de 1480. Ele se reveste de uma concentração sistemática sobre as violências que culminaram em um homi-

---

2   Consulte os caps. V e VII.
3   Bernard Guenée, *Tribunaux et gens de justice dans le bailliage de Senlis à la fin du Moyen Âge (vers 1380-vers 1550)*, Strasbourg, Publications de la faculté des Lettres, 1963, p. 277-294.

cídio.[4] Tal é o caso, em 1525, de 208 dos 218 indivíduos agraciados por Francisco I, ou seja, 95% do total.[5]

O duque de Borgonha imita seu primo francês a partir de 1386 e transmite esse sinal de soberania a seus sucessores, os reis da Espanha, para os Países Baixos e o Franco-Condado. No quadro muito movediço desse conjunto, do qual se destacam, desde 1579, as Províncias Unidas protestantes revoltadas, e que não representa, provavelmente, mais do que o décimo da população francesa da época, contam-se por volta de 15 mil remissões até 1660, das quais perto de 3.500 só para o condado de Artésia. Povoado com cerca de 170 mil habitantes, em 1469, segundo uma preciosa contagem, este último encerra uma dezena de cidades e um viveiro compacto com cerca de 800 aldeias compactas. Mundo repleto, celeiro de trigo dos Países Baixos, ele atinge uma forte densidade geral de 40 habitantes por km^2. Seus 40 mil citadinos compõem 23,5% do conjunto, Arras, a capital, e Saint-Omer, reunindo, cada uma, de 10 a 12 mil. O perfil demográfico ulterior do lugar é pouco conhecido, mas parece que essa região fronteiriça, marcada insistentemente pela guerra e pela insegurança, dos duques de Borgonha até sua integração no reino da França, sob Luís XIV, não registra elevação duradoura de população antes de 1725, o que permite conservar a ordem de grandeza de 1469 para tentar avaliar o impacto da violência sobre a sociedade. Nem por isso ela deixa de conhecer, como toda a Europa, nesse tempo, fortes flutuações, em curto prazo, traduzidas pelos gráficos com altos e baixos dos demógrafos. Longe de ser imóvel, esse mundo se caracteriza por uma natalidade muito alta e uma mortalidade provavelmente também importante, devida às guerras, às doenças e às misérias. Apesar de um "massacre de inocentes" prolongado até a adolescência – somente um recém-nascido, de dois, atinge 20 anos – e a despeito de uma esperança de vida curta – cerca de 20 anos a mais para os sobreviventes –, a sociedade é claramente mais submissa que a nossa à pressão das novas gerações. As seguintes são mais espaçadas, e os velhos, mais raros, mesmo se alguns podem atingir uma idade muito avançada. Na ausência de contracepção eficaz, o mecanismo de regulação principal da população é constituído por um recuo crescente da idade das núpcias, que limita o número de crianças por mulher. Se a Artésia não difere muito do modelo francês, as moças se casam, provavelmente, em torno dos 20 anos; os rapazes, entre 24 e 25 anos, no século XVI, depois, respectivamente, por volta dos 25 e 27 anos, na segunda metade do século XVII. A idade média para o casamento é ainda mais alta nas cidades. Tradições e pressões morais se acentuam, a partir da segunda metade do século XVI, sob o efeito da Contra-Reforma católica, e elas transformam a vida dos jovens solteiros em "purgatório matrimonial". Sua sexuali-

---

4   Claude Gauvard, "*De grace especial*". *Crime, État et société en France à la fin du Moyen Âge*, Paris, Publications de la Sorbonne, 1991, t. I, p. 61-62, 65. As remissões figuram na série JJ dos Arquivos nacionais, em Paris.

5   Delphine Brihat, "La criminalité pardonnée dans le resort du Parlement de Paris en 1525", dissertação de mestrado sob a direção de R. Muchembled, Université Paris-Nord, 1999, p. 172.

dade parece cada vez mais obrigada, como tendem a prová-lo nascimentos ilegítimos, cada vez menos frequentes no decorrer do século XVII – cerca de 1% nos campos franceses –, assim como raras concepções pré-nupciais, apenas 5%, por exemplo, na parte noroeste do reino muito cristão.[6] A pressão principal pesa sobre os rapazes, teoricamente obrigados à continência, durante a espera muito longa do casamento. Acompanhando Jean-Louis Flandrin, certos historiadores pensam que os jovens do sexo masculino frustrados tomam atalhos, frequentando viúvas ou mulheres casadas compreensivas, praticando a masturbação, em especial heterossexual, com moças desejosas de evitar uma fecundação, e, enfim, imaginando oportunidades para liberarem seus instintos. Um dos principais atalhos consiste em colocar em ação uma ética muito viril de confrontação entre bandos de celibatários, facilmente tolerada pelos adultos, assim como pelas autoridades. Os ferimentos ou os homicídios que daí resultam são considerados com muita indulgência, como consequências banais do temperamento eruptivo irreprimível imputado aos machos solteiros.[7]

As cartas de remissão traduzem muito precisamente esses fenômenos sociais e culturais. Para a Artésia, entre 1386 e 1660, 97% delas, até mesmo 99% a partir do século XVI, concernem às violências mortais perpetradas por homens. Os assassinatos são só 14, isto é, 0,36% do contingente, dos quais seis no século XV. Tal é, também, o caso em Castela, de 1623 a 1699: os "perdões da Sexta-feira santa", muito mais raros, são também fortemente consagrados a homicídios: 428 em 434, ou seja, 98,6%, são o caso de homens, cinco em seis mulheres afetadas tendo sido cúmplices de um marido ou de um amante (só a última sufocou uma moça).[8]

De início lento, no século XV, na Artésia, o ritmo de outorga dos perdões de príncipes se acelera sob Carlos V, de 1500 a 1555 mais exatamente, reduz-se sensivelmente no tempo de Filipe II, de 1556 a 1598, época em que graves tumultos e guerras religiosas acabam por cortar os Países Baixos em duas entidades inimigas. Ele registra seu crescimento mais forte sob o reinado dos arquiduques, de 1599 a 1634, depois conhece marés baixas, a partir da retomada das hostilidades contra a França, seguida da conquista da Artésia, entre 1635 e 1660.[9] Um pouco inferior ao total dos impetrantes de remissão para homicídio, que compreende, às vezes, vários cúmplices de um mesmo crime, o número dos assassinatos repertoriados se estabelece em 3.198 para os 275 anos respectivos, o que dá uma média anual de 11,6. Os criminologistas calculam uma taxa de homicídio para 100 mil habitantes, que oscila, atualmente, entre 0,5 e 2 nos diversos países da Europa Ocidental. Segundo os mesmos critérios,

---

6   Jacques Dupâquier (dir.), *Histoire de la population française*, t. II: *De la Renaissance à 1789*, Paris, PUF, 1988, para uma descrição clássica do modelo francês.
7   Jean-Louis Flandrin, *Les Amours paysannes (XVIe-XIXe siècle)*, Paris, Gallimard/Julliard, 1975. A questão está resumida em R. Muchembled, *L'Orgasme et l'Occident*, op. cit., p. 44-47.
8   Rudy Chaulet, "La violence en Castille au XVIIe siècle d'après les *Indultos de Viernes Santo* (1623-1699)", *Crime, Histoire et Sociétés. Crime, History and Societies*, vol. 1, nº 2, 1997, p. 7 e 17.
9   R. Muchembled, *La Violence au village*, op. cit., p. 11, 16, 19-20.

e em função das estimações de população citadas antes, a taxa de homicídio revelada só pelas cartas de remissão da Artésia atinge 6,8, de 1386 a 1660. Ele registra, por outro lado, flutuações de grande amplitude: 1,2, no século XV (231 casos); 9,7, de 1500 a 1555 (927 casos); 7,3, de 1556 a 1598 (536 casos); 18,8, de 1599 a 1633 (1.158 casos); 7,8, de 1635 a 1660 (346 casos). De 1500 a 1660, os 2.967 homicídios perdoados contabilizados representam uma taxa média ligeiramente inferior a 11 para 100 mil habitantes. Paradoxalmente traduzidas pela prática do perdão do príncipe, as mais altas pressões sanguinárias aparecem durante a década de 1521-1530, com um pico absoluto de 75 casos somente para o ano de 1523, ou seja, uma taxa recorde de 44 para 100 mil, depois, entre 1591 e 1640.[10] O primeiro período corresponde ao paroxismo de uma guerra com a França, marcada por terríveis estragos, altas de preço e epidemias em 1522-1523, antes da paz de Cambrai, em 1529, que retira o condado da soberania francesa. O segundo é, ao contrário, uma era de paz e de prosperidade, a "idade de ouro dos arquiduques", da morte de Filipe II, em 1598, à retomada das hostilidades com a França, a partir de 1635, principalmente. Mesmo se as conjunturas desastrosas podem conduzir a um forte aumento dos crimes de sangue, isso nem sempre é verdade, já que a época dos maiores tumultos, sob Filipe II, registra um nítido refluxo das graças. É, no entanto, possível que a baixa marque uma menor tolerância dos príncipes em relação ao homicídio, no momento de uma revolta geral contra a monarquia. Mais importante é o fato de que o longo período de estabilidade, e, possivelmente, de crescimento demográfico, sob os arquiduques, seja acompanhada de uma formidável e longa explosão de violência sanguinária. Esta se encontra correlacionada com uma vigilância moral e religiosa cada vez mais severa das populações, para extirpar o protestantismo e opor-se aos calvinistas das províncias do Norte tornadas independentes de fato. No mesmo momento, a caça às bruxas está no auge, e os decretos reais se multiplicam a fim de proibir as danças, de controlar de perto as festas e as tabernas, de dedicar os domingos à oração e de separar claramente o sagrado do profano. O equilíbrio tradicional das comunidades, rurais em particular, se encontra, então, fortemente perturbado.

Essas fontes revelam, ao mesmo tempo, a amplitude de uma violência mortal entre machos, pouco presente nos arquivos judiciários clássicos, e suas flutuações cronológicas ou geográficas muito importantes. A conflituosidade mais intensa não se encontra ao longo da fronteira com o poderoso reino da França inimiga, como se poderia ter esperado. A larga faixa meridional em questão, definida como o "país alto" e tendo como capital regional Arras, só produz um quarto das remissões, enquanto ela concentra 60% da população, em 1469, ao passo que o "país baixo" setentrional, vizinho da Flandres e influenciado por seus costumes, fornece seus três quartos para 40% dos habitantes. O problema crucial, em caso de avanço demográfi-

---

10 Id., "Violence et société: comportements et mentalités populaires en Artois, 1400-1660", tese de doutorado de Estado sob a direção de Pierre Goubert, Université de Paris I, 1985, t. I, quadro p. 132 e gráfico p. 168-169.

co, provável durante o primeiro terço do século XVII, é o da divisão sucessória. Ora, esta se revela muito mais áspera na zona de influência do direito flamengo, segundo o qual nenhum descendente pode ser deserdado, mesmo sendo bastardo.[11] Uma dimensão essencial da violência homicida, geralmente ignorada ou minimizada para tais períodos, por causa de lacunas documentais, concerne à idade dos protagonistas. Raramente fornecida diretamente, ela pode, no entanto, ser deduzida das menções concernentes à sua situação familiar, cada vez mais frequentes nas cartas de remissão a partir do século XVI. Entre 2.563 culpados de homicídio para os quais o dado é fornecido – 66% do total artesiano –, os solteiros, "homens jovens" ou filhos para casar, são 1.514 contra 1.049 adultos e homens casados com ou sem filhos, ou seja, uma proporção de três para dois. Excluindo o século XV, por causa da insuficiência de informações, nota-se que os jovens são um pouco menos numerosos que os adultos, sob Carlos V, que eles levam vantagem, sob Filipe II, depois, ultrapassam os dois terços do contingente após 1600, tendência ainda acentuada no segundo terço do século XVII. Entre 1601 e 1635, eles atingem até 51% do total de agraciados, contra um quarto de adultos e um quarto de acusados, cuja situação familiar fica desconhecida. Precisões idênticas só são fornecidas para uma vítima em três, 1.086 exatamente, o que torna o raciocínio mais aleatório. Observa-se, contudo, que os três quartos das mortes em questão são dos solteiros, contra um quarto de adultos e de homens casados.[12] Os conflitos revelados pelas cartas de remissão dão ênfase a uma turbulência juvenil que será preciso analisar de mais perto.[13]

As fontes judiciárias clássicas indicam um nível muito menos elevado de violência homicida. Em Arras, capital do condado de Artésia, povoado com 10 a 12 mil habitantes, os crimes contra as pessoas se referem a 32% dos 555 acusados que comparecem diante do tribunal fiscal, de 1528 a 1549, sob Carlos V. Crime masculino em 99%, como nas remissões, o homicídio é imputado a 89 homens e a uma única mulher. Entre os primeiros, nove indivíduos mal-afamados e com reputação de incorrigíveis são condenados ao último suplício, enquanto 15 dos que comparecem são absolvidos. A maior parte dos outros, 58 exatamente, é banida perpetuamente "com a cabeça a cortar", isto é, sua volta à cidade significaria sua morte. Poucos dentre eles, quatro ao todo, estão realmente presentes durante seu processo. Julgados por contumácia, 54 acusados fugiram, e muitos dentre eles pedirão, provavelmente, um dia, a indulgência real.[14] Segundo esses documentos da prática judiciária, a taxa de homicídio de Arras atingiria cerca de 4 para 100 mil, durante o período considerado, ou seja um nível muito inferior aos 9,7 revelados pelas cartas de agraciação da mesma época. Apesar de falsas ideias correntes, a cidade não é absolutamente mais criminógena que o campo. Ao contrário, os perdões de príncipes concedidos

---

11   *Ibid.*, p. 190-200.
12   *Ibid.*, p. 248-259.
13   Consulte o cap. III.
14   R. Muchembled, *Le Temps des supplices, op. cit.*, p. 129-137.

a citadinos só alcançam 18,5% dos casos artesianos, até mesmo 17,5%, excluindo o século XV, enquanto a população urbana representa 23,5% do total em 1469. Arras conta com 143 agraciados entre 1500 e 1600; Saint-Omer, sua rival, com a mesma população, 91. Béthune, para 4 mil habitantes, e Aire-sur-la-Lys, que tem menos de 3 mil, são respectivamente afetadas com 99 e 93 remissões no mesmo lapso de tempo.[15] Se raciocinarmos quanto ao período 1500-1660, durante o qual a taxa média de homicídios perdoados, como se viu, se estabelece em torno de 11 para o condado, ela se situa em torno de 15, em Béthune, nove, em Arras, e cinco em Saint-Omer. Diferentemente das pequenas cidades próximas da Flandres, que são Béthune e Aire, as mais poderosas cidades amortecem a violência assassina. Esta aí se encontra, com efeito, bem mais estreitamente enquadrada que no campo, tanto pelos privilégios urbanos[16] quanto por procedimentos de defesa da paz coletiva. Arras faz, além disso, pesar sobre os criminosos em fuga uma pesada ameaça originada em uma temível tradição: todo homem pode reclamar a impunidade se tiver matado um fugitivo condenado a uma multa de 60 libras, geralmente imposta a autores de crimes de sangue. Seis acusados a reclamam, de 1528 a 1549. No mesmo tempo, as contas da cidade registram 63 multas que sancionam vias de fato, às vezes, leves, mas também homicídios, em particular quando os autores abandonaram deliberadamente o perímetro urbano. Esses exemplos se acrescentam aos descritos nos arquivos criminais e pelas cartas de remissão. A capital artesiana elimina, então, a violência de diversas maneiras. Esta não é a preocupação principal das autoridades, com a diferença do roubo, cometido por 20% das mulheres e por pelo menos 22% de solteiros masculinos de 1528 a 1549. O fato de que 90% dos atores de ataques aos bens tenham nascido fora de Arras, e de que a pena principal, em 87% dos casos, seja o banimento, seguido por punições infamantes – o desorelhamento, por exemplo – para 10% do contingente, permite identificar uma vontade de fechamento para os estrangeiros, em particular para os jovens expatriados.[17]

Cidades e campos não tratam a agressão assassina da mesma maneira, o que justifica análises específicas. Mas, nos dois casos, o processo dos culpados pelos tribunais só constitui uma pequena parte da realidade antes da era estatística. Em Arras, os juízes locais tratam duas ou três vezes menos combates fatais do que contêm as cartas de remissão outorgadas a habitantes da cidade. Outros documentos encerram dados que não figuram nesses dois tipos de fontes, em especial as listas de multas urbanas, os autos de recolhimentos de cadáveres, os relatos de testemunhas oculares ou de cronistas etc. É, então, certo que o "número triste" dos homicídios é várias vezes superior aos descontos extraídos só dos procedimentos judiciais. Comparando esses últimos com as listas de inspeções de cadáveres, em Amsterdã, do fim da Idade Média aos Tempos modernos, um historiador estima que o registro judiciário

---

15   Id., "Violence et société", *op. cit.*, t. I, p. 192, 196-197.
16   Consulte o cap. IV.
17   Id., *Le Temps des supplices*, *op. cit.*, p. 134-142.

dos falecimentos violentos suba, então, quando muito a 10% dos que realmente foram cometidos.[18] Julgando a afirmação um pouco excessiva, outros pesquisadores propõem fazer verificações comparativas.[19] A ordem de grandeza holandesa parece, no entanto, plausível, se contarmos as cartas de perdão, os inúmeros fugitivos e as vítimas desaparecidas sem deixar pista. Hoje, um consenso se destacou para admitir a forte subestimação dos dados anteriores ao século XIX, quando eles são unicamente baseados em documentos judiciários. O declínio da violência assassina no Ocidente, em sete séculos, não deixa de ser mais espetacular e mais surpreendente.

Sete séculos de queda

Esse declínio foi colocado em evidência, em 1981, por Ted Robert Gurr, a respeito da Inglaterra, do século XIII ao XIX. Para realizar essas estimações, ele utilizou cerca de 30 trabalhos de diversos autores, acrescentando aí as estatísticas concernentes a Londres, do início do século XIX até a data de redação de seu artigo.[20] Uma curva em S sintetiza a informação. Muito elevado no início do período – em torno de 20 para 100 mil habitantes, em média, com pontas a 110 para Oxford e perto de 45 para Londres –, a taxa de homicídio declina até a metade, descendo em torno de 10, até 1600, depois, cai, para se fixar em torno de um, no século XX, apesar de uma subida sensível nas últimas décadas da observação. O autor vê aí, com justa razão, uma mudança cultural maior na sociedade ocidental, originada de uma sensibilização crescente em relação à violência e ao desenvolvimento de formas de controle internas e externas da agressividade.[21] Numerosas críticas saíram rapidamente, em particular a respeito da utilização de estatísticas a partir de dados extremamente diversos e variáveis segundo as épocas. Essas reservas são efetivamente justificadas em vista do registro do fenômeno, que, frequente e profundamente, mudou em sete séculos. Mas a objeção perde sua importância se virmos as diversas séries como uma expressão do olhar oficial sobre o homicídio, traduzido pelos juízes, em suas práticas, e se os considerarmos como marcadores de evoluções que elas destacam. Elas descrevem menos realidades criminais que mutações da abordagem repressiva,

---

18   Pieter Spierenburg, "Long-term trends in homicide: theoretical reflections and dutch evidence, fifteenth to twentieth centuries", in Eric A. Johnson e Eric H. Monkkonen (dir.), *The Civilization of Crime. Violence in Town and Country since the Middle Ages*, Urbana, University of Illinois Press, 1996, p. 80.

19   E. H. Monkkonen, "New standards for historical homicide research", *Crime, Histoire et Sociétés. Crime, History, and Societies*, vol. 5, n° 2, 2001, p. 7-26.

20   Ted Robert Gurr, "Historical trends in violent crime: a critical review of the evidence", in Michael Tonry e Norval Morris (dir.), *Crime and Justice. An Annual Review of Research*, Chicago, University of Chicago Press, t. III, 1981, p. 295-353. Sua curva, p. 313, foi retomada por inúmeros pesquisadores, em especial por Lawrence Stone, "Interpersonal violence in english society, 1300-1800", *Past and Present*, n° 101, 1983, p. 22-33, e desencadeou discussões apaixonadas na Inglaterra.

21   T. R. Gurr, "Historical trends in violent crime...", *op. cit.*, p. 295.

ligadas ao sucesso, a longo prazo, de uma paciente luta para reforçar o controle social na matéria e instaurar um autocontrole pessoal crescente da violência assassina.

Numerosas verificações empíricas conduzidas em diversos países da Europa validaram, aliás, a teoria, situando o problema no nível de toda a civilização ocidental. Uma série completa de incriminações por homicídio, no condado inglês de Kent, de 1560 a 1985, demonstra uma forte redução dos índices, de 3-6 até 0,3-0,7 para 100 mil, em quatro séculos. Em Amsterdã, o movimento é ainda mais espetacular, porque o índice passa de 50, no século XV, para 1, no século XIX.[22] Finalmente, um estudo comparativo recente utilizando 90 trabalhos a respeito de 10 países permite tirar 390 estimações de índices no período pré-industrial e os coloca em perspectiva com estatísticas contemporâneas relativas à Suécia, a Inglaterra, a Suíça e a Itália. Ele confirma, assim, a curva em S de Gurr.[23] A Idade Média apresenta, geralmente, um nível muito alto de violência assassina. O mínimo levantado é de 6, e o máximo, de 150 para 100.000, com fortes variações segundo as regiões, mas também diferenças marcadas entre grandes cidades, pequenas cidades e campos, como no caso da Artésia. A recente descoberta da subestimação sistemática do fenômeno, tal como o traduzem as fontes judiciárias incita, por outro lado, a acentuar claramente a inclinação da curva de Gurr, o que amplifica, ainda, os efeitos de ruptura constatados por volta de 1620, depois, no século XIX.

Nos séculos XVI e XVII, aparecem amplas diferenças entre cinco grupos de países. Na Inglaterra, as taxas para 100 mil oscilam entre 3 e 10. Os Países Baixos e as Províncias Unidas conhecem um movimento mais amplo, de 40 a 4, em Amsterdã, de 10 a 4 ou 5, em Bruxelas, antes de flutuar entre 0,7 e 3 nos dois Estados, no fim do século XVIII. Na Escandinávia, altos níveis são conservados até 1620, seguidos por uma forte baixa para atingir, na Suécia, o número de 4, no início do século XVIII, depois o de 1,3 em 1754, data da criação das estatísticas nacionais de falecimentos. Estudos mais descontínuos sugerem uma baixa mais tardia na Itália. Roma mantém índices de 30 a 70 homicídios para 100 mil, e o ducado de Mântua, de 35 a 55, por volta de 1600, a Sardenha, de 20, no fim do século XVIII; é preciso esperar 1840 para ver o número romano descer a 10. Quanto ao Santo Império e à Suíça, menos conhecidos, parecem situar-se entre o modelo setentrional e o da Itália.

Na sequência, no século XIX, números muito mais credíveis permitem distinguir um espaço caracterizado por um baixo índice de homicídio, de 0,5 a 2, incluindo os países mais industrializados do Norte, dos quais a França ou a Alemanha, por oposição a periferias meridionais e orientais, onde eles vão além de 2 e, às vezes, até 5. Nessa última região, a violência mais forte se manifesta nas zonas rurais, em especial na Itália meridional. Excluindo países do Leste, os índices de homicídio

---

22 James S. Cockburn, "Patterns of violence in english society: homicide in Kent, 1560-1985", *Past and Present*, nº 130, 1990, p. 70-106; P. Spierenburg, "Long-term trends in homicide", *op. cit.*, para Amsterdã.

23 M. Eisner, "Long-term historical trends in violent crime", *op. cit.*, em particular gráficos p. 95-98.

continuam, em seguida, a cair, de 1880 a 1950, harmonizando-se rapidamente entre o norte e o sul do continente, para acabar por estabelecer-se, quase por toda parte, em torno de 0,4-0,6 para 100 mil habitantes, o mais baixo nível jamais alcançado. O movimento concerne, igualmente, a todos os tipos de violência contra as pessoas, inclusive o roubo, o que transforma a Europa ocidental em oásis de paz na terra no final da Segunda Guerra Mundial. Mas os índices de homicídio, assim como os que concernem às violências mais leves e os roubos, tornam a subir a partir de 1950.

As correlações existentes entre inúmeros Estados, em uma mesma época, permitem adiantar que a violência homicida foi tratada de uma maneira idêntica na Europa ocidental e meridional, desde o século XIII. As variações cronológicas constatadas parecem essencialmente depender de fatores locais e de diferenças de evolução econômica e social. Tal era já o caso no século XVI: três espaços tão diferentes quanto a França, a Inglaterra e a Escandinávia conheceram paralelamente um mesmo movimento de forte aumento dos índices de homicídio entre 1580 e 1610, seguido de um declínio contínuo.[24] Antes de examinar as causas profundas desses fenômenos, deve-se precisar que as principais inflexões não estão ligadas às guerras, exceto de maneira negativa, o excesso de assassinatos legais tendo, parece, contribuído a enojar os contemporâneos e a fazer diminuir os homicídios criminosos: na França e na Inglaterra, a forte redução dos anos 1620 sucede a longos e terríveis conflitos religiosos, assim como os sobreviventes das duas guerras mundiais do século XX contribuem para instaurar a era de segurança e de paz que triunfa por volta de 1950. Um segundo elemento diz respeito ao modelo setentrional: Inglaterra, Escandinávia e Províncias Unidas são protestantes a partir do século XVI e veiculam um modelo ético (descrito por Max Weber) que contribuiu, com toda a evidência, para aumentar o preço da vida humana.[25] Em terceiro lugar, tal ética concerne prioritariamente às jovens gerações, nas quais o inculcam as Igrejas e as diversas instâncias de socialização. Ora, a chave do problema não se encontra precisamente do lado dos jovens machos e da maneira como a "fábrica" europeia lhes ensina o sentido da vida e o respeito da dos outros?

A "fábrica" dos jovens machos

As mulheres culpadas de homicídio representam, raramente, mais de 15% do total dos culpados. A média se situa entre 5% e 12% e permanece notavelmente estável desde o século XIII. Crime de machos, a violência assassina é, essencialmente, o caso dos "homens jovens para casar", como se pode ver a propósito das cartas de remissão artesianas. Ora, os historiadores dos séculos pré-industriais se interessaram muito raramente por essa variável, que é, no entanto, uma das principais preocupa-

---

24 Randolph Roth, "Homicide in early modern England, 1550-1800: the need for a quantitative synthesis", *Crime, Histoire et Sociétés. Crime, History, and Societies*, vol. 5, n° 2, 2001, p. 33-67.
25 Max Weber, *L'Éthique protestante et l'Espirit du capitalisme*, op. cit.

ções dos especialistas da criminologia contemporânea, em particular nos Estados Unidos: em Nova Iorque, de 1976 a 1995, o pico de assassinatos se situa na idade de 20 anos entre os rapazes.[26] Uma comparação entre trabalhos concernentes a Mântua, no fim do século XVI, Amsterdã, no século XVIII, o Sul da França, no fim do século das Luzes, Alençon, de 1741 a 1745, e estatísticas alemãs para o ano de 1908, identifica um modelo surpreendentemente similar em todos os casos, com uma concentração de 35% a 45% dos culpados no grupo de idade dos 20-29 anos. A curva adota a forma de um sino um pouco dissimétrico, porque os 10-19 anos constituem entre 5% e 20% do efetivo, mais ou menos o mesmo que os 40-49 anos, os 30-39 anos fornecendo 20% a 30% dos acusados, enquanto o traçado cai entre os mais velhos.[27] Na demografia antiga, as crianças e os jovens até 20 anos compõem o grupo de população mais importante, em torno de 40% na França, em 1740, enquanto os maiores de 60 anos são apenas 10%. As diferentes classes de idade parecem, então, quase todas representadas em função de seu peso respectivo, mesmo se os números concernentes aos mais jovens são mais baixos, e os relativos aos 30-39 anos, um pouco altos. A única exceção, muito espetacular, concerne aos que ultrapassaram o estágio fatídico de 20 anos. Sob o Antigo Regime, a apenas a metade dos recém-nascidos sobrevive a essa idade e se prepara para um casamento tardio. Considerando os dois grupos que os enquadram, pode-se detectar a lenta subida em potência de uma cultura da violência assassina, ao sair da infância e durante a puberdade, sua explosão irreprimível, durante uma dezena de anos, e seu prolongamento a um nível bastante elevado entre os jovens adultos, habitualmente casados, que ultrapassam a casa dos 30. As flutuações registradas durante séculos parecem estar principalmente ligadas a mudanças de *status* dessa idade, que se chamará "adolescência", na época industrial, em especial a fatores ligados à dificuldade de se tornar adulto por completo, chegando ao estado matrimonial e achando um lugar valorizado na sociedade.

A hipótese explicativa principal explorada neste livro é relativa aos mecanismos de substituição das gerações masculinas e às turbulências ligadas a períodos marcados por transições mais difíceis nesse domínio. A violência homicida é, ao mesmo tempo, sua expressão e seu sintoma, por meio da repressão judiciária, sobre um fundo de controle social cada vez mais firme durante séculos e de desenvolvimento de mecanismos de autocontrole assimilados pela esmagadora maioria dos que evitam os combates sanguinários. A partir do século XVII, esses combates transcrevem, principalmente, os limites e os insucessos de tais práticas culturais coletivas. O forte declínio multissecular do homicídio demonstra, então, a eficácia crescente do

---

26 E. H. Monkkonen, *Crime, Justice, History*, Columbus, Ohio State University Press, 2002, gráficos 10.1 e 10.2.
27 M. Eisner, "Long-term historical trends in violent crime", *op. cit.*, p. 109-112 a respeito das mulheres e p. 112-115 para a idade. Um dos raros trabalhos levando em conta esse último critério para uma época anterior é o de Peter King, *Crime, Justice, and Discretion in England, 1740-1820*, Oxford/New York, Oxford University Press, 2000, p. 169.

enquadramento dos jovens machos pela "fábrica" europeia. Porque, no início do processo, a violência juvenil mais extrema é não somente admitida, mas ainda incentivada para produzir uma ética viril entre os camponeses, e, principalmente, entre os nobres, que têm vocação para se tornarem guerreiros impiedosos. Eis a razão pela qual, no fim da Idade Média, na verdade ainda muito tempo depois, o assassinato é tão frequente e tão banal em todas as camadas da sociedade.

Conforme alguns autores, a pacificação das elites teria iniciado no século XVI, no Norte protestante do continente.[28] Ela começou, de fato, vários anos antes, em especial nas grandes cidades dos Países Baixos borguinhões, pela instalação de um estreito sistema de defesa da paz urbana, descrito no capítulo ulterior.[29] Na França e na Finlândia, ela está ligada a uma mudança de atitude dos juízes, que se põem a multiplicar as sentenças de morte em vez de punir, tradicionalmente, por multas e pela obrigação de indenizar os parentes da vítima. No primeiro país, a inflexão se esboça no decorrer do último terço do século XVI, quando a prática muito indulgente das cartas de remissão reais cede a vez a um rigor novo dos magistrados do Parlamento de Paris. Na Finlândia, a mesma mutação fundamental começa a travar a engrenagem da violência tolerada, a partir de 1620.[30] O movimento é mais tardio na Europa meridional ou em regiões renitentes ao poder central, como a Alvérnia, na França. Muitos autores o associam ao abandono da prática homicida banal pela nobreza, sob o efeito do processo de "civilização dos costumes" descrito por Norbert Elias.[31]

Mas a teoria não se revela inteiramente satisfatória. Ela permite, com certeza, compreender a transformação dos valores nobiliários induzida por uma educação nova que impõe aos jovens aristocratas uma forte "disciplina", marca dos Estados modernos, copiando as formas de autoridade instaladas por Luís XIV e Igrejas, católicas ou protestantes, preocupadas em moralizar a juventude. Ela se choca, no entanto, com uma contradição grande, porque o abandono de uma ética da violência poderia ter tido desastrosos resultados, transformando os lobos em carneiros, com o risco de enfraquecer o poder do Estado, que repousa essencialmente sobre as capacidades militares da nobreza. Tal é, provavelmente, a razão pela qual se desenvolveu nos séculos XVI e XVII uma cultura do pudor (ponto de honra) expressamente reservada aos aristocratas, que serviu de lenta transição entre a cultura da violência antes dividida por todos e a da "curialização dos guerreiros" descrita por Elias. Apesar das muito numerosas interdições oficiais, essa sequela modernizada do direito de vingança an-

---

28 M. Eisner, "Long-term historical trends in violent crime", *op. cit.*, p. 117; Pieter Spierenburg, "Knife fighting and popular codes of honor in early modern Amsterdam", *in* P. Spierenburg (dir.), *Men and Violence. Gender, Honor, and Rituals in Modern Europe and America*, Columbus, Ohio State University Press, 1998, p. 103-127; James A. Sharpe, *Crime in Early Modern England, 1550-1750*, Londres, Longman, 1984, p. 95.
29 Consulte o cap. IV.
30 R. Muchembled, "Fils de Caïn, enfants de Médée..." *op. cit.*; H. Ylikangas, "What happened to violence?...", *op. cit.*, p. 46-47.
31 N. Elias, *La Civilisation des mœurs, op. cit.*

terior permitiu reforçar, ao mesmo tempo, as capacidades assassinas indispensáveis a oficiais diante do inimigo e o sentido de uma profunda diferença com o vulgar, por causa do código refinado que se supunha presidir aos enfrentamentos ilegais, mas tacitamente tolerados. Se a França conquistadora do século XVII é a pátria do duelo, outros países belicosos fizeram essa experiência ulteriormente, como a Prússia, no século XIX. Esse tipo de combate merece, por essa razão, ser analisado mais adiante, em profundidade, como uma forma especificamente elitista de adaptação da interdição da violência sanguinária, então mais brutalmente imposta aos homens jovens das camadas sociais inferiores. A criminalização do homicídio não avança no mesmo ritmo segundo os países e segundo os tipos de população a que diz respeito.

Paralelamente, uma cultura do combate com faca, matriz original do duelo nobre com a espada, continua a prosperar através dos séculos. Trata-se, de fato, de uma expressão típica da honra masculina. Se ela se refere a todas as categorias de população da Idade Média e no século XVI, ela se desenvolve, sobretudo, entre os solteiros do sexo masculino. Não com um objetivo propriamente assassino, mas sob a forma de rituais de desafios destinados a estabelecer uma superioridade visível, a fim de valer mais no restrito mercado matrimonial regido pelas leis da endogamia e da homogamia. Porque os três quartos dos cônjuges, e mais ainda na aldeia, são originários do mesmo lugar e mostram a mesma condição socioprofissional. Facas ou espadas são afirmações de pura virilidade entre protagonistas de idade idêntica que se conhecem geralmente bem. Na Artésia, na França, na Inglaterra, na Suécia, em Colônia, querelas típicas eclodem sob o efeito da frequentação da taberna, nos domingos e dias de festa, entre jovens galos armados desejosos de brilhar aos olhos de todos, de seduzir uma espectadora ou de vingar uma afronta.[32] Os ferimentos, que não são, na maioria das vezes, mortais, se infeccionam, enquanto eles tinham, muitas vezes, a função essencial de afirmar uma vitória e de humilhar um adversário. Os progressos da cirurgia explicam parcialmente o declínio dos índices de homicídio a partir do século XVII, impedindo essas derivas. Mas o essencial está em outra parte. Esses jogos viris são denunciados com um vigor crescente pelas autoridades, que se põem a punir duramente os transgressores, multiplicando as sentenças capitais. A queda dos índices de homicídio traduz, em boa parte, o sucesso da ofensiva efetuada contra os adolescentes muito inclinados a lutar com faca. Em Amsterdã, somente jovens das classes inferiores procuram ainda tais combates no fim do século XVII; depois, a prática desaparece totalmente, uns cem anos mais tarde. Ela resiste por mais tempo na Itália, ou as coisas só mudam no fim do século XIX. Ela pode, também, reaparecer: na Finlândia, leis severas feitas em 1662 e 1682 conseguem erradicar o duelo entre nobres, mas, no século XIX, a província de Ostrobothnie do Sul conhece uma "idade dos combatentes com faca".[33] Os Apaches parisienses do tempo de

---

32 M. Eisner, "Long-term historical trends in violent crime", *op. cit.*, para comparações europeias.
33 *Ibid.*, p. 121; P. Spierenburg, "Knife fighting and popular codes of honor in early modern Amsterdam", *op. cit.*; H. Ylikangas, "What happened to violence?, *op. cit.*, p. 64-65.

Casque d'Or, no início do século XX, as gangues de Nova Iorque popularizadas pelo filme *West Side Story* (1961) e alguns jovens do subúrbio de nosso tempo redescobrem esses mesmos rituais centrados na defesa da honra viril dos homens jovens.

Os números da repressão não denotam simplesmente crimes intangíveis. Eles definem mais exatamente a penetração progressiva nas diversas camadas da sociedade de um tabu cada vez mais fundamental concernente ao homicídio. Hoje, este é diretamente correlacionado com a violência em todas as suas formas, com o roubo e com os ataques sexuais.[34] Poucos trabalhos sobre esse assunto foram realizados a respeito dos séculos anteriores, muitas vezes por falta de fontes. A relação foi, contudo, esclarecida para as pequenas cidades suecas dos séculos XVI e XVII: as curvas da agressão física e do homicídio são paralelas, tanto em seu comportamento geral quanto em suas flutuações.[35] Tal ligação remonta a uma velha cultura da violência juvenil, contra a qual nossa civilização luta com obstinação há meio milênio, enquanto ela constituía, antes, a trama ordinária dos dias e, mais ainda, dos momentos festivos, em toda a Europa.

---

[34] M. Eisner, "Crime, problem drinking, and drug use: patterns of problem behavior in cross-national perspective", *Annals of the American Academy of Political and Social Science*, t. DLXXX, 2002, p. 201-225.

[35] P. Karonen, "A life for a life versus christian reconciliation: violence and the process of civilization in the kingdom of Sweden, 1540-1700", *in* H. Ylikangas, P. Karonen e M. Lehti (dir.), *Five Centuries of Violence in Finland and the Baltic Area*, *op. cit.*, p. 85-132.

CAPÍTULO III

As festas juvenis da violência (séculos XIII-XVII)

A percepção da violência homicida é fundamentalmente diferente da nossa, no final da Idade Média ou nos séculos XVI e XVII. Não somente a morte violenta parece, então, muito ordinária, mas ela é considerada lícita, até mesmo necessária, pelos contemporâneos. Somente suas formas extremas, o assassinato deliberado, cometido por ódio ou por vingança, e o parricídio são realmente passíveis de uma pena de morte. As teorias penais que emergem a partir do fim do século XII em diversos países europeus enaltecem a perseguição rigorosa desses raros "casos enormes" na França, "fatos desagradáveis" nos Países Baixos, *delictos atroces*, em Castela, *heinous crimes*, na Escócia... Os outros tipos de assassinatos, chamados *manslaughters* na Inglaterra, se beneficiam, em toda parte, de uma grande indulgência, e são muito pouco levados ao conhecimento das autoridades judiciárias. A crueldade sanguinária é, por esse fato, muito corrente. Para tentar compreender suas causas, é indispensável recolocá-la no quadro normal da vida de relações. A existência se acha literalmente saturada de brutalidade. Não de maneira patológica, salvo circunstâncias excepcionais, mas de maneira ordinária e para os dois sexos, qualquer que seja a condição social ou a idade, os bebês não escapam disso menos que os idosos. Enraizada no coração dos humanos, a violência não tem nada de tabu nessas épocas. Ela representa, ao contrário, um valor positivo que sustenta as hierarquias e preside incessantemente as trocas materiais e simbólicas. Mais ainda, ela reina tanto no universo lúdico quanto no tempo e espaço do trabalho. Assim como o cemitério se encontra no meio da aldeia, em torno da igreja paroquial, o gosto do sangue está no centro de uma cultura da violência que modela os papéis sociais e sexuais. Nas sociedades em que o rei é um macho dominante imitado em cascata pelos nobres guerreiros, as normas essenciais repousam na expressão de uma virilidade exacerbada. Apesar do esforço perseverante das Igrejas, católica, depois, protestantes, visando a fazer respeitar os preceitos de humildade, de paz, de defesa dos fracos, das viúvas e dos inocentes, a honra masculina continua o padrão absoluto, da corte principesca à menor aldeia, até o século XVIII – na verdade, muito mais tarde em algumas regiões ou categorias de população. Ela se transmite dos pais aos filhos, deixando às mulheres a suavidade, considerada uma fraqueza natural própria ao seu sexo. Homens em devir, os rapazes púberes são tão mais incitados a se diferenciar do mundo feminino por excessos aparentes de brutalidade, que eles devem mostrar sua capacidade de substituir, um dia, seus genitores. Relegados à margem dos dois universos mais valorizados aos seus olhos, o do poder e o da sexualidade, eles consomem, também, assim, suas frustrações, demonstrando seu poder físico e sua habilidade no momento das festas e dos jogos. Rapidamente é ultrapassada a barreira da liberação lúdica dos instintos ao ato homicida, enquanto os solteiros machos ostentam, frequentemente, armas, por demonstração ou por desafio. As autoridades terão muita dificuldade em afastá-los das tradições que valorizam a honra e a energia masculina, porque se trata de um verdadeiro sistema educativo, ligando a prova de virilidade a um enfrentamento festivo permanente com os pares, para impressionar as moças e os pais.

Uma cultura da violência

No final da Idade Média, o desenvolvimento do Estado central e o das jurisdições urbanas, em algumas regiões particularmente marcadas pelo peso das cidades, Itália do Norte, Países Baixos, Santo Império, França meridional, complicam uma situação já confusa em matéria de punição do homicídio. No ducado de Brabante, por exemplo, somente o assassínio qualificado de "fato abominável" se acha processado por dever de ofício por um agente do príncipe. Se se trata de uma ação involuntária, ou "fato admirável", inúmeras possibilidades são oferecidas ao culpado. O mais simples é que ele conclua uma "paz à parte" particular, mediante finanças, com os parentes da vítima, a fim de que eles não exerçam seu direito de vingança contra ele ou seus próximos. Ele pode, também, fugir, colocar-se em segurança, e, depois, pedir ao soberano uma carta de remissão. Liberado gratuitamente ou mediante o pagamento de uma multa, esse documento implica indenizar a família adversa, para evitar que o retorno ao país conduza a uma escalada de vinganças em cadeia. Uma outra solução é passar pela justiça do lugar, "compor" com ela um preço do sangue, avaliado em função das possibilidades do reclamante, antes de propor um acerto amigável com os herdeiros do defunto.[1] A ação pública tem muito pouca importância em relação à necessidade de preservar a paz entre as linhagens afetadas. Ocorre, também, que um assassino não faça nada e continue a viver como se nada tivesse acontecido, com o risco de ser, um dia, atacado, por sua vez, por um vingador de longa memória. Os que são temidos por sua crueldade e sua habilidade nas armas, em especial os nobres e os soldados, impõem, assim, frequentemente, sua presença, por meio do medo, e reincidem sem escrúpulos. Porque a violência não provoca por ela mesma a exclusão social, diferentemente do roubo, que suscita mais medo e desprezo, em particular

---

1 X. Rousseaux, "La repression de l'homicide en Europe occidentale (Moyen Âge et Temps modernes)", *Genèses. Sciences sociales et histoire*, nº 19, abril 1995, p. 122-147, para uma visão panorâmica da questão.

nas cidades. Brigas, ferimentos e homicídios pertencem à paisagem ordinária, no fim da Idade Média, a ponto que se tenha podido até dizer que caracterizam o estilo de vida das elites citadinas.[2]

Injúrias e brutalidades são muito frequentes, mas mal conhecidas, principalmente na aldeia. Alguns documentos esparsos permitem, no entanto, avaliar sua importância. A receita das multas da corte episcopal de Arras, de 7 de março a 12 de dezembro de 1328, menciona, assim, 96 "grandes multas": 34 por usura, 31 por casos de sexo (adultério, como aquele cometido por um vigário com uma mulher casada, concubinagem, bigamia, relações com duas irmãs, o que é considerado um incesto), 18 por golpes e ferimentos, 10 por infrações à jurisdição eclesiástica (casamento clandestino ou sem publicação de proclamas, falso juramento em confissão...), além de dois falsos testemunhos e uma saída da taberna sem pagar.[3] Enquanto 14 mulheres são citadas, ou seja, perto de 15%, todas por usura, os golpes e ferimentos são unicamente o caso de homens, dos quais três bateram em uma mulher, e três, em um clérigo (mais uma briga entre dois clérigos). Se elas não são a preocupação principal dos representantes do bispo, porque elas chegam em terceira posição, com apenas 19% do total, essas brutalidades mostram, pelo menos, sua preocupação de canalizar uma violência especificamente masculina.

Como as autoridades religiosas, os senhores tentam limitar a brutalidade ambiente por um sistema de multas idêntico. Poucas pistas foram conservadas. Entre elas, a lei estabelecida em 6 de janeiro de 1469, pelo poderoso vigário de Saint-Bertin, na aldeia artesiana de Arques, da qual ele é o senhor, permite fazer-se uma ideia exata. O texto é inspirado pelas práticas, em uso nas grandes cidades do condado de Artésia, Saint-Omer e Arras. Os magistrados designados têm o direito de instruir "as maiores causas", entre as quais os assassinatos, mas o julgamento, nesse último caso, é da única alçada da corte superior da jurisdição de Saint-Bertin. Para um homicídio "casual", não premeditado, o malfeitor deve fazer "paz à parte interessada e aos parentes do morto", portanto, as indenizações, depois, pagar uma multa ao senhor. Aquele que "cortar ou arrancar membro de outrem" perderá o punho ou pagará uma pesada quantia de 60 libras ao senhor, assim como uma indenização ao ferido. Se o fato é casual, ocorrido sem vontade deliberada ou legítima defesa, a satisfação "à parte" continua necessária, mas o preço pago é 20 vezes menos alto: 60 vinténs. O porte de armas é proibido, salvo para os oficiais do senhor. Os contraventores pagam 60 vinténs, e até mesmo 6 libras, se a arma for empunhada contra alguém, mesmo sem feri-lo, e 60 libras, ou a perda do punho, além de uma satisfação à parte, em caso de ferimento, inclusive se este for cometido com faca de pão, com lâmina grande, que se "usa comumente para se servir à mesa". Depois de um golpe de espada

---

2   Bronislaw Geremek, "Criminalité, vagabondage, paupérisme: la marginalité à l'aube des temps modernes", *Revue d'histoire moderne et contemporaine*, t. XXI, 1974, p. 339-340.

3   Archives départamentales d'Arras, A 870, 7 de março de 1328 (n. st.) a 12 de dezembro de 1328 (obrigado a Bernard Delmaire, que me comunicou sobre essa peça).

não culminando na morte nem em uma mutilação, as mesmas penas se aplicam: a arma é confiscada e os cuidados médicos devem ser pagos. Bater com um bastão rende 30 vinténs ao senhor, mais 30 ao ferido, se ele se queixar, assim como o pagamento das despesas médicas, na eventualidade de uma ferida, ou se cuidados se mostram necessários. A briga com socos ou pontapés, quando derrama sangue, custa 20 vinténs, pagos ao senhor, mais 20 vinténs à vítima, se ela promover uma ação. Arrancar as roupas do outro é sancionado pela mesma reparação, dobrada se o interessado está convencido de ter iniciado a briga, sem esquecer uma indenização à pessoa lesada, nos dois casos. Mirar alguém com um arco ou uma besta estendida rende 20 vinténs ao senhor, o dobro, se o dardo for arremessado, sem atingir o alvo. Cada injúria obriga a desembolsar 20 vinténs, dos quais dois vão para o injuriado e dois ao denunciante. "Quem bater em sua mulher ou lhe disser injúria, pagará multa de 60 vinténs." Por causa da equidade cristã, provavelmente, acontece o mesmo quando a esposa é a agressora. O que se encontrar assim agredido e defender sua vida não é passível de nenhuma compensação financeira, salvo se ele porta uma arma proibida, taxada como previsto. Enfim, o condenado que não fornece fiança ou garantia de pagamento ao que deve, em 15 dias pode ser detido, mas "não em uma prisão suja". O insolvível pobre, de má reputação e "vadio" sofre simplesmente o pelourinho, antes de ser liberado.[4]

A minúcia das estipulações referindo-se a uma grande variedade de ameaças e de violências, tanto verbais quanto reais, testemunha sobre a existência de relações quotidianas muito brutais. O senhor se reserva os assassinatos premeditados, mais graves, punidos com morte e confiscação dos bens. Para todos os outros casos, pode-se perguntar se o recurso sistemático à multa exerce realmente efeitos dissuasivos. Porque o sistema banaliza os casos de sangue, inscrevendo-os em uma densa rede de transações financeiras com as autoridades e a parte privada afetada. O preço da vida não é, finalmente, muito alto, sobretudo porque os que se revelam maus pagadores são simplesmente ameaçados de prisão, e os insolvíveis de má reputação se liberam com uma exposição pública no pelourinho. Há dúvida se tais ameaças conseguem desenraizar a cultura da violência maciça e geral, revelada por outras fontes, em toda a Europa.

A Inglaterra dá informações excepcionais a esse respeito para o século XIII. Crime capital, como alguns outros taxados de *felony*, o homicídio dito "culpado", que se distingue do definido como "excusável" ou justificável", depende só dos tribunais reais. Como o "fato abominável" nos Países Baixos, ele provoca a pena de morte. Bem mantidas até o início do século XIV, as sessões itinerantes das cortes reais *of the eyres* fornecem contas do crime surpreendentes, cujo equivalente não existe para outros países, mas que se interrompem, em seguida, até a organização da polícia, no século XIX.[5] Esses documentos permitem estimar índices de homicídio para 100 mil ha-

---

4 Georges Espinas, *Recueil de documents relatifs à l'histoire du droit municipal en France des origines à la Révolution*. Artois, Paris, recueil Sirey, t. I, 1934 (lei de Arques outorgada pelo vigário de Saint-Bertin, Guillaume Fillastre, senhor do lugar, em 6 de janeiro de 1469).
5 James Buchanan Given, *Society and Homicide in Thirteenth-Century England*, op. cit., 1977, p. 12-14.

bitantes, que variam enormemente, entre um máximo de 64 para a sessão ocorrida em Warwick, em 1232, e um mínimo de quatro para cada uma das duas sessões de Bristol, em 1227 e em 1248. O destino de 3.492 culpados identificados é bastante contrastado. Somente 1.251, um pouco mais do terço, se apresentaram diante do tribunal sediando em júri local, enquanto 1.441 outros, ou seja 41%, que tinham, prudentemente, fugido, foram declarados *outlaws*, o que implicava a confiscação de seus bens em proveito do rei e sua execução sumária em caso de captura. Os que compareceram beneficiaram, em geral, de um tratamento indulgente: 970 foram absolvidos, enquanto 274 eram condenados à morte. Os números representam respectivamente 28% e 7% do total geral dos acusados, o que estabelece uma relação de 4 a 1 em favor da liberação do acusado presente nas sessões. Acrescentam-se a isso 56 perdões reais para ausentes, comparando com a sorte funesta de 20 assassinos mortos pelos parentes de sua vítima.[6] A despeito das incitações ao rigor feitas por uma lei uniforme, a moderação evidente dos júris traduz uma relação de força que pende em favor da mansidão ante a cultura da violência, tal como se exprimia abundantemente nas paróquias. As sentenças se revelavam particularmente benevolentes, se o defunto tivesse sido morto por várias pessoas e não em uma luta de um por um. Os dois terços dos casos implicavam pelo menos um cúmplice, e uma em 10, mais de uma dezena. Com toda evidência, os júris locais consideravam que o uso da violência era normal para acertar alguns conflitos, principalmente se ele se exprimisse de maneira coletiva, dadas as obrigações criadas por tais elos entre os indivíduos. Eles se recusavam a criminalizar esses fatos como o direito o ordenava sem nuance, só oferecendo a escolha entre o último suplício e a absolvição, inclusive para os cúmplices. Sua prática chega, finalmente, segundo um estatuto de 1390, a distinguir o *murder*, homicídio intencional cometido por "malícia", do *manslaughter* justificável, em especial em estado de *self-defense* para evitar um perigo mortal.[7]

O dever de violência existia. Assim, os estudantes da nação normanda, na Universidade de Paris, convocaram suas tropas, no início do século XIV, ordenando-lhes armar-se para atacar os de uma outra nação. Depois de um voto positivo em favor do combate, um morto e um ferido ficaram no chão. A importância das solidariedades familiares é também demonstrada pelos números muito baixos relativos a assassinatos de membros do parentesco: 159, segundo os *eyres* (julgamentos) do século XIII, menos de 0,5% do total, dos quais 64 mulheres atacadas por seus maridos, 32 maridos por suas mulheres, e 27 irmãos se matando entre si. Parricídio, matricídio e infanticídio eram raríssimos, segundo as mesmas fontes, assim como os exemplos de patrões tendo matado um empregado.[8] Não se trata, provavelmente, de um reflexo exato da realidade, porque as brutalidades eram correntes no ambiente

---

6 *Ibid.*, p. 92-93.
7 X. Rousseaux, "La repression de l'homicide en Europe occidentale (Moyen Âge et Temps modernes)", *op. cit.* p. 130.
8 J. B. Given, *Society and Homicide in Thirteenth-Century England, op. cit.*, p. 41-43, 56-57, 62-63.

familiar, e é particularmente duvidoso que o infanticídio não tenha contado mais de 10 ocorrências na Inglaterra, no século XIII. Tais silêncios traduzem principalmente a força dos tabus e a eficacidade da lei do silêncio comunitária nesses domínios: a violência mortal é banal aos olhos de todos, salvo se ela se exerce no interior do lar, fato indizível, porque quebra indispensáveis amarras e convoca a vergonha sobre toda a gente da casa.

O mesmo ocorre com a violência feminina. Altamente masculino, o homicídio é censurado em 91% dos acusados e afeta 80% das vítimas enumeradas nos *eyres* (julgamentos). As mulheres fornecem uma vítima em cinco, mas menos de uma acusada em 10. Constante de nossa cultura, essa sub-representação se observa ainda hoje, em proporções idênticas. Ela reflete um poderoso interdito social: a violência feminina não é aceitável. Não somente elas não são educadas para se servirem da violência para resolver um conflito, diferentemente dos machos, mas elas não portam armas, e julga-se que não sabem servir-se de uma. O perfil das assassinas é considerado uma anomalia desde o século XIII. As que comparecem em pessoa diante dos júris ingleses são absolvidas em uma proporção idêntica aos homens, mas as condenadas à morte, em número de 41 em 123, alcançam um terço de seu contingente contra menos de um quinto, 206 em 1.128 para o sexo forte. A alquimia judiciária tende a edulcorar a responsabilidade masculina e, ao contrário, a reforçar a culpabilidade feminina, o que acaba por enviar à forca uma mulher para quatro homens. Além disso, seu crime difere, em certos pontos, do destes últimos. Os representantes do sexo forte matam alguém que não lhes é aparentado, em 96% dos casos, e, se eles não agem sozinhos, na metade dos casos, eles são acompanhados em 84% por um parceiro sem elo familiar com eles. Ao contrário, 19% das assassinas atacam um parente, e 53% agem em companhia de um próximo: genitores, filhos, irmãos ou irmãs e, principalmente, marido ou amante, em 47% das ocorrências.[9]

A sociedade inglesa do século XIII está saturada de violência, o que não constitui em nada uma exceção na Europa. Entretanto, a agressividade é controlada por códigos imperativos. Ela é "questão de gênero", especificamente masculina, e mais intensa nos campos do que nas cidades. Contrariamente a ideias recebidas, as grandes cidades, que abrigam, entretanto, populações muito instáveis, são capazes de amortecer claramente o fenômeno. Londres apresenta índices de homicídio muito inferiores à maior parte dos índices dos campos, e Bristol ostenta os mais baixos de todos.[10] A família oferece um relativo porto de paz nesse universo atormentado. Parece que tabus imperativos protegem a vida de seus membros, em particular a do pai e dos outros homens. No entanto, as brigas não são raras no lar, mas elas não devem provocar a morte. A fúria destruidora é, ao mesmo tempo, inibida entre os parentes próximos e orientada para o exterior, para abater-se sobre indivíduos que não são desconhecidos, mas que não compartilham dos elos de sangue ou de aliança com os

---

9   *Ibid.*, p. 136-137, 144-145.
10 *Ibid.*, p. 174-175.

precedentes. As mulheres que quebram as regras não escritas lhes proibindo matar ou ferir são tratadas com a maior severidade e consideradas como duplamente anormais, se elas atacam um homem da casa, principalmente o esposo. A indulgência só lhes é concedida se elas acompanham um de seus próximos contra um agressor. A brutalidade das relações domésticas, em que elas ocupam uma posição de submissão, conduz, no entanto, algumas delas a resistir, até mesmo a tentar suprimir a causa de suas desgraças. Quanto às vítimas femininas, mais frequentemente mortas por um agressor do sexo oposto, 17% o foram por um parente, enquanto somente 4% dos homens tiveram uma sorte idêntica. A diferença denota relações de dominação evidentes do sexo forte sobre o fraco.

Os socos formam, também, uma verdadeira linguagem relacional entre os machos. Eles exprimem sua virilidade e servem para afirmar sua posição social em caso de contestação. Muitos portam uma arma, mesmo que seja a faca de pão. Os raros dados coletados a respeito dos tipos de ferimento privilegiam os que foram infligidos com uma faca, chegando os machados em segunda posição. A educação dos meninos repousa, então, sobre a exaltação da força física e habitua os interessados ao sofrimento, através de punições corporais infligidas pelos pais às crianças, os mestres aos aprendizes, ou os professores aos alunos. Formar o caráter passa também por jogos brutais, torneios para os nobres, lutas amicais com os vizinhos, competições físicas entre partidos vindos de diferentes aldeias, nos dias de festa. Em suma, tudo leva a tolerar a violência, até a considerá-la como necessária, afirma o autor.[11] Por falta de informações, parece, ele não tentou avaliar a parte dos homens jovens casadouros. Ora, ela é considerada fundamental. A construção judiciária do problema revelada pelos *eyres* resulta de um compromisso entre a lei que ordena punir com morte o assassino, em terra cristã, e as regras comunitárias repousando sobre uma violência relacional reguladora. Proibida às mulheres, que devem simplesmente suportá-la, ela tem como papel modelar e revelar a virilidade, posicionar cada protagonista na cena social. A aprendizagem da luta com faca é, por isso, um dever; o ferimento infligido ou recebido, uma honra, e o homicídio resultante, um fato de armas, apesar de sua condenação pela justiça e pela Igreja. É, então, normal que os solteiros machos sejam os mais violentos, visto que eles tentam corresponder ao ideal masculino definido pela sociedade em que eles desejam ardentemente ocupar uma posição, eles, a quem os adultos mantêm sob tutela, para retardar o momento em que tomarão seu lugar. Essa colocação à parte visa, também, a desviar para o exterior da casa, longe da família, a violência juvenil exacerbada pela exigência de demonstrar um poder dominador. Assim, o homicídio faz, principalmente, parte de rituais de competição entre moços concorrentes no mesmo restrito mercado matrimonial. Intensamente ligado à sociabilidade festiva, ele traduz em atos o contrato tácito passado entre as gerações masculinas. Os rapazolas aceitam uma partilha diferida das riquezas e um acesso retardado a uma sexualidade plena e completa, porque eles estão certos de

---

11   *Ibid.*, p. 188-189, 198-199, 213.

ocupar mais tarde o lugar dos genitores, e de que estes toleram seus excessos de brutalidade assassina.

Festas sangrentas e jogos brutais

Os europeus do fim da Idade Média vivem em um universo marcado por duas grandes tradições: a herança cristã bem implantada há um milênio e os costumes camponeses, mais antigos ainda, que se impõem com baixo custo a quatro habitantes em cinco e contaminam fortemente as minorias urbanas do tempo. O calendário agrolitúrgico que daí resulta tenta conciliar fenômenos às vezes contraditórios. A Igreja procura impor o recolhimento e a oração a seres que vivem em condições muitas vezes difíceis, que reclamam das autoridades um direito à festa, cujos excessos parecem inaceitáveis, e mesmo subversivos. Até a metade do século XVI, aldeões e citadinos colocam regularmente o mundo às avessas, bebem, comem, dançam e se entregam a todas as loucuras imagináveis para esquecer suas preocupações quotidianas, abandonando por um tempo a seriedade que reclamam deles.[12]

As ocasiões não são raras. Inúmeras festas ritmam o ano litúrgico. Como nos domingos, quando é proibido trabalhar sob pena de multa, elas são dedicadas à prática religiosa, mas se encontram também vividas de maneira muito profana, antes, depois, e até durante as cerimônias. Variáveis segundo o país, as regiões e as paróquias, esses momentos de festividades, domingos inclusive, representam uma boa centena de ocorrências por ano. O calendário litúrgico se abre com um longo período de jejum, de continência sexual e de penitência, o Advento, seguida de 12 dias de regozijos, a partir do Natal. Em 28 de dezembro, data aniversária do massacre das crianças inocentes pela ordem do rei Herodes, é consagrada a uma festa de inversão muito alta em cores, dita "festa dos Loucos", na França, na Espanha e nos países germânicos, ou do *Boy Bishop*, na Inglaterra. Os jovens clérigos celebram ritos paródicos endiabrados nas igrejas, depois correm nas ruas para fustigar as mulheres presentes, a fim de garantir sua fecundidade e a fertilidade dos campos, lembrança longínqua das saturnais romanas acalentadas pelo solstício de inverno.

Em Veneza, o Carnaval começa precocemente, em 26 de dezembro. Em outros lugares, ele começa em datas variáveis, entre o dia de Reis, 6 de janeiro, e a Candelária, 2 de fevereiro, para culminar na Terça-feira gorda (*Shrove tuesday* na Inglaterra), com uma grande festa da abundância. No dia seguinte, Quarta-feira de Cinzas, que marca a entrada na Quaresma até a Páscoa e se situa, no mais cedo, em 5 de fevereiro, e no mais tarde, em 10 de março, o boneco de "são Pançudo", personificando o Carnaval, é queimado em público. Em 1559, em O Combate de Carnaval e de Quaresma, Bruegel mostrou admiravelmente a passagem das diversões mais loucas à penitência, ao jejum, à continência e à interdição de qualquer prazer durante os 40

---

12 Mikhaïl Bakhtine, *L'Œuvre de François Rabelais et la Culture populaire au Moyen Âge et sous La Renaissance, op. cit.*

dias seguintes, até a liberação marcada pela festa de Páscoa. Outras festividades demarcam o ciclo pascal, ou comemoram a lembrança do santo padroeiro da paróquia. Em maio, depois do fim das vigílias do longo inverno, a vida de relações se torna cada vez mais intensa. As núpcias se multiplicam, acrescentando outras ocasiões para dançar, comer, beber na taberna, praticar jogos de todos os tipos.

Em 1º de maio, abre-se o mês da juventude e da corte amorosa. Os bandos de rapazes vêm plantar arbustos, os "maios" (faias ou azevinhos), na frente das casas das moças núbeis. As qualidades ou os defeitos da moça são celebrados em uma linguagem simbólica que todos sabem decodificar, enquanto os irmãos velam pela pureza da que leva a honra de toda a família. Nem por isso, os excessos deixam de ser frequentes, o que incita a Igreja católica a dedicar o mês de maio à Virgem, na segunda metade do século XVI, a fim de tentar impedir as núpcias, então numerosas, e suas incessantes desordens: ela afirma que não se deve casar durante o mês de Maria. Uma outra grande festa de fecundidade acontece na noite de São João, 24 de junho. Grandes fogueiras são acesas. Os casais desejosos de se unirem ou ter filhos no ano saltam por cima, de mãos dadas, depois pegam cinzas ou tições para fazer um uso mágico de cura ou de preservação, em particular para afastar os malefícios. Porque essa noite é a das bruxas. Mal cristianizada, ela perpetua uma festa do fogo, no momento do solstício de verão. Rodas inflamadas são, às vezes, lançadas nas encostas, em algumas regiões.

Na Artésia, julho é consagrado a muitíssimas festas paroquiais, as "dedicações", chamadas "quermesses" nos países católicos de língua flamenga, que comemoram o aniversário da dedicação da igreja local. Os grandes trabalhos agrícolas reduzem as oportunidades de divertimento em agosto, até a festa da colheita nas plantações de trigo, que transforma o dia 15 de agosto, data da Assunção, em momento de patuscada e de liberação dos instintos sexuais. As zonas de vinhedos conhecem fenômenos idênticos ao final das vindimas. O dia de Todos os Santos e a festa dos Mortos, 1º e 2 de novembro, terminam o ano. Elas não são apenas comemorativas, pois organizam-se em torno de tradições alegres, ligando os mortos aos vivos. Antes das interdições impostas na segunda metade do século XVI, danças, festins e jogos acontecem nos cemitérios, onde se vem comer sobre o túmulo dos desaparecidos da família, como se eles pudessem compartilhar dessa refeição. Os homens jovens são encarregados de dialogar simbolicamente com os mortos, tocando sinos durante toda a noite de 1º de novembro. Os representantes das gerações novas estendem, de alguma maneira, a mão aos ancestres, a fim de garantir o futuro da comunidade, ao mesmo tempo, garantido pela sua própria virilidade e pela fecundidade da terra onde repousam os mortos. Depois, a roda do tempo gira de novo, imutável, fazendo alternar os momentos de trabalho e de alegria, de privação e de abundância festiva.[13]

---

13 R. Muchembled, *Société, cultures et mentalités dans la France moderne, XVe au XVIIIe siècle*, Paris, Armand Colin, 1994; ed. revista e corrigida, 2003, p. 94-103 (consulte, em particular, o calendá-

A juventude exerce sempre um grande papel nas festas, em particular durante as mais importantes e as mais desenfreadas: Todos os Santos, o longo período do Carnaval, o mês de maio, São João, as diversões que marcam o fim do ano agrícola. Ela materializa, com efeito, a esperança das paróquias, suas chances de sobrevivência em um universo hostil profundamente marcado pela fome, a guerra e múltiplas epidemias.[14] Cada aldeia europeia é uma célula no núcleo duro, mas cujos contornos mudam, onde todas as forças são mobilizadas para impedir os perigos externos de ameaçar a existência coletiva. As trocas econômicas e matrimoniais com as outras paróquias são vigiadas de perto, a fim de que não cheguem a um inquietante enfraquecimento. Também, o modelo dominante do casamento é fundamentalmente endógamo e homógamo: mais de três quartos dos rurais casam-se com alguém originário do mesmo lugar e da mesma condição social. Os habitantes são formados desde a mais tenra infância para defender seu território e seus direitos contra qualquer usurpação.

Ao sair das saias de suas mães, por volta dos sete anos, mandam-se os meninos guardar os rebanhos nos limites das terras. Aí eles encontram os seus homólogos das aldeias vizinhas e aprendem com eles a dura lei da vida, com golpes de cajado e com estilingue, para impedir os "estranhos" de pisar em seu solo. Um ferimento recebido ou dado constitui um motivo de orgulho. Os adultos espectadores, em particular as mulheres que recolhem lenha ou que lavam roupa no rio, incentivam os combatentes, exortando-os a não apanhar de um menor que eles. A partir dos 14 anos, mais ou menos, os meninos púberes passam uma etapa ritual, deixando a segunda infância que se desenvolveu sob a vista dos pais. Eles descobrem sua virilidade, no sentido próprio. Então, com a idade de perto de sete anos, o que situa a ação em 1741, em Sacy, na Borgonha, Restif de la Bretonne observa uma dúzia de rapazolas "que tinham o dobro da minha idade, isto é, que estavam na época da puberdade", fazendo no sol uma "demonstração" explicada em uma nota em latim: "Todos, sem pudor, exibindo seu pênis, brincavam à porfia com a retração do prepúcio. Chegaram a ejacular o sêmen? Não pude, por causa de minha idade, distingui-lo: mas notei que ninguém se envergonhava". O fato de que ele não tenha podido aproximar-se do grupo indica a especificidade do mesmo, cujos membros se mantêm a distância dos outros habitantes. Ainda mais que eles são doravante o objeto de uma sólida desconfiança por parte das meninas, no entanto, lado a lado em múltiplas ocasiões, na igreja, na praça ou nos campos, porque eles representam um perigo para sua castidade e, por isso, para a honra dos homens da família. Pais e irmãos, em particular, vigiam estritamente a virtude das mocinhas, contribuindo para afastar os galinhos longe do

---

rio, p. 103); Julius R. Ruff, *Violence in Early Modern Europe*, 1500-1800, Cambridge, Cambridge University Press, 2001, p. 163-166 para comparações europeias.

14 R. Muchembled, *Société, cultures et mentalités*, op. cit., p. 46-56 (casamento e sexualidade), p. 87-93 (reinos de juventude).

galinheiro. Como seus próprios genitores os mandam trabalhar durante o dia e os incitar a ficar o menos possível em casa, universo dos mais jovens e lugar da sexualidade dos adultos, eles se sentem obrigados a inventar sua própria sociabilidade.

Esta toma a forma original dos bandos estruturados à semelhança da dos rapazes de Sacy. Os "companheiros de casar" se reúnem em "reinos de juventude. Tais estruturas existem por toda parte na França, sob nomes diversos, "abadias da juventude" do Sul, da Borgonha ou do Delfinado, *bachelleries* (confrarias de jovens solteiros) do Poitou ou da Vendeia... À exceção, parece, da Inglaterra, elas são atestadas em toda a Europa, Suíça, Alemanha, Itália, Hungria, Romênia, Espanha... Surgidas por volta do século XII, talvez até antes, elas se desenvolvem até o século XVIII, antes de desaparecer, mais ou menos rapidamente segundo os lugares, sob o peso dos moralistas que denunciam seus excessos. Elas traduzem o atraso crescente da idade do casamento, na Europa ocidental, considerado pelos demógrafos como o principal mecanismo de regulação da população, na ausência de contracepção maciça eficaz, já que faz baixar o número de crianças procriadas por casal. Na França, para os homens, as núpcias são solenizadas entre 28 e 30 anos, às vésperas da Revolução, enquanto elas aconteciam, sem dúvida, aos 23 anos, no fim da Idade Média. Um estágio muito longo de espera é, então, imposto aos meninos púberes, antes que eles cheguem ao *status* de adulto completo e a uma vida sexual lícita. Durante uns 10 anos, pelo menos, até 15, em 1789, os interditos religiosos e ainda mais a vigilância muito estrita das meninas pelas famílias as impedem de seguir facilmente suas pulsões.

Os historiadores de hoje não acreditam em uma continência total e completa dos solteiros. Se os nascimentos ilegítimos não excediam 1% nas aldeias francesas do século XVII, muitos exutórios existiam – da masturbação, às vezes coletiva, a exemplo do caso de Sacy, de vez em quando também heterossexual, como na Inglaterra, no século XVII, nos abraços furtivos com mulheres casadas ou viúvas, passando pela prostituição, o estupro, então pouco criminalizado, até mesmo a bestialidade.[15] Não impede que os interessados vivam mais do terço de sua existência em uma posição desconfortável, à margem da comunidade que desconfia do potencial explosivo que eles representam. As moças, quanto a elas, são mantidas sob tutela dos pais e de outras mulheres, para preservar o tesouro de sua virgindade. Elas não constituem jamais grupos estruturados de adolescentes, que seriam uma presa evidente para os machos. A sociabilidade feminina mistura estritamente todas as idades e funciona segundo princípios hierárquicos, em especial na vigília, no forno ou no moinho, quando as "velhas" protegem as "inocentes" dos ataques masculinos, mesmo se tais avanços agradam às interessadas.

---

15   R. Muchembled, *L'Orgasme et l'Occident, op. cit.*; consulte também J.-L. Flandrin, *Les Amours paysannes, op. cit.*, e, para a Inglaterra, Geoffrey Robert Quaife, *Wanton Wenches and Wayward Wives. Peasants and illicit Sex in Early Seventeenth-Century England*, Londres, Croom Helm, 1979.

Reinos de virilidade, os grupos de juventude recrutam todos os rapazes da paróquia, mas se cindem em pequenos bandos segundo as ocasiões e as afinidades, talvez, às vezes, também em função de sua classe social. Nas aldeias comuns, povoadas com algumas centenas de habitantes, eles podem compor um só conjunto, com uma dezena de indivíduos ou mais. As grandes paróquias e, principalmente, as cidades possuem um número, às vezes, elevado, organizados por bairros. Um rei, um príncipe, um abade, um chefe, em suma, é designado a cada ano, no momento de uma festa importante, mais frequentemente, por ocasião de uma competição de força ou de destreza em que ele se mostrou o melhor. Um novo membro, que não tem a escolha de recusar sua participação a partir da puberdade, paga suas "boas-vindas" em dinheiro ou em bebida. Ele começa iniciando-se nas tradições, vigiando para os mais velhos, carregando seus casacos e suas armas, passando por ritos de iniciação que traduzem o abandono da infância pelo estado de jovem macho. Entre seus pares figuram, às vezes, homens casados, em especial os que se encontram no primeiro ano de sua vida conjugal e não têm ainda filho, sinal de uma passagem completa à idade adulta.

As atividades principais dos participantes se desenvolvem num espaço e num tempo festivos. À tarde, depois do trabalho, de noite, nos dias de festas e nos domingos, eles se reúnem para ir à taberna, organizar jogos e danças na praça, fazer coletivamente a corte às moças, dando alvoradas ou serenatas sob suas janelas com músicos. Eles passeiam também pelas ruas e se sentem bastante fortes para se aventurar juntos nos limites do terror, a fim de provocar semelhantes originários de outras aldeias, quando eles brigavam já no tempo em que guardavam os rebanhos. Os desafios e as pelejas que decorrem parecem dos mais normais aos contemporâneos, inclusive aos príncipes, que liberam facilmente cartas de agraciação, em caso de homicídio. Eles têm um valor positivo para os competidores, marcando claramente seus direitos exclusivos sobre um território e sobre as oportunidades matrimoniais que ele envolve. É que os reinos de juventude são animados por um intenso espírito de rivalidade diante dos seus homólogos. Seus aderentes frequentam as festas das outras paróquias, para dançar e tentar impressionar as moças, que os rapazes do lugar defendem de forma ciumenta. Qualquer fraqueza demonstrada, qualquer derrota tem consequências importantes para a comunidade inteira, que se vê zombada pelos vizinhos, humilhada, enfraquecida, porque os conquistadores podem vir aí reclamar a paga de seu sucesso.

Os reinos juvenis ocupam um lugar primordial na aldeia. Ainda que resultem de uma longa marginalização dos solteiros e provoquem combates mortais entre eles, servem, admiravelmente, para fortalecer a coesão social. São, com efeito, os guardiões das tradições, essencialmente no domínio que faz o objeto de uma verdadeira obsessão por seus membros: o acesso às mulheres. Os interessados não querem mal, em geral, aos homens maduros, por deixá-los por tanto tempo distantes dos prazeres lícitos da carne, salvo quando um forte impulso demográfico desequilibra o sistema, tornando a espera mais penosa e mais aleatória. O assassinato de adultos por adolescentes é, com efeito, bastante raro, quando as frustrações não são exacerbadas pelas dificuldades de herdar, em um mundo muito cheio, as sucessões reduzindo-se, então, como miséria, por causa de um grande número de filhos. O poder dos mais velhos estabelecidos é tão pouco questionado, que os filhos púberes esperam servir-se, por sua vez, de maneira idêntica, e de usufruir dos frutos de um casamento tão esperado. É verdade que uma grande latitude lhes é deixada para o controle da normalidade do sistema matrimonial, tal como ele é vivido pelo conjunto de seus concidadãos. Além de seus próprios direitos, eles fiscalizam estritamente os dos outros, com o assentimento de todos, tanto que um estranho vindo casar-se na paróquia deve pagar o preço alto ou risco de um ferimento, até mesmo a morte. Eles cobram um tributo sobre todas as uniões novas, reclamando dons em dinheiro ou em gêneros, tal como a "prancha do cortador", na Artésia. Durante a noite de núpcias, vêm trazer aos noivos um "caldo quente", ou uma "torrada", mistura afrodisíaca destinada a lhes dar energia. Servida de maneira pouco apetitosa, com muitas brincadeiras muito indecentes e escatológicas, a oferenda serve como pretexto para inspecionar os lençóis do leito nupcial, a fim de verificar a virgindade da noiva. A maioria das atividades confraternais se organiza em torno da corte amorosa, que culmina no mês de maio. A vigilância dos comportamentos dos cônjuges de todas as idades faz parte disso. Os jovens machos fazem desfilar os maridos cornudos nus, sentados ao inverso num asno, para ordenar que eles não sofram uma infidelidade, que é o assunto de todos, porque ela manifesta um poder feminino onde o homem deveria ser o único mestre. Eles percorrem caminhos infamantes entre as casas dos adultérios e provocam balbúrdias visando a casais mal ajustados, em particular quando um viúvo idoso se alia a uma moçoila, privando-os assim de uma oportunidade em um mercado matrimonial já muito restrito.[16]

Os reinos de juventude não são simplesmente grupos de jovens frustrados que encontrariam compensações, multiplicando as violências e os excessos de toda natureza. Esse olhar severo dirigido pelos moralistas obstinados em fazê-los desaparecer desconhece sua profunda inserção na sociedade que os produziu. Eles resultam de um acordo tácito entre as faixas etárias masculinas, para preparar da melhor forma a passagem do testemunho às novas gerações, numa perspectiva de casamento cada vez mais tardio e de frustrações sexuais exacerbadas pelos rigorosos interditos locais. Estes são, além disso, agravados pela atividade repressiva das autoridades religiosas e civis a partir da metade do século XVI. Em troca do fato de eles aceitarem uma ordem social imutável, sinônimo para eles de uma espera muito longa, os rapazes solteiros obtiveram o direito eminente a uma violência ritualizada, mesmo mortal, e à vigilância estrita da sexualidade de todos. As normas imperativas da sociedade aldeã os obrigam a demonstrar sua capacidade viril nascente. Forjada desde a infância, depois levada ao seu paroxismo no quadro de coação das abadias juvenis, sua cultura do poder macho é orientada para um único objetivo: provar que eles têm as qualidades necessárias para substituir os pais e fecundar as mulheres, ao mesmo tempo

---

16 Consulte também Natalie Zemon Davis, *Les Cultures du peuple. Rituels, saviors et resistances au XVIe siècle*, Paris, Aubier, 1979, "La règle à l'envers", p. 166-173.

em que o acesso a estas é formalmente proibido antes dos esponsais. A brutalidade exibida não é unicamente compensatória. Ela compõe uma regra de vida imperativa, indispensável para existir aos olhos dos outros, viver, um dia, plenamente e ser respeitado, por sua vez, como um pai que impõe sua lei a todos.

A aldeia onde nasceram representa o centro do mundo. Coração da área econômica e matrimonial onde se desenrola o essencial da existência, ela é defendida com a maior energia contra todo inimigo potencial. Uma temível xenofobia se exerce contra os desconhecidos, os vagabundos, os soldados, inclusive os do príncipe, porque eles pilham e estupram sem vergonha. O mesmo mecanismo de defesa se opera contra os vizinhos imediatos, apesar das nuances devidas à obrigação de manter relações com esses "falsos estrangeiros", em particular se eles vivem em um raio de quatro a cinco quilômetros. Com efeito, estes últimos praticam com eles trocas de bens, de terras, de produtos, de serviços e de mulheres. Um cônjuge em quatro ou cinco provém de tal área, acessível em menos de um dia de caminhada, numa época onde é excepcional ultrapassar dez quilômetros para casar, porque a corte amorosa é longa e exige uma assiduidade que a distância impede. Os mais aventureiros encontram, às vezes, um partido, frequentando as festas desses "amigos inimigos", que fazem o mesmo. Em Somain (Norte), na festa de São Miguel, em 29 de setembro, "os jovens companheiros mandam fazer um cesto de florzinhas de cera" para oferecer "à mais bela donzela vinda de fora". Destinado a atrair futuras noivas potenciais originárias das paróquias vizinhas, o prêmio é também outorgado sob a forma de uma "rosa ou outra preciosidade". Ele é abolido em 1531, a pedido do vigário de Cysoing, senhor da aldeia, a fim de evitar as "dissensões, brigas e mortes" que ele ocasiona.[17] Os interditos eclesiásticos relativos à consanguinidade tornam necessárias essas aberturas ao exterior, principalmente nas comunidades menores, onde as moças livres são raras. Mas uma forte rivalidade não deixa de existir com os ocupantes de territórios próximos, no entanto conhecidos e familiares, a fim de que a troca não seja muito desigual e não chegue ao definhamento do lugar mal protegido. O uso de apelidos respectivos injuriosos e a competição permanente entre os homens jovens a que se referem são testemunhas disso. Como o costume quer que a cerimônia nupcial seja celebrada na paróquia da noiva, a animosidade entre os solteiros locais privados de um partido e os companheiros de um noivo vindo de outra parte se exprime, frequentemente, e no mais das vezes, de maneira lúdica, às vezes também até o drama, e mesmo até a morte do recém-casado, antes de sua noite de núpcias.[18] A identidade muito forte das comunidades rurais repousa sobre essa cultura da violência usada pelos homens jovens. Para além de dez e, principalmente, 20 quilômetros, fronteiras de um pequeno "país" que possui traços de coesão comuns, começa um mundo que

---

17 Ignace de Coussemaker, *Cartulaire de l'abbaye de Cysoing et de ses dépendances*, Lille, Imprimerie Saint-Augustin, 1884, p. 554-556.

18 François Lebrun, *La Vie conjugale sous l'Ancien Régime*, Paris, Armand Colin, 1975, dá inúmeros detalhes a respeito do casamento, p. 9-55.

desperta menos agressividade que medo para os indivíduos levados a se aventurar por lá. O homicídio cometido longe da paróquia natal, na cidade, por exemplo, toma outras dimensões ante desconhecidos: desprezo urbano contra os rurais, provocações ou tentativas de roubo, necessidades a saciar etc.

A concentração dos desejos e das esperanças em um território restrito tem como efeito tornar potencialmente explosiva a vida de relações. Em um universo onde todos se conhecem bem e onde o evitamento se revela difícil, a sociabilidade pode, facilmente, tornar-se conflituosa. Elos de família, de vizinhança e de amizade entrecruzados compõem densas redes que protegem o indivíduo, mas o obrigam, igualmente, a intervir para apoiar ou defender um dos membros. Cada um carrega, assim, muitas outras pessoas sobre seus ombros. Uma querela a respeito de uma criança, de um animal, de um direito traz o risco de degenerar em guerra "picrocholina" (sem motivação suficiente), implicando, de tempo em tempo, duas facções ou duas comunidades vizinhas obstinadas a se baterem com tudo o que lhes vêm à mão. Entretanto, um sistema de regulação impede habitualmente de chegar a excessos perigosos para a sobrevivência do conjunto. A cultura da violência não é absolutamente uma lei da força pura. Ela se assenta em regras imperativas que marginalizam os transgressores. Os atores conhecem perfeitamente esses limites, que eles respeitam, geralmente, para evitar perder a honra aos olhos de todos e sofrer o temível rumor denunciador, susceptível de excluí-los das trocas normais. A vida é um teatro no qual cada ser deve provar sua normalidade, em função de seu sexo, de sua idade e de sua posição na coletividade.[19]

A divisão do espaço obedece a tais preceitos. A casa é considerada um santuário inviolável, em especial à noite. Atacá-la provoca uma reprovação unânime e desculpa um homicídio cometido para defendê-la: "Deixa esse homem tranquilo em sua casa. Ele não te pede nada. Ele deveria estar sossegado em sua casa", grita um espectador a um assaltante, em Laventie, na Artésia, em 20 de maio de 1525. Não é aceitável entrar nela sem autorização, nem mesmo ultrapassar o perímetro de segurança que o rodeia, às vezes materializado por uma cerca, mais frequentemente invisível, mas perfeitamente conhecida por todos. Os solteiros que vêm fazer a corte às moças o sabem. Eles não se aproximam muito perto sem autorização e não penetram jamais na morada, sem a permissão expressa do pai.

O resto do espaço é mais ou menos comum, submetidos a tradições que têm força de lei. Os homens se reúnem na forja, mundo masculino específico. Eles não se arriscam a incomodar as mulheres no moinho, no lavadouro, na fiação coletiva, temendo sua ira expressa por injúrias e gestos humilhantes. As lavadeiras das margens do Sena são conhecidas por suas rudes zombarias contra os passageiros dos barcos, aos quais elas não hesitam em mostrar seu traseiro nu em sinal de desprezo

---

[19] R. Muchembled, *La Violence au villageia, op. cit.*, em especial p. 60-105 para os desenvolvimentos que seguem.

e de derrisão. A vigília hibernal coletiva é inicialmente o assunto da sociedade feminina. As mais velhas vigiam atenciosamente as moças, provocadas por bandos de rapazolas que giram em torno desse tesouro fora de alcance, censurando as mais espertas e repreendendo os galos muito ousados. Os campos, as zonas de percurso, os bosques não são lugares neutros, mesmo que todos passem por aí ou que alguns aí se instalem mais demoradamente. Só os solteiros machos ousam aventurar-se em grupo por aí, de noite. As moças devem tomar cuidado para não se encontrarem isoladas, mesmo durante o dia, assim como nos caminhos, onde protetores masculinos devem acompanhá-las – em particular na volta das festas –, sob pena de comprometer por muito tempo sua reputação.

Os lugares mais frequentados, como a praça, a igreja, o cemitério e a taberna, são também aqueles onde a violência tem mais chances de se desencadear e de onde é mais difícil fugir face às más intenções de um inimigo encontrado por acaso. Ainda que eles sejam o objeto de minuciosas prescrições e códigos de comportamento obrigatórios destinados a garantir a segurança ordinária das pessoas, eles registram inúmeros deslizes. São terrenos de desfile, onde cada um encena sua personalidade a fim de se tornar reconhecido pelos outros. A humilhação é mais grave em público. Ela conduz a uma escalada de agressividade sob o olhar de espectadores, que tomam partido, interpõem-se, até se juntam à confusão.

A praça é um lugar de passagem, de reunião, em especial na saída da missa, dos jogos e de danças, durante as festas ou casamentos, de música, de espetáculo, seguido da instalação provisória de um ambulante, de um médico ou de um dentista, de comércio e de negociações diversas, em particular quando se trata de arrendar os serviços de ceifeiros ou de criados. Os habitantes defendem com zelo seus direitos sobre esse espaço vital que os coloca todos em contato e garante as trocas com os "estrangeiros". Os membros do reino de juventude local aí exigem vinho ou cerveja dos companheiros vindos de uma aldeia vizinha para participar das diversões. A praça é, por excelência, um terreno de manifestações muito valorizado, onde os conflitos são inúmeros, mas controlados de perto, porque as ações se desenrolam à vista de todos, e é preciso, imperativamente, seguir as normas da honra para evitar uma vergonha que recairá sobre todos os próximos. Muito criminógena, ela o é, entretanto, menos do que se poderia esperar, porque os casos que emergem das fontes judiciárias escondem a massa muito mais importante das que não culminaram em conflitos sangrentos, ou, simplesmente, terminaram com um ganho simbólico. Ela permite, frequentemente, acabar com as animosidades, ainda mais que inúmeros jogos viris dissolvem aí os excessos de combatividade, dando aos competidores as vitórias públicas que eles desejam, como o fará, mais tarde, o esporte de alto nível.

A igreja e o cemitério exercem um papel idêntico. Sagrados por definição, não estão, no entanto, isentos de atividades profanas múltiplas, até que as Igrejas imponham um respeito crescente dos lugares, a partir do fim do século XVI. Antes, a casa de Deus registra numerosas ocupações laicas, tais como negociações econômicas. Os rapazes têm, também, o costume inveterado de se reunir na entrada, para cortejar as moças, e as querelas de precedência entre senhores são moeda corrente. Em torno do prédio, o átrio paroquial, raramente fechado, vê passar os transeuntes ou os animais, serve de refúgio em "liberdade" a criminosos perseguidos pela justiça e conhece uma animação permanente, em particular por ocasião da festa dos mortos, quando aí se dança, se diverte e se come. Os filhos por casar gostam de passear aí de noite, tanto que muitas brigas e assassinatos acontecem sobre os túmulos, e até na igreja. Na noite de domingo 9 de agosto de 1523, uma dúzia de habitantes de La Couture, na Artésia, instalam uma mesa no cemitério da aldeia vizinha de Locon, na qual comem e bebem, ao mesmo tempo em que cercam, durante quatro horas, seus inimigos. Estes, originários da paróquia, refugiados na igreja, tocam os sinos para pedir ajuda. Emboscadas e duelos são também frequentes no interior dos cemitérios ou das igrejas: pôde-se contar em torno de 50 casos implicando nobres, na França, entre 1470 e 1660.[20]

Como nas praças, o uso da violência nesses espaços tem por objetivo tornar a ação perfeitamente visível e extraordinariamente memorável, a fim de enaltecer a honra do ator e dos seus, inclusive quando ele é um simples plebeu. A coisa é bastante banal desde a Idade Média, se pensarmos na reiteração dos estatutos sinódicos proibindo o derramamento de sangue e de esperma nesses lugares sagrados. O fato de que não se possa mais praticar aí o culto ou enterrar pessoas enquanto uma nova consagração não tiver sido realizada não parece comover os assassinos. Estes representam, no entanto, uma pequena minoria, em oposição a todos os que tranquilamente frequentaram os lugares. Tais assassinatos, voluntariamente espetaculares, são transgressões assumidas das regras seguidas pela maioria. Igrejas e cemitérios não estão isentos de enfrentamentos homicidas porque nenhum ponto de reunião do tempo o está. Não se deve, entretanto, ler os incidentes relatados como a expressão de uma loucura sanguinária universal, mas, ao contrário, como exceções. Porque todos os lugares públicos, laicos ou consagrados, são, então, majoritariamente destinados ao controle da agressividade. Os mecanismos de tranquilização coletivos impedem que um grande número de conflitos potenciais ou confirmados aí se conclua de maneira trágica.

Tal é o caso da taberna. Esse lugar é, à primeira vista, uma escola de massa do crime, de tão numerosos que são os exemplos de homicídios perpetrados entre seus muros ou à sua porta. Não se deve esquecer, no entanto, que cada deslize mortal é contrabalançado por centenas de frequentações tranquilas e por múltiplos exemplos em que a querela se limitou a provocações, injúrias ou socos, sem chegar a tais extremos nem deixar pista nos arquivos. A legenda negra dos cabarés nasceu na segunda metade do século XVI, quando se multiplicaram as proibições de frequentá-los durante os ofícios divinos, domingo ou no momento das festas, e os regulamentos limitando a abertura em um período diurno, nos dias úteis. Até então, esses estabe-

---

20 Stuart Carroll, *Blood and Violence in Early Modern France*, Oxford/New York, Oxford University Press, 2006, p. 121-124.

lecimentos exerciam, na realidade, um papel primordial de pacificador, definindo regras de comportamento assimiláveis a uma forma de "polidez" popular, a fim de limitar as expressões de violência preconizadas pelo código de honra masculino.

Central, a taberna se encontra, frequentemente, no meio da aldeia, não longe da igreja e do cemitério, como mostra Pierre Bruegel l'Ancien, numa gravura de 1559, representando a quermesse de Hoboken. Na praça onde a multidão se dedica a diversos jogos, rapazes e moças dançam uma roda diante de uma taberna, em frente ao cemitério, enquanto uma procissão chega à igreja, passando ao lado dos espectadores de um teatro ao ar livre, cujo palco é montado sobre grandes tonéis. No primeiro plano, dançarinos acompanhados por um músico saem de uma segunda grande taberna repleta de clientes, na parede da qual se alivia um mijão. Reconhecíveis por suas placas desenhadas, que falam para muitos analfabetos, os cabarés acolhem também as mulheres e as crianças e ocupam múltiplas funções. Trata-se aí de negócios comerciais, comunitários e familiares. Aí são redigidos contratos escritos, para contratar braços, vender ou comprar terras, preparar um casamento, selar uma paz entre inimigos viscerais. Mais frequentemente ainda, as negociações são verbais, diante de testemunhas, concluídas com o pagamento do "vinho do negócio". Casamenteiros e apaziguadores encarregados de desarmar uma vingança sanguinária por sua mediação vêm azeitar as engrenagens das relações humanas. Contadores, músicos, pessoas capazes de comentar um edito ou de esclarecer um ponto jurídico passam por aí. Eclesiásticos e nobres aí se misturam aos outros, antes dos congelamentos morais do século XVII, participando das diversões e das brincadeiras. As crianças aí se iniciam nas rudezas da vida, tal como esse menino de 5 anos a quem seu pai quer ensinar a beber tão bem quanto ele e que vomita duas ou três vezes, depois cai bêbado ao chão, em La Cauchie, na Artésia, no mês de abril de 1616.[21]

Principal lugar de sociabilidade na aldeia, o microcosmo da taberna é regido por normas muito estritas. A polidez aí não é a da "civilização dos costumes" descrita por Norbert Elias. Mas se os códigos demonstrados parecem rudes, eles são, no entanto, suficientemente eficazes para deixar coabitarem, durante longas horas, até mesmo dias inteiros, indivíduos armados, muito sensíveis quanto à sua honra, e cada vez mais briguentos, à medida que rola a bebida forte. Uma regra de conduta exigente impõe ao que chega saudar a companhia, não sentar-se à mesa com outros, sem ser convidado, e encostar à parede as armas mais temíveis, aliás, dificilmente manejáveis nesse perímetro restrito, quando ele está superlotado. Raros são os que se separam de sua faca de pão, um dos últimos recursos, com os pesados canecos, em caso de ataque. Por cautela com a segurança, chega a acontecer que os copos de metal tenham fundo de vidro e que a faca seja colocada diante de seu dono, pronto para pegá-la, em caso de necessidade. A divisão obrigatória do espaço não significa promiscuidade. Cada um deve manter-se no seu "canto", isto é no perímetro atribuí-

---

[21] R. Muchembled, *La Violence au village*, op. cit., p. 200-221 sobre a taberna e as maneiras de beber.

do a um indivíduo ou a um grupo, separado do dos outros por fronteiras, no mais das vezes invisíveis, mas obrigatórias. Entrar ou sair do estabelecimento, inclusive para satisfazer a necessidades naturais, significa correr um risco. Passando perto de alguém, é importante manifestar uma ausência de hostilidade, com um gesto e uma palavra, para que ele não se sinta ameaçado. A saída do albergue se mostra particularmente perigoso, porque um inimigo pode-se aproveitar disso para barrar a passagem, emboscar-se fora ou fazer crer que o empurraram ou desafiaram. Passada a soleira, desaparecem as garantias tácitas de não agressividade ligadas ao olhar coletivo que impõe a paz ou exige formas para admitir a validade de um conflito.

Beber junto é um forte sinal de solidariedade. Os artesianos, aliás, falam de "beber e fazer as pazes" para acertar um diferendo. As normas imperativas que cercam esse momento de convivência obrigatória precisam seu alcance. O que chega paga suas "boas-vindas" para integrar-se a um grupo, o que parte, sua "boa saída" para sair, em sinal de calma, nos dois casos. O rito prolonga o de deposição das armas e enquadra dois momentos de inquietude, porque o homem sentado se encontra em posição de inferioridade, em caso de ataque brutal de um personagem em movimento. Se alguém passa sem se demorar perto de um canto com alguém à mesa, é preciso também desarmar a tensão com uma frase gentil: "Bom proveito, Senhores!" Como resposta, os clientes referidos oferecem a beber uma vez, o que ele faz, antes de se distanciar. A saudação recíproca é garantia de não hostilidade declarada. A recusa em dobrar-se a esses preceitos significa o contrário. Também não se pode procurar altercação senão sutilmente, mais tarde, sob um pretexto que pareça aceitável aos outros, depois de ter demonstrado sua normalidade através do cerimonial relacional exigido.

Começar uma briga é toda uma arte nessas condições. O momento de pagar o escote coletivo constitui uma boa oportunidade, se se consegue demonstrar que a divisão das despesas é injusta. Outra tática consiste em beber à saúde de alguém. A caneca comum passa, então, ao interessado, que deve garantir o precedente, ou seja, pagar-lhe a mesma coisa. Uma recusa é considerada uma afronta inaceitável. Alguns se utilizam habilmente dos códigos, dando à sua ação uma conotação pejorativa velada, que suscita a ira do interlocutor. Presentear com um alimento ou uma bebida a uma mesa, sinal corrente de amizade ou de respeito, pode esconder uma provocação, se a linguagem simbólica utilizada é depreciativa. O mesmo acontece se colocarem sabugueiro como ramo de *maio* diante da casa de uma moça casadoura, na Artésia, porque o arbusto é sinal de fedor na cultura local. Esconder um objeto pessoal, principalmente uma arma, um chapéu, uma pluma, enraivece a vítima. Mais diretos, os desafios que começam em forma de brincadeira são mal suportados, quando atacam a honra do personagem. Puxar a barba é um insulto insuportável, porque o ornamento piloso demonstra a virilidade do usuário. Pior ainda, os brincalhões que urinam da parte de cima sobre uma mesa em contrabaixo, no chapéu de alguém ou em seus pés, sabem a que ponto seu ato é intolerável. Marcando assim seu território e certificando que sua masculinidade é superior à do humilhado, eles começam uma disputa que perde logo seu aspecto lúdico. Raros são, no entanto, os que ousam utilizar em público os insultos supremos, os que dizem respeito à pureza das mulheres da família do adversário e, principalmente, à sua genitora. Como nos subúrbios franceses do século XXI, mandar um jovem macho "ao cu de sua mãe", ou "tomar", este não lhe deixa outra escolha senão uma resposta sanguinária para lavar a afronta.

Inúmeros exemplos mostram nobres misturando-se nas festas, nas danças, nos jogos, frequentando a taberna, compartilhando, antes do casamento, da cultura dos reinos de juventude, compondo, às vezes, bandos socialmente homogêneos. A distância em relação aos plebeus registrada a partir do século XVII não tem aceitação mais cedo. Em 1529, o senhor de Charnacé, senhor do Gué d'Argent, e seu filho, passam a cavalo em uma aldeia e recebem na cabeça o conteúdo de um urinol. Eles ouvem cantarolar no domingo seguinte, à saída da missa principal:

> O senhor do Gué d'Argent
> E seu filho igualmente,
> Montados numa égua,
> Levaram uma grande mijada de penico.

No mesmo ano, Gilles de Montfort e seu primo René Darmoyens, que moram em Esvres (Indre-et-Loire), chegam cedinho ao albergue, aí almoçam, depois vão por duas vezes "jogar péla para o vinho", antes de voltarem, para, juntos, beber o que ganharam na aposta e, depois, continuar, sem parar, a molhar a garganta até a noite.

Em 1536, um grupo de quatro ou cinco nobres conduzidos por François de Kergonnonaon e Alain Le Mesguen, que parece muito ser um bando de juventude, vai de taberna em taberna, de um lugar não citado à capela Saint-Yves, onde os convida um certo Jean Prigent, depois se separam. Sem dúvida, trata-se de bretões, como Julien de la Couldre, fidalgo, que mora em Noyal (Morbihan). Em 1551, depois do jantar, ele percorre as ruas da vila de Limerzel com amigos, atrás de um tamborileiro. Como eles se veem recusar a entrada em uma taberna pelo patrão que os trata de "depravados, gatunos e bandidos", entram pela janela.

Em 1552, Guillaume de Montamat, tenente do castelo de Penne, da jurisdição de Agenais, é avisado de que um frade servente do lugar se trancou há três dias com uma puta. Ele faz o cerco da casa com alguns companheiros. O religioso foge pela janela. Alcançado pelo grupinho que vai procurar músicos, ele é despojado de suas roupas, amarrado à moça, com o capuz na cabeça dela, para ser reconduzido ao convento nesse estado, pela rua principal, "com acompanhamento de panelas e bacias".

Como nos casos precedentes, essas práticas são as de reinos de juventude, que invadem o espaço local, com música na frente, nas noites de festa. O último exemplo descreve o equivalente de um charivari, habitualmente destinado a casais mal ajustados. Apesar do seu título de oficial, o organizador não se coloca em um plano legal. Ele se põe a estigmatizar, de maneira tradicional, um desvio sexual, cometido aqui por um indivíduo que fez voto de castidade. É, também, em nome dos direitos eminentes dos solteiros machos, dever de garantir o policiamento dos costumes da paróquia que age Guyillaume Blanc, barão de Montagu, em Rouergue – pelo menos ele tenta sugerir isso. Em 1552, com alguns "companheiros", ele vai procurar na vila de Vabre uma "devassa pública" chamada Jehanne Boissonne, mantida "de forma luxuriosa" por um tal Loys Ozeil. Eles arrebentam a janela, conduzem a moça nua até um prado, nas proximidades de sua casa, "depois, mandando-a vestir-se, conduziram-na para a casa deles e se aproveitaram dela".[22]

Mattinata na Itália, *vito* na Andaluzia, *rough music* na Inglaterra, *ketelmusik* nas regiões de língua flamenga, *Katzenmuzik* na Alemanha, o charivari, ou "imitar *le chat*" na Borgonha, lembra o direito fundamental de vigilância dos costumes atribuído à juventude masculina, nas sociedades camponesas européias, antes que a Reforma e a Contra-Reforma imponham a disciplina social nova. Esse costume revela a função concedida aos seus membros, em troca de sua aceitação das normas e das obrigações sociais: agir como a consciência da sociedade e estreitar periodicamente os elos entre esta e a terra-mãe. Sob o manto do cristianismo, os jovens machos perpetuam ritos de fecundidade. Eles são encarregados de garantir as oportunidades futuras do grupo, afastando os perigos. Em virtude de um pensamento ainda fortemente colorido de magia simpática, eles são, com efeito, os mais capazes de atrair forças idênticas às que os movem e de que testemunham suas incessantes demonstrações de virilidade. Os mais velhos os autorizam, por essa razão, a colocar, periodicamente, o mundo às avessas, no momento do Carnaval e de inúmeras outras festas de inversão, que veem os não estabelecidos dirigirem episodicamente a coletividade.

Eles fazem, então, uma espécie de aprendizagem do futuro, experimentando prazeres ordinariamente proibidos à sua faixa etária, concentrando no território a energia vital que eles carregam, para o maior benefício de todos. Sua potência sexual, impossível de reprimir sem produzir graves tensões, a sociedade aldeã a canaliza para colocá-la a serviço do bem comum. Os solteiros tiram proveito disso, porque beneficiam de um espaço muito grande, durante inúmeras festas carnavalescas do ano. Se o esporte moderno ainda não foi inventado, múltiplas e rudes competições físicas contribuem para esgotar sua plenitude de energia, tranquilizando os espectadores adultos sobre as capacidades de sua progenitura de enfrentar o futuro.

Entre as expressões da vitalidade paroquial encarnada pela juventude masculina figuram divertimentos violentos diretamente ligados aos ciclos agrícolas. Esses "jogos profundos", segunda a expressão de Clifford Geertz, revelam a visão que a sociedade toda tem de si mesma, como a briga de galos em Bali esclarece o conjunto

---

22   Pierre de Vaissière, *Gentilshommes campagnards de l'Ancienne France. Étude sur les conditions, l'état social et les mœurs de la noblesse de province du XVIe au XVIIIe siècle*, Paris, Perrin, 1903, p. 114, 117, 126-127, 129-130 (o autor não dá atenção às datas precisas nem à definição da faixa etária dos interessados).

da cultura local.[23] Em toda a Europa, competições de grande brutalidade opõem os homens jovens de duas aldeias, ou, na cidade, os de uma paróquia com os homens casados, em torno de uma bola disputada horas inteiras no conjunto do terreno. Na Inglaterra como na França, os feridos não são raros, mortos ficam até, às vezes, no chão, durante furiosas confusões que não têm outra regra estabelecida senão ganhar. Muito apreciada na Picardia, Normandia e Bretanha, a *soule* – ou a *choule* (jogo de bola), na Artésia – se joga nas festas solenes, na época do Carnaval e da festa das Tochas. Os vencedores consideram que a colheita será boa, interpretação que faz pensar em um antigo rito de fertilidade visando a pedir, no meio do inverno, a volta do sol representado pela bola. Com o mesmo objetivo e segundo o mesmo simbolismo da luz fecundante, a festa das Tochas vê os homens jovens bater nos troncos das árvores com tochas inflamadas. Nas partidas de *soule*, a aspereza do enfrentamento, igualmente visível nos jogos de bola italianos do *calcio* de Florença ou do *pallone* de Siena, destaca a intensa competição que opõe comunidades vizinhas para evitar a retração de seu espaço vital e a invasão de seu mercado matrimonial. A vitória constitui um sinal de vigor e de sucesso coletivo. Tal é a razão pela qual o boxe apaixona as multidões na Inglaterra, no século XVIII. Assim também, as grandes cidades italianas desenvolvem a concorrência entre bairros, quando organizam disputas náuticas, ou, ainda, batalhas rituais para o controle de uma ponte, a exemplo das que opunham os pescadores aos operários do arsenal de Veneza, no século XVI.[24]

Hinos à potência viril, essas manifestações culminam em combates entre animais ou jogos que acabam por levá-los à morte. A correlação estabelecida entre a força humana máscula e o sangue que corre por terra substitui os sacrifícios proibidos pelo cristianismo para garantir simbolicamente a fecundidade das mulheres e dos campos. Na Inglaterra, espetáculos apreciados no tempo de Elisabeth I colocam cães brigando com um touro, um urso ou um texugo. Na Espanha, o touro pode ser tratado de maneira idêntica, mas a forma mais popular, antes do século XVIII, é a *corrida*, onde aristocratas a cavalo tentam matá-lo com golpes de lança, só pondo o pé no chão para acabar com ele com a espada, se ele estiver ferido. O *toro de fuego*, posto para correr de noite, com chamas entre os chifres, lembra ainda mais precisamente um rito de fecundidade.[25] Em outras regiões, animais menores fazem o objeto de tradições festivas sanguinárias. O ganso é, assim, sacrificado na Champanha, em Birmingham, em Roma ou em Toledo, em diferentes momentos do ano. Gatos são lançados vivos da torre de sentinela de Ypres, quarta-feira da segunda semana da Quaresma. Em Paris, até o século XVIII, eles

---

23 Clifford Geertz, *The Interpretation of Culture. Selected Essays*, New York, Basic Books, 1973, "Deep Play", p. 412-453. Consulte também J. R. Ruff, *Violence in Early Modern Europe*, op. cit., p. 16-183, em particular a respeito dos jogos sanguinários europeus com animais.
24 Robert C. Davis, *The War of the Fists. Popular Culture and Public Violence in Late Renaissance Venice*, Oxford/New York, Oxford University Press, 1994. Consulte também Edward Muir, *Ritual in Early Modern Europe*, Cambridge, Cambridge University Press, 1997.
25 Timothy Mitchell, *Blood sport. A Social History of Spanish Bull-fighting*, Filadélfia, University of Pennsylvania Press, 1991.

são suspensos em um saco, por cima da fogueira de São João, dedicada à fecundidade. Em Beaumetz-les-Loges, perto de Arras, o arremesso de foices para matar um porco, observado desde 1414, fez apelidar a aldeia de "Beaumetz Pourchelet". Os abates por pedradas, pauladas ou facadas de um animal exposto são frequentemente atestados, a partir dos últimos séculos da Idade Média, em uma área que compreende a Champanha, a Picardia e o atual departamento do Norte, onde algumas dessas diversões populares foram reinventadas no fim do século XX.[26]

Violências juvenis

No domingo, 19 de maio de 1624, a festa da confraria do jogo de armas é celebrada em La Bassée (Norte), a fim de designar o novo rei da juventude por um ano. David Leturcq, que sai do cargo, assiste à missa com os companheiros. Todos entram na casa de cidade onde deve acontecer o banquete que precede a competição para atribuir o título. David briga com os outros, porque ele quer proceder a ela imediatamente, enquanto seus comparsas se recusam em nome do costume, que exige que se coloquem à mesa primeiramente. Diante de sua "cólera e fúria", eles vão embora. Ele também sai, encontra, então, Fremin Pollet, um dos companheiros. Ignorando o que aconteceu, Fremin lhe propõe: "Vamos almoçar!" Fora de si, David o insulta: "Ei, traste, você quer almoçar? E, no entanto, você não foi à missa", antes de desembainhar sua espada e de feri-lo na cabeça. O ferido morre alguns dias mais tarde. O culpado evoca, para sua defesa, uma contrariedade sentimental. Não tendo conseguido "casar-se com certa moça que ele queria", foi conduzido ao desespero e à devassidão, entregando-se à bebida dia e noite, a ponto de "se perder de juízo e de espírito".[27]

O despeito não é somente amoroso. Parece evidente que David suporta muito mal perder o prestígio ligado ao seu título. Ele dirigiu durante um ano um grupo reconhecido pelas autoridades municipais que autorizam os confrades a usar armas para a defesa do país, nas grandes cidades dos Países Baixos borgonheses e espanhóis, a fim de controlar os excessos juvenis. O soberano perdoa facilmente os deslizes sangrentos, nesse quadro formal, como em outros. As cartas de remissão pedidas por David Leturcq ao imperador Carlos Quinto insistem sobre a cólera que o arrebatou e sobre sua bebedeira. Outros impetrantes evocam a "imbecilidade" da juventude. Guilbert Racine, de Pontarlier (Doubs), explica assim o roubo de galos da Índia a um procurador, cometido com cúmplices "à guisa de passatempo, estando, então, na idade da adolescência", pelo qual ele foi banido por seis anos do Franco Condado, em janeiro de 1620. É, então, perfeitamente admissível que os rapazes se comportem de maneira brutal, impelidos pela "loucura da juventude". A expressão é usada no pedido de graça feito por Jaspard Baillon. Em abril de 1641, enquanto mora nos arrabaldes de Valencianas, na casa de seu pai, "na qualidade de filho de família", ele

---

26 R. Muchembled, *La Violence au village, op. cit.*, p. 300-301.
27 Abbé C. Dehaisnes), *Inventaire sommaire des archives départementales antérieures à 1789. Nord. Archives civiles, série B. Chambre des comptes de Lille*, nº 1681 à 1841, t. III, Lille, Danel, 1877, p. 254-255.

ouve seu pai se queixar de um vizinho que acaba de insultá-lo na rua e de ameaçá-lo de morte. "Todo esquentado [...] e numa loucura de juventude [*ex calore iracundiæ* (pelo calor da ira)], nesses primeiros movimentos que a própria natureza não permite que se tenha o domínio", ele pegou sua espingarda, vai diante do indivíduo e o fere com uma bala no ombro. O homem sobrevive sem ficar aleijado, advoga Jaspard, e eles "se reconciliaram muito bem e juraram uma boa concórdia e união inviolável à ordem do céu e de sua mútua pacificação". Ele obtém, sem dificuldade, a anulação do banimento por dez anos que a justiça lhe impôs.[28]

A imagem muito indulgente de "filhos para casar" incapazes de se controlar contrasta fortemente com uma definição moral contemporânea das mais negativas, que insiste nos inúmeros pecados cometidos nessa "idade perigosa" e "sombria". Cinco deles lhe seriam próprios e lhe fariam alcançar o pico da depravação humana: orgulho, busca do prazer sensual, zombarias com as pessoas e coisas santas, temeridade irrefletida e despudor.[29] Os juristas que redigem pedidos de graça para assassinos, nos Países Baixos, assim como na França, estão claramente convencidos dela. Eles transcrevem uma concepção muito compreensiva das autoridades, pelo menos até as reviravoltas do século XVI ou XVII. Essa visão concorda com a das pessoas do povo, para as quais a violência juvenil é perfeitamente normal e desculpável, se ela não rompe com as tradições estabelecidas, levando em conta o excesso vital que impele os atores, seguido da falta de controle de si mesmos: é preciso mesmo que a juventude passe!

Brigas, desafios e duelos não são em nada reservados aos nobres. Eles fazem parte da trama ordinária da existência dos rapazes solteiros, todo mundo o sabe. No primeiro domingo de julho, no início do século XVII, vários deles se reuniram para passar o tempo em um pátio perto da igreja de Noyelles-Godault (Passo de Calais). Chegam outros três jovens, de Dourges, uma aldeia vizinha. "Quem está aí?" pergunta um dos primeiros. "O que você quer ter?", responde Philippe Guilbaut, empregado do moleiro de Dourges, que se põe imediatamente a lançar pedras contra eles, ferindo um, Jacques Breton, na cabeça. "Esquentados pela cólera e descontentamento", os interessados se lançam contra os agressores. Guilbaut é atingido no crânio e no corpo por pauladas, e os agressores justificam a presença do bastão em suas mãos, explicando que os cacetes lhes servem como apoio... Ele morre 20 dias depois, por não se ter bem tratado, pretendem os acusados. Em Neuf-Berquin (Norte), domingo 5 de setembro de 1604, Paul Dufour e seu cunhado encontram, no caminho, Mathieu Choix e o seu. Primeiro, eles se dizem boa noite, depois, um do segundo grupo exclama: "Eis aí gente boa", acrescentando, dirigindo-se a Paulo: "Você é bonito!" "Tão bonito quanto você, retruca este último. Depois, zombado por Mathieu, que lhe pergunta: "Qual de nós dois você quer?" Paul replica: "Se conviesse, eu gostaria tanto de um quanto de outro." O interlocutor tira sua espada

---

28   Ibid., p. 244-245, 304. Atualizei a ortografia das citações.
29   Paul Griffiths, *Youth and Authority. Formative Experiences in England, 1560-1640*, Oxford, Clarendon Press, 1996, p. 34-37, citando autores ingleses do tempo e Pierre Charron.

e, brandindo uma faca com a outra mão, ataca Paul. Os dois são retidos por espectadores, mas eles conseguem liberar-se e se batem. Atingido por uma facada nas costas, Mathieu morre uma hora depois. O assassino é casado, tem filhos, mas conservou seus costumes de juventude. Ele justifica que fez as pazes com a "parte interessada", antes de pedir e receber sua graça.

Uma briga pode acontecer sem grande causa aparente. Mesmo se ódios ocultos são a origem, parece aceitável ao príncipe e aos juristas outorgar um perdão para um ato cometido depois de um desafio. Porque, para além de um motivo confessado, que pode parecer fútil, trata-se sempre, para um culpado, de defender sua honra e não se envergonhar em público. Em Lila, na taberna das Foicinhas, em março de 1605, um mestre cirurgião entra em uma longa disputa com um indivíduo que lhe tomou o cordão de seu chapéu, decorado com uma medalha. Na saída, bêbado e furioso, ele acaba por atingi-lo no peito com a "faquinha que levava", de forma que a vítima morre pouco depois.

Órfão, menino encontrado em Tournai (Bélgica), tornado padre de uma paróquia da cidade, Jean Boury ameaça bater em uma menina que frequentava a escola que ele dirige, porque ela zomba dele nas ruas. Ela se queixa ao seu pai: daí resulta uma briga. Jean atinge o homem no ombro com o seu "canivete" de cortar as penas. O ferido morre três semanas mais tarde. Em Quienville – hoje Hondeghem –, na Flandres francesa (Norte), em 22 de julho de 1609, festa de santa Maria Madalena, Pierre Bazeur, de 19 anos, de Sainte-Marie-Cappel, perto de Cassel, sai da taberna para acompanhar uma moça. Não tendo arma para garantir sua segurança, ele pega a espada de Jacque de Quick, um rapaz da mesma idade, sem este saber, e que foi avisado pelo seu primo. De volta, Pierre o escuta: "Você fez muito bem, levando minha espada para combater com as pessoas". Ele entrega a arma ao seu proprietário, explicando que não cometeu nenhum erro, mas lhe pergunta quem o avisou. O interessado designa seu primo, que recebe um tapa magistral que o derruba no banco. Jacque toma sua defesa. Na confusão que se segue, ele é ferido do lado esquerdo. Depois de ficar de cama quatro semanas, morre cinco ou seis meses mais tarde, tendo, muitas vezes, perdoado o tal Bazeur".[30]

Outorgadas em grande número pelos reis da Espanha para os Países Baixos meridionais, até 1660, e pelos reis da França até a Revolução, as cartas de remissão de onde provêm esses relatos permitem abordar de perto o fenômeno da violência assassina e de revelar sua parte juvenil.[31] Elas indicam que mais de dois culpados artesianos em três fogem depois do crime. 4% destes se tornam soldados, para obter a imunidade judiciária enquanto estiverem sob as armas. Somente 12% são presos. A situação dos outros é desconhecida, o que quer dizer que eles não foram capturados.

---

30   Abbé C. Dehaisnes, *Inventaire sommaire des archives départementales antérieures à 1789*, op. cit., p. 176, 180, 181, 187, 196.
31   Consulte o cap. II para uma apresentação geral das cartas de remissão e do caso da Artésia. As precisões seguintes provêm de Robert Muchembled, "Violence et société...", t. I, *op. cit.*

Essa indiferença maciça da justiça não é somente devida à sua falta de meios. Ela traduz principalmente uma ampla indulgência em relação aos que matam um ser humano. Como o ato é, no entanto, inadmissível em direito, e deveria provocar o castigo capital, o redator do pedido de perdão, um jurista bem a par das sutilezas legais, envolve com desculpas absolutórias o relato bruto que lhe entrega o culpado. Estas não refletem a realidade dos atos, mas a visão que as autoridades se fazem do sujeito ideal, que cai, por desgraça, em uma série desastrosa de acontecimentos que não tem nada de criminoso e que pode, então, ser perdoado. Em média, cada impetrante fornece duas justificações. No início, figura uma opinião positiva de oficiais ou de protetores, seguida pela boa reputação do interessado, depois, pela evocação da Paixão do Cristo, cuja comemoração deve levar o príncipe a poupar o pecador, e pela legítima defesa, "contra a sua vontade". Inúmeros outros argumentos são expostos em pequeno número, por exemplo, a indicação segundo a qual o assassino é arrimo de família ou de seus pais, que morrerão de fome sem ele. Citada 156 vezes, ela conhece, principalmente, um claro impulso no século XVII, momento em que emergem 12 menções de filhos de viúva. A embriaguez é muito raramente evocada, 23 vezes, porque os editos do monarca a consideram como uma circunstância agravante. Mas o relato permite encontrar sua presença maciça. Os oficiais, sendo tão capazes de constatá-lo quanto o historiador, isso indica que as remissões devem essencialmente respeitar códigos preestabelecidos, onde cada informação figura em um lugar específico. As contradições com a sequência do relato não comovem os que são encarregados de verificar o documento. Eles não procuram uma coerência absoluta, mas, simplesmente, determinar se há mentira a respeito dos golpes mortais, para identificar fatos cometidos por ódio ou cilada, que não são agraciáveis, em princípio.

Na Artésia, de 1400 a 1660, mais de 80% dos homicídios são cometidos na aldeia. A zona mais criminógena não é o "país alto" fronteiriço com a França inimiga, mas o "país baixo" setentrional, limítrofe da Flandres, que só conta com 40% da população total, por volta de 1469. Um crescente sangrento se estende de Saint-Omer até a região de Lalleu, passando por Béthune, ao longo do atual limite entre o departamento do Passo de Calais e o do Norte: 37 paróquias rurais desse setor conheceram 726 homicídios, durante a época estudada. Certas localidades não são, no entanto, muito grandes, com Laventie, onde acontecem 61 homicídios perdoados. As diferenças essenciais entre as duas partes devem ser procuradas nos costumes e modos de vida. Muito fortemente comunitário, o Sul, nas pequenas aldeias agrupadas e nas raras cidades, privilegia a aliança conjugal e atribui a terra aos filhos desejosos de aí se manterem, graças à liberdade de favorecer de que dispõem os pais. Atribuindo muito mais força à linhagem, sob a influência direta do direito flamengo próximo, o Norte, que conta o maior número de rixas mortais, é mais urbanizado, reúne maiores comunidades rurais e contempla práticas sucessórias que privilegiam a igualdade entre os filhos de todos os casamentos, nenhum sendo bastardo por parte de mãe. Parece que o problema agudo da fusão dos patrimônios sob a pressão demográfica tenha podido contribuir para o crescimento da violência nesse espaço.

Observou-se, aliás, que as grandes revoltas camponesas do fim da Idade Média se multiplicavam nas regiões de igualitarismo precoce, como Flandres e Normandia. Notou-se, também, que, na Bretanha, a partilha igualitária provocava uma intensa e constante competição entre os herdeiros.[32] Acrescentem-se a isso traços culturais, dentre os quais a diferença de língua, porque o flamengo era falado no norte do condado da Artésia, nas proximidades de Saint-Omer. O lugar da mulher na sociedade é, também, muito contrastado, como dá provas disso uma vasta caça às bruxas em Flandres, enquanto ela se desenvolve muito pouco na Artésia meridional. O caso do país de Lalleu, do qual depende Laventie, é, por outro lado, excepcional: mergulhado em terra flamenga, possui, no entanto, costumes próximos aos do Sul, o que provoca, talvez, tensões suplementares para conservá-los. A situação do filho para casar não é nada idêntica em dois universos tão distantes. Já amplamente desenvolvida pelas tradições do tempo, a agressividade juvenil responde também a uma angústia na região igualitária, onde se perfila a cruel perspectiva de chegar a um *status* social claramente inferior ao do pai, quando se tem muitos irmãos e irmãs, e que a herança se reduz como miséria. O prolongamento da idade do casamento, no século XVII, torna a situação ainda mais explosiva, retardando o acesso a uma sexualidade legítima, no momento em que o enquadramento moral pela Contra-Reforma se mostra muito mais obrigatório. A aspereza dos enfrentamentos indica, então, que os mecanismos tradicionais da violência ritual juvenil se desregram sob o efeito da multiplicação dos fatores negativos e que chegam, às vezes, à fúria de matar.

Esse não era, geralmente, o caso. As ações assassinas seguem um ritmo temporal preciso, decalcado no desfile dos jovens galos, preocupados em brilhar diante das meninas. O auge da violência artesiana é atingido durante a estação quente, em maio, junho e julho, na primeira metade do século XVI; em maio, na segunda, em junho e julho, no primeiro terço de século XVII. Esse crescimento provém diretamente de uma intensificação das relações de sociabilidade. Ao fim da estação fria, quando a violência se enfraquece, a retomada da agressividade tem início durante o carnaval e, principalmente, depois da Páscoa. Trata-se, de fato, da abertura do período dos amores, quando os machos solteiros devem provar sua virilidade para se valorizar no mercado matrimonial. A subida hormonal encontra uma cultura da competição entre os homens jovens, em uma época em que as oportunidades de encontro se multiplicam. Maio é o mês da corte amorosa codificada, realizada em grupo; julho, o das festas dos patronos.

Apesar da ausência de precisões, em muitos casos, evidencia-se que 42% dos homicídios, pelo menos, acontecem em um domingo ou em um dia de festa – os quais não representam, no entanto, juntos, senão um pouco mais de um quarto no ano –, principalmente à noite, depois, à noite ou à tarde, por ordem de frequência. Um mo-

---

32 Martine Segalen, "Avoir sa part: sibling relations in partible inheritance Brittany", *in* Hans Medick e David Sabean (dir.), *Interest and Emotion. Essays on the Study of Family and Kinship*, Cambridge, Cambridge University Press, 1984.

mento particularmente temível se situa no crepúsculo, nem dia nem noite, enquanto os sinos tocam as vésperas. Praça, mercado, igreja, cemitério são lugares de desfile e de desafio, mas os combates mortais aí são raros. Mais numerosos nos caminhos, estão ligados à bebida, à taberna ou à saída desta. Quase um ato em dois se passa durante ou depois de uma longa estada no cabaré, inclusive no século XVII, ao mesmo tempo em que os interditos de frequentação se multiplicam. O sangue e a cerveja correm em abundância nesse indispensável espaço de convívio, teatro da vida e da morte.

Os relatos dos acusados deixam prudentemente em silêncio as circunstâncias que poderiam chegar a uma recusa de graça. Não são, então, dos mais confiáveis, para contabilizar com certeza o número de indivíduos que participaram de combates mortais. Os mais correntes parecem ser duelos, 54% dos que atacam e 62% das vítimas, dando a entender que estavam sozinhos. Dos primeiros, 22% agem com um companheiro, assim como 18% dos segundos. Um número superior de protagonistas, de um lado ou do outro, é mais raro, mas 8% dos assassinos e 9% dos defuntos se encontram em meio a grandes brigas, onde são apoiados por mais de quatro pessoas. A frequência dos duelos aumenta no decorrer da segunda metade do século XVI. Ao contrário, o total das brigas indistintas, muito alto no século XV, cai pela metade no segundo terço do século XVII, depois de um edito real ordenando punir os participantes em uma rixa mortal, tão duramente quanto os culpados. Não é certo, nos dois casos, que se trate de uma mudança real, porque os impetrantes de remissão podem silenciar sobre cumplicidades, para evitar processos a pais e a amigos.

A origem social dos protagonistas só é conhecida para um acusado em dois e para 29% das vítimas. Não se pode, então, indicar senão tendências gerais. Os homens de Igreja não são menos violentos que os outros: eles produzem 1,5% dos agressores, o que corresponde, por alto, ao seu peso numérico, mas 7% dos agredidos. Os nobres, ao inverso, matam em mais de 7% das ocorrências e sucumbem em 3% dos enfrentamentos, não sendo, no entanto, mais numerosos que os eclesiásticos, na sociedade do tempo. O mundo rural se divide a parte do leão, com 59% de agressores e 49% de vítimas. Os citadinos são sub-representados, 13% e 17%. Enfim, os soldados, muito presentes em uma província fronteiriça frequentemente em guerra, fornecem 17% dos assassinos e 20% dos defuntos. Sua cultura militar os leva a altercações entre eles, mas também com os cidadãos das cidades e dos campos, onde eles têm, aliás, mais frequentemente a desvantagem do que ganho. O uso da violência sanguinária não poupa nenhuma categoria da população. Entretanto, alguns se saem melhor do que outros, o que indica, em relação a eles a existência de uma prática das armas e do combate. Este é, logicamente, o caso dos nobres. Mas os camponeses não ficam para trás, em particular os mais remediados, qualificados de lavradores, e os mais pobres, os trabalhadores sem terra. Os números indicam que eles não se enfrentam somente entre eles e que eles são mais frequentemente vencedores do que vencidos, quando tratam com um citadino, com um soldado, e até, às vezes, com um nobre. Estes se opõem uma vez em duas com um plebeu, e levam vantagem, muitas vezes. Sua brutalidade assassina explode principalmente no século XV – ela ultrapassa, então, o terço dos casos –, depois regride fortemente em seguida, para se estabelecer em 4% no meio do século XVII. Nessa época, os perdões não dizem mais respeito aos fidalgos de pequena condição, às vezes soldados. Tudo indica que a aristocracia se retira grandemente da sociabilidade ordinária, para construir sua altivez e transferir sua violência na prática do duelo codificado entre pares.[33]

Além das mulheres, que os códigos do tempo obrigam a ficar afastadas da violência e que tentam frequentemente separar os combatentes, com risco para sua vida, outros grupos masculinos representam mais perdedores do que vencedores, em caso de confrontação. À exceção das pessoas da Igreja, talvez, não é por causa de uma menor capacidade de usar a força e as armas, mas porque eles são expostos a conflitos mais numerosos, pelo fato de sua profissão: empregados rurais, pastores e vaqueiros, taberneiros, soldados unanimemente detestados. Porque o risco está em toda parte e não poupa ninguém, principalmente na aldeia, onde a morte, familiar, assume a imagem de um ser bem conhecido.

O perigo se intensifica para o que deixa a "idade pueril", por volta dos 14 anos, quando se manifestam os sinais da puberdade. A análise dos documentos permite reunir informação para os dois terços dos acusados de homicídio. Entre eles, 59% são "homens jovens" ou "filhos jovens" não estabelecidos, 41%, indivíduos casados. As três raras menções numeradas, que só se referem a um culpado em 14, privilegiam em 60% as idades compreendidas entre 17 e 24 anos, correspondendo ao estágio dos reinos de juventude. Uma evolução cronológica se distingue. Durante a primeira metade do século XVI, a parte dos solteiros é um pouco inferior à dos homens estabelecidos. Ela ultrapassa ligeiramente na segunda metade do século, depois, eleva-se a 70%, no primeiro terço do século XVII, e ganha ainda alguns pontos a mais no decorrer das três décadas seguintes. O fenômeno reflete, com certeza, a mansuetude crescente do príncipe em relação aos mais jovens, mas também um poderoso aumento de violência sanguinária juvenil. A tolerância do soberano se explica por um turbilhão de brutalidade, que revela um mal-estar crescente dos rapazes maiores na aldeia e um desequilíbrio dos procedimentos tradicionais de passagem ao estado adulto. Porque as vítimas para as quais os números precisos são mostrados, seja uma em três, se recrutam, igualmente, em três quartos, nas fileiras dos solteiros, durante todo o período, com máximos à altura de 80% desde a segunda metade do século XVI. A correlação é ainda explicada pelo fato de que 879 cartas de remissão, mais de um quarto do geral, relatam combates mortais entre jovens e homens para casar. Esse número sobe até 38% dos casos levantados no decorrer do primeiro terço do século XVII. Em comparação, os homicídios entre vizinhos são muito raros, 25 ao todo, e a criminalidade familiar permanece fraca, com 209 exemplos, dos quais um só parricídio relativo a um acidente durante uma caça, 22 fratricídios, sete uxoricídios e 41 assassinatos de cunhado. Aparecem assim, *a contrario*, a solidez das solidariedades e sua sacralidade aos olhos das autoridades que dão o perdão. Alguma

---

33   Consulte o cap. VI.

fragilidade aparece na aliança, mas é preciso pensar que o cunhado não estabelecido pode também ser um rival em matéria de virilidade. Quanto às tensões no mercado matrimonial, elas desenvolvem também a animosidade entre jovens e adultos. Os combates opondo um solteiro a um homem casado não são jamais muito frequentes nas origens. Eles passam, no entanto, de 43, no século XVI, a 111, entre 1601 e 1660, destacando, assim, as frustrações crescentes sofridas pelos jovens machos. A revanche procurada em público é destacada pelo fato de que a afronta se torna vantagem para os jovens, em 60% dos casos.

A cultura juvenil da violência é uma encenação constante da virilidade. O ator procura demonstrar a sua aos olhos de todos. Não somente para achar um bom partido, mas também para se valorizar aos olhos das moças e ter relações carnais fora dos elos conjugais, ainda que seja cada vez mais proibido pela Igreja.

Na Flandres vizinha, o controle religioso nesse domínio aumenta fortemente até os anos 1670, para trazer, em seguida, seus melhores efeitos até 1760-1770. No século XVII, ele não impede, entretanto, uma parte dos jovens machos solteiros de ter um comportamento sexual muito ativo, que cresce em função da idade e atinge seu ponto máximo entre 20 e 29 anos, quando o índice de concepções pré-nupciais se eleva a 12%.[34] Em outros termos, as relações físicas não são impossíveis fora do elo conjugal. Elas se revelam, entretanto, muito mais difíceis que no século XIX, quando os flamengos de 15-19 anos revelam concepções pré-nupciais ao nível de 40% ou mais. Brilhar nesse restrito mercado é indispensável para ser contemplado. É preciso para isso tornar claramente visível sua potência masculina com símbolos fáceis de decifrar.

Os combates rituais dos "jovens filhos" artesianos não visam à eliminação definitiva dos concorrentes. Eles têm por função principal revelar a superioridade do vencedor. É a razão pela qual eles acontecem, na maioria das vezes, com arma branca, substituto do pênis. Raros são aqueles, inclusive entre as vítimas, que não usam ostensivamente tal prolongamento do *ego*. Mais de quatro casos em cinco conhecidos, as facas, adagas ou espadas encabeçam amplamente – 61% no conjunto do período observado. São seguidos pelas armas com haste, do tipo do chuço, da lança ou da alabarda, para perto de 9%. Os bastões, com ferro ou não, alcançam o mesmo número, as armas de fogo representam menos de 6%. O resto compõe um arsenal heteróclito, com inúmeros objetos da vida quotidiana e algumas dezenas de arcos, cajados de pastores, machados ou armas de guerra. O século XVI é, incontestavelmente, o tempo das espadas, principalmente largas e curtas, mencionadas 631 vezes, assim como adagas e estoques, enquanto longas e finas espadas (de Verdun) com quatro arestas, ou os finos e frágeis floretes são mais raros. As facas são citadas 232 vezes, sem grande precisão. Sem dúvida, elas se parecem frequentemente com as facas de pão, com lâmina longa, que os camponeses retratados por Bruegel levam à cintura. A voga da espada em todos os meios revela a insegurança de uma época de

---

34 Chr. Vandenbroeke, "Het seksuel gedrag der jongeren in Vlaanderen sinds de late 16de eeuw", *Bijdragen tot de geschiedenis*, t. LXII, 1979, p. 212, 214.

guerra, mas também o orgulho atribuído por todos à sua posse. Ela se rarefaz de 1611 a 1661, tempo que se torna o das facas, com 366 menções contra 259 para as espadas e 80 para as adagas ou punhais. Na realidade, a diferença é pequena entre a curta e larga espada manejada por todos os contemporâneos, e a faca longa, da qual Filipe II ordena quebrar a ponta para torná-la menos mortífera. Ela se deve principalmente ao prestígio suplementar atribuído ao porte de uma bela arma utilizada na vertical (de alto a baixo) e não de ponta, diferentemente do florete. No século XVII, as interdições de portá-la no período de paz e o fato de que a nobreza faça dela um sinal distintivo, no momento em que ela se isola cada vez mais do mundo popular, contribuem à sua escassez. Seu papel mortífero se torna quase desprezível, de 1651 a 1660: três exemplos contra 70 ferimentos por facas e 41 por armas de fogo. A raridade das últimas, antes da década de 1631-1640, marcada pelo retorno da guerra, se explica pelo seu custo e por editos muito severos. Em 1614, os revólveres com menos de 32 polegadas, fáceis de esconder, são proibidos, sob pena de uma multa muito pesada e de um banimento perpétuo. Além disso, aquele que atira em um outro, mesmo sem o atingir, com algum "traço de pólvora" que seja, está sujeito à punição capital.

O objetivo exato dos agressores é esclarecido pelo estudo das feridas causadas, possível para um pouco mais de quatro vítimas em cinco. O tiro que se revela mortal tem a cabeça como alvo, em perto de 46% dos casos, o corpo ou o peito, em 21%, os membros ou as coxas, em 10%, o baixo-ventre ou a barriga, em 8%, as costas ou os ombros, em 7%. Essas localizações excluem, geralmente, a vontade formal de matar. As que concernem à cabeça compreendem ataques mais perigosos na garganta ou no olho, mas em uma proporção mínima em relação ao crânio. Quase sempre coberta com um chapéu ou um boné, em uma sociedade em que a decência obriga a esconder os cabelos, a cabeça é mais frequentemente atingida de forma importante, tanto com uma faca quanto uma espada, uma arma com haste ou um bastão. Com o crânio atingido ou rachado, o ferido morre raramente no lugar. Ele morre, frequentemente, de infecção ou das sequelas do caso, às vezes, depois de uma temível trepanação cirúrgica que cura raramente seu homem. O prazo decorrido entre o combate e a morte, conhecido por 87% dos defuntos, dá testemunho disso: se 9% morrem imediatamente e 29%, nas horas ou na noite que seguem, os outros sobrevivem além, dos quais 26%, entre 1 e 3 semanas, 6%, de 1 a 3 meses, 14, muito resistentes, vão até além desse estágio.

A vontade homicida não é a mais frequente. Os combatentes sabem perfeitamente que atingir o ventre ou o peito, com um golpe de ponta ou com um tiro de arma de fogo, ou ainda bater entre os ombros, coisa raramente mencionada, porque ela implica uma inaceitável traição, têm consequências muito mais dramáticas do que mirar na cabeça. Como conhecedor e hábil técnico, graças ao seu ofício, Antoine Levriendt, sargento de Torunai, conta que, fazendo sua ronda, na noite de um 27 de agosto, provavelmente em 1623 ou 1624, ele encontrou alguém bêbado, de quem ele quis tomar sua espada. Diante da resistência da personagem, ele desembainhou a sua, "pensando com ela bater na borda do chapéu do tal agressor, chamado Jean

Vanicquier, para lhe imprimir alguma lembrança somente, o teria atingido na testa e, ficando ferido, o teriam trepanado, a qual trepanação lhe teria causado a morte".[35] Os jovens filhos a casar que brigam preferem geralmente atingir o adversário no crânio, não para mandá-lo para o cemitério, porque eles deveriam, então, obrigatoriamente, exilar-se para fugir da justiça, mas para lhe "fazer um" (ferimento) e se orgulhar, em seguida, de tê-lo dominado.

A cabeça é para eles o centro simbólico da virilidade. Ela o é também para os nobres, que combatem com capacetes trabalhados e emplumados destinados a aterrorizar o adversário. Como membro vergonhoso, segundo a expressão do tempo, ela deve comumente ficar escondida, exprimindo de diversas maneiras a dura potência do possuidor. Por essa razão, querelas graves se iniciam quando alguém puxa os cabelos e principalmente a barba de outro indivíduo, mesmo por brincadeira. Um rapaz jovem de Saint-Omer que quer tomar o lugar principal em uma dança, em 26 de agosto de 1608, ouve dizer "que para ir ao meio era preciso ter barba". As autoridades eclesiásticas da Contra-Reforma proíbem aos padres de usá-la, para tornar mais visível a continência que o concílio de Trento exigiu dos religiosos. Além disso, o chapéu faz o homem, notou-se a propósito do roubo do cordão de chapéu realçado com uma medalha de um cirurgião de Lila. As 79 vítimas artesianas que morreram por ter tirado o chapéu de outro personagem não o desmentiriam. Um sinal de bravata consiste também em usar orgulhosamente erguida uma pena no boné, como símbolo de poder viril e sinal de desafio dirigido aos eventuais competidores. Nenhuma necessidade de procurar textos para descobrir tal significação. Ela é dada quando de uma troca verbal agridoce em Dickebush, em Flandres, no domingo 31 de maio de 1615. Um pastor pergunta a um solteiro "se ele não tinha o membro duro". Ele acha bom replicar que seria o caso de um "combatente de dedicatória", isto é, de alguém habituado a procurar altercação nas festas patronais. O primeiro vai mais longe na brincadeira, lançando ao segundo que, para isso, ser-lhe-ia necessário "ter uma pena na cabeça, tão alto quanto essa tília", fazendo o gesto. Chega, então, um terceiro gatuno. Ameaçador, ele provoca o pastor, dizendo que se ele não tem no momento a pluma, acontece-lhe de usá-la às vezes. "Se eu tivesse uma, você não seria ousado o bastante para me tirá-la." Com essas palavras, os dois partem para a briga.[36]

Os jovens artesianos são, literalmente, irritáveis e eles vadiam, falando propriamente, com uma arma branca, para desafiar todos os que podem sê-lo. Como todos os machos europeus da época, eles arvoram sua honra masculina, carregando-a orgulhosamente no rosto, no chapéu e na lâmina de sua espada ou de sua faca. Mas eles têm que provar mais que seus antecedentes, de forma que eles desfilam mais ostensivamente para exibir sua virilidade de todas as maneiras. As inúmeras rixas que decorrem daí não põem em perigo o tecido social. Muito ao contrário, elas tornam

---

35 Abbé C. Dehaisnes, *Inventaire sommaire des archives départementales antérieures à 1789*, op. cit., p. 255.
36 R. Muchembled, *La Violence au village*, op. cit., p. 167-183.

visíveis os códigos de sociabilidade e de solidariedade normativos que se impõem tanto a eles quanto aos adultos e às moças a casar, às quais se destinam principalmente esses combates incessantes de galos.

Um tal universo de violência festiva não é, no entanto, um fenômeno isolado. Apesar das resistências, os valores novos impostos do exterior corroem lentamente as antigas práticas no decorrer do século XVII. A tolerância para com o tipo de homicídio ritual cometido pelos jovens perde terreno desde os anos 1630, na Artésia, assim como em vários outros países do continente.[37] Na França, um movimento de criminalização idêntico, mas mais precoce, conduzido pelo parlamento de Paris, nos anos de 1580, provoca um número crescente de penas de morte por homicídio.[38] Parece que a diminuição da tolerância do príncipe tenha começado sob Francisco I, e mesmo mais cedo. Em 1525, enquanto Carlos V outorga 56 cartas de remissão aos seus súditos artesianos, Francisco I – isto é, a chancelaria real, porque o príncipe é prisioneiro na Espanha depois de Pávia – entrega 218 para um reino povoado de 16 a 18 milhões de habitantes, ou seja, cem vezes mais que o condado de Artésia. As características dos casos são, no entanto, similares. Todos os grupos sociais são envolvidos, com uma sobrerrepresentação dos nobres, dos soldados e dos habitantes de Paris, sem dúvida, então a mais importante cidade da Europa, que fornece 19 assassinos. Masculina em 99%, a violência sanguinária é, principalmente, o negócio de homens jovens a casar. O número preciso chegando ou podendo ser deduzido em 52% dos casos, porque ela é considerada uma desculpa absolutória, os matadores com a idade de 14 a 30 anos constituem os quatro quintos desse conjunto e 37% das menções explícitas. Dois aumentos sazonais marcados em junho e em outubro traduzem uma sociabilidade rural um pouco diferente da da Artésia, menos mortífera em maio ou em julho-agosto, o que indica, provavelmente, um controle mais firme dos rituais juvenis da primavera e do melhor tempo das colheitas. Em contraste, as cidades, Paris em especial, apresentam aumentos quando do Carnaval, assim como em julho, agosto e novembro. Como se elas conservassem melhor as tradições que os campos, colocando o "mundo às avessas" para desapertar uma morsa moral mais eficaz que nas aldeias, no restante do tempo. Os combates acontecem com arma branca nos dois terços dos casos, mais frequentemente com a espada larga do que com a faca. O defunto é atingido na cabeça ou no pescoço, durante um enfrentamento em três. Igualmente ferido em um pequeno terço dos encontros, o acusado é também atingido na cabeça, quase uma vez em duas. A morte imediata da vítima ou, no mais tardar, no dia seguinte não ultrapassa um quinto do total. Mais de três quartos dos assassinos fogem ou se refugiam em "franquia", aonde a justiça não pode vir prendê-los.[39]

---

37 Consulte o cap. II.
38 R. Muchembled, "Fils de Caïn", op. cit.
39 Delphine Brihat, "La criminalité pardonnée dans le resort du Parlement de Paris en 1525", dissertação de mestrado sob a orientação de Robert Muchembled, Université Paris-Nord, 1999, em especial p. 40-43, 61, 142, 249, 263, 282, 290.

A cabeça carrega a honra do homem. Ela é, igualmente, o lugar mais visado na Picardia, sob Francisco I, ou na Aquitânia, no século XVII.[40] O roteiro da agressão, tal como o revelam as cartas de remissão, compreende uma gradação de gestos e de palavras, entre rapazes por casar armados de uma espada ou de uma faca, que se conhecem e são, frequentemente, quase em todos os pontos, duplas, rivais junto às moças do lugar. A animosidade aberta não é a mais frequente no início. Inúmeras ações começam por trocas cordiais, na taberna ou em outro lugar. Depois, um dos dois se exalta sob um pretexto geralmente fútil, conversa de bêbados, palavras que lhe desagradaram, brincadeira mais ou menos fina vinda dele ou do outro... O convívio se torna conflito, primeiro verbal, com ameaça eventual de golpes. A escalada continua quando o gesto humilhante se junta à palavra. Uma bofetada no rosto, por exemplo, não pode ficar impune, sem colocar em dúvida a virilidade do interessado. Ela fecha o primeiro estágio de trocas rituais, orientadas para a manifestação de uma superioridade que se exprime *via* a intimidação do adversário. Muitas vezes, tudo para nesse nível, se o provocador se contenta em fazer seu interlocutor se envergonhar um pouco, e se este teme ficar por baixo em uma confrontação física. Essa se desenvolve sob o efeito da bebida ou quando os galos antagonistas, tomando uma atitude agressiva, acham os dois que vão ganhar. Um contato físico qualquer, sem querer ou voluntário, lhes proíbe, então, de recuar. O desafio só pode aumentar. Chapéu derrubado, barba puxada, empurrado, tendo chegado muito perto, o que sofre a invasão ameaçadora de seu espaço corporal reage com uma brutalidade superior. Em certos casos, ele tenta desarmar a situação, lançando sinais de apaziguamento, desejoso de se contentar com uma revanche limitada. Cada um sabe bem que a fronteira sem retorno corre o risco de ser ultrapassada, com todas as desastrosas consequências que daí decorrerão, tanto para um quanto para o outro, ferimento, morte, fuga para evitar a justiça. Os papéis são intercambiáveis, porque cada um começa o combate convencido de estar em seu direito. O culpado é finalmente aquele cujo adversário morre, mesmo muito tempo depois, o que o expõe teoricamente à pena capital, se ele não obtiver uma graça real, a menos que não morra, por sua vez, com as sequelas do combate. Ameaças mais dramáticas, verbais e principalmente por gestos, levando a mão à faca ou à espada, desembainhando-a, adiantando-se com furor sobre o inimigo, deixam, contudo, uma última chance de parar a sequência mortífera. A intervenção dos próximos, em particular das mulheres, para reter os protagonistas lhes permite ainda, nesse estágio, sair com a cabeça erguida do conflito. Ao contrário, as incitações, igualmente correntes, da parte dos amigos e dos parentes, para não deixar por isso mesmo, levam a ultrapassar um ponto de não volta. O que se acha acompanhado, coisa mais habitual da parte dos impetrantes de remissão do que de suas vítimas, como se viu, acredita poder levar a vantagem. A violência ritual

---

40 Isabelle Paresys, *Aux marges du royaume. Vilence, justice et société en Picardie sous François Ier*, Paris, Publications de la Sorbonne, 1998, p. 42; Gregory Hanlon, "Les rituels de l'agression en Aquitaine au XVIIe siècle", *Annales ESC*, t. XL, 1985, p. 246.

controlada cede, então, espaço a um enfrentamento armado, cujos riscos são muito grandes, mesmo se ele não está essencialmente orientado para a morte do adversário, como o provam a localização das feridas e o pequeno número dos que morrem no mesmo lugar. Na realidade, cada um procura, principalmente, ferir o outro, para desfilar, em seguida, gabando-se desse grande feito. Mas a ineficácia da medicina transforma, finalmente, muitos jovens galos em culpados de homicídio, obrigados a fugir da justiça e da vingança do grupo adverso.

O combate com espada ou com faca tem a ver com a linguagem simbólica juvenil destinada a manifestar a virilidade do portador. Salvo deslize, exceção ou loucura, ele não é uma arte de matar. Visa, antes, a humilhar, atingindo a parte mais valorizada do ser humano: a cabeça. Na Artésia, o número de vezes a ela se referindo diminui um pouco, de 41% dos casos entre 1598 e 1630, a 31% de 1631 a 1660. Os golpes se deslocam, então, para o corpo, em particular, para o baixo-ventre, e os dados por trás ganham importância. Essas modificações resultam tanto do novo uso das armas de fogo quanto da maneira de brigar com uma faca, doravante muito mais frequentemente observado que a espada e, ainda mais, utilizado com a ponta do que antes, contra um lugar vital. O prazo que decorre antes da morte do ferido diminui também: 14% morrem imediatamente, e 34%, durante as horas que seguem, enquanto os progressos médicos reduzem a parte dos que sucumbem à infecção, algumas semanas mais tarde.

Parece que a fúria de matar se torna mais frequente nessa época, índice da crise atravessada pela cultura da violência juvenil. As autoridades examinam com uma minúcia nova as circunstâncias e as descrições dos ferimentos, porque a criminalização do homicídio, em curso em toda a Europa, por volta de 1620-1630, as conduz a uma severidade crescente. A defesa do ponto de honra e a vingança, que motivavam mais da metade dos agressores artesianos no século XV, conhecem um lento declínio, para estabelecer-se em um terço do total nos anos 1630-1660. Mais exatamente, a grande indulgência do príncipe na matéria se atenua no decorrer dessas décadas, nos Países Baixos espanhóis, à medida que a justiça modernizada por editos reais de 1570 projeta sobre a sociedade uma visão cada vez mais negativa do homicídio. No mesmo momento, as tradições rurais são corroídas pela retração dos fenômenos festivos, sob os golpes de uma moral nova obrigatória e de uma legislação hostil aos divertimentos profanos, às danças, ao porte de armas, à embriaguez, às liberdades dadas aos jovens machos, em particular a de passear em grupos armados, à noite e nos dias de ócio. Um mundo novo se delineia lentamente nos campos: o do controle de si e da "civilização dos costumes". Ele não provém unicamente do modelo de corte através do legado da Renascença italiana. Traduzido desde 1530 na *Civilidade pueril* de Erasmo, o grande humanista de Roterdã, ele é fortemente enraizado nas cidades importantes, em particular nos Países Baixos. Desde o fim da Idade Média, estas amortecem a violência sanguinária enquadrando-a de perto.

CAPÍTULO IV

A paz urbana no fim da Idade Média

A sociedade europeia do fim da Idade Média se caracteriza por uma violência muito grande. A paz de Deus, que a Igreja quis estabelecer a partir do século XI, se revela inoperante. O Estado central não é, ainda, capaz nem desejoso de intervir eficazmente nesse domínio. Sobretudo porque ele repousa sobre uma cultura de guerra, legitimada pela missão de defesa da fé, que incumbe ao rei e aos cavaleiros, frequentemente desviada em proveito de relações de força entre poderosos ou ambiciosos. As cartas de remissão do príncipe só reforçam a validade de tais princípios aos olhos de todos, até os mais humildes, fazendo do homicídio um ato banal, se ele é cometido por jovens machos, para defender sua honra ou a de seus próximos. Como o duelo nobre, mais tarde, o combate, singular ou não, é sinal de normalidade e não de desvio criminoso num tal ambiente.

O único espaço social ocidental em que se estabelecem realmente valores diferentes é a cidade. Ela os carrega, sem dúvida, desde o início, porque ela se revigora, durante longos séculos, depois da queda do Império e do modelo urbano romanos, reclamando privilégios e instalando lentamente sua terceira via entre o universo dominante dos aristocratas e o dos camponeses. Seu renascimento começa na Itália, com o movimento cultural do mesmo nome. No século XV, ela constitui um fato muito minoritário, à exceção de algumas regiões do continente marcadas pelo cunho romano, tal como a Itália do Norte, ou por um avanço citadino excepcional, a exemplo do litoral do mar do Norte, da Renânia e da Alemanha meridional. Uma densa rede de comunicações e de trocas une os dois espaços, *via* Lyon. Afastado desses fluxos, Paris, a maior aglomeração europeia, com Nápoles, talvez, mostra-se como exceção, ao mesmo tempo, gótica e moderna, tradicional e renovadora, essencial, sem ser completamente capital antes dos Bourbons.

O universo citadino mais dinâmico é o das relações econômicas. Ele não escapa das pesadas influências da sociedade que o encerra. A violência sanguinária aí é muito forte. Na Itália, como em Flandres, o sangue corre em abundância nas ruas. Espadas e facas cortam incessantemente o fio das vidas, célebres ou obscuras, inclusive nas igrejas, onde um duque de Milão é assassinado, e onde Lourenço de Médicis, o Magnífico, por pouco também o é. No entanto, um ar novo sopra sobre esses mundos. A concórdia aí é mais necessária que em outra parte. Não simplesmente por razões morais, mas, mais ainda, para tornar a cidade atraente e rica, tranquilizando os que aí trabalham e os que aí vêm concluir seus negócios. Lugares de trocas, por definição, a praça pública e a taberna não podem continuar o espaço dos enfrentamentos rituais, como o são no campo, sem arruinar a reputação da cidade. A manutenção da ordem representa uma prioridade absoluta. Ainda mais que muitos estrangeiros, comerciantes, mas também operários, devem ser acolhidos, enquanto existem reflexos xenófobos ainda mais poderosos que nas aldeias, quando os interessados ocupam o espaço ou o trabalho dos nativos, até mesmo se casam e se estabelecem. Verdadeiras "repúblicas" administradas por um patriciado, mesmo se estão sob a tutela de um príncipe, as cidades conhecem sua idade de ouro até os anos de 1520, antes do aumento das exigências de Estados centrais fortalecidos, num contexto tumultuado pelos desafios lançados pelos reformadores religiosos. Durante algumas gerações, elas inventam uma forma específica de apaziguamento dos costumes dos seus concidadãos e fazem recuar espetacularmente a violência, utilizando técnicas muito diferentes de esplendor dos suplícios, empregados mais tarde pelos reis absolutos. Sua ação se desenvolve, simultaneamente, em três frentes: proibir, para limitar as ocasiões de rixas; organizar e enquadrar os corpos de população, em particular a turbulenta juventude masculina; punir de modo sistemático, mas pela multa, muito pouco pelos castigos físicos.

Cidades tranquilizadoras

A cidade não incita ao crime. Muito pelo contrário, ela procura, o tempo todo, abrandar os costumes rudes de seus habitantes, que ela protege com suas muralhas, sua vigia e sua guarda, sua legislação tranquilizante. Um erro de ótica pôde conduzir alguns historiadores a pretender o contrário, porque as fontes judiciárias são raras e lacônicas para os campos, à exceção das cartas de remissão, enquanto elas são abundantes para as cidades, dando, assim, a impressão de um desencadeamento de brutalidade mortífera.[1] Além disso, a situação depende muito das datas de observação e do tipo de documentos utilizados. Os arquivos repressivos mantidos pelos almotacés, que dirigem a municipalidade e julgam seus concidadãos, não dão conta senão de uma pequena parte do fenômeno. Eles só dizem respeito aos indivíduos mais perigosos para a paz local. Muitos outros casos aparecem nos atos fiscais, em particular nas listas de multas, mais próximas da realidade, porque elas representam a forma de punição urbana mais corrente, seguida, pela peregrinação judiciária.[2] Um terceiro

---

1 R. Muchembled, *Le Temps des supplices, op. cit.*, p. 27-31.
2 Gérard Jugnot, "Les pélerinages expiatoires et judiciaires au Moyesn Âge", in *La Faute, la Répression et le Pardon*, Actes du 107ᵉ Congrès National des Sociétés Savantes, Brest, 1982, Section de philologie et d'histoire jusqu'à 1610, t. I, Paris, CTHS, 1984, p. 413-420. Consulte também Xavier Rousseaux, "La repression de l'homicide en Europe occidentale (Moyen Âge et Temps modernes)", *op. cit.*, p. 132-133.

conjunto, difícil de avaliar, nos escapa, frequentemente, porque depende de práticas privadas de interrupção do mecanismo de vingança, o "repúdio", a "garantia" [de renúncia de vingança] e a "trégua", ou de compensação do prejuízo, por acordos de paz. Esses diversos dispositivos são colocados sob a vigilância de representantes oficiais do corpo cívico, os "apaziguadores", frequentemente observados nos Países Baixos. Eles podem resultar de convenções livremente negociadas entre as partes, ou ser obrigatórios, à semelhança das tréguas judiciárias impostas por uma corte legal, ou do repúdio exigido por certas municipalidades quando o culpado fugiu. Nos últimos dois exemplos, os pais do assassino o renegam, escapando, assim, à vingança da linhagem adversa, enquanto a "garantia" é uma promessa dos próximos da vítima de não perturbar os do assassino. A trégua interrompe momentaneamente as hostilidades, para permitir buscar um acordo definitivo, que pode ser registrado como um contrato privado diante dos almotacés ou de um tabelião.[3] Paz à parte e composição financeira existem também na aldeia, mas de maneira muito menos coordenada e enquadrada. As cidades amortecem a violência, freando os encadeamentos tradicionais que conduzem à vingança. Entretanto, elas só conseguem isso lentamente.

O século XIV parece ainda registrar, frequentemente, uma grande intensidade de conflitos. Em Antuérpia, uns 15 anos fiscais completos, de 1372 a 1387, permitem assinalar 1.501 casos sancionados pelos almotacés, isto é, uma centena por ano. Os culpados ou cúmplices de homicídios, em número de 119, fornecem 8% do contingente; os autores de injúrias, golpes, ameaças e ferimentos, 43%. Acrescentam-se a isso 17% de condenações por delitos contra a autoridade (falsos juramentos, recusa de testemunhar, desobediências aos regulamentos públicos, volta de banidos...), dos quais 2%, por rupturas de paz. Roubo e receptação ocupam 13% dos fatos, mais 10% concernentes a matérias financeiras, confiscações de penhores, faltas de pagamento, usura. Os atentados contra os costumes e a religião são muito raros, com 1%, dos quais um único caso de bruxaria. As 84 penas de morte decretadas, um pouco mais de cinco por ano, marcam uma grande severidade, raramente constatada nas cidades da mesma época. Os castigos corporais secundários são pouco empregados: assim, só três orelhas foram cortadas.[4]

Em Gand, no século XIV, muitos delitos de toda natureza não chegam diante da justiça, porque são acertados por uma composição privada. Mortes e mutilações são bastante raras. Multas, exílios e peregrinações expiatórias, que podem ser perdoados, são as principais sanções empregadas, além das composições com as vítimas ou

---

3   Charles Petit-Dutaillis, *Documents nouveaux sur les mœurs populaires et le droit de vengeance dans les Pays-Bas au XVe siècle*, op. cit., p. 54-59; Claude Gauvard, "De grace especial", op. cit., t. II, p. 779; Nicole Gonthier, *Cris de haine et rites d'unité. La violence dans les villes, XIIIe-XVIe siècle*, Turnhout, Brepols, 1992, p. 160.

4   J. A. Goris, "Zeden en criminaliteit te Antwerpen in de tweede helft van de XIVe eeuw, naar de rekeningen der schouten van 1358 tot 1387", *Revue belge de philologie et d'histoire*, t. V, 1926, p. 871-886 e t. VI, 1927, p. 181-205. Para comparações, consulte Nicole Gonthier, *Cris de haine et rites d'unité*, op. cit.

seus próximos, impostas pela corte. A violência, pretende um historiador, é, principalmente, assunto das camadas superiores do patriciado, em particular dos jovens. Não somente esses privilegiados têm o tempo de deambular pelas ruas, de frequentar as tabernas e os mercados, mas eles consideram as confrontações sanguinárias como um elemento normal de seu estilo de vida, e eles têm os meios de pagar seu preço, estabelecido num nível alto pelas autoridades.[5]

A ausência dos proletários parece suspeita, porque muitos estudos mostram que sua violência é tão forte quanto. Ela tem a ver, provavelmente, com o caráter parcial das fontes, tal como o registro criminal do Châtelet de Paris, de 1389 a 1392, que relata a execução de 87% dos acusados registrados, mas só seleciona os casos mais graves. É, provavelmente, a obra do preboste da capital, com a finalidade de responder a injunções reais que levam as autoridades a mais severidade. A justiça parisiense é, aliás, feita por numerosas instâncias. Algumas dispõem da pena suprema, como a senhoria de Saint-Martin-des-Champs. Seus arquivos mencionam mais de 300 delinquentes processados de 1332 a 1353, dos quais apenas 17 foram condenados à morte. Quanto aos 357 indivíduos presos pelos sargentos do Châtelet, em julho de 1488, menos de um em três é, finalmente, julgado. Dos 111 que compareceram, um só é executado, quatro são banidos, dos quais dois, depois de terem sido chicoteados, seis se encontram fustigados em público e todos os outros são soltos, muitas vezes nas 24 horas seguintes, após terem pagado uma multa, e até, às vezes, de graça.[6]

Desses trechos documentais, é preciso reter que a violência existe na cidade, mas que a cidade tem a imagem de uma ilha relativamente protegida num oceano de grande brutalidade. Restos de registros criminais do parlamento de Paris, entre 1319 e 1350 permitem ver a medida disso. Eles descrevem bandos de cavaleiros valentes, no Périgord, em Vermandois ou nas fronteiras do império, que se comprazem na crueldade, dando um prisioneiro como comida aos cães, matando mulheres e crianças, pondo fogo por prazer, seguros de serem garantidos pela sua linhagem. Vendetas e assassinatos premeditados existem em grande quantidade, mas se acham pouco processados pelos juízes. Assim, o conde de Forez se recusa a condenar à morte um assassino, sob pretexto de que ele é jovem e agiu por ordem de seu patrão. Assim também, o sargento do prior de Anet, preso por tê-lo matado, só é condenado ao pelourinho depois de ter o punho cortado. Ele escapa do último suplício, dizendo-se ultrajado em sua honra e seus direitos, porque o eclesiástico tinha tomado seu filho sem sua anuência, para fazer dele um monge.[7]

---

5   David M. Nicholas, "Crime and punischment in fourteenth-century Ghent", *Revue belge de philologie et d'histoire*, t. XLVIII, 1970, p. 289-334 e 1141-1176.
6   Esther Cohen, "'To die a criminal for the public good': the execution ritual in late medieval Paris", in Bernard S. Bachrach e David Nicholas (dir.), *Law, Custom, and the Social Fabric in Medieval Europe. Essays in Honor of Bryce Lyon*, Kalamazoo, Western Michigan University, 1990, p. 298-299.
7   Yvonne Lanhers, "Crimes et criminels au XIVe siècle", *Revue historique*, t. CCXL, 1968, 92º ano, p. 325-338.

No abrigo de suas muralhas, a cidade represa, em parte, a violência vinda do exterior e limita a de seus cidadãos, a começar pelos rapazes solteiros. Por um lado, ela filtra; por outro, ela suaviza os costumes. Não podendo realmente se fechar, porque ela se condenaria ao definhamento, ela vigia estritamente os que chegam, para poder triá-los em função do perigo que eles representam e do benefício que eles podem trazer. Os decretos de polícia de Arras, cidade importante de 12 mil habitantes, produtora de tapeçarias reputadas, vendidas sob o nome de *arazzi* na Itália, testemunham, desde sua aparição em 1405, sobre as principais obsessões urbanas. A questão da segurança domina. Controle das fortificações ou instruções precisas em caso de incêndio se avizinham da obrigação frequentemente reiterada aos hoteleiros, de declarar o nome dos viajantes estrangeiros e de não aceitar nenhum deles sem conhecer sua identidade. Os gerentes das saunas, os banhos públicos, não podem assumir locatários. As prostitutas, vigiadas por um oficial municipal, o "rei dos Devassos", são, também, objeto de inúmeras estipulações. Proibições de circular à noite sem luz ou de ir às saunas com moças são decididas na ocasião, como foi em 15 de junho de 1437. Em caso de perigo ou de epidemia, como em 18 de abril do ano seguinte, os pobres vagabundos devem ir embora, e os porcos são expulsos, para evitar a "corrupção" do ar. Por volta de 1444, o medo dos estrangeiros, ligado a temores de invasão por surpresa ressurge e leva os fiscais a dar o direito aos burgueses de se ajudarem mutuamente contra eles, evidentemente para se defenderem usando a força, se for necessário. A proibição do porte de armas é lembrada várias vezes a partir de 1456, ano em que os jogos de *choule* (bola), de bolas e de arco pão proibidos no dia de São Miguel e quando é feita menção das tréguas realizadas entre inimigos sob controle municipal, que deverão ser renovadas e publicadas exatamente antes da noite de Todos-os-santos, pelos almotacés que deixam o cargo. Em 1464, há uma ordem para entregar à justiça todo banido que volta para dentro das muralhas, mesmo se ele não causa nenhuma confusão. Em 22 de dezembro de 1470, o jogo de dados é proibido na noite e no dia de Natal e limitado, os dias seguintes, a lugares precisos. Os principais regulamentos são republicados regularmente no primeiro domingo após Todos-os-santos, depois logo antes da noite de São João Batista. Eles retomam as regras concernentes aos estrangeiros, os maus indivíduos, o jogo de dados, o fato de ir de noite sem luz ou de dormir nas saunas com mulheres, o porte de armas, o fechamento das portas após a última badalada... Em 5 de abril de 1474, como estrangeiros e *caïmans* (bandidos) procuram altercações na cidade, todos os que não têm domicílio "honesto" e que não ganham sua vida são obrigados a partir, sob pena de fustigação e de banimento. As danças são proibidas em 8 de julho de 1478. As mulheres da vida são objeto de uma vigilância crescente: em 28 de julho de 1484, é proibido a quem quer que seja, inclusive hoteleiros, alojá-las, e elas não podem mais exercer seu "malvado estado" nas muralhas. Em 20 de janeiro de 1486, é denunciado o "grande escândalo" causado pelas que frequentam os lugares mal-afamados, em especial o Petit Marché, à noite, depois que soou a primeira badalada, chamada *carrefour*. As pessoas que as acolhem são, além disso, ameaçadas de banimento. Em 29 de dezembro de 1493, num período de inquietude e de medo de surpresa inimiga, a vigilância das saunas e das prostitutas é reforçada; exige-se dos hoteleiros desarmar seus clientes, e dos companheiros a casar ou dos empregados, reunirem-se com o pai, seus amigos e seus patrões em caso de alarme, e não se colocarem "juntos em bandos e reunidos à parte".[8]

À exceção de certos regulamentos lembrados sistematicamente, a propósito da noite, estabelecimentos de prazer, saunas ou hotelarias, estrangeiros, vagabundos, prostitutas que invadem o espaço urbano à noite, essa legislação não tem caráter contínuo. Ela traduz, sobretudo, os avanços de certa inquietação, quando os inimigos estão próximos, que a epidemia reina ou se anuncia, que a vida se torna mais dura por alguma razão. As preocupações principais dos magistrados municipais aparecem, no entanto, claramente. Trata-se de proibir toda associação criminosa estável no interior dos muros. Proxenetas, bandidos, ladrões, malfeitores, mendigos são expulsos. Eles tentam, entretanto, manter-se do outro lado das fortificações, onde se multiplicam tabernas improvisadas muito frequentadas, porque os impostos locais aí não são aplicados. As moças públicas também frequentam essas paragens e patrulham constantemente dos dois lados das muralhas, assim como no centro da cidade, ou se instalam nas saunas. Os edis desejam, sem sucesso, confiná-las no bairro dos "bordéis", sob a vigilância do rei dos Devassos, impedindo-as de circular à noite. Eles tentam também, na ocasião, proibir os jogos, as danças, as atividades dos bandos juvenis, em particular quando a segurança coletiva está em perigo, como em 1493.

Os marginais, ladrões, bandidos, vagabundos, devassos, malfeitores são inúmeros a atravessar o território urbano e a tentar fixar-se aí por muito tempo, agregando-se ao universo da prostituição. A cidade teme ao extremo que eles componham uma sociedade criminosa. Ela os vigia de perto e os expulsa sem tolerância desde que eles se tornam uma ameaça. Em nenhum lugar, nos Países Baixos como na França, ela deixa constituir-se em "pátio dos milagres". Só existe seu fantasma que é testemunho de um dos maiores temores dos citadinos. O bando dos Coquillards de Dijon (bando de ladrões que usavam uma concha ao pescoço, como os peregrinos), do qual fez parte François Villon, é, talvez, uma das raras exceções nesse tipo de organização, a menos que se trate de um dos turbulentos grupos de juventude descritos mais tarde. O banditismo organizado só pode realmente alastrar-se nos campos e nas estradas. No fim do século XV e nas primeiras décadas do século XVI, ele se torna o principal alvo de uma repressão brutal conduzida por uma nova polícia montada militar, criada nos Países Baixos, por Carlos, o Temerário, depois na França, em 1520, por Francisco I, a *maréchaussée* (corpo de polícia montada). Primeiro, unicamente encarregados de punir os soldados desertores, os prebostes dos sargentos (de cavalaria) veem logo suas competências estenderem-se a todos os delitos dos sem domicílio perpetrados nos grandes caminhos, assim como aos roubos

---

8   Archives municipales de Arras, BB38 (1405-1495 e BB39 (1423-1449), decretos de polícia da cidade.

cometidos nos mesmos lugares. A emergência dessa força punitiva senhorial marca uma crise no modelo citadino de concórdia, em consequência de um forte aumento demográfico que culmina por volta de 1520. Uma onda crescente de pessoas sem rumo e camponeses desenraizados sem esperança vem, então, bater às muralhas das cidades. A recusa maciça, por estas, de todos os que elas se recusam a assimilar e dos nativos banidos por diversos tipos de crimes leva para as estradas hordas de "inúteis no mundo", que tentam sua sorte de lugar em lugar, estabelecendo-se provisoriamente no exterior dos muros, se os deixarem. Esse universo marginal perigoso é a caça da cavalaria. Entre 1500 e 1513, o preboste encarregado do condado de Artésia condena 106 pessoas à morte, 30 a multas, e 54 a outras penas. De 1518 a 1527, quando a marginalidade se torna um enorme problema social em toda a Europa, ele manda executar 222, além de 142 multas e 21 outras sanções. Por comparação, Arras só aplica a sentença capital uma vez por ano, em média, de 1528 a 1549 – único período bem documentado. O governo de Arras, corte real sobretudo encarregada dos campos circunvizinhos, decreta, também, uma sentença a cada ano. Ao mesmo tempo, o príncipe agracia dois assassinos, para o conjunto do condado. Os prebostes dos policiais montados são, com toda evidência, encarregados de sanear os espaços vagos não habitados onde se refugiam os muito numerosos excluídos da paz urbana. Na Artésia, suas presas, identificáveis em um terço dos casos, se dividem em quatro grupos equivalentes: culpados de homicídios, frequentemente dotados de uma má reputação e autores de delitos suplementares; malfeitores de grande estrada, assassinos ocasionalmente; ladrões que não agem aparentemente em bandos; acusados de outros tipos de crimes importantes, vagabundagem, bruxaria, dinheiro falso, traição em proveito do inimigo...[9]

A raridade das sentenças capitais decretadas pelos tribunais urbanos não é, pois, de forma alguma, um sinal de fraqueza. A cidade do fim da Idade Média, pelo menos a que prospera, sobre o modelo italiano ou borgonhês, não precisa do esplendor dos suplícios para obter a tranquilidade. Basta-lhe impedir os indivíduos de compor minorias perigosas, controlando-os de muito perto, não somente por decretos reiterados, mas, ainda mais, pelo viés das densas redes de sociabilidade ordinárias. Ofícios e corpos de populações vigiam seus membros e se revelam impermeáveis a todos os que eles não aceitam acolher em seu seio. A cidade é, por essa razão, um mundo hostil aos estrangeiros, assim como a todos os que se recusam a demonstrar os valores normativos de seu grupo de referência. As próprias prostitutas constituem um corpo de população bem enquadrado, sob o cajado do rei dos Devassos, igualmente encarregado do controle das mesas de jogos de dinheiro e do universo da noite venal. Um contrato explícito liga esse conjunto sulfuroso à municipalidade, que aceita sua presença e tira proveitos importantes, limitando as desordens e os excessos. Atestada desde 1423, em Arras, a instituição de uma marca específica visa a diferenciar as "mulheres da vida alegre fazendo amor a granel" das boas e "pudicas"

---

9   R. Muchembled, *Le Temps des supplices, op. cit.*, p. 151-157.

habitantes. Ela serve também para distingui-las das que vendem seus encantos às escondidas, ou "alcoviteiras", que atraem à casa delas os homens casados, para se tornarem concubinas manteúdas. Sob pena de multa, cuja metade vai para o sargento, e a outra, para o rei dos Devassos, elas devem usar "em seu braço esquerdo, entre o ombro e o lado, um pedaço de pano vermelho, com a largura de dois dedos, e meio pedaço de comprimento, mais ou menos, costurado sobre seu vestido", ou o mesmo em branco, se elas querem ostentar um vestido vermelho. Quando elas põem um casaco, devem costurar aí a faixa de tecido atravessada, para que seja bem visível. Em Lila, em 1430, uma "proclamação de mulheres loucas" lembra a obrigação de usar uma marca idêntica. A gestão da prostituição começa, no entanto, a mudar de sentido, no fim do século XV, por causa da difusão do "mal de Nápoles", a sífilis. Em 1492, em Arras, é exigido dos proprietários das saunas do Soleil, do Paon, do Gauguier, de L'Image Saint-Michel reservar doravante esses lugares para outros usos e, se eles aceitam hóspedes, alojá-los "sem manter bordéis", isto antes de 15 dias, sem o que eles serão obrigados a uma exorbitante multa de 100 libras. O Paon e o Soleil são, no entanto, saunas em 1504, e os proprietários do "bordel do Soleil", punidos em 1533, recebem, então, a ordem de fechar definitivamente o estabelecimento. Em 1550, as saunas do Glay devem cessar suas atividades durante 15dias, por "ter tolerado os rapazes jovens com as meninas, na Sexta-feira Santa [antes da Páscoa], durante o ofício religioso". Além disso, duas prostitutas são banidas por um ano, e dois jovens clientes encontrados com elas são fustigados com varas, em câmara fechada.[10]

Máquina de produzir consenso social, a cidade digere os desprópositos de alguns de seus membros, estigmatizando-os com um selo de infâmia, que os torna mais visíveis e permite melhor controlá-los. Tal é o caso das moças alegres, muitas vezes vindas de fora, necessárias à saúde coletiva e produtoras de uma abundância financeira importante. Os vagabundos machos são bem menos contemplados. Se um decreto de Filipe, o Bom, contra eles, em 1459, não é aplicado, em especial em Bruxelas ou em Antuérpia, ele inaugura um aumento de severidade, prevendo enviar os inativos à prisão, às galeras, ou bani-los, depois de tê-los mutilado no polegar ou na orelha. As cidades se contentam frequentemente em expulsá-los sem demora, cortando-lhes a orelha, às vezes, por roubo, o que permite localizar os recidivistas. O clima muda brutalmente por volta de 1510-1520, porque a inchação dos efetivos de mendigos, originários de um mundo rural muito densamente povoado, torna-se preocupante. As autoridades reagem, distinguindo os pobres domiciliados, portadores de um sinal que os autoriza a pedir esmola, dos outros, rejeitados em massa, por exemplo em Mons ou em Ypres, em 1525, em Lila, em 1527. A ajuda do Estado se torna indispensável diante das hordas de miseráveis que criam as confusões nas cidades. Em 1531, um edito de Carlos V proíbe a mendicidade e a residência aos estrangeiros inativos. Só os "bons pobres" do lugar, escolhidos pelas autoridades, têm

---

10   Archives municipales de Arras, BB 38, f° 101 r°, 114 r°, 136 v°; BB 39, f° 1 r°, 24 v°-25 r°.

direito, com a condição de não frequentar as tabernas, aos auxílios pagos por uma "bolsa comum", instituída em todo lugar a partir de um modelo uniforme.[11]

O equilíbrio urbano tem um preço, a exclusão maciça de todos os que não encontram nem um ofício nem um domicílio. Muitos indivíduos querem estabelecer-se nas cidades, em particular inúmeros rapazes maiores desarraigados, expulsos dos campos pela pressão demográfica, mas poucos são autorizados a entrar nas redes de solidariedade locais para partilhar a paz coletiva. Fora das portas, eles ladeiam multidões de nativos banidos por terem transgredido as leis. Porque a cidade não conserva os seres perigosos. Muito ao contrário, sua existência repousa sobre a rejeição sistemática dos que não compartilham seus valores, mesmo se por falta de meios materiais. Ela não se mostra acolhedora para os camponeses desejosos de se refugiar ao abrigo de suas muralhas em tempo de guerra. Nem para os animais que ameaçam a segurança das pessoas. Em Arras, um "mata-cachorro" municipal, retribuído por cabeça de animal, é encarregado de eliminar os canídeos errantes, inclusive os que seus proprietários deixam divagar à noite. Viu-se que os porcos podem também ser proscritos em momento de epidemias. No exterior das muralhas, a periferia imediata é um universo muito povoado, domínio privilegiado dos excluídos, dos banidos, dos malfeitores que espreitam os viajantes, traficantes de toda natureza, proxenetas e meninas fáceis.

A diferença mais importante com o universo situado do outro lado das portas reside na cultura. O "subúrbio", isto é, o espaço exterior onde se exerce o poder urbano, está longe de constituir uma zona de não-direito. Refúgio dos inassimiláveis, ela tem uma função de abscesso de fixação, com a autorização expressa das autoridades, que fiscalizam de perto o que se passa aí e mandam até destruir as habitações improvisadas implantadas nesse lugar, em caso de ameaça inimiga iminente, para separar o que se torna, então, um perímetro de segurança. Aí somente pode existir uma espécie de pátio dos milagres, espionado de perto, tratado sem embaraço desde que surge o menor problema. Bebida, sexo e violência são suas características essenciais, enquanto no interior das muralhas deve reinar uma urbanidade mais policiada. Por suas palavras, seus gestos e seus comportamentos, todos os citadinos são, com efeito, convidados a demonstrar sua pertença a um mundo privilegiado e pacificado. O ar da cidade torna suave. Pelo menos, obriga alguém a dominar suas pulsões e seus desejos, para evitar ser relegado do outro lado das muralhas, com os que não sabem ou não querem impor-se um tal autocontrole, nem demonstrar seus sinais.

A "civilização dos costumes" não nasceu unicamente nas cortes italianas da Renascença. Ela provém também de uma exigência crescente de civilidade, em outros termos, de uma vontade de dominar mais os mecanismos das relações sociais nos universos citadinos poderosos e prósperos da Itália e do noroeste do continente. A céle-

---

11   Bronislaw Geremek, "Criminalité, vagabondage, paupérisme: la marginalité à l'aube des temps modernes", *Revue d'histoire moderne et contemporaine*, t. XXI, 1974, p. 337-375; *id., Truand et misérables dans l'Europe moderne (1350-1600)*, Paris, Gallimard/Julliard, 1980; Jean-Pierre Gutton, *La Société et les Pauvres en Europe (XVIe-XVIIIe siècle)*, Paris, PUF, 1974.

bre tese de Norbert Elias, ligando o processo ao abandono da violência individual em contrapartida de uma melhor proteção garantida pelo Estado, que se tornou o único depositário da violência legal, desconhece a existência anterior de um fenômeno comparável surgido nas "repúblicas urbanas" do século XV.[12] Tal é o caso nos Países Baixos borgonheses. Durante a idade de ouro das cidades, até 1520, a construção de uma cultura do apaziguamento passa aí pela definição de um novo tipo de personalidade, refreando sua brutalidade, preferindo o acomodamento à vingança sanguinária e mostrando a prova de sua normalidade em todos os domínios. Partidário da economia das paixões e do justo meio, esse citadino da nova vaga busca, provavelmente, seu modelo na velha tradição monástica ocidental de ascetismo e de continência, adaptada a um mundo de trocas e de expansão. O religioso cede aí, contudo, terreno a uma moral do sucesso. Não é absolutamente um acaso se muitas cidades setentrionais, Antuérpia em particular, têm, em seguida, no século XVI, fortes tentações calvinistas. As forças vivas que as animamreconhecem aí formas culturais e uma ética favorável ao capitalismo comercial próximos de suas preocupações.[13]

Partidário de uma fé mais despojada, sem passar o degrau da ruptura com o catolicismo, o grande humanista Erasmo fornece, em 1530, o breviário dos citadinos policiados, *La Civilité puérile*. Muito frequentemente apresentado como um puro manual aristocrático, destinado a educar um jovem príncipe da Borgonha, essa pequena obra redigida em latim encontra, ao mesmo tempo, sua inspiração no modelo monástico e na observação das metrópoles setentrionais, bem conhecidas do autor, nascido em Roterdam, numa das regiões mais urbanizadas e dinâmicas da Europa. As regras de conveniência e de pudor que ela enuncia se opõem às dos camponeses, mas também às dos nobres, muitas vezes animados pelo senso da honra e da vingança, inclusive na corte de Borgonha, no entanto, uma das mais refinadas do tempo. Em nome da "natureza" e da "razão", o autor aconselha à criança a temperança em todas as coisas, a moderação em matéria de alimentação, de trabalho e, mais ainda, de atitudes físicas. Não procura absolutamente formar um guerreiro, mas um ser acostumado aos códigos das relações humanas, um "cidadão", no sentido latino do termo, isto é, um citadino burilado pelo universo em que se move. Não cruzes o braço, diz ele, porque é a atitude de um preguiçoso "ou de alguém que leva um desafio". De pé ou sentado, evita colocar uma mão sobre a outra, atitude que alguns acreditam elegante, enquanto "ela cheira a homem de guerra". Lembra-te de que "tudo o que agrada aos bobos não é necessariamente conveniente". Não descubras as partes do corpo que o pudor natural faz esconder, mesmo se não há nenhuma testemunha. Lembra-te que o mais agradável numa criança é "o pudor, companheiro e guardião dos bons costumes". Não andes nem muito lentamente nem muito rapidamente e evita os gestos destinados a colocar em valor a virilidade, assim como

---

12 N. Elias, *La Civilisation des mœurs*, op. cit.; id., *La Dynamique de l'Occident*, Paris, Calmann-Lévy, 1975; id., *La société de Cour*, op. cit.
13 Max Weber, *L'Éthique protestante et l'Esprit du capitalisme*, op. cit.

"balanço, porque não há nada de tão desagradável como essa espécie de claudicância. Deixemos isso aos soldados suíços e aos que têm muito orgulho de usar plumas em seu chapéu.[14]

As boas maneiras, cuja utilidade principal é de desarmar a agressividade, nasceram no terreno urbano, bem antes da época em que as situa Elias. Elas se desenvolvem já com vigor nas cidades italianas do século XIII. São descobertas, também, na obra pedagógica de Hugues de Saint-Victor, cônego agostiniano morto em 1141. Erasmo, que a leu, traduz, no entanto, menos uma inspiração na santidade destinada a formar um monge do que num método para viver em grupo, nos espaços superpovoados e potencialmente perigosos das cidades setentrionais. Se ele insiste tanto sobre a noção de justo meio, é para incitar o leitor à introspecção e à autoexigência.[15] Vigiar sua palavra, sua roupa e seus gestos, no palco movente do teatro da vida quotidiana, é uma necessidade, para evitar os conflitos inúteis e economizar, assim, tempo, sangue e dinheiro. Esperma também, porque o sucesso implica não gastar mais fluidos vitais do que bens materiais. Ativo aguilhão do capitalismo nascente, o espírito de poupança induz igualmente um controle mais estrito dos excessos sexuais.[16]

A feroz repressão dos prazeres da carne, decidida por inúmeros monarcas do século XVI, começou bem mais cedo em algumas cidades. Próspera e pujante, Bruges persegue sem piedade, o "inominável pecado" de sodomia, desde o fim do século XIV. De 1385 a 1515, segundo os registros dos oficiais condais, 90 indivíduos são queimados por esse crime, três são condenados a multas, e nove outros a penas corporais. Fontes complementares, que não recortam as primeiras, e só existem a partir do fim do século XV, as confissões e condenações registradas pelo corpo municipal, colocam a acusação em segunda posição, com 15% dos casos, depois do roubo (46%), mas antes do homicídio (9%), para o período de 1490-1515. Dezesseis dos 21 culpados são condenados à morte, como 12 assassinos em 12 e 30 ladrões em 63. Uma severidade maior dos juízes se observa em relação às pessoas nascidas em outro lugar, porque estas fornecem 42 dos 74 executados, contabilizados todos os processos, dos quais 22 dos 30 ladrões, oito dos 12 assassinos, quatro dos seis estupradores. Tudo indica que se quer aterrorizar os que se entregam a essas três atividades repreensíveis, enquanto os nativos acusados das mesmas turpitudes são muito mais raramente e menos duramente sancionados. Só a sodomia apresenta um perfil inverso, porque 10 dos 16 supliciados são nativos de Bruges. No quadro clássico de uma justiça com duas velocidades, quase sempre mais clemente com os autóctones, ela aparece, ao mesmo tempo, como a principal ameaça interna e como uma "arma

---

14   Didier Erasme, *La Civilité puérile*, apresentado por Philippe Ariès, Paris, Ramsay, 1977, cap. I.
15   Daniela Romagnoli (dir.), *La Ville et la Cour. Des bonnes et des mauvaises manières*, Paris, Fayard, 1995, "La courtoisie dans la ville", p. 58-59, 74-75.
16   R. Muchembled, *L'Orgasme et l'Occident, op. cit.*, a respeito da sublimação dos desejos eróticos como motor secreto do dinamismo ocidental.

para disciplinar a sociedade", em uma época de instabilidade social marcada pela multiplicação do número de marginais atraídos por sua reputação de riqueza.[17]

O enquadramento da juventude

Aos olhos das autoridades municipais do tempo, a violência e o estupro passam, muitas vezes, por atividades banais de jovens homens a casar. Em geral, as fontes urbanas não falam da homossexualidade, o que poderia, paradoxalmente, indicar uma grande tolerância nesse domínio, como era o caso em Florença, antes da promulgação de uma lei muito severa, em 1542.[18] A precocidade da luta, em Bruges, contra a sodomia e sua orientação para culpados nativos do lugar demonstram a emergência de um tabu talvez destinado a definir exclusivamente a cultura viril em termos de heterossexualidade, enquanto os membros de bandos de solteiros têm, provavelmente, da mesma forma, a tentação de se entregar a isso, como os das grandes cidades italianas. Seria o índice de uma intervenção crescente dos edis locais sobre as companhias juvenis?

O fim da Idade Média vê, com efeito, proliferar tais organizações, sob o controle estrito da cidade respectiva. De Dijon a Arles, todas as cidades do Sudeste da França possuem uma, até mesmo duas "abadias de jovens", confrarias alegres reconhecidas, que elegem seu abade e seus dignitários em presença dos magistrados, depois recebem deles dinheiro e autorizações de exercício. Estruturas federativas, elas reúnem machos de toda condição social, casados ou não, entre 16-18 anos e 35-40 anos. Elas se confundem, às vezes, com confrarias de tiro, até com grupos de vizinhança, mas se distinguem claramente dos pequenos bandos de três a cinco rapazes, principalmente na idade de 18 a 24 anos, que praticam, ao mesmo tempo, uma grande violência e inúmeros estupros coletivos: 125 agressões desse tipo foram declaradas às autoridades de Dijon, de 1436 a 1486, das quais 90 contavam, ao todo, mais de 400 autores e cúmplices.[19]

As abadias servem para temperar a violência juvenil tradicional, que toma, na cidade, a forma patológica de frequentes estupros de frustração. É provável que o desaperto das solidariedades e o enfraquecimento da lei da vingança nesse meio contribuíram para facilitar uma poderosa compensação sexual, impossível em tal escala na aldeia. O remédio foi imediatamente punir – o que deixou documentos –,

---

17 Marc Boone, "'Le tres fort, villain et detestable criesme et pechié de zodomie': homosexualité et repression à Bruges pendant la période bourguignonne (fin XIVe-début XVIe siècle)", in Hugo Soly e René Wermeir (dir.), Beleid en bestuur in de oude Nederlanden. Liber Amicorum Prof. Dr. M. Baelde, Gand, Vakgroep Niewe Geschiedenis UG, 1993, p. 2-17.
18 Michael Roecke, Forbidden Friendships. Homosexuality and Male Culture in Renaissance Florence, Oxford, Oxford University Press, 1996.
19 Jacques Rossiaud, La Prostitution médiévale, Paris, Flammarion, 1988, p. 26-27, 33-36; id., "Fraternités de jeunesse et niveaux de culture dans les villes du Sud-Est à la fin du Moyen Âge", Cahiers d'histoire, t. XXI, 1976, p. 67-102.

mas também produzir como antídoto abadias confederadas, autorizadas a levantar multas, em casamentos mal ajustados. Elas recorrem também, sem excesso de brutalidade, a charivaris e a cavalgadas no burro, em caso de recusa. As primeiras são observadas no fim do século XIV, no Sudeste, depois as menções se multiplicam, por volta de 1450. Suas atividades, orientadas para a exaltação de uma virilidade arrazoada, transformada em direitos que permitem beber e banquetear-se, contribuem à salvaguarda da paz urbana. Elas retomam, de maneira mais temperada, a administração dos costumes sexuais de todos os habitantes, destinada aos grupos juvenis, e herdam procedimentos de socialização da juventude masculina, da qual elas tentam apagar os excessos, misturando solteiros e casados, ricos e pobres. Em Dijon, de 1450 a 1540, seu papel apaziguador é particularmente visível no mês de maio, quando cai o número de estupros coletivos, em proveito de compensações lúdicas organizadas, compreendendo a sagração de um rei do amor, banquetes e jogos diversos.[20]

Em 1454, o duque de Borgonha confirma os privilégios da "Mãe louca de Dijon". A alegre companhia acolhe mais tarde 500 pessoas de toda qualidade, entre as quais o príncipe de Condé, recebido em 1626, e o bispo de Langres, em uma data desconhecida. Até a abolição, por um edito real de 1630, da "Mãe-loucura" ou "Gaillardon", sua atividade alcança um paroxismo no momento do Carnaval, com desfiles de carruagens e de personagens fantasiadas como vinhateiros. Pouco apreciadas pela Igreja, estruturas do mesmo tipo celebram as festas dos loucos nas igrejas, entre o Natal e a Epifania, ou se ilustram em diversos outros momentos de diversões, sob o cajado do príncipe do Amor, em Lila, do abade dos Imbecis, em Ruão, ou dos 20 abades alegres de Lion, a maior aglomeração francesa depois de Paris. Dominados pelos adultos, enquadrados por grupos profissionais e solidariedades de vizinhança, esses conjuntos têm por missão essencial preservar a concórdia e a ordem na cidade, tanto em Lion quanto em Turim ou em Ruão. A festa pode, às vezes, acabar mal. A crítica das autoridades ou dos poderosos não é rara na boca dos confrades. A farsa da Basoche (gente da justiça) parisiense, em 1516, por exemplo, zomba do jovem rei, mostrando que Mãe Boba reina na corte. E a alegria vira agressividade coletiva, quando as circunstâncias favorecem. O Carnaval vira motim sangrento em Udine, em 1511, em Berna, em 1513, em Romans, em 1580, em Londres, onde a Terça-feira gorda termina 24 vezes por uma revolta, na primeira metade do século XVII. Em Dijon, em 1630, a mascarada dá ocasião a um protesto antifiscal, pretexto para a supressão da companhia da Mãe louca, que participou do movimento.[21]

Antes de se esclerosarem rapidamente a partir da metade do século XVI, as abadias alegres acompanham os triunfos urbanos. Elas testemunham uma grande

---

20 J. Rossiaud, "Fraternités de jeunesse...", op. cit., p. 87,90,101.
21 Natalie Zemon Davis, Les Cultures du peuple, op. cit., "La règle à l'envers", p. 159-209. Consulte também Jean-Baptiste Lucotte Du Tilliot, Mémoires pour servir à l'histoire de la fête des foux, Lausanne e Genève, 1751, em especial sobre a Mãe louca de Dijon, p. 8-181 e J. R. Ruff, Violence in Early Modern Europe, op. cit., p. 178-179.

capacidade de adaptação a conjunturas econômicas e sociais muito variadas, pela digestão dos elementos susceptíveis de prejudicar o consenso necessário. Elas se desenvolvem logo depois de uma fase de extrema tensão, no início do século XVI, quando a violência dos pequenos bandos de jovens machos não podia mais ser refreada. Sua idade de ouro precede a apropriação do destino coletivo pelo poder consolidado dos príncipes e das Igrejas. Durante essa espécie de parêntese, entre 1450 e 1520, a segurança é essencialmente um caso local, e a adolescência se torna uma das principais preocupações dos edis. Transformar a força explosiva dos meninos turbulentos em atividade coordenada por adultos, para demonstrar, através dela, o poder da cidade, foi um meio de limitar o número dos homicídios e das querelas brutais, substituindo-os por atividades e espetáculos que colocam o conjunto dos habitantes em festa. As cidades dos Países Baixos borgonheses souberam praticar com perfeição essa arte de federar as energias pela festa, organizando competições lúdicas brilhantes e espetaculares com seus homólogos de toda a região.

Em 1437, em Arras, o abade da Alegria e vários companheiros retóricos recebem dinheiro para cobrir as despesas comprometidas quando da recepção feita com "grande reverência ao Abade de Escache Profit (esmaga proveito) de Cambrai". Em 1455, a entrada solene do duque de Borgonha fornece a ocasião de representar a história de Gedeão "por sinais e outras brincadeiras". As confrarias faceciosas que recebem, então, uma indenização financeira são as do abade da Alegria, a principal do lugar, do abade do Bom Querer, do rei dos Lours (bobos), dos confrades de Saint-Jacques, do príncipe de Glay, do rei dos Loquebeaux (pretensiosos), do príncipe da Testée (ideia) e dos Jovens da igreja Saint-Géry.

Em 5 de fevereiro de 1494, o espetáculo se anuncia ainda mais suntuoso. Um mês antes, foi exigido dos estrangeiros que viriam às festas do domingo gordo deixar as armas e armaduras com o hoteleiro. Esperam-se associações festivas estrangeiras, que devem ser acolhidas em grande pompa, segundo um cerimonial preciso, sob pena arbitrária em caso de transgressão. As companhias dirigidas pelo abade da alegria, o príncipe do Bom Querer e o de Saint-Jacques, em ordem certa, atrás do seu chefe, irão ao encontro das de Cambrai, Douai, Saint-Pol, a cidade episcopal de Arras (distinta da cidade), Béthune e Lila. Aire-sur-la-Lys, uma pequena localidade do leste do condado, organiza, em 4 de fevereiro de 1494, competições na água com seus vizinhos de Thérouanne, que enviam o rei das Barbas Cinzas, o abade da Juventude e o legado de Além-Água "para fazer folias" com o abade da Alegria e o príncipe da Juventude de Aire, os quais receberam o rei da Fortuna de Blaringhem, uma semana antes.

Em 1533, um documento precisa que o abade da Alegria de Arras serve para "entreter as antigas e boas amizades das cidades próximas e comunicações dos comerciantes e outras pessoas de bem que frequentam esta cidade". A tarefa é desastrosa, porque o titular deve pagar suas roupas, seus pajens, lacaios, trompetes e tambores, assim como as despesas dos deslocamentos em Douai e Cambrai, contentando-se a municipalidade em pagar as do jantar de honra da Segunda-feira gorda. Em 1534, a chegada à missa, nessa mesma Segunda-feira gorda é cuidadosamente regulamentada, para evitar embaraços e discussões. A procissão alegre coloca o mundo às avessas: entram primeiro os dignitários considerados como os menos alternativamente, por estrangeiros e pelos de Arras, segundo um minucioso protocolo. Cambrai envia seis representantes, dos quais o principal, o abade de Escache Profit, toma a antepenúltima posição, precedendo o mestre de cerimônias, o prestigioso abade da Alegria, de Arras, que entra por último na igreja. Douai tem dois, dos quais o capitão Pignon (pinhão), notado logo antes dos dois precedentes, a cidade episcopal, um, o príncipe da Franca Vontade, que precede Pignon e segue o delegado de Hénin-Liétard. Os de Arras, quanto a eles, são representados, numa ordem crescente de prestígio, pelo príncipe do Pouco Dinheiro, o almirante de Malleduchon, o prefeito dos Hediondos e o príncipe da Juventude, o príncipe dos Açougueiros, o de Saint-Jacques, o príncipe da Honra, delegado pelos paneiros, o rei dos Lours e o abade da Alegria. Por causa de uma querela de precedência, uma defecção é observada, a do príncipe do Amor, de Tournai, que queria tomar o lugar do capitão Pignon, de Douai, enquanto os prebostes lhe tinham atribuído uma posição inferior.[22]

    A coesão urbana não é uma palavra inútil nos Países Baixos do século XV. Cada entidade a desenvolve de maneira sistemática, para transformá-la em reflexo condicionado em seus habitantes. A rede de sociabilidade é tão fechada que impede os estrangeiros indesejáveis, perigosos ou violentos de ocupar um lugar ao sol. A velha xenofobia garantindo a coesão das paróquias rurais funciona aqui em um grau superior. Entretanto, a rejeição excessiva das pessoas do exterior arriscaria empobrecer a coletividade em todos os domínios. As cidades setentrionais do ducado de Borgonha secretam um poderoso antídoto, multiplicando as oportunidades de trocas econômicas pelo mercado ou a feira, mas também pela festa. Enquanto, à mesma época, as da Itália se esgotam mutuamente com incessantes conflitos militares, a região desenvolve um forte sentimento de pertença a um Estado comum, porque este lhe deixa muitas liberdades e privilégios. A aliança assim forjada entre a monarquia moderna dos grão-duques do Ocidente e as florescentes cidades garante a estas uma independência concreta, sob o controle distante do poder central. Esse sistema cívico original alcança seu apogeu por volta de 1490-1510, aproveitando o espaço político aberto pelo longo e confuso interregno consecutivo à morte de Carlos, o Temerário, antes da chegada de Carlos da Espanha, em 1516. Uma verdadeira confederação urbana existe graças à festa, que irriga a economia local. Os contemporâneos são perfeitamente conscientes disso, como o revelam explicitamente as contas dos tesoureiros de Lila, poderosa metrópole com indústria têxtil, povoada com 40 mil pessoas. Em 1547, eles alocam uma grande quantia ao príncipe do Amor, "em consideração por aquela festa ter sido bela, honrosa e bem-conduzida, em honra dessa

---

22 Archives municipales de Arras, fichas Guesnon: policia-costumes, jogos cênicos (dos quais cópias de documentos desaparecidos para 1533-1534) e BB 38, fº 144 rº-144 rº, 5 de fevereiro de 1494 (n. st.).

cidade, e que, por causa da multidão do povo que tinha vindo à dita festa, tanto das cidades vizinhas quanto de outras, a dita cidade tinha aproveitado muito em *assis* e *maltôtes* [maltostas/impostos] sobre vinhos, *cervoises* e *keutes* [cervejas] e de outras maneiras, e igualmente dos aldeões e habitantes desta cidade".[23]

As diversões estimulam a economia local. Os edis sabem tão bem isso que alocam vantagens em dinheiro ou em gêneros e prêmios prestigiosos aos vencedores de inúmeros concursos, para melhor atrair multidões de consumidores, às vezes vindos de longe. Por essa ocasião, os jovens turbulentos são convidados a se liberaram abundantemente em comida, bebida, jogos de força e de destreza, numa atmosfera de alegria, sob o controle discreto, mas firme, de seus príncipes e abades alegres, os quais são, em seguida, recompensados ou repreendidos pelos prebostes. Religião e moral não estão ausentes. Tomam-se, no entanto, liberdades com elas, antes da pequena idade glaciária dos comportamentos festivos introduzidos pelas autoridades superiores, a partir da metade do século XVI. Os mistérios representados na porta das igrejas, até mesmo a via-sacra, tomam frequentemente um aspecto burlesco, a exemplo das festas dos Loucos e dos Inocentes e do longo Carnaval endiabrado. Quando das procissões de Lila, em 1536, os ofícios representam a vida do Cristo. Sua circuncisão é encenada pelos fabricantes de tonéis, a partilha do pão e do peixe, pelos pisoadores, depois, o que faz o papel é esbofeteado pelos ourives. Em seguida, os caldeireiros mimicam o roubo da coroa do rei Darius por sua concubina, que o esbofeteia, para completar a medida certa. Levado diante de Ana, o Cristo é esbofeteado uma vez mais, esta vez pelos tosquiadores. Enfim, Judas o trai sob a influência dos mascates.[24] Os gestos faceciosos, entre os quais os tapas, não parecem absolutamente blasfematórios, nas condições do tempo. Sinais de aliviamento, eles fazem tanto rir que os citadinos são educados pela multa a se proibirem essas pequenas violências.[25] O conjunto depende de uma licença autorizada e controlada, que contribui para distender a atmosfera. Porque ela permite acalmar um pouco a agressividade, obrigando os nativos a ficar lado a lado com inúmeros estrangeiros, para melhor habituá-los a conduzir trocas frutuosas com estes.

Vai às festas, em Tournai,
Às de Arras e de Lila,
De Amiens, de Douai, de Cambrai,
De Valenciennes, de Abbeville,
Lá verás pessoas dez mil

---

23 Valérie Delay, "Les fêtes à Lille au XVIᵉ siècle", dissertação de mestrado sob a direção de Robert Muchembled, Université de Lille III, 1984, p. 161-162. As indicações seguintes concernentes a Lille são extraídas desse excelente trabalho.
24 *Ibid.*, p. 253.
25 Consulte, mais adiante, "A violência custa caro".

Mais que na floresta de Torfolz,
Que servem por sala e por cidade
Ao teu Deus o príncipe dos Loucos.

Essa descrição atribuída a Martin Franc, em *Le Champion desdames* [O Campeão das damas], escrito por volta de 1440-1442, dá conta da reputação festiva das cidades sob dominação borgonhesa. Estas conseguiram captar as tradições camponesas dos reinos de juventude e das festas dos loucos, para colocá-las a serviço de sua prosperidade. De 1495 a 1510, o príncipe dos Bobos, de Lila, é o principal embaixador do lugar. Ele visita as outras cidades e recebe com grande pompa seus confrades de Armentières, Arras, Béthune, Cambrai, Courtrai, Douai, Hesdin, Lannoy, Orchies, Saint-Omer, Tournai e Valenciennes. O oficial burlesco encarregado dessa missão pode mudar em função das circunstâncias. O príncipe de Saint-Jacques exerce esse papel, em 1506, o príncipe do Amor, em 1547, após a proibição da festa dos Bobos pelo imperador Carlos V, em 1540. As trocas mais intensas são feitas com Tournai, Arras, Cambrai e Douai, que recebem igualmente visitas regulares das companhias de Lila, por ocasião de suas próprias festas, por exemplo, a dos Bobos, em Tournai, em 1509 ou 1510. Os cortejos são suntuosos. O príncipe da Estrille (intriga), de Lille, vai, assim, a Valenciennes, com 41 pessoas, dos quais 17 confrades, trompetes, arautos e pajens, todos montados em belos cavalos e ornados com roupas suntuosas. Juntam-se a eles profissões organizadas, tais como os açougueiros e os *sayetteurs* (artesãos têxteis) de Lila, mais raramente *serments* (corporações) reunindo arqueiros, besteiros ou artilheiros. Como outra maneira de enquadrar a juventude, utilizando sua fascinação pelas armas, eles fazem demonstrações que terminam frequentemente em acidentes fatais.

A festa ideal urbana é ativa e alegre, mas vigiada de perto. As núpcias fornecem um outro exemplo. Os decretos de polícia os regulamentam regularmente, principalmente em período de perturbações e de fome, para impedir inúmeras rixas mortais que acontecem entre homens jovens, quando os da paróquia ou do bairro vêm reclamar direitos em gêneros e em dinheiro, como nas aldeias. Em Lila, as limitações do número de convivas se multiplicam, a partir de 1524, e são estabelecidas em 40, ou seja "dez pares de pessoas casadas e chefes de hotel de cada lado", o que exclui, em princípio, os solteiros... Esclarece-se, mais tarde, se os casados estão incluídos ou não, músicos, empregados e garçons ficando descontados do total.[26] Apesar de tais estipulações, os festins nupciais se tornam ocasiões de reuniões muito importantes, por ocasião das danças, em especial, o que desagrada profundamente aos edis, porque a ordem é, então, difícil de manter.

Dividir a juventude para melhor reinar sobre ela é sua principal preocupação. Os machos não estabelecidos são divididos em vários tipos de instituições que controlam sua violência potencial por regulamentos educativos e multas, em caso de

---

26   *Ibid.*, p. 150.

conduta incivil. Nas profissões, os aprendizes e os companheiros ficam sob a tutela dos patrões. Eles obedecem a adultos, nos "juramentos" de jogos de armas e nas abadias alegres. Estas reúnem algumas dezenas de indivíduos e quebram, assim, a estrutura dos pequenos bandos de estupradores agressivos observados em Dijon. Numa cidade tão populosa como Lila, elas são muito numerosas: 47, entre 1500-1510, no apogeu do fenômeno. As mais ativas, para o conjunto do século, são as do duque do Lago, seguida pelo príncipe dos Apaixonados, do rei dos Bobos, do senhor de Pouco Dinheiro, do rei dos Corações aventureiros, do senhor do Pequeno Frete, do príncipe de Saint-Martin, do imperador da Juventude (mencionado desde 1499), do abade A quem tudo é preciso ("que carece de tudo"), do papa dos Guingans... Cada uma possui seu território, que defende contra qualquer usurpação, os prebostes decidindo os litígios em última instância. Em 1526, o conde Lyderic reclama, assim, a jurisdição sobre o jardim atrás do mercado, que lhe disputa o abade da SotteTresque (moeda boba). O duque do Lago reina na rua Saint-Sauveur; o príncipe dos Apaixonados, na praça dos Reigneaux, o senhor do Pouco Dinheiro, na paróquia de Saint-Pierre etc. A localização tem sua importância, porque o chefe da companhia é autorizado a cobrar taxas dos habitantes para as despesas de manutenção e, provavelmente, para as atividades e os banquetes de confraternização. O príncipe do Puy, quanto a ele, é um notável, preboste, nobre ou abade, que dirige um grupo de retóricos. Presentes nas festas de 1499 e 1503, estes aí rivalizam em cultura literária. Um verdadeiro eclesiástico é o prelado de um grupo de Loucos que se autointitulam os clérigos de Saint-Pierre, por causa do nome de uma igreja local. Eles participam das procissões e festas, entre 1501 e 1527. Um bispo dos Inocentes, clérigo ou corista, é atestado em 1501 e 1503. Ele governa durante o dia de 28 de dezembro, dedicado à inversão do curso normal das coisas, e conduz também seu grupo, quando realiza jogos de moralidade ou de folia, durante outras diversões.[27]

A juventude não pode, evidentemente, ser perfeitamente forçada. Seu enquadramento obstinado pelas autoridades locais, ainda reforçado na segunda metade do século XVI, em consequência do desenvolvimento das estruturas escolares católicas e protestantes, em toda a Europa, revela mais um fantasma de controle que uma realidade quotidiana. A visão citadina começa a inventar a adolescência. Deixam-lhe, entretanto, ainda, uma latitude festiva fundamental, uma vez que ela obtempera da maneira melhor possível seus excessos perigosos para a reputação, então, para a prosperidade da cidade. Os irredutíveis, os irritantes, são punidos de maneira proporcional ao seu ato e às suas possibilidades financeiras. O objetivo é de recolocá-los no caminho certo, ensinando-lhes a prática do justo meio, do controle de si, única coisa capaz de lhes evitar desaprovações e um empobrecimento. Menos religiosa do que se tornará sob a dependência dos reis absolutos, a moral ensinada é principalmente prática e pessoal: ela diz que a cólera se paga com um preço alto, e que a violência conduz à exclusão do paraíso urbano.

---

[27] *Ibid.*, em particular "Les hommes et la fête", p. 49-87.

A violência custa caro

De acordo com uma tradição histórica bem estabelecida, "o direito de vingança não pôde resistir vitoriosamente aos progressos da autoridade do príncipe", mesmo se coexistiu durante muito tempo com o exercício da repressão pública. A visão é tributária de uma valorização excessiva do Estado central, em particular no século XIX, porque os mesmos pesquisadores conheciam a existência dos mecanismos da paz urbana destinados a "proteger contra os golpes cegos da vingança familiar os que não tinham pessoalmente contribuído para provocá-la".[28] Um olhar mais atento sobre as formas variadas do poder na Europa, no fim da Idade Média, permite descobrir um sistema político muito diferente, principalmente representado nas principais cidades de Flandres e da Itália. Repúblicas cívicas de pequeno porte, elas organizam sua segurança em círculos concêntricos, de seu subúrbio rural ou *contado* ao centro monumental, passando pelo anel das muralhas, no contato do qual se perfilam os perigos, as tentações e os prazeres. Elas dividem o espaço social em alvéolos, como numa colmeia, o que limita geralmente a extensão das explosões de violência, ainda que acontecimentos extraordinários possam, no entanto, fazer implodir o conjunto no decorrer de uma festa, acabando num drama, de uma grande revolta popular interna ou de uma repentina contestação do poder do príncipe. Prefeituras majestosas, suntuosas praças de mercado, atalaias e gigantes processionais, tal como Gayant em Douai, atestam sua alta consciência delas mesmas, como, mais tarde, os arranha-céus de Nova Iorque. O patriciado que os dirige compõe uma poderosa oligarquia hereditária em vias de se separar da cultura tonitruante e brutal dos príncipes e dos nobres conquistadores, para preferir a cultura do justo meio, orientada para a busca tão discreta quanto obsessiva do lucro e do poder. É preciso traçar seu caminho desconfiando das desordens, sempre contrárias aos seus interesses, venham eles dos nobres ou do povo. A economia é sua paixão, a profusão ostentatória, sua inimiga. Tanto que o pensamento calvinista ascético convirá perfeitamente a muitos de seus herdeiros. Irrigado pelo senso da medida em todas as coisas, o terreno urbano é preparado para recebê-lo. A começar pela aprendizagem da necessária moderação dos gestos quotidianos, num mundo repleto, onde a partilha do território, mais difícil que em outra parte, corre o risco de gerar conflitos sem número, ainda agravados pelas sobrevivências do direito de vingança. Policiar os corpos, enquanto Deus se encarrega das almas, torna-se, assim, uma prioridade, quando o sucesso econômico enche as fileiras da população.

A cidade abranda os costumes. Ela o faz à sua maneira, sem excessos repressivos aparentes, o que pôde dar a alguns pesquisadores de outrora a falsa impressão de que ela constituía um universo laxista, no qual os crimes eram tão numerosos quanto impunes. Os cronistas do século XV contribuem amplamente para desenvolver tal

---

28   Ch. Petit-Dutaillis, *Documents nouveaux sur les mœurs populaires et le droit de vengeance dans les Pays-Bas, op. cit.*, p. 59, 90-91.

sentimento, lamentando-se tanto e mais sobre a ausência de segurança na cidade. Um deles, Jacques du Clercq, nascido entre 1420 e 1424, instalado em Arras, na metade do século, deixou suas Memórias para o período de 1448-1467, marcado pela guerra e pela desordem. Moralista impertinente, ele não para de se queixar.[29] Cada um leva a culpa segundo sua gradação. Ele taxa os príncipes, o conjunto das pessoas de Igreja e, mais geralmente, os indivíduos casados, de luxúria. Ele se contenta de vê-los castigados por Deus, tal como esse cônego idoso, com reputação de concubinário e incestuoso, morto subitamente sobre o túmulo de um confrade. Para ele, não há "nenhuma justiça" na Artésia nem na Picardia. Com uma minúcia obsessiva, ele convoca o espectro de 187 criminosos que pilharam o condado de Artésia, entre 1455 e 1467, dos quais 89 na planície, e 98, em Arras, sem contar as numerosas silhuetas imprecisas de outros delinquentes, evocadas na ocasião. Seus temores principais são relativos aos casos de sangue, que sobem a 70%, tanto nos campos quanto na cidade. A insegurança dos caminhos é, então, agravada por uma das inúmeras revoltas dos de Gand contra o duque e pela multiplicação dos bandos de malfeitores. O universo citadino não lhe parece mais tranquilo. Ele denuncia os danos de bandos que estupram, matam e pilham sem ser processados por uma justiça corrupta e ineficaz, que só pune duramente, com multas pesadas, pragueja ele, o povinho sem defesa. Ele se refere, no entanto, a 12 sentenças capitais, ou seja, uma por ano, nível habitual para uma jurisdição urbana do tempo: três homossexuais, um homem convencido de bestialidade com sua novilha, e queimado com ela, um estuprador, uma mulher infanticida, quatro ladrões e dois assassinos. Diferentemente dele, os juízes não consideram o crime de sangue como perigoso para a ordem social. Os dois únicos indivíduos condenados à morte por um tal malefício o cometeram de uma maneira horrível: um afundou o crânio de sua esposa com 18 anos, com um macete de chumbo, e o outro assassinou cruelmente o filho de um moleiro. O perigo interno, como em Bruges, está ligado a uma sexualidade desviada não fecundante, porque todos os sodomitas punidos são de Arras. O caso dos ladrões supliciados ilustra, ao contrário, uma firmeza dirigida contra estrangeiros delinquentes, corroborada por outras penas graves visando jovens culpados de latrocínios, também nascidos fora da cidade.

    Jacques du Clercq é partidário de um poder ducal forte. Suas jeremiadas se escasseiam a partir de 1465, quando Carlos, o Temerário, impõe sua pesada tutela. Suas críticas visam a um estilo de paz urbana que não lhe convém. Ele não mostra, aliás, nenhum interesse nos procedimentos de pacificação que ele pode, no entanto, observar, mas ele gosta de descrever grandes festas, principalmente entradas de príncipes ou de bispos, das quais a do rei da França, Luís XI, quando ele passa em Arras, em 1464. Ele destaca também, rapidamente, sem compreender seu alcance, os jogos aquáticos dos dias gordos, implicando delegados de Amiens, Le Quesnoy, Saint-Omer e Utrecht. Fascinado pelo sangue, ele dá, às vezes, inúmeros detalhes, talvez para exorcizar suas angústias, sem jamais contar o que o comove de perto.

---

29   R. Muchembled, *Le Temps des supplices*, op. cit., p. 79-91, sobre Jacques du Clercq.

As práticas militares e nobiliárias de vingança atraem particularmente sua atenção. Ele relata que um capitão a serviço do conde de Saint-Pol apresentou-se na festa de Avesnes-le-Comte, em 1º de maio de 1459, com 24 companheiros de guerra, para se apoderar de um soldado e feri-lo com 17 ou 18 ferimentos no rosto, na cabeça, nos braços, nas pernas, evitando matá-lo e dizendo-lhe, a cada golpe que levava, que o conde, patrão deles, se recomendava a ele. Oito anos antes, a vítima, com outros, tinha batido no governador e nos sargentos da cidade de Saint-Pol. Alguns de seus companheiros já tinham sido executados, outros, "recortados" como ele, e o rumor sugere que ninguém escaparia de uma cruel punição, comenta o narrador. Por volta de agosto de 1458, o senhor de Roncq, espos da irmã bastarda do conde de Saint-Pol, ordena que peguem um personagem que ama a mesma moça que ele, do qual ele manda "cortar os genitais e seu membro, depois mandou abrir o ventre e arrancar-lhe o coração e cortar em dois, e assim morreu". A obra contém, no fundo, o essencial dos fantasmas do autor. Seu medo da violência chegou por uma provável angústia da velhice. Em 1464, quando ele atinge ou ultrapassa os 50, ele escreve que inúmeros são os que, rapazes jovens na maioria, partem a pé para Roma, a partir da Páscoa, em grupos de 10, 20 ou 40, sem chefe e sem arma. Pretendem que seriam mais de 20 mil, originários dos Estados do duque, e teme-se que "ocorra algum inconveniente" se eles se juntarem. O cronista registra, de fato, um mal-estar geral devido a uma pressão demográfica crescente, porque ele observa, mais adiante, que jamais se viu tantos casamentos na Artésia ou na Picardia quantos acontecem entre a Páscoa e meados de agosto de 1466. Os antigos, acrescenta, afirmam até que jamais testemunharam tal fenômeno. Em 1467, o mundo rejuvenesce ainda, porque a moda muda. As mulheres, se surpreende ele, não usam mais cauda em seu vestido e colocam bonés redondos com enchimento com caudas até o chão. Os homens ostentam cabelos longos até o pescoço e diante dos olhos, sapatos longos com polaina (à polonesa), ombros com enchimentos e roupas curtas, tão apertadas, deplora ele, que se vê sua "humanidade", isto é, seu sexo.

 O historiador que envelhece não é o único a querer conter as novas gerações. A justiça urbana inventou um engenhoso sistema para educar os rústicos de todas as idades e para formar os jovens indisciplinados: a multa. Como complemento dos castigos corporais e da pena de morte, que são utilizados com moderação, a taxa sobre o delito atinge um número elevado de pessoas. Ela serve, ao mesmo tempo, para sancionar, reintegrar após pagamento e fazer conservar a lembrança desagradável, para os interessados, de uma grande perda financeira ligada a uma ausência de controle de si mesmo. Ela instala, assim, reflexos condicionados, cada um aprendendo às suas custas que se deixar levar pela cólera custa caro. A multa se acha, por vezes, completada por peregrinações judiciárias e sanções secundárias infamantes, dentre as quais a fustigação, a exposição pública ou a reparação honrosa só de túnica, que servem de avisos para incitar o interessado a frear sua marcha para um desastre certo. Os irredutíveis são banidos da cidade, por um prazo ou para sempre. No último caso, eles caem sob a ameaça de uma execução capital, se ousam voltar do exílio.

Todas as cidades borgonhesas dispõem desse arsenal mais dissuasivo que punitivo. Arras o obtém por uma carta condal de 1194. Uma multa de cinco moedas, integralmente paga à vítima, sanciona os insultos. Nenhum traço subsiste dela, porque não há parte deixada ao príncipe nem, por essa razão, inscrição nas contas de seu domínio. Só é possível imaginar o interesse numa lista que teria sido milagrosamente redigida. Dar um bofetão em alguém, bater-lhe com o punho ou puxá-lo pelos cabelos custa 30 moedas, das quais a metade serve para indenizar a pessoa maltratada. Uma paulada sem derramamento de sangue é taxada no nível de 10 libras, das quais três para o queixoso. Arrastar um indivíduo pelos cabelos, depois de tê-lo derrubado ao chão, obriga a desembolsar 11 libras e meia, das quais o agredido só recebe cinco moedas, como por um tapa. Enfim, uma contribuição muito pesada de 60 libras, que vai integralmente ao soberano, é reclamada pelos delitos mais graves que não levam à morte de homem: porte de armas proibidas, perseguição à mão armada de um habitante, roubo, irreverência diante dos juízes do tribunal, "ferida à banlieue", também chamada "ferida aberta e sangue escorrendo", cuja vítima sobrevive nos 30 dias seguintes. Quando ela morre antes desse prazo, trata-se de homicídio qualificado, tratado como tal. Os nomes dos fugitivos que não pagam a multa de 60 libras são registrados. Como os banidos por assassinato por uma sentença em regra, eles ficam, a partir de então, em estado de morte civil, e qualquer um pode matá-los sem incorrer em processos legais, nos limites da zona judiciária de Arras, se eles aparecerem por aí.

As listas de multas de Arras são conservadas por 55 anos fiscais, no século XV, e por outros 25, de 1500 a 1534, data de uma nova modificação profunda do sistema repressivo, que se orienta, então, para penas muito mais severas. No fim da Idade Média, o fato de sancionar financeiramente a violência leva os indivíduos a substituir a vingança privada por um recurso à mediação legal da justiça. O atrativo de ganho incentiva habilmente tal mudança de comportamentos, porque a parte lesada recebe uma indenização que está longe de ser desprezível. A denúncia do culpado inaugura um processo punitivo muito curto, que passa primeiro pela prisão, depois chega muito rapidamente a um julgamento. Para felicidade do historiador, listas de detentos de Arras são mantidas por uns 30 anos completos, de 1407 a 1414 e de 1427 a 1450.[30] Sua redação depende ainda de uma questão de dinheiro, porque os prisioneiros são obrigados a pagar direitos aos oficiais do duque. No mínimo, eles pagam por dia 12 moedas (*deniers*), ou seja, um vintém (*sou*), o que lhes dá direito a um pão, que vale uma moeda, em 1407. Os que desejam beneficiar-se de um melhor conforto da "bela guarda" devem cinco vinténs por dia. Conforme essa tarifa, os 15 vinténs pagos à vítima de um tapa lhe permitiriam suportar as despesas de uns 15 dias na prisão ordinária, ou, ainda, comprar 180 pães.

Os cárceres de Arras são superlotados: 4.640 pessoas aí transitam durante os 30 anos referidos. Cerca de um quinto delas aí entram por dívidas não pagas, e sua estada não pode exceder sete noites. Entre os outros, 4% são condenados totalmen-

---

30 *Ibid.*, p. 34-57 e 357-361 para as multas, p. 58-68 a respeito da prisão em Arras.

te insolvíveis, que sofrem uma pena carcerária de substituição e comem o "pão do senhor", antes de serem liberados por pobreza, como Jehan Le Bon, solto no fim de 179 dias, porque ele é incapaz de pagar as 60 libras exigidas. O resto, perto dos três quartos do contingente, passa muito pouco tempo aí, à espera de um julgamento: 87% dos prisioneiros são retidos menos de uma semana, um em dois sai até, no mais tardar, no terceiro dia. Nem as idades nem os delitos são esclarecidos nessas fontes, mas os números estão de acordo com os das listas de multas que concernem essencialmente a atos violentos. Os 3.342 encarcerados em questão, 110 por ano em média, têm, provavelmente, as mesmas características que os autores de homicídios perdoados, na Artésia. Suas ações se desenvolvem segundo um calendário similar: nada, de janeiro a março; subida, em abril; pico, entre maio e agosto; com máximos absolutos nos dois últimos meses; leve declínio em setembro; queda acentuada em outubro e mais ainda em novembro, o momento mais calmo de todo o ano; claro aumento em dezembro. O Advento, o Carnaval e a Quaresma parecem mais bem vigiados na cidade do que nos campos, mas as festas ligadas ao Natal, ao mês de maio e ao verão são da mesma forma criminógenas, o que poderia confirmar que os atores são, principalmente, rapazes solteiros. Alguns são bêbados e brutais, presos de noite, trancados algumas horas esperando que se acalmem. As mulheres só representam 10% do total. Fora as prostitutas, elas são frequentemente levadas em companhia de homens, esposo ou patrão, às vezes também com grandes grupos mistos, como 10 homens e cinco mulheres presos em 20 de agosto de 1428, ou 11 homens e 10 mulheres que chegaram juntos, em 20 de setembro de 1442. As profissões citadas privilegiam o mundo popular urbano. O próprio carrasco é preso duas vezes, em 1435 e em 1443. Seu criado e um sargento frequentam igualmente os cárceres, uma vez cada um, mas nenhum nobre, burguês ou personagem de importância é observado.

A prisão de Arras não é uma escola de massa do crime, por causa da brevidade das estadas e da raridade dos grandes delinquentes que por aí transitam. De 1407 a 1414, 1059 acusados, maciçamente masculinos, ou seja, mais de 150 por ano, aí esperaram o veredicto judiciário que a eles se referia. Nesse ritmo, uma boa parte da população masculina ordinária e, provavelmente, a maior parte "filhos para casar" da cidade, excluindo-se, parece, os de boa família, pôde ser afetada, no espaço de uma geração. Como num moinho, circula-se muito por aí, e pode-se até sair depois de ter prometido voltar, se o processo se eterniza um pouco demais. Uma sociedade carcerária organizada existe, com suas hierarquias, seus poderes, seus ricos e seus pobres. Não é certo que uma curta escala nesses lugares provoque uma certa infâmia social. Conquanto que ela permita meditar sobre o fato de não saber controlar sua violência e se torne, assim, a antecâmara de uma relativa prudência, tornando concretas e penosas as consequências negativas de um ato brutal. Não somente é preciso pagar o preço por isso, muito pesado para um pequeno trabalhador, mas o fardo é acompanhado com importantes despesas de prisão, perda da renda do trabalho durante vários dias e obrigação de oferecer aos outros prisioneiros as "boas-vindas" chamadas *marmouse*.

A onda de ingressantes diminui um pouco, de 1427 a 1437, com 110 casos por ano, em média, depois cai ainda, em torno de 80 anualmente, de 1437 a 1447, antes de cair para 40, durante os três últimos anos de observação. Esse declínio por patamares é, só em parte, ligado a calamidades, guerras, epidemias e misérias susceptíveis de reduzir a população. O período 1440-1453, por exemplo, não é particularmente ruim. Os preços retomam um movimento comparável ao dos anos 1380-1414, caracterizados por um relativo bem-estar. Parece mais que o fenômeno indica o sucesso, ao fim de várias décadas de esforços, da política municipal de enquadramento da violência e do recurso sistemático à multa, precedida de uma curta prisão. Raramente punitivo, o encarceramento exerce, sobretudo, um papel preventivo. Ele serve para produzir um efeito de limiar, uma percepção da anomia pelos que usam a força sem moderação. Sua lembrança desagradável, mais ligada às pesadas sanções financeiras do que às condições de prisão, imprime-se em sua memória.

As autoridades visam, prioritariamente, a violência banal quotidiana. Sua ação só é dissuasiva por não terem os meios para conduzir uma repressão mais eficaz. Para enquadrar 12 mil habitantes de Arras, elas só dispõem, habitualmente, de 12 sargentos "do burgo", assim como quatro sargentos do castelão, que passaram a ser seis em 1449, destinados à vigilância dos prisioneiros. As penas financeiras constituem o coração do dispositivo de regulação das relações sociais. Os 55 anos conservados para o século XV[31] mencionam 2.615. A média anual se estabelece em 47, contra 27 nos 25 registros salvaguardados do período de 1500-1534. Limitada em 10%, no século XV, a parte das mulheres é exatamente idêntica à das prisioneiras; depois, ela diminui, ainda, pela metade, durante o primeiro terço do século XVI. Misturando-se os dois sexos, os mais altos níveis são atingidos entre 1401 e 1410, com uma média de 80, um mínimo de 61, e um máximo de 122. A curva se orienta, em seguida, para a queda, apesar de alguns sobressaltos entre 1467 e 1471, depois, de 1502 a 1504, enfim, de 1512 a 1524. Ela comprova um sistema urbano original, cuja idade de ouro termina por volta de 1520. Perto de 8 mil multas foram, também, registradas em Bruxelas, durante o século XV, e mais de quatro mil, entre 1423 e 1498, em Nivelles, pequena cidade do Brabante, duas vezes menos povoada que Arras, dos quais 2121 por violência, e 1585 por roubo.[32]

Uma visão depreciativa, em relação a esse mecanismo, da medida da "modernidade" judiciária estatal, que triunfou em seguida, impediu apreciar sua função eminentemente apaziguadora, produtora de uma maneira mais civilizada de viver em conjunto. Se ela não pôde, ulteriormente, resolver os problemas novos que apareceram pelos conflitos religiosos depois do aparecimento da Reforma, tinha antes modelado um estado de espírito citadino original, substituindo a lei da vingança pela do interesse pessoal. Longe de constituir-se como sinal de desregramento, o

---

31 1401-1411, 1415-1419, 1424-1436, 1441-1446, 1451-1454, 1461-1475, 1494-1497 e 1498-1500.
32 Ibid., p. 37-38 e Xavier Rousseaux, "Taxer ou châtier? L'émergence du pénal. Enquête sur la justice nivelloise (1400-1660)", tese inédita, Universidade de Lovain-la-Neuve, 1990.

número muito grande de sanções pecuniárias por violência testemunha uma modificação sintomática das relações humanas num mundo repleto. Sua multiplicação em Arras, nos anos 1400, provoca um longo período de prosperidade e de crescimento demográfico. Os ressaltos da curva correspondem igualmente a momentos em que o número de jovens e de casamentos aumenta, como em 1467, segundo as lamentações do cronista Jacques du Clercq a esse respeito, ou, ainda, por volta de 1520, quando o êxodo rural e o problema dos marginais se tornam preocupações sociais, induzindo uma legislação real cada vez mais repressiva.

A pedagogia educativa dos prebostes se revela mais intensa de 1401 a 1436 do que a seguir. Ela se refere, então, essencialmente, à punição dos que esbofeteiam um concidadão: 62% das multas registradas sancionam um bofetão, ou, às vezes, um murro dado, por 873 homens e 136 mulheres em 640, e cinco homens e em 342 mulheres, alguns casos não sendo precisos. O gesto irascível, tanto masculino quanto feminino, visa a alguém do mesmo sexo em perto de quatro conflitos em cinco, e os entre homens são, bem mais longe, os mais frequentes. Só uma minoria incrimina, nos dois casos, a alguém do gênero oposto. A raridade das menções de profissões, apenas indicada para um quinto dos acusados e para menos vítimas ainda, se revela incômoda, como a ausência de indicações de idades. Entre a centena de ofícios citados, quase todos concernem ao povinho. Os raros comerciantes ou paneiros evocados só fazem marcar mais a ausência do patriciado e das elites, já constatada a respeito das estadas em prisão. Quem sabe eles se controlem já mais que os outros nesse domínio? E se, por acaso, eles não dão a face esquerda como ensina a Igreja, mas se deixam, ao contrário, levar pelo impulso, eles são, certamente, o objeto de uma indulgência particular da parte dos juízes, seus pares, a fim de lhes evitar o circuito carcerário e a multa ordinária.

O tapa tarifado revela a existência de profissões cujos membros usam mais facilmente da brutalidade que os outros: açougueiros, forneiros, peixeiros, pisoadores, pedreiros, sapateiros, carpinteiros, taberneiros... Ao inverso, os que dão a cara a tapa estão mais correntemente entre os eclesiásticos, os vendedores de vinho, os barbeiros, os comerciantes e, principalmente, os criados, que fornecem 22 vítimas, mas somente cinco agressores. Sargentos, prostitutas, gerentes de saunas figuram com o mesmo tanto dos dois lados, o que indica a que ponto sua atividade os expõe a conflitos, e prova, ao mesmo tempo, que eles sabem perfeitamente se defender. Parece que se ultrajam raramente os desconhecidos perfeitos, tanto que só 23 atacantes e 23 vítimas são estranhas à cidade. Tudo indica que os prebostes se interessam essencialmente pelos nativos e se preocupam pouco com os outros. Agressores, estes podem, aliás, preferir fugir a pagar o preço exigido. Agredidos, eles, muito raramente, reclamam indenização financeira que lhes cabe, ainda que seu valor não seja nada desprezível.

No início do século XV, a multa de 30 vinténs corresponde a 10 dias de trabalho de um pedreiro, ou a 20 dias de trabalho de um operário carpinteiro, isto é, a quase um mês de salário para este último, levando em conta os feriados. Ela é sempre exigida integralmente, diferentemente das outras, que podem ser "compostas", em outros termos, ajustadas às capacidades de pagamento do delinquente. Um condenado em cinco se exila porque não a pode pagar, o que denota o estado precário dos interessados, membros dos estratos inferiores da plebe necessitada. Entre os taxados, encontram-se, provavelmente, inúmeros rapazes maiores solteiros. Temíveis recidivistas, alguns brutais poderiam fazer parte dessa faixa etária turbulenta.

    De 1401 a 1408, Geffrin Chaullois desfere um bofetão em seis homens diferentes, dentre os quais seu irmão Henry, e só se queixa uma única vez de ter conhecido tal desventura. Henry Chaullois, o irmão em questão, agride cinco indivíduos e leva a pior duas vezes, das quais uma com os golpes de Geffrin, entre 1402 e 1411. De 1416 a 1432, Jacot Belin, dito Poullier ou Galinheiro, ataca nove pessoas, das quais duas mulheres, e recebe quatro tapas até 1420. O último é dado por Willemet Gouffroy, dito Chavet, filho de Jean, a quem ele faz o mesmo. Um perfil de brutal que começa por tolerar e, depois, aperfeiçoa sua capacidade de reação, aparece nos dois casos. Porque os adversários primeiro suportaram a lei dos mais fortes antes de impor a deles, sem nunca mais sofrer, em seguida, tal afronta, pelo que dizem as listas fiscais. Chavet tinha, com efeito, começado recebendo um bofetão da parte do temível Henry Chaullois, em 1407. Depois do encontro brutal com Jacot Belin, em 1420, ele não é mais destacado senão como agressor de dois outros homens. Maus sujeitos desse gênero vagam pelas ruas da cidade, dando tapas com força: o peixeiro Jacotinle Conte, o oleiro Hanotinle Flament, o sapateiro Jehan Joli, dito Joliet... Mais raros são os que parecem ganhar do que viver durante, algumas semanas, dando a cara aos outros, como Peret Poullier, criado de Jacquemart Poulier, cinco vezes esbofeteado, de 1427 a 1433, sem jamais pagar, ele próprio, uma multa desse tipo.

    Os resistentes que batem e são batidos diversas vezes saíram, talvez, de grupos de juventude apegados às tradições viris, como os que praticam estupros coletivos em Dijon, na mesma época. Diversos índices – apelidos, elos estabelecidos, sinais de hostilidade recíproca, menções de "filho de" – o fazem crer. Nem por isso eles deixam de usar a proteção jurídica, em caso de necessidade, como o fazem os irmãos Chaullois, denunciando-se um ao outro. Eles se veem, então, colados à rede de vigilância lançada pelas autoridades. Sua presença durante longos períodos nas contas prova que o objetivo visado por estas é alcançado, já que eles continuam vivos. A escalada tradicional que conduz do desafio à injúria, depois ao tapa, finalmente ao combate com faca ou espada, se acha freada diante do drama por uma curta estada na prisão, acompanhado de uma pesada sanção financeira. Para esses que se salvaram, a mediação urbana quebra o ciclo infernal que continua a produzir, nas aldeias, um número muito grande de homicidas perdoados pelo príncipe.

    A sub-representação das cidades artesianas na matéria se explica por uma melhor gestão da agressividade relacional entre os machos, dos quais se sabe que ela alcança seu máximo de intensidade entre os solteiros. A maioria dos condenados a pagar 30 vinténs por brutalidade aprende a romper a cadeia conflituosa, antes que ela se torne mortal. Os irmãos Chaullois e seus semelhantes ganham anos de existência, pagando taxas, finalmente, bem menos pesadas que o preço do sangue. Inúmeros pequenos focos de incêndio são apagados antes de produzir maiores incêndios. Garantindo um alívio aos seus autores, as mãos que caem brutalmente em centenas de rostos permitem fazer a economia de tantos combates mortíferos. A defesa da honra concentrada nessa parte valorizada do indivíduo é, doravante, garantida pelos juízes, que conseguem limitar os excessos da lei do mais forte e da vingança. A multa representa a parte que emergiu de um mais vasto esforço de educação cívica. O tribunal oferece sua proteção aos mais fracos e habitua lentamente todos os citadinos a aceitar, por bem ou por mal, sua mediação em matéria de segurança individual. A fraca presença dos estrangeiros nas listas de acusados traduz, no entanto, os limites de sua ação e, em mais longo termo, a fraqueza de um sistema cuja eficácia desaparece além das muralhas da cidade.

Seu objetivo é atenuar os contenciosos entre membros da comunidade e obrigar os mais violentos a se excluírem por si mesmos. A tarifação dos tapas serve, também, de advertência solene – a saber, contentar-se com uma reparação financeira e simbólica da honra ferida. Porque levar mais longe um conflito na rua urbana provoca consequências desastrosas. As tarifas aumentam de maneira exorbitante para os que batem com um objeto, sem ocasionar ferimento, ou que lançam seu adversário ao chão, depois continuam a bater nele, a pisoteá-lo, ou para as que arrastam uma semelhante pelos cabelos. Sete ou oito vezes mais elevada que o que se paga por um tapa, a quantia reclamada, 10 libras ou 11 libras e meia, equivale a sete ou oito meses de salário de um operário de carpintaria, levando em conta os feriados. As multas desse tipo são menos frequentes: respectivamente, 246 e 51 para todo o século, contra 1.244, de 30 vinténs, e 1.073, de 60 libras. Elas servem, com efeito, como última advertência, porque a metade dos acusados é obrigada a deixar a cidade, por não ter meios para pagá-las. Ainda, as autoridades aceitam "moderações" importantes em três dos quatro casos para os que tentam se livrar delas, por causa da relativa pobreza dos interessados. Em média, estes pagam um pouco mais de 50 vinténs. Eles pertencem a estratos sociais populares, mas, frequentemente, um pouco superiores ao dos condenados por tapa. O mecanismo permite, assim, separar o trigo do joio, no universo dos citadinos bastante comuns. Ele obriga um culpado em dois a um exílio, sinônimo de enormes dificuldades de sobrevivência, dada sua insolvência. A maior parte dos outros se revela empobrecida, fragilizada e colocada sob vigilância judiciária, contrapartida da negociação que eles precisaram fazer com os prebostes, para continuar no lugar. Qualquer reincidência ameaça conduzi-los ao desastre. É provável que tal espada de Dâmocles tenha feito, em seguida, mais de um hesitar em deixar-se levar por seu temperamento brutal.

As multas de 10 libras se dividem por sexo, de maneira idêntica às de 30 vinténs. Elas concernem, talvez, mais a querelas de vizinhança entre adultos que as segundas, se considerarmos os índices que dizem respeito às profissões e os objetos utilizados para atingir o adversário, quando o agressor não se contenta com os pés e com os punhos. Armas de predileção dos homens, os bastões vêm em primeiro lugar. Diversos utensílios quotidianos são também mencionados: taco, candelabro, arreio, grelha, pedra, vaso, para os homens, cabo de vassoura, tamanco, roca, molho de chaves, para as mulheres... A rua parece ser a arena ordinária dos conflitos implicando estas últimas, que atacam, então, no mais das vezes, a uma congênere. Nas contas de 1415-1416, figura Jehenne, esposa de Jehan de Prouvins, que usou um tamanco contra Julienne la Carpentière, "mulher da vida", e pagou 40 vinténs, depois do acordo. Sua adversária replicou, também com um tamanco, depois fugiu para não pagar a multa.

A cólera custa caro nos dois casos, mas o sistema fiscal leva os pobres a um exílio voluntário, enquanto os habitantes mais bem inseridos pensam numa lição salutar, vendo-se empobrecidos. As prostitutas fornecem o maior número das vítimas femininas, geralmente agredidas por alguém do sexo oposto, o que destaca a precariedade de seu estado. Os homens encontram, também, seus conflitos na rua, assim como em lugares dos mais diversos, porque os bastões que eles carregam frequentemente sugerem um combate fora de casa, e alguns objetos, como os copos de estanho, provam sua frequentação das tabernas. As profissões mais citadas são as do têxtil, da alimentação e da construção. Os privilegiados, os ricos, os estrangeiros são raros. O mesmo acontece com as camadas mais desprotegidas, como os criados, muitas vezes queixosos nas listas de multas de 30 vinténs, e recidivistas, também numerosos nessas listas. As concordâncias entre as duas séries só dizem respeito a alguns indivíduos, unicamente destacados como vítimas que esperam receber sua parte das 10 libras exigidas pelos prebostes, tal como o temível "esbofeteador" JacotBelin, dito Poullier (o galinheiro), em 1416. Tudo faz crer que os dois universos violentos referidos não são idênticos. A taxação dos tapas parece visar, essencialmente, a impulsivos, talvez principalmente rapazes grandes, a fim de educá-los numa vida social menos conflituosa que na aldeia. A dos golpes sem ferida aberta diz respeito mais a adultos masculinos mais bem estabelecidos, assim como o universo da prostituição.

As características sociais, a ausência de recidivistas e a fuga por impossibilidade de pagamento, na metade dos casos, aproximam a multa de 11 libras e meia daquela de 10 libras. A menos utilizada de todas, em clara regressão depois da metade do século XV, se refere, no entanto, mais às filhas de Eva do que nenhuma outra. O segundo sexo fornece 10 dos 19 acusados e 17 das 29 vítimas, de 1401 a 1436, das quais nove exemplos de combates ímpares. Na maior parte do tempo, só os pés e os punhos são utilizados. O vencedor masculino continua a bater no vencido por terra, com chutes, enquanto a mulher triunfante arrasta geralmente pelos cabelos a que derrubou ao chão. A sanção se refere a uma obsessão inadmissível e à dignidade perdida de um ser humano lançado ao chão. A "civilização dos costumes" já é ensinada por uma gestão simbólica do corpo dos citadinos. Trata-se sempre de reparar a honra achincalhada, para evitar a escalada mortífera, que apresenta o risco de ser seguida, por sua vez, de uma vingança. O imaginário urbano se refere, por isso, a uma geografia corporal modulada, suporte da estima de si. Um tapa envergonha menos que um golpe, com ou sem objeto contundente. Mais grave ainda para um homem é o fato de se ver pisoteado; para uma mulher, de se ver lançada ao chão por uma congênere, depois puxada pelos cabelos. No último caso, as sanções visam, principalmente, a prostitutas e a criadas, como maneira de policiá-las, tanto quanto possível, colocando-as sob a ameaça de uma pena que as leva à ruína e ao exílio.

A rarefação desse tipo de multa, durante a segunda metade do século XV, deve ser entendida menos como um perfeito sucesso da dissuasão do que como um pequeno lucro financeiro para a cidade. Esta não recebe, por sua vez, além de cinco vinténs, contra três libras para a de 10 libras, o que leva as autoridades a preferir classificar os fatos na última categoria. Os comportamentos em questão não estão absolutamente erradicados. Em 1466-1467, um dos muito raros casos implicando privilegiados ricos leva a senhorita Jehannele Borgne, esposa de Guillaume de Monbertault, a pagar a composição mais alta da série, quatro libras, por ter "prensado com os joelhos, pés e punhos" a senhorita Ysabelle de Beaumont, viúva de Guérart de Bailly. O sistema serve também para proteger os mais fracos, principalmente as mulheres públicas, aliás, cada vez mais enquadradas pela legislação e, a partir de então, raramente mencionadas como acusadas para uma multa de 11 libras e meia. Em 1469-1470, Ambroise Millon é condenado a pagar porque ele "bateu com seu punho, derrubou ao chão, arrastou e prensou com os pés uma moça da alegria". Boudin Rumet é sancionado em 1474-1475, por "ter, nas saunas de Lille Adam, tirado de uma cama uma moça da alegria chamada Boutilette, que estava deitada com um fidalgo, e tê-la espancado".

O período 1401-1411 é, sob todos os pontos de vista, o mais conflituoso que foi registrado numa cidade muito populosa: 288 multas "de sangue" de 60 libras, 425 de 30 vinténs, 39 de 10 libras e 15 de 11 libras e meia são testemunhas disso. As primeiras caem espetacularmente em seguida, desde 1405, enquanto as de 30 vinténs ganham, então, amplamente vantagem, antes de se acharem, por sua vez, muito claramente sobre classificadas pelas precedentes, de 1450 a 1534. Esse duplo "movimento de tesouras" ilustra, ao mesmo tempo, a intensidade da brutalidade quotidiana, no início do século XV, e a progressão em dois tempos no corpo social de uma "civilização dos costumes" mantida por sanções financeiras. No início do processo, a taxação de um grande número de "esbofeteadores" não impede ainda que as rixas aumentem, chegando a extremos sanguinários. Mas o efeito procurado se faz sentir rapidamente porque muitos interessados não têm mais, literalmente, meios financeiros para uma simples troca de pancadas, mesmo se um pequeno número de irredutíveis recidivistas continua a arriscar-se.

A idade de ouro dos tapas, até 1436, é um tempo de redução da sequência de conflituosidade por efeito mecânico e por medo do empobrecimento, mais que por integração definitiva dos valores relacionais novos. Pressão demográfica e queda do poder de compra da libra contribuem, sem dúvida, em seguida, para reduzir a eficacidade da prática. Mas o essencial está em outra parte. A partir da metade do século XV, as novas gerações parecem ter mais bem assimilado a lição do controle de si. O tapa não está mais na moda, sinal provável de uma melhor pacificação das condutas agressivas quotidianas mais banais, em especial as dos jovens solteiros. Nem todas, evidentemente, desapareceram. Revela isso um claro aumento das multas "de sangue", entre 1461 e 1475, depois um outro (aumento), um pouco menos marcado, no primeiro terço do século XVI. A tendência geral ao declínio da curva em questão desde os anos 1450 permite, no entanto, acreditar que o esforço orientado para o controle das atitudes mais exaltadas, susceptíveis de chegar a um combate mortal, tornou-se uma prioridade para os prebostes e teve um certo sucesso. O sucesso se mostra, entretanto, menos garantido que nos casos de pequena violência sem consequência, quase erradicados, a julgar pela lenta extinção das multas de 30 vinténs. A disjunção entre esses dois tipos de comportamentos constitui, por outro lado, um verdadeiro avanço devido às práticas de paz urbana. Ela prefigura a luta que o Estado central trava, no século XVI, para criminalizar o homicídio, aproveitando técnicas de pacificação estabelecidas antes nas cidades.

O último estágio da violência, o que faz correr o sangue, chega ao fim, garantido por aqueles que não têm os meios de pagar o preço alto. Porque, por volta de 1400, 60 libras equivalem a vários anos de salário para os humildes, e até mais de um ano de renda, para os artesãos dos melhores ofícios. A multa é tão pesada, que ela não é quase nunca paga integralmente. Só seis condenados em 533 tiveram os recursos, de 1401 a 1436. O número dos casos não pagos alcança 53%, além de cinco indivíduos totalmente isentos por pobreza absoluta. Entre os outros, os homens desembolsam, em média, cinco libras e meia; as mulheres, cinco libras. A repressão visa a uma grande variedade de delitos. Ferimentos, ameaças seguidas de golpes com arma e porte de armas alcançam juntos 64%. Acrescentam-se a isso 10% de assaltos a casas, perto de 11% de infrações contra as autoridades e evasões de prisão, assim como fatos muito menos frequentes: excesso de autoridade, fuga levando seus bens, não pagamento de escote na taberna etc. A ordem de grandeza continua a mesma, de 1441 a 1475, com 72% de ferimentos, golpes ou porte de armas, e 9% de assaltos a casas.

O conjunto traduz um importante esforço tendendo a liquidar com os ataques então considerados como principais contra a segurança das pessoas e dos bens. A violência masculina é referida em primeiro lugar, enquanto a brutalidade feminina só representa um terço das acusações, no primeiro terço do século, seguida de perto pelos assaltos a casas, e ela se torna quase desprezível a partir de 1441. Entre aquelas cuja situação social é conhecida, figuram, principalmente, prostitutas. Particularmente expostas à brutalidade dos clientes, elas desenvolveram uma capacidade de resistência particular para sobreviver. Jacquette de Brelle é, assim, citada 10 vezes nas listas de multas, entre 1405 e 1425. Ela paga três de 30 vinténs, mais uma de 60 libras, reduzida a 40 vinténs, e se vê seis vezes vítima de agressões, quatro taxadas em 30 vinténs, e duas, em 60 libras.

As profissões dos homens são conhecidas na proporção de um em três, o que limita o alcance das conclusões. Os privilegiados, os comerciantes e os burgueses ricos são raros, mas um pouco mais numerosos que seus homólogos que pagam 30 vinténs por um tapa. Conta-se uma dezena no primeiro terço do século, aos quais se pode acrescentar os personagens bastante ricos para pagar pelo menos oito libras de composição. No total, eles representam cerca de 20% dos acusados. O perfil comum dos agressores é, então, essencialmente o de gente do povo, mas ele difere, em parte, do dos "esbofeteadores", pela fraca presença das profissões de alimentação ou dos transportes e pelo grande número dos representantes do têxtil, a principal atividade local: pisoadores, peleiros, alfaiates, tecelões, bordadores, sapateiros, fabricantes de casacos... Frequentemente humilhados e esbofeteados, os criados incluem, ao contrário, numerosos agressores que causam ferimentos. Entre eles aparecem, em especial, empregados de personagens poderosos, que imitam a atitude conquistadora de seus patrões. Muito pouco numerosos na cidade, os sargentos e os oficiais fornecem um quarto dos condenados e 40% das vítimas cuja profissão é conhecida. Desenha-se, assim, um universo específico levado a gerir pela força situações conflituosas frequentes, que compreende os auxiliares de polícia e os criados dos notáveis.

Os artesãos têxteis manifestam uma propensão a derramar o sangue que resulta, ao mesmo tempo, de uma cultura violenta específica e de tensões no mercado do trabalho. Os mais brutais são os pisoadores. Obrigados a um trabalho penoso, esses "unhas azuis" são, muitas vezes, os líderes de grandes revoltas das cidades têxteis de Flandres e da Itália, no fim da Idade Média.[33] Eles defendem energicamente seus direitos, como mostram os recortes entre os documentos. Porque, se as multas de 60 libras dão a impressão de que a maior parte dos combates sancionados opôs dois indivíduos, raros estrangeiros criminosos matizam o julgamento. Assim, um pisoador é financeiramente taxado em 1427-1428, porque ele aleijou um confrade originário de Douai. Ora, uma fonte diferente menciona a esse respeito um combate entre quatro membros da mesma profissão, dos quais os dois últimos nasceram em Tournai. Os mais violentos são, aliás, muitas vezes, chefes de bandos, provavelmente homens jovens, se nos reportarmos às queixas de Jacques du Clercq e a outros índices. De 1410 a 1430, Pieret Warnier é quatro vezes vítima e quatro vezes agressor, sempre de membros da família Chevalier, o que indica um comportamento juvenil brutal, ou seja, uma escalada de vinganças familiares. Bernard Bainart, um tecelão, é condenado por três vezes, a partir de 1406-1407, com três cúmplices num caso. Ele ataca um sargento a fim de liberar outro tecelão, em 1415-1416, e tem o próprio o braço quebrado numa briga, em 1431-1432. Hanotin Fillœul foge quatro vezes para não pagar a multa, entre 1403-1416.

Ao lado desses recidivistas sanguinários, aparecem dois outros tipos de personagens sancionados pelas autoridades, violentos de ocasião que se agarram uma única vez e indivíduos claramente mais agressivos, que agem, mais frequentemente, com cúmplices, e são também esbofeteadores eméritos conhecidos da multa de 30 vinténs. Entre estes, Geffrin Chaullois fere um adversário por duas vezes, e se vê, ele próprio, uma vez atacado por quatro, entre 1402 e 1408. Jehan Joli, dito Joliet, sapateiro, cúmplice do precedente, em 1402, é gravemente ferido em 1407, depois, evade-se da

---

33   Michel Mollat du Jourdin e Philippe Wolff, *Ongles bleus, Jacques et Ciompi. Les revolutions populaires en Europe aux XIVe et XVe siècles*, Paris, Calmann-Lévy, 1970.

prisão em 1416. Outro indivíduo com a mão pesada, inimigo declarado de Geffrin, Willemet Gouffroy é destacado como agressor em 1416, e como ferido em 1426. Diferentemente destes, alguns dos que pagam várias vezes 30 vinténs não figuram nas listas de multas "de sangue". Tal é o caso de Jacot Belin, dito Poullier, no entanto esbofeteado em 1420 por Willemet Goouffroy, ou de Robin Panot, maltratado por Pierre Aoustin, dito Porrus, sargento do castelão em quem ele tinha batido.

Os documentos não podem dar mais do que eles contêm. Eles permitem, no entanto, encontrar formas diferentes de reação dos indivíduos, face à vontade de pacificação dos costumes vigorosamente demonstrada pelas autoridades. Irredutíveis se recusam a aceitar esse jugo. Membros de profissões difíceis e concorridas, como os pisoadores, homens jovens demonstrando, em bandos, rituais de violência tradicionais, prostitutas muito expostas estão entre esses. Outros se deixam, às vezes, levar pela cólera e chegam ao uso de armas, mas evitam a ruína ou o exílio, limitando o número dos conflitos e a brutalidade das trocas, o que parece indicar que eles tentam mais frequentemente conter-se, por interesse, bem entendido. Outros, ainda, limitam os atritos aos tapas, sinal provável de uma relativa integração dos interditos, porque eles sabem o que pode lhes custar bater mais duramente. Alguns gostam, aparentemente, de transgredir um pouco os interditos, demonstrar sua virilidade, sem ir muito longe, à maneira de Jacot Belin. Muitos outros de Arras não são nunca citados nas fontes. Eles sabem, talvez, conter melhor sua agressividade, ainda que as ocasiões de se enraivecer sejam das mais numerosas no universo urbano.

A grande atenção dirigida pelos prebostes às violências mais leves, imediatamente sancionadas, lembra a teoria da "vidraça quebrada", que leva, hoje, em especial nos Estados Unidos, a reagir sem demora ao menor índice de aumento dos perigos. As centenas de esbofeteadores sancionados, assim como os autores de injúrias dos quais faltam, infelizmente, as listas, dão testemunho de uma prática citadina original que se destina ao mais ínfimo foco de tensões para impedi-lo de desembocar numa cadeia de violência, levando aos excessos da vingança privada.

Um sistema idêntico ao de Arras existe em todas as cidades dominadas pelo duque de Borgonha e, provavelmente também, sob formas um pouco diferentes, na Itália ou em outros países. Assenta-se numa vigilância constante e no uso de multas moduladas, conduzindo ao empobrecimento crescente dos que se recusam obstinadamente a se curvar às regras estabelecidas. Ele não é, com certeza, perfeito, porque as malhas da rede deixam escapar facilmente os que querem fugir. Para ter o direito de voltar, é preciso acertar uma composição financeira negociada com os prebostes, como o fazem 38 dos 170 fugitivos condenados a uma multa de 60 libras, na primeira década do século XV. Os insolvíveis tentam sobreviver fora da jurisdição. Muitos se instalam na proximidade das muralhas, às vezes em enclaves eclesiásticos e outras "franquias", onde não podem legalmente ser presos. Essas multidões de banidos devem, no entanto, evitar encontrar-se no território do subúrbio, porque, segundo o costume, eles podem aí ser levados à morte impunemente por quem quer que seja, se eles são devedores de 60 libras. A cidade, como se vê, sabe utilizar em seu proveito os mecanismos da vingança privada, que ela tenta, por outro lado, destruir, tornando-as lícitas nesse único caso. Ela fecha, também, os olhos para retornos furtivos de delinquentes, talvez justamente porque ela espera que os inimigos dos interessados livrarão a comunidade deles. Brutais endurecidos conseguem, contudo, sobreviver nessas condições, porque eles aparecem várias vezes seguidas na rubrica de quantias de 60 libras não pagas. Tal é o caso, em três vezes, de Bernard Bainart e, em duas ocasiões, de Hanotin Fillœul. Joliet, sete vezes citado nos registros por multas diversas, não paga uma de 60 libras, em 1402, nem uma outra do mesmo montante, em 1416, data na qual ele se evade da prisão.

O grande número de banidos que ficam nos arredores esperando uma graça, na chegada de um príncipe, oferece problemas de segurança. Aos que foram condenados antes ou que se exilaram voluntariamente se junta, entre 1401 e 1411, um contingente equivalente a quase 1% da população de Arras. A insegurança dos caminhos se agrava, e os negócios sofrem com isso. A expulsão das pessoas de vida má, na verdade, de todos os que constituem um perigo no momento das elevações da febre, se sobrepõe a isso, para transformar o país calmo em lugar suspeito, dado o perfil inquietante do número de exilados. Como as outras cidades seguem políticas idênticas, e as aldeias são hostis aos estrangeiros, a segurança imposta no interior das muralhas urbanas tem, em contrapartida, o desenvolvimento de uma intensa criminalidade nos espaços não habitados, em particular nos caminhos que levam às localidades prósperas. É a esse preço que estas quebram o encadeamento tradicional chegando à vingança privada, utilizando pouco a pena de morte. A estabilidade interna é garantida por sanções graduadas e pela expulsão dos elementos perturbadores ou por seu exílio voluntário. A raridade dos castigos corporais secundários, tal como o desorelhamento dos ladrões, caracteriza uma justiça muito pouco inclinada a punir corporalmente, diferentemente do que farão mais tarde os Estados monárquicos.

As "repúblicas urbanas" borgonhesas fundam o pacto social sobre a aceitação da paz interior e sobre o controle, por cada um, de sua própria agressividade. Os que se desviam são castigados muito rapidamente, mas com moderação, ou atacando principalmente ao seu bolso. Os irredutíveis se acham rejeitados, entregues à precariedade e aos perigos de uma existência não protegida. Cabe ao soberano cuidar da pacificação das margens onde fervilham os desviantes e os pobres! Forma de egoísmo, essa atitude produz uma ordem pública bastante eficaz, apesar de grandes revoltas populares devidas a conjunturas degradadas. Cada cidade se dota também de meios de controle sobre os que chegam, reclamando às suas vizinhas de área borgonhesa informações precisas sobre os criminosos expulsos. O banido de Arras por caso de sangue ou multa não paga de 60 libras tem pouca liberdade de ação. Não somente ele arrisca a morte, se voltar ao país, mas não pode instalar-se facilmente em outro lugar, porque Béthune ou Saint-Omer, na Artésia, Bruges ou Ypres, na Flandres, seguem os mesmos princípios e se informam mutuamente sobre pessoas que merecem ser enforcadas ou sobre diversos perigos.

Amortecedor de crises, a cidade aplica seus princípios em todos os domínios. No fim da Idade Média, ela produz uma espécie de "economia criminosa" original, inventando uma exigência de autocontrole dos indivíduos, prioritariamente orientada para os jovens machos e as prostitutas, cujos excessos perturbam muito a paz coletiva. Moderar suas paixões, refrear sua agressividade torna-se indispensável para viver e prosperar nesse terreno. Bem antes da "curialização (disciplinamento) dos guerreiros" na corte de Luís XIV, a municipalização da violência contribuiu para moderar a agressividade. Rechaçada, vigiada, produtora de interesses financeiros, esta foi, pelo menos em parte, colocada a serviço da coletividade. É provável que as grandes metrópoles italianas, as cidades imperiais, em especial as da Hansa, e outras ainda, como Paris, possuíam sistemas de regulação do mesmo estilo, para compensar a fragilidade das forças policiais.

É possível, finalmente, perguntar por que essas práticas, mal conhecidas porque pouco estudadas, cederam lugar ao "esplendor dos suplícios" impostos pelas grandes monarquias modernas, a partir do século XVI. A explicação não está provavelmente em possíveis crises, porque as cidades provaram, nos séculos precedentes, que eram capazes de se adaptar a elas. Ela se deve, sem dúvida, principalmente aos progressos do novo modelo repressivo centralizado, que ofereceu um melhor controle dos espaços intermediários deixados de lado. Criando os prebostes da polícia montada, encarregada de pacificar os grandes caminhos, Carlos, o Temerário, na Borgonha, e Francisco I, na França, aliviaram as cidades da pressão dos inúmeros banidos e errantes concentrados na proximidade de suas portas. Pragmáticas, estas admitiram o interesse desse sistema para desenvolver sua segurança, sinônimo de prosperidade. Elas aceitaram, assim, muitas vezes, não sem reticência, ceder uma parte de sua arrogante autonomia para tirar disso importantes benefícios. À exceção das mais poderosas repúblicas urbanas italianas, tais como Veneza ou Gênova, e cidades das Províncias Unidas que selam jutas um contrato federativo repudiando a autoridade do soberano espanhol desde 1579, a maior parte das outras entram em tutela sob o bastão dos príncipes, porque elas encontram aí mais proveito que inconvenientes. À imagem de Antuérpia, Gand ou Lion, algumas das mais orgulhosas tentam, no entanto, com obstinação, conservar sua independência. Antes de serem inscritas por força no campo da modernidade estatal, elas oferecem aos reformadores protestantes um universo preparado para ouvir seus discursos de concórdia e de estrita vigilância dos costumes e dos comportamentos, porque elas aplicavam tais princípios há longas gerações.

CAPÍTULO V

Caim e Medeia
Homicídio e construção dos gêneros sexuados
(1500-1650)

Na Idade Média, os adultos de cada comunidade, assim como as autoridades centrais, consideravam com uma grande tolerância os excessos dos jovens machos assassinos, cujos incessantes combates rituais seguiam de perto o ritmo do calendário dominical e festivo.[1] Hoje, essa violência específica dos rapazes maiores solteiros continua a dominar amplamente as estatísticas criminais europeias ou americanas, mas ela não é absolutamente mais aceita.[2]

A mudança fundamental de percepção iniciou no século XVI. Ela resulta, inicialmente, de uma profunda mutação das práticas judiciárias na Europa ocidental, entre 1550 e 1650. Enquanto a Renascença cede a vez à civilização barroca, o Estado moderno, por toda parte apoiado sobre uma Igreja única, que exige o monopólio da vigilância das almas, experimenta métodos mais eficazes de controle social, a fim de cumprir da melhor maneira as missões devidas ao príncipe: defender a verdadeira fé, manter a paz, impor o direito e promover o bem coletivo. Para tornar o monarca perfeitamente credível aos olhos de seus povos, oferecendo-lhes sua "boa política", necessária ao bem comum e à segurança das pessoas, os juristas procedem a uma vigorosa criminalização de alguns tipos de desvios.[3] Bem conhecida dos especialistas, essa "invenção do penal" não foi sempre apreciada com o seu justo valor. Os suplícios espetaculares aplicados aos regicidas, aos homossexuais, às bruxas e aos que contestavam os dogmas da religião estabelecida, chamaram principalmente a atenção. Eles mascararam assim fenômenos de massa, banais, mas essenciais: a vigilância dos corpos e das almas se desenvolveu menos pelo medo da execução pública e da expo-

---

1 Consulte o cap. III.
2 Consulte os caps. VII e IX.
3 Stefan Brakensiek, "Peut-on parler d'absolutisme dans l'Allemagne modern? Une domination désireuse d'être *acceptée (Akzeptanzrientierte Herrschaft)*", Bulletin d'information de la Mission historique française en Allemagne, nº 42, 2006, p. 255-256.

sição dos restos infamantes do que através da construção de um novo tipo de relação entre os espectadores e o poder soberano. Em outros termos, o papel esperado dos súditos, mas também o que eles aceitam mudaram fundamentalmente de dimensão. Os especialistas atuais não analisam mais o Estado moderno como o monstro frio há pouco apresentado por Michel Foucault.[4] Eles preferem evocar um polo de poder capaz de escutar as queixas ou os pedidos dos governados, única maneira de serem considerados como uma autoridade justa e cristã e não como uma tirania. Eles estimam que as regras legais e morais que ele defende não são somente prescritas, mas "aclimatadas", de maneira circular, entre o alto e o baixo da pirâmide social, sob a influência dos que as reclamam e fiscalizam seu cumprimento. Se a potência estatal se intensifica, ou, mais exatamente, se adensa, o conjunto dos indivíduos envolvidos, inclusive humildes solicitadores, e as representações que aplicam localmente as novidades, retiram benefícios de seu contato, às vezes fugaz e formal, com uma "dominação desejosa de ser aceita".[5]

Reação salutar contra os excessos de interpretação dos anos 1970 colocando em exergo um Estado-Leviatã, a nova veia historiográfica vai muito longe, quando esquece as noções de sujeição ou de subordinação, enquanto a época conhece relações hierárquicas de força muito mais acentuadas que antes e uma intolerância maciça. Ela chama, no entanto, a atenção para um fato evidente muito pouco levado em conta: todo poder precisa de um mínimo de consenso ou de adesão às teorias e às práticas que ele quer fazer reconhecer. A justiça moderna não é simplesmente imposta às massas. Ela apresenta, também, vantagens aos olhos de alguns, a começar pelos citadinos, reclamantes, há muito tempo, de uma segurança que não seja incessantemente questionada pela lei da vingança, produtora de violências fatais muito facilmente toleradas.[6]

É a razão pela qual o homicídio e o infanticídio foram propriamente inventados como crimes inexpiáveis a partir do primeiro terço do século XVI, quando de uma verdadeira "revolução judiciária". Eles se inserem num novo pacto estabelecido entre as monarquias modernas e "a melhor parte" dos habitantes, em outros termos, os homens adultos pertencentes às elites locais que dominam e enquadram as comunidades urbanas ou rurais. Todos desejam reforçar o controle social, para desenvolver um melhor sentimento de segurança, num período de conturbações muito graves e de conflitos. Variáveis no detalhe, os processos legais nesses dois domínios seguem uma tendência idêntica, nos principais países ocidentais. A encenação muito espetacular e muito elaborada dos suplícios corporais destinados a punir os assassinos, entre os quais rapazes por casar são os mais numerosos, define, ao mesmo tempo, um dos piores desvios imagináveis e a figura normativa inversa do jovem macho obediente a Deus, ao rei, ao seu pai, ao seu patrão, obtemperando sua agressividade, não usando

---

4   Michel Foucault, *Surveiller et punir*, op. cit.
5   S. Brakensiek, "Peut-on parler d'absolutisme dans l'Allemagne modern?...", op. cit., p. 257-263.
6   Consulte o cap. IV.

mais armas. Só os aristocratas, em princípio dedicados à guerra, reivindicam essa marca como um monopólio exclusivo. Na parte feminina, a eliminação daquelas, em sua maioria, solteiras, que esconderam sua gravidez ou mataram seu filho revela as duas únicas opções antagonistas deixadas às filhas de Eva: inclinar-se para o demônio, à maneira das bruxas e de Medeia, genitora desnaturada que extermina sua progenitura, ou comportar-se como boa mãe, suava, temerosa e submissa.

Para os dois sexos, o tribunal é um temível teatro onde é preciso saber exercer o papel social atribuído, se quiser ter uma oportunidade de escapar do suplício. Este é menos a demonstração da ferocidade acentuada dos representantes de um Estado pretensamente impiedoso do que o desvendamento de uma vontade de monopolizar a morte, para torná-la menos comum do que ela o é para a gente do povo. Por não poder separar facilmente os povos do seu gosto bem enraizado pela violência e pelo sangue, o espetáculo legal coloca o sofrimento físico à distância das imensas multidões que ele drena e o atribui intensamente só ao direito real de punir inspirado por Deus. Depois, a atenuação das formas públicas da execução capital constatada por toda parte na Europa, a partir da metade do século XVII, alguns cem anos antes das críticas dos filósofos das Luzes, denota uma nova aceleração do processo de enquadramento da brutalidade sanguinária. Por meio das formas alteráveis da punição judiciária pública, autoridades centrais, responsáveis locais e populações não param jamais de dialogar sobre o assunto do valor que se deve atribuir à vida humana. Eles inventam juntos os meios de controlar o potencial assassino explosivo da juventude masculina e de limitar os efeitos desastrosos da lubricidade feminina fora do casamento.

Uma revolução judiciária

A metáfora do teatro da crueldade judiciária não é nova. Para restituir-lhe toda sua importância, é preciso antes evacuar as falsas ideias que lhe dizem respeito. O fenômeno não é nem medieval nem ligado à Inquisição eclesiástica. Ele provém de uma temível harmonização, no continente, desde o primeiro terço do século XVI, às vezes, da luta contra as ameaças consideradas como as mais graves pelos governos. Em termos estatísticos, trata-se do homicídio, do infanticídio e das violências de qualquer natureza. O roubo pode ser tão frequente quanto os ataques às pessoas, nos levantamentos de algumas cortes de justiça, mas, diferentemente deles, só excepcionalmente é punido com a morte. O rigor se aplica principalmente à malfeitoria nos grandes caminhos, ou aos atos acompanhados de circunstâncias agravantes, tais como as brutalidades sanguinárias e os sacrilégios.[7] Embora espetaculares aos olhos dos historiadores, a exemplo do esquartejamento de Damiens, culpado de regicida, em 1757, todos os outros delitos só fornecem uma minoria, até mesmo ínfimas porcentagens, dos que são julgados.

---

7   Bernard Schnapper, *Voies nouvelles en histoire du droit. La justice, la famille, la repression pénale (XVIe-XXe siècle)*, Paris, PUF, 1991, "La repression pénale au XVIe siècle. L'exemple du parlement de Bordeaux (1510-1565)", p. 74.

No fim do século XIX, Durkheim afirma que a regressão dos crimes de sangue distingue os países civilizados dos outros, e que sua persistência caracteriza as zonas recuadas, o mundo rural ou as regiões católicas... Aos seus olhos, "o ato imoral por excelência é o assassinato e o roubo".[8] Hoje surpreendente no domínio das ciências humanas, essa posição ética abre, no entanto, o caminho para uma interpretação fecunda, se admitirmos que a justiça tem como principal objeto traçar uma fronteira moral, definindo a norma através da encenação da punição dos desvios. De 1550 a 1650, todos os Estados, católicos ou protestantes, identificam o homicídio e o infanticídio como duas formas pesadas, particularmente perigosas, de extrema torpeza. O roubo ocupa esse mesmo lugar no século XVIII. Ora, nos três casos, as sanções decretadas, entre as quais a pena capital, aplicam-se muito majoritariamente a jovens: solteiros machos assassinos, moças grávidas infanticidas ou que não declararam sua gravidez, adolescentes dos dois sexos que se entregam ao latrocínio, nas gigantescas metrópoles como Paris ou Londres. O denominador comum identificável a propósito da repressão desses dois delitos capitais não é nem a forma "absolutista" do Estado, nem a evolução das estruturas econômicas para o capitalismo comercial, nem o muito vago processo de civilização dos costumes. De essência cultural, ele traduz um gigantesco esforço ocidental de enquadramento autoritário das novas gerações masculinas e femininas a partir do Renascimento. O movimento se apoia, evidentemente, nos progressos do Estado, a procura de uma melhor segurança das pessoas e a necessidade de abrandar as relações humanas muito conflituosas, para transformar sociedades dominadas pela lei da vingança privada. Seu centro de gravidade se encontra, entretanto, em outra parte. Ele resulta de uma áspera negociação permanente entre os poderes centrais e os adultos que dirigem as comunidades para definir meios e métodos eficazes susceptíveis de "fabricar" uma juventude dócil, em termos de interditos teóricos, mas também de apostas no nível local. Os objetivos das duas partes não coincidem sempre, a justiça criminal e o cadafalso tornam-se os principais lugares simbólicos da procura de um consenso tão delicado quanto movente. A adolescência se acha lentamente inventada como uma idade inquietante para a paz interna, a vigiar estritamente, para canalizar sua energia perturbadora.

Tais transformações provêm de uma mudança de escala no cerne da civilização europeia, de uma ampliação de suas perspectivas a partir da descoberta da América e da difusão da Renascença italiana. A violência assassina fazia até aí parte dos rituais masculinos de aprendizagem da vida e do papel adulto. Ato privado, ela dependia essencialmente de uma gestão comunitária do problema que deixava aos homens jovens todo o espaço para exprimir sua virilidade, ferindo-se, na verdade até matando-se reciprocamente. No fundo, os pais tinham todo interesse em tolerar uma prática que desviava deles a agressividade dos filhos à espera de sua sucessão, para orientá-lo principalmente para semelhantes. A docilidade juvenil frente aos patrões locais do jogo, que tratam seus rebentos como criados submissos a tudo antes do casamento, era obtida a preço de sangue.

---

8   Émile Durkheim, *Leçons de sociologie*, Paris, PUF, 1950, p. 143, 147.

Os poderosos senhores feudais do fim da Idade Média, duques de Borgonha, de Lorena ou da Bretanha, e mais ainda os grandes soberanos, tais como os reis da França, da Inglaterra e de Portugal, tentaram, contudo, instituir um sistema judiciário mais repressivo. Um príncipe cristão tinha por missão estabelecer a paz entre seus súditos e mandar que aplicassem o mandamento bíblico, proibindo matar um ser humano. Puseram-se no dever de captar ao seu único proveito o direito divino de vida e de morte. Eles concederam, assim, um número crescente de perdões, materializados por cartas de remissão. Sem questionar o mecanismo da paz privada, sempre obrigatória em relação aos pais de uma vítima, esses documentos estabeleceram uma jurisprudência monárquica geral. A partir do século XV, eles associaram, lentamente, a graça ao caráter acidental, não premeditado, de um homicídio, o que permitiu, pouco a pouco, distinguir semelhante fato de um "assassinato" voluntário. Transformado em caso real, sob a denominação *felony*, na Inglaterra, este foi punido de maneira muito mais severa. A evolução acelerou-se no século XVI. Tomar a vida de outrem tornou-se, então, realmente, um crime, pensado de maneira idêntica em toda a Europa por juristas cujas obras traduzidas remetiam por toda parte como eco as mesmas definições. Um dos mais célebres, Josse de Damhouder, de Bruges, falava de "segundo crime que nasceu na terra" depois do de Adão e Eva. A terminologia se fixou gradualmente, para distinguir duas formas do fenômeno, uma simples, qualificada de homicídio, em alemão *totschlag*, em inglês *manslaughter*; a outra, chamada "morte e assassinato", ou *murder*.[9]

Nem uniforme nem completa, a criminalização do tema se efetua, geralmente, antes da metade do século XVII, na maioria dos países europeus. Tornados senhores do país de Vaud, os bernenses criam aí, desde 1549, uma corte imperial encarregada de castigar as violências e os homicídios voluntários. Nos Países Baixos, Filipe II edita, em 1570, decretos criminais inspirados por Damhouder e empreende lutar vigorosamente contra o "grande número de homicídios que se cometem diariamente". Na França, os legistas reais recomendam não mais admitir tão facilmente a desculpa de legítima defesa, mas infligir a tortura em caso de dúvida. Alguns afirmam até que a vontade de prejudicar sendo presumida em tal tipo de ato, não é a acusação que deve provar, mas a defesa que deve mostrar que se tratava de um acidente ou do desejo lícito de salvar sua existência ameaçada. Eles não pretendem ainda que quem quer que mate seja digno de morte, como o fará Muyart de Vouglans, no século XVIII, mas eles induzem a uma prática muito mais rigorosa. No parlamento de Bordéus, entre 1510 e 1565, o desejo de inspirar o medo anima assim um procedimento cada vez mais impiedoso que limita fortemente os direitos da defesa.[10] O

---

9   Um bom resumo da questão figura em Xavier Rousseaux, "La repression de l'homicide en Europe occidentale (Moyen Âge et Temps modernes)", *op. cit.* Consulte, também, James S. Cockburn, "Patterns of violence in english society: homicide in Kent, 1560-1985", *Past and Present*, nº 130, 1991, p. 90.

10   B. Schnapper, *Voies nouvelles en histoire du droit, op. cit.*, p. 63, 90-93, 100, 105.

mesmo acontece no parlamento de Paris, entre 1575 e 1604.[11] O decreto criminal francês de 1670 homologa essas evoluções, reservando expressamente as cartas de remissão aos atos involuntários ou "cometidos na necessidade de uma legítima defesa da vida". A partir de 1590, as cidades suecas registram uma forte pressão repressiva da mesma ordem, culminante nas décadas seguintes. O forte declínio ulterior dos homicídios processados, igualmente observado na Finlândia sob tutela sueca, parece ser principalmente devido a uma rarefação dos cometidos pelos representantes das camadas superiores.[12] Em Castela, o movimento é mais tardio, mas segue linhas de força idênticas. Um aumento de condenações à morte dá testemunho disso em Madri, na segunda metade do século XVII, antes que a curva registre um declínio muito nítido, até o meio do seguinte. A violência noturna dos bandos de jovens machos de menos de 29 anos é particularmente visada e se encontra, igualmente, acossada com mais zelo nas zonas rurais, o que conduz a uma forte diminuição das estatísticas na matéria, desde o início do século XVIII.[13]

As cortes criminais veem seu papel se transformar em toda parte. Elas não têm mais como principal objetivo tentar reconciliar os adversários, mas tornar culpados e punir duramente os autores de homicídios. As razões comumente alegadas para explicar uma mutação tão radical quanto rápida, depois de um milênio de grande tolerância, não são muito satisfatórias. Elas privilegiam o aumento da crueldade no tempo das guerras religiosas, a do direito romano e do Estado moderno, em todo o continente, ou, ainda, os desenvolvimentos técnicos do armamento que permitem matar a distância e tornam frequentemente mais graves os ferimentos infligidos. De maneira contraditória, o século XVII vê, no entanto, importantes progressos da cirurgia e dos cuidados, que contribuem para tornar menos funestas as consequências desses.[14] Procurar compreender por que um sistema tão antigo se torna brutalmente obsoleto em algumas gerações implica identificar as demandas das populações, visto que, sem o acordo profundo de uma parte delas, a mudança proposta pelas autoridades não teria podido ser aplicada nem por muito tempo, nem em profundidade.

Fica evidente que uma ação eficaz dos poderes é, então, profundamente desejada para remediar a uma situação que se tornou muito preocupante, em tempos terríveis, marcados pela instabilidade, pela insegurança e pelos conflitos de toda ordem. Somente o concurso ativo das populações permitiu produzir bons resultados. Sem reclamantes, não há justiça! Além disso, longe de permanecer tetanizados diante das novidades legais impostas, os humildes, em particular os camponeses, sabem escolher

---

11   R. Muchembled, "Fils de Caïn, enfants de Médée...", *op. cit.*
12   P. Karonen, "A life for a life versus christian reconciliation...", *op. cit.*; H. Ylikangas, "What happened to violence?", *op. cit.* A respeito da violência das camadas superiores, consulte o cap. VI.
13   Tomas A. Mantecón, "Long-term trend of crime in early modern Castile", congresso "Violence in history...".
14   X. Rousseaux, "La repression de l'homicide en Europe occidentale (Moyen Âge et Temps modernes)", *op. cit.*, p. 137.

o que lhes convém para adaptá-lo às suas próprias tradições, desenvolvendo sutis estratégias.[15] Assim, alguns crimes capitais, como o estupro ou a bestialidade são muito raramente denunciados na aldeia, ao mesmo tempo que aí são, provavelmente, dos mais frequentes. A lei do silêncio local tende, com toda evidência, poupar uma sorte funesta aos atores, porque ninguém ignora a severidade dos magistrados: o parlamento de Paris ordena, assim, 55 execuções capitais em 104 casos de bestialidade que lhe são submetidos de 1564 a 1639. Os culpados são, principalmente, meninos de origem camponesa, com a idade de 14 a 20 anos, quase sempre pegos em flagrante delito.[16] A ausência de denúncias, e mais ainda, de rumores, para iniciar processos, faz pensar em hábitos juvenis costumeiros, mas tacitamente tolerados, se eles não são praticados à vista e com o conhecimento de todos. Assim também, o roubo não agravado continua a beneficiar, pelo menos no século XVI, de uma grande indulgência diante dos tribunais. Ele não é, aliás, mais processado nos campos, ainda que aí seja abundantemente atestado por fontes como as cartas monitórias eclesiásticas. A colocação em exergo do homicídio e do infanticídio pelos magistrados, por outro lado, provoca uma poderosa repressão, porque as comunidades de base o aceitam muito melhor e aí ajustam suas contas. É que elas integram as novidades na cultura tradicional, a fim de daí tirar benefícios. A defesa da honra continua um objetivo fundamental, mas ela é, doravante, tão bem garantida – até mais – pelo recurso a uma justiça intimidadora do que por um combate mortífero. A lei da vingança se enfraquece, e a do silêncio é quebrada quando corre sangue. Não será assim antes de longos séculos em matéria de incêndio voluntário, de latrocínio, de incesto ou de comportamentos sexuais desviantes, que continuam, geralmente, a ser acertados por canais privados, a fim de evitar despesas inúteis e uma humilhação pública.

A adesão seletiva dos rurais ou dos citadinos ordinários ao processo de criminalização em curso traduz, ao mesmo tempo, a preocupação que eles têm de seus interesses e a percepção de suas próprias fraquezas para as quais eles têm necessidade da ajuda das autoridades. Que eles aceitem particularmente o questionamento da violência dos jovens machos e da liberdade sexual das moças por casar mostra a existência de um mal-estar mais global. Os antigos encontram dificuldades crescentes em proporcionar a transmissão dos valores costumeiros às gerações que chegam a um universo profundamente perturbado. Os procedimentos multisseculares de aprendizagem dos papéis adultos continuam a funcionar, mas o mecanismo parece emperrar. A indulgência parece reduzir-se nesse domínio, índice de uma inquietação surda dos homens estabelecidos frente àqueles e àquelas que ainda não têm nada e dos quais eles temem as reivindicações. Muito sensível em toda a Europa, por volta

---

15 Consulte François Billacois e Hugues Neveux (dir.), "Porter plainte. Stratégies villageoises et justice em Île-de-France", *Droit et culture*, nº 19, 1990, p. 5-148.

16 Alfred Soman, *Sorcellerie et justice criminelle: le Parlement de Paris, XVe-XVIIIe siècle*, Aldershot, Variorum, 1992, "Pathologie historique: le témoignage des process de bestialité aux XVIe-XVIIe siècles", p. 149-161.

de 1520, a crise corresponde a um excesso demográfico, depois de uma longa fase de reconstrução.[17] Êxodo rural e fechamento das cidades diante de multidões miseráveis que se espremem em suas portas desenvolvem uma inquietante engrenagem. A marginalidade torna-se um fenômeno vultoso e angustiante. As autoridades procuram, sem grande sucesso, lutar contra o pauperismo, em pleno desenvolvimento, porque a miséria conduz os jovens desenraizados sem trabalho – dentre os quais inúmeros camponeses – à mendicância e à delinquência. O ciclo infernal começa pelo roubo, para se alimentar. Segue-se a isso um desorelhamento judiciário e uma expulsão que levam à malfeitoria em bando, depois, enviam, finalmente, à força os sem-esperança, considerados como "inúteis no mundo". Paralelamente, o desenvolvimento de ásperos conflitos religiosos, a partir dos posicionamentos de Lutero, em 1519, e o brusco desencadeamento das grandes revoltas camponesas alemãs, iniciam outras ondas de angústia. Em resumo, uma crise geral sacode o Ocidente nas primeiras décadas do século XVI. O reforço dos poderes do Estado e das Igrejas antagonistas, assim como o desenvolvimento de uma justiça criminal mais eficaz constituem proporcionalmente tentativas para eliminá-la. Mais de um século se mostra necessário para estabelecer um novo equilíbrio, que se esquematiza somente por volta de 1650.

O ordenamento moral do tempo das "confessionalizações" não provém, então, unicamente da escolha de alguns governantes aconselhados por homens de Igreja. Ele depende mais profundamente de uma necessidade ressentida no coração de cada paróquia. Localmente, o perigo decorre de múltiplos fatores de desequilíbrio, rupturas internas, pilhagens pelos soldados, escolhas de religião opostas, ondas excessivas de violência... Enquanto a idade para o casamento começa a recuar, no mesmo instante em que a lei e a religião proíbem mais severamente que antes as relações sexuais entre solteiros, a figura do "adolescente", menina ou menino, começa a desenhar-se como uma angústia suplementar. As relações geracionais se tornam muito mais ásperas, num contexto de tensões crescentes. Eis por que a nova definição judiciária do homicídio e do infanticídio encontra um terreno favorável. Ela oferece meios suplementares de controlar uma juventude profundamente perturbada, mais fragilizada ainda que o resto dos habitantes, porque ela sofre em cheio as proibições múltiplas decretadas contra a turbulência festiva costumeira, as danças e a sexualidade fora do casamento. Confrontadas com o aumento das tensões entre os jovens, as comunidades encontram, assim, matéria para rejuntar sua coesão arruinada pelas "novidades" impostas de fora. As incessantes revoltas populares do tempo possuem essa dimensão cultural de defesa coletiva das tradições.[18] Não se prestou atenção ao fato de que a aceitação de uma parte do jogo judiciário serve mais sutilmente a fins idênticos. Sem repudiar totalmente as práticas antigas de apaziguamento, os adultos estabelecidos, inquietos, se protegem melhor ainda, brandindo a ameaça de uma

---

17 B. Geremek, "Criminalité, vagabondage, paupérisme: la marginalité à l'aube des Temps modernes", *op. cit.*
18 Em seguida, cap. VI.

queixa, doravante facilmente aceitável contra os rapazes maiores homicidas ou as moças depravadas. Eles desviam, assim, a responsabilidade punitiva para as autoridades, que fazem respeitar as leis. A espada de Dâmocles suspensa sobre a cabeça dos jovens, que se tornaram mais agressivos pelas modificações em cascata que sofre seu universo, contribui a tranquilizar os pais, sem colocar mais em perigo a coesão já enfraquecida do grupo local.

Uma história cultural atenta à recepção das normas – e não somente à sua produção – permite compreender o enraizamento rápido, na Europa, a partir do século XVI, de um sistema judiciário radicalmente diferente do passado. Ele não substitui em toda parte, nem completamente, os métodos privados de acerto dos conflitos e se substitui muito lentamente à lei da vingança, que continua, às vezes, ativa até nossos dias, por exemplo, nas ilhas mediterrâneas. Mas ele toma lentamente o ascendente sobre esses hábitos antigos. Ainda mais que as populações o consideram, muitas vezes, como um meio suplementar de chegar ao acomodamento clássico. Na Inglaterra, a iniciativa depende inteiramente de um queixoso. Nos países de direito romano, como a França, representantes do rei podem assumir uma ação, mas o custo e os hábitos limitam estritamente o número desses casos. Assim, mais de 75% dos casos tratados pelas jurisdições de Libourne e de Bazas, no século XVIII, vêm ainda de uma iniciativa privada. Além disso, os processos visam mais frequentemente a forçar o adversário a um arranjo do que a obter uma sentença em regra contra ele. Tanto que muitos acusadores abandonam o caso, desde que se encontre um acordo. O mesmo fenômeno se observa na Espanha, no século XVII, nos *Montes* de Toledo, onde mais da metade das queixas chegam a um compromisso sem julgamento. Chamadas *amistads*, em espanhol, *paci e treghe*, em Florença, *Sühnevertragen*, na Alemanha, "acomodamentos", na França, tais convenções decorrem frequentemente de tratações diretas entre oponentes de estatuto idêntico. Quando não é esse o caso, árbitros, algumas vezes escolhidos entre os juízes, continuam, como na Idade Média, a oferecer seus serviços paralelamente ao desenvolvimento do Estado de justiça moderno.[19] A adesão crescente à lei, levantada por toda parte no continente, até o fim do Antigo Regime, apresenta, então, uma ambiguidade. Os interessados não se entendem sob a simples pressão dos poderes centrais, mas porque eles encontram aí vantagens, em especial um meio suplementar de pressionar um adversário, assim como uma proteção contra uma vingança ulterior de sua parte. Pôde-se observar que os indivíduos mais favoráveis são adultos machos bem estabelecidos que dominam a vida local. Membros da *middling sort*, na Inglaterra, eles participam dos júris e ocupam as funções de *constables*, encarregados de fazer respeitar a ordem pública. Eles são chamados "antigos", na Alemanha, ou se definem eles próprios como "a parte mais sadia" da população, que tem assento na assembleia de comunidade, na

---

[19] J. R. Ruff, *Violence in Early Modern Europe, op. cit.*, p. 84-85; id., *Crime, Justice, and Public order in Old Regime France. The Sénéchaussée of Libourne and Bazas, 1696-1789*, Londres, Croom Helm, 1984; f. Billacois e H. Neveux (dir.), "Porter plainte...", *op. cit.*, p. 8.

França ou nos Países Baixos espanhóis.[20] Alguns são influenciados pela moralização dos comportamentos ligada à civilização dos costumes vinda das cortes e das cidades. Outros aceitam simplesmente o que lhes convém mais para reforçar sua tutela sobre a paróquia, fazer-se temido por seus inimigos e obedecidos por todos, em especial seus próprios filhos que caminham para a idade adulta.

Porque a coisa não é mais fácil para eles que para os príncipes pretensamente absolutos. O aperto da autoridade é uma obsessão da época, em todos os níveis. Entretanto, os meios de obtê-lo são limitados. O mais hábil, da parte das Igrejas e dos monarcas, consiste em invocar o direito divino para impor um estrito enquadramento dos corpos e das almas. O procedimento é, no entanto, subordinado à boa vontade dos povos, o que dá uma importância crescente a instâncias de vigilância moral de proximidade, encarregadas de controlar sua boa aplicação. Consistórios protestantes, oficiais paroquiais ingleses (*churchwardens*), padres católicos que praticam a confissão auricular têm essa nova responsabilidade. Eles se preocupam particularmente em vigiar os mais "fracos", que devem ser educados de maneira cristã, prioritariamente, em especial as mulheres muito facilmente tentadas pelo demônio e os jovens, "cera virgem" sobre a qual o pecado se imprime facilmente. Para agir eficazmente, esses intermediários precisam do revezamento dos pais de família, o que valoriza o poder destes e explica por que os mais importantes dentre eles aceitam, bastante depressa, aderir seletivamente à "revolução judiciária" que reforça sua superioridade.

No fundo, todas as partes interessadas no exercício de uma dominação precisam umas das outras. Decretado espontaneamente, o enfraquecimento das tradições de violência ritual juvenil produz uma situação tensa. Ora, nenhuma força realmente constituída existe que possa opor-se a desordens ou preveni-las. Em caso de revolta popular, é preciso enviar o exército para acabar com os amotinadores. A segurança nas paróquias é garantida só pelos habitantes, exceto nas cidades onde se encontram raros sargentos e um vigia urbano burguês. A polícia, no sentido atual do termo, não existe sob uma forma centralizada senão em poucos países. Organizada no século XIII pela cavalaria da França para o controle dos exércitos, ela se encarrega, em seguida, de vigiar os grandes caminhos do reino e os delinquentes não domiciliados. Para enfrentar uma insegurança galopante alimentada pelo êxodo rural e o licenciamento das tropas de guerras da Itália, Francisco I decide, em 1520, criar 30 companhias, dirigidas cada uma por um preboste acompanhado por um tenente, um escrivão e 10 homens. É preciso, no entanto, esperar o reino de Luís XV e a reforma de 1720, para ver a reorganização dessa força. À razão de uma companhia, dividida em brigadas de quatro ou cinco indivíduos, por generalidade, ela é afetada em todas as zonas rurais. O total dos alistados, 4144 inscritos em 1789, marca os limites de sua ação, mesmo se os viajantes estrangeiros consideram o país como o mais seguro da Euro-

---

20   J. R. Ruff, *Violence in Early Modern Europe*, op. cit., p. 86-87; R. Muchembled, *La sorcière au village*, op. cit., ed. 1991, p. 246-256, a respeito das pressões sobre a justiça exercidas contra as bruxas locais pela "mais sadia parte" das comunidades aldeãs.

pa. Instituída pelo duque de Borgonha, no século XV, uma estrutura idêntica existe nos Países Baixos. Na Espanha, a *Santa Hermandad* exerce um papel próximo, até sua transformação em *Guardia civil*, em 1835. Entre as grandes cidades europeias, só Paris dispõe, a partir de 1667, de uma organização específica, a tenência de polícia, cujos comissários, os inspetores e os 3 mil representantes vigiam 600 mil habitantes, no fim do século XVIII, enquanto Londres espera a criação ulterior dos *bobbies*.[21]

O desenvolvimento da tortura e a encenação das execuções públicas ganham sentido nessa perspectiva. O objetivo inicial é, certamente, aterrorizar os que são tentados a não seguir os preceitos divinos, dos quais príncipe é o guardião. Demonstrando que o temível olho do rei está em toda parte, a dissuasão preventiva constitui igualmente uma das principais missões atribuídas ao tenente de polícia parisiense. Especialmente encarregado de estar atento a toda eventualidade para evitar as revoltas, ele garante a vigilância de todos os suspeitos, empregando numerosos espiões, ou "moscas". O Estado moderno principiante procura tanto provocar medo que ele não consegue ter os meios para punir a maioria dos delinquentes que lhe escapa. A partir da segunda metade do século XVII, abandonam-se lentamente os excessos desse simbolismo aterrorizante, porque a tarefa do poder central se desenvolve e sua mensagem é cada vez mais bem substituída pelos principais chefes de família em cada paróquia.

Contrariamente às descrições de Foucault centradas no século XVIII, o esplendor dos suplícios legais só marca fundamentalmente um curto período, o da instauração, na Europa, de uma revolução judiciária que transforma o sistema acusatório medieval em temível procedimento inquisitório. Somente a Inglaterra mantém o hábito antigo dos júris de cidadãos presididos por um juiz e se recusa a utilizar a tortura, exceto nas decisões própria do rei ou do Conselho privado, limitadas no período de 1540-1640. Em todo outro lugar, impõe-se, na mesma época, um direito penal novo, que se inspira, ao mesmo tempo, na herança romana e na da Inquisição eclesiástica.[22] Escrito e secreto, ele exige provas para chegar a uma condenação: são necessárias duas testemunhas oculares do fato, ou as confissões do culpado. A decisão é tomada por um colégio de juízes e não por jurados populares. O poder dos magistrados se encontra consideravelmente ampliado, em particular o dos membros dos parlamentos franceses. A partir da segunda metade do século XVI e até o apogeu do sistema, na metade do século seguinte, eles dispõem, a partir de então, de uma escolha arbitrária de penas que lhes dá o direito discricionário de decidir sobre simples presunção.[23] Se as provas são insuficientes, mas existem índices sérios,

---

21 J. R. Ruff, Violence in Early Modern Europe, *op. cit.*, p. 87-92; Alan Williams, *The Police of Paris, 1718-1789*, Baton Rouge, Louisiana State University Press, 1979; Elaine Reynolds, *Before the Bobbies. The Night Watch and Police reform in Metropolitan London, 1720-1830*, Stanford, Stanford University Press, 1998.
22 John H. Langbein, *Torture and the Law of Proof, op. cit.*
23 B. Schnapper, *Les Peines arbitraries du XIIIe au XVIIIe siècle (Doctrines savants et usage français)*, Paris, LGDJ, 1974.

contados como frações de provas, a tortura é considerada necessária para obter uma confissão. Assim, ela se torna uma etapa importante do processo criminal, desde o fim do século XV. O conjunto da prática se encontra codificado de maneira quase simultânea nos grandes Estados, no decorrer do segundo terço do século XVI. O Santo Império segue a *Constitutio Criminalis Carolina*, editada em 1532; a França, o edito de Villers-Cotterêts, de 1539; a Espanha, a *Nueva recopilación*, de 1567; os Países Baixos, o decreto criminal de Filipe II, em 1570.

Longe de constituir uma aberração e de testemunhar uma selvageria bestial, como o pretenderam, acompanhando os filósofos das Luzes, muitos historiadores chocados com tal uso; a "questão" pertence à normalidade aos olhos dos contemporâneos. Muito estritamente codificada, vigiada de perto, conduta sem paixão e sem prazer mórbido, ela visa a fazer aparecer uma verdade oculta, revelando-a, não pelo próprio sofrimento, mas pelos sinais corporais induzidos pela dor, tal como a palidez, considerada um índice de culpabilidade, e, ainda mais, pela confissão.[24] Ela não pode, em princípio, ser administrada aos fracos, aos velhos, às mulheres grávidas ou às crianças. Infligida de maneira diversa segundo os lugares, por exemplo, "pela água", no parlamento de Paris – isto é, fazendo o paciente engolir grandes quantidades de líquido –, ela concerne a uma minoria de comparecentes sobre os quais pesam fortes suspeitas. Ainda, às vezes, contenta-se, na França ou, ainda, na Alemanha, no quadro da tortura *mit Gütte*, em espantar o suspeito, apresentando-o à provação, sem executá-la. Os que se recusam a confessar, num caso como no outro, salvam sua vida, porque eles não podem ser obrigados a uma pena aflitiva e devem ser liberados. Opondo-se a reconhecer sua total inocência, os magistrados decretam, no mais das vezes, um "fora da corte" ou um "mais amplo informado", que deixa planar a ameaça de uma reabertura do processo consecutiva à descoberta de fatos novos. O parlamento de Paris, a partir de 1535, e o de Bordéus, por volta de 1550-1565, ordenam, às vezes, a questão, "com reservas de provas", o que implica, automaticamente, uma punição, mesmo em caso de ausência de confissões, mas abaixo da pena suprema.[25] Na França e em alguns outros países, a geena é dita "questão preparatória". Ela se distingue da "questão prévia" imposta, sem limites nem precauções, desta feita, a alguns dos condenados à morte logo antes do suplício, a fim de obrigá-los a denunciar seus cúmplices.

A idade de ouro da tortura judiciária se limita, geralmente, ao século XVI e ao início do seguinte. O parlamento de Paris a faz aplicar a 20% dos criminosos vindos de sua imensa alçada, em 1533-1542, contra 5%, em 1620. Os culpados de homicídio fornecem sempre mais dos dois quintos do conjunto, até mais da metade, na primeira década do século XVII, enquanto os ladrões, o outro único grande contingente afetado, são a ela submetidos cada vez menos, na ordem de 7%, por

---

24 Lisa Silverman, *Tortured Subjects. Pain, Truth, and the Body in Early Modern France*, Chicago, The University of Chicago Press, 2001.
25 B. Schnapper, *Voies nouvelles en histoire du droit*, op. cit., "La justice criminelle rendue par le Parlement de Paris sous le règne de François Ier", p. 115-116.

volta de 1610.[26] Com toda evidência, os juízes utilizam esse meio para tentar distinguir claramente a legítima defesa, frequentemente pleiteada pelos comparecentes, do assassinato premeditado. O parlamento da Bretanha mostra um índice de 5% de colocação na questão preparatória, na primeira metade do século XVII, número que cai a menos de 1%, na segunda parte do século, enquanto a questão prévia passa de 27% a 13% na mesma época. Taxado de crueldade excepcional e de fanatismo pelos filósofos das Luzes, revoltados pela sorte infligida a Calas, em 1762, o parlamento de Toulouse só fornece, no entanto, 168 torturados, de 1600 a 1788. Além disso, ele conhece um movimento de queda marcado desde a primeira metade do século XVII, atingindo 50%, entre 1640 e 1660. Um fenômeno idêntico, um pouco mais tardio, afeta as cortes de justiça alemãs. Em Frankfurt, o índice passa de 59%, em 1562-1594, a 15%, em 1661-1696, e de 44%, em 1650, a 16%, em 1690, diante do conselho da Baviera. A centralização judiciária francesa explica a precocidade e a importância do recuo, porque os parlamentos, à maneira do de Paris, que dá o tom para o conjunto do reino, impõem, pouco a pouco, o recurso automático para toda sentença de tortura decretada em primeira instância. Além do fato de que isso torna mais confiáveis as porcentagens levantadas pelas cortes soberanas, a eficácia do princípio aparece a propósito da jurisdição de Libourne, de 1696 a 1789, onde um único exemplo de colocação em questão é indicado para 1.529 acusados.[27]

O declínio da prática se acompanha, entretanto, em Toulouse, especialmente, de um discurso de validação cada vez mais fundamentado, que insiste na importância e na gravidade da tortura, afirmando que a dor permite atingir a verdade, obrigatoriamente desvendada pelo corpo que sofre. A argumentação repousa sobre uma leitura teológica do universo pela gente da lei. Muyart de Vouglans a defende ainda em 1780 e atribui à pena aflitiva um valor eminente, porque ela contribui, segundo ele, para a salvação da alma. É nessa ótica que se deve tentar compreender a encenação das sevícias corporais e das execuções públicas. Nos dois casos, grandes mutações começam a esboçar-se desde a metade do século XVII, mesmo se os rituais punitivos continuam, em aparência, fixos até a Revolução Francesa.[28]

Em busca do filho indigno: a progressão do tabu do sangue

A multiplicação dos castigos públicos, das penas capitais em particular, acompanha a revolução judiciária do século XVI. Diferentemente das cidades medievais, que taxavam ou expulsavam os criminosos, e dos monarcas que concentravam seus esforços, por falta de meios, nos caos "atrozes" ou "reais", considerados por eles como os mais graves, as justiças modernizadas aspiram a educar os súditos por um

---

26 A. Soman, *Sorcellerie et justice criminelle, op. cit.*, "La justice criminelle aux XVIe et XVIIe siècle: le parlement de Paris et les sièges subalternes", p. 43-44.
27 J. R. Ruff, *Violence in Early Modern Europe, op. cit.*, p. 94-95. Para Toulouse, consulte L. Silverman, *Tortured subjects, op. cit.*
28 R. Muchembled, *Le Temps des supplices, op. cit.*

terror salutar.[29] Nos países germânicos, o fenômeno se desenvolve a partir de 1500, depois sofre um declínio muito grande a partir da primeira metade do século XVII. A Inglaterra apresenta uma cronologia sensivelmente idêntica no que concerne ao homicídio, mas a pena de morte, principalmente aplicada a ladrões, continua aí muito frequente no século XVIII. Multidões imensas, estimadas, às vezes, a mais ou menos 100 mil pessoas, se espremem em Tyburn, para ver os enforcamentos decretados pelos juízes londrinos. Se os assassinos levados à justiça são quase todos executados em Amsterdam, não há mais de um exemplo por ano para uma cidade de 200 mil habitantes, e esse tipo de espetáculo acusa, também, uma queda, no decorrer do século XVII. Na Finlândia, as penas de morte se multiplicam, por volta de 1620-1630, contra os autores de homicídio ou de infanticídio, após uma mudança de procedimento referente a busca acentuada da culpabilidade dos comparecentes.[30]

A pena capital é um verdadeiro teatro sagrado em toda a Europa, onde ela produz mensagens múltiplas. Em primeiro lugar, ela valoriza o poder do príncipe e o de seus juízes. Exprime, também, o poder e o prestígio das grandes cidades: a força de Tyburn, com o cadafalso erigido na praça de Grève, em Paris, as colunas de justiça de Veneza constituem símbolos que fazem arrepiar os delinquentes mais endurecidos, ao mesmo tempo em que tranquiliza as pessoas honestas. Permite, igualmente, aliviarem-se os que vêm com uma intensa curiosidade de ver legalmente sofrer um supliciado e tentar levar alguma relíquia que lhe pertence, para um uso protetor ou mágico. A contemplação de um corpo humilhado, mutilado, martirizado, torturado, enforcado, decapitado, queimado, espancado serve, ao mesmo tempo, para contentar um gosto popular bem declarado para a violência e o sangue e a instaurar uma distância, esperando que esta não se transforme lentamente em tabu. Forma de educação das sensibilidades, a execução pública produz um efeito de sagrado, através de um cerimonial extraordinário idêntico em todo o continente. Ela habitua os assistentes a se distanciar das práticas assassinas para preferir a elas as representações do fenômeno, somente validadas pela lei. A repetição incessante do assunto, nas cidades, drena os rurais das cercanias e exerce um papel fundamental para ajudar a purgar as paixões, como o faz, no mesmo momento, o teatro de Shakespeare, de Marlowe ou de Corneille. Estabelece-se, dessa forma, uma espécie de pacto de economia do sangue entre o rei justiceiro e seus povos. Estes começam, pouco a pouco, a perceber de maneira mais concreta a importância da mensagem cristã de paz e de limitação da violência difundida pelo soberano, que afirma deter o monopólio do

---

29 Albéric Allard, *Historie de la justice criminelle au XVIe siècle*, Gand, 1868, reed., Aalen, Scienta Verlag, 1970, p. 383. A teoria é, também, defendida por Adhémar Esmein, *Histoire de la procédure criminelle em France*, Paris, Larose et Farcel, 1882.
30 Richard van Dülmen, *Theatre of Horror: Crime and Punishment in Early Modern Germany*, Cambridge, Polity Press, 1990; James A. Sharpe, *Crime in Early Modern England*, op. cit.; Pieter Spierenburg, *The Spectacle of Suffering. Executions and the Evolution of Repression. From a Preindustrial Metropolis to the European Experience*, Cambridge, Cambridge University Press, 1984, em especial p. 43, 82, 200-203, 214; H. Ylikangas, "What happened to violence?", op. cit., p. 33, 46, 51.

envio à morte dos seres humanos. A vida toma, paradoxalmente, mais importância aos olhos de todos, porque ela é subtraída publicamente, de maneira solene e grave, sem ódio nem paixão, em nome da justiça delegada ao príncipe por Deus.

Outros canais veiculam a mesma ética, insistindo sobre as consequências desastrosas das paixões, que conduzem a um encadeamento criminoso e, finalmente, à danação. Em 1609, em O *Processo civil e criminal*, Claude Le Brun de la Rochette descreve a inexorável descida aos infernos ligada à ociosidade, mãe de todos os crimes. Ele os classifica em quatro categorias, segundo um grau de gravidade crescente: a luxúria – que compreende os diversos delitos sexuais; o latrocínio; a força pública ou privada – em outros termos, as violências contra pessoas; os casos de lesa-majestade divina ou humana. Para o autor, eles se alimentam uns aos outros, como "o latrocínio, filho primogênito da pobreza, gerada pela luxúria".[31] O homicídio precede, então, os crimes mais graves. Ele se encontra implicitamente ligado ao regicídio, através do parricídio. Considerado o mais infame dos assassinatos, este se estende, então, a toda ação ou tentativa contra a vida de um parente próximo, até de um patrão, por parte de um aprendiz, tanto que ele é duplamente castigado pela morte precedida da ablação do punho. Nenhuma necessidade de recorrer às luzes do freudismo, para compreender que os juristas da época barroca constroem o interdito do sangue em cascata, a partir do modelo último do assassinato do soberano ou de grandes príncipes, Henrique III e Henrique IV, na França, Guilherme, o Taciturno, nos Países Baixos. A teoria visa, primeiramente, a reforçar a sacralidade da pessoa real, para mistificar as ideias tiranicidas correntes, em tempos conturbados e instáveis. Ela conduz, em seguida, a valorizar a existência das pessoas de poder e dos juízes, cujo assassinato é punido de maneira exemplar, depois, a dos pais de família, e, pouco a pouco, a de todos os súditos. Ainda que a existência não tenha o mesmo preço em função da posição social ocupada, atentar contra ela se colore, doravante, sempre, do halo diabólico projetado pelo conceito de lesa-majestade, o que permite reclamar um rigor infalível contra os culpados. Os legistas revivificam e adaptam à sua época o velho mandamento cristão "Não matarás", que ficou, em boa parte, letra morta nos séculos precedentes.

A punição extraordinariamente cruel reservada ao regicida, de fato, é o eixo essencial da vingança divina operada por seus representantes na terra. Em torno dela, se ordena a sanção imperativa de todos os assassinos. Se eles não têm a desculpa da legítima defesa ou do ato acidental, eles devem ineluctavelmente sofrer uma lei do talião legalizada, moralizada e desenvolvida como um espetáculo edificante para as multidões. A mutação é fundamental, se nos lembrarmos que esse não era o caso antes, quando os homens jovens se feriam na disputa e se matavam sem grande remorso, quase certos de serem perdoados por uma carta de graça real. A cultura religiosa dos juristas os leva a referir-se à Bíblia para insistir no horror extremo do gesto. Damhouder o considera assim como uma consequência imediata do pecado

---

31   Claude Le Brun de la Rochette, *Le Procès civil et criminel*, Lion, 1609. Citado conforme a edição de Rouen, François Vaultier, 1661.

original e fala do "segundo crime", que apareceu imediatamente depois do de Adão e Eva. Seus contemporâneos sabem que ele faz referência ao comportamento odioso de Caim, filho de Adão, que matou seu irmão Abel, por inveja. À conotação cristã se mistura a definição implícita do homem como um ser profundamente pecador por natureza, desobediente às leis mais sagradas. Depois de Adão, seu filho transgrediu o mandamento de Deus e todos os seus descendentes correm o risco de agir igualmente, se o medo de uma impiedosa punição não os dissuadir. A repressão acentuada dos crimes de sangue desenvolve, então, ao infinito a temática da filiação paterna. O que mata seu companheiro de festa do reino de juventude, ou um concorrente da mesma idade vindo de uma paróquia vizinha, parece, a partir de então, tão perigoso para a paz social quanto o que fere de morte seu irmão ou seu genitor. A imagem de Caim se encontra bordada em filigrana nas sentenças e nos decretos que se multiplicam para castigar a violência homicida. Sobretudo porque ela corresponde às características juvenis da maior parte dos acusados e que as mulheres são raras no contingente, salvo no domínio muito particular do infanticídio. Em termos de nossa época, dir-se-ia que a ação mortífera se encontra, doravante, ligada de maneira subliminar ao tipo do adolescente masculino.

Moralistas e pregadores difundem amplamente as mesmas definições da violência sanguinária causada pela fraqueza e pelos pecados dos descendentes de Adão gerados por Caim. Suportes novos os transmitem tanto às pessoas do povo quanto aos membros das camadas superiores. Destinados aos primeiros, os "canards" (jornalecos), pequenos opúsculos ilustrados vendidos a baixo preço nas ruas de Paris, principalmente entre 1575 e 1631, contêm histórias extraordinárias moralizadas, em especial relatos de crimes.[32] Sucessos muito grandes de livraria do tempo, as histórias trágicas de François de Rosset, publicadas em 1619, e, uma década mais tarde, as do prolífico bispo de Belley, Jean-Pierre Camus, formam o gosto dos burgueses ou dos nobres. Eles encenam a violência, o amor e a ambição. Morais, elas ensinam aos leitores a se comportar diante da Lei, divina e humana, desenvolvendo exemplos de transgressão seguidos por uma inevitável sanção. Camus divulga em torno de mil, a partir de 1630, data de edição de suas duas mais célebres coletâneas, *O Anfiteatro sangrento* e os *Espetáculos de horror*. A fim de edificar pelo terror, cada relato culmina numa catástrofe final das mais sangrentas, que conduz o homem sofredor, penitente ou mártir para a redenção. Essa moda passa, entretanto, muito depressa, a partir dos anos 1640.[33] Adaptadas a públicos muito diferentes, sustentadas pela multiplicação

---

32 Maurice Lever, *Canards sanglants. Naissance du fait divers*, Paris, Fayard, 1993; Jean-Pierre Seguin, *L'Information en France avant le périodique. 517 canards imprimés entre 1529 et 1631*, Paris, Maisonneuve et Larose, 1964.

33 Sergio Poli, *Histoire(s) Tragique(s). Anthologie/Typologie d'un genre littéraire*, Bari/Paris, Schena/Nizet, 1991; Robert Muchembled, *Une Histoire du diable, XIIe-XXe siècles*, Paris, Seuil, 2000, cap. IV. Consulte também a antologia dirigida por Christian Biet, *Théâtre de la cruauté et récits sanglants en France (XVIe-XVIIe siècles)*, Paris, Robert Laffont, 2006, em particular a nota sobre Camus, p. 221-229.

de estampas com os mesmos temas destinadas aos iletrados, essas formas literárias diversas propagam até a saturação exemplos de brutalidade sanguinária, de homicídio e de desgraça. Ligadas ao poderoso avanço do catolicismo e do barroco, no início do reino de Luís XIII, na França, elas servem para prevenir leitorados principalmente urbanos contra os excessos das paixões humanas, em particular se estas se encontram ligadas ao homicídio ou à sexualidade. A coincidência cronológica perfeita com o tempo dos suplícios não é fortuita. O conjunto diz respeito a uma pedagogia multiforme destinada a separar o melhor possível os pecadores das tentações mundanas e das exigências do corpo, a fim de que eles possam chegar à salvação eterna. Os outros países conhecem fenômenos da mesma ordem, em especial através dos *Teufelsbücher* germânicos compostos de 1545 a 1604, por pastores luteranos, para ensinar aos homens as armadilhas do demônio.

A execução capital pública coloca em imagens fortes as sensações e os sentimentos experimentados pelos consumidores dessas obras. Com a imagem delas e com a do teatro barroco, ela sacia, sob a forma distanciada de um espetáculo, um gosto antigo pela crueldade e a expressão brutal dos desejos, que continua a motivar comportamentos violentos bem reais. Mas ela contribui também para acentuar lentamente uma rejeição de origem ética, vigorosamente desenvolvida pela moral religiosa e retomada com força pelos legistas, pelo sangue que corre muito facilmente e pela luxúria, em particular aquela atribuída às mulheres. É que a pena de morte demonstra obstinadamente às multidões que esses dois pecados mortais impedem o alcance da felicidade eterna. O teatro punitivo se torna, assim, o palco de uma comunhão sagrada entre os poderes estabelecidos e os povos. Estes não ficam, no entanto, tão consternados quanto os filósofos das Luzes, que descobrem na atrocidade judiciária a prova da tirania dos reis absolutos, longe disso. Pesquisas recentes mostram uma verdadeira adesão da gente pequena a essas práticas consideradas como necessárias para restabelecer a ordem do universo perturbado pelo criminoso que sobe ao cadafalso.[34]

A percepção varia, contudo, segundo os grupos sociais afetados, porque cada um encontra aí o eco de sua própria cultura. As formas mais cruéis são ligadas por alguns autores a crenças antigas destinadas a evitar a vingança dos defuntos. Tal é o caso, no mundo germânico, da decapitação, do desmembramento ou do hábito de deixar na forca os cadáveres dos enforcados. Importada da Alemanha para a França, por Francisco I, aplicada até a Revolução aos mais temíveis malfeitores, dentre os quais Mandrin e Cartouche, no século XVIII, a roda tem a ver com o símbolo mágico do círculo, talvez também de uma velha concepção situando a alma e a vida no esqueleto. Quebrar os ossos equivaleria a eliminar totalmente a possibilidade de uma volta do fantasma. Seria também a função da fogueira.[35] Esta constitui, por outro lado, uma punição

---

34　Vic (V. A. C.) Gatrell, *The Hanging Tree. Execution and the English People, 1770-1868*, Oxford/New York, Oxford University Press, 1994.
35　Karl Wegert, *Popular Culture, Crime, and Social Control in Eighteenth-Century Württemberg*, Stuttgart, Franz Steiner Verlag, 1994, em especial p. 99-110.

cristã última, acompanhada da dispersão das cinzas, a fim de impedir a ressurreição no momento do Julgamento final. Plantar uma estaca de madeira no coração de uma bruxa morta, na Suíça, como na futura Romênia, traduziria mais o medo de que ela volte para fazer o mal aos vivos do que uma pura crueldade. Seria o mesmo quanto ao enterramento vivo de uma mulher ou do procedimento com o cadáver de um suicida, que é arrastado pelas ruas e, depois, dependurado nas forcas patibulares.

Uma pluralidade de sentidos se atribui à execução pública, porque ela é um lugar privilegiado de mediação cultural e social. Ela ocupa, com efeito, um lugar simbólico crucial, à maneira dos sacrifícios humanos entre os Astecas, no início do século XVI. Deve-se considerá-la como uma cerimônia sacrificial destinada a produzir o consenso num universo profundamente perturbado desde 1520 por crises de grande amplitude. Muito comparável no conjunto do continente, a cenografia dá testemunho disso. Ela retoma elementos medievais para lhes dar um alcance muito mais sagrado. O objetivo demonstrado fica imutável, porque se trata de suplicar alguém, oferecendo-lhe a possibilidade de uma reintegração espiritual na comunidade cristã. O enquadramento religioso é onipresente. Preparado para a morte por homens de Deus, o condenado é acompanhado em procissão ao lugar de seu calvário. Variantes existem conforme os países. Em certas regiões da Espanha, ele é conduzido sobre um asno, como o foi o Cristo. Em outra parte, em Paris, por exemplo, ele é conduzido numa carroça. Na França católica e nos Países Baixos espanhóis, o ritual se acompanha frequentemente de uma "reparação honrosa" (pena infamante com a confissão pública do erro). Apenas com uma túnica, cabeça descoberta, uma grande tocha na mão, o indivíduo deve-se colocar-se de joelhos diante das capelas, das igrejas ou nos cruzamentos para pedir perdão a Deus, ao rei e à lei. Ele é, às vezes, flagelado com golpes de varas, nas diversas etapas. Inúmeros pequenos delinquentes sofrem igualmente um ritual idêntico de reconciliação. Pode-se pedir-lhes que beijem a forca, para se lembrarem do que os espera em caso de crime mais grave.[36]

Para os outros, a sentença capital é lida publicamente depois de sua subida ao cadafalso. Permitem-lhes dirigir-se alguns minutos à multidão para exprimir seu arrependimento e exortar os espectadores que evitem cometer os mesmos erros fatais.[37] O gênero é muito codificado, muito enquadrado. Os indisciplinados são rapidamente reduzidos ao silêncio pelo carrasco. Acontece de cortarem-lhes a língua antes, ou de impedi-los de se exprimir, se os juízes temem que eles deem um exemplo desastroso aos assistentes. Alguns gritam, no entanto, sua revolta ou seu ódio, blasfemam ou se debatem. Para evitar isso, o parlamento de Paris encarrega seus oficiais criminais de se certificarem antecipadamente da colaboração dos condenados e de insistirem até o último momento para obtenção de seu arrependimento público. Documentos

---

36 Resumo cômodo por J. R. Ruff, *Violence in Early Modern Europe*, op. cit., p. 102-105. A respeito dos Países Baixos, consulte R. Muchembled, *Le Temps des supplices*, op. cit., p. 166-176.

37 J. A. Sharpe, "Last dying speeches: religion, ideology and public execution in seventeenth-century England", *Past and Present*, nº 107, 1985, p. 144-167.

impropriamente chamados "testamentos de morte" revelam os esforços feitos pelas autoridades para transformar cada ocorrência em espetáculo profundamente edificante.[38] Algumas vezes, juntam-se a isso um perdão ao carrasco, uma oração curta, um beijo no crucifixo, cantos religiosos, que os assistentes retomam. Depois, o mestre das altas obras (o carrasco) faz seu ofício.

Visões muito diferentes dessa "arte de morrer" coexistem e se interpenetram a cada vez. Por um lado, a liturgia classicamente cristã traduz uma pedagogia dos fins últimos encenada solenemente, em presença dos representantes da lei e dos corpos constituídos. Por outro, vêm à tona formas mágicas de pensamento, aliás compartilhadas por alguns membros das camadas superiores. Na Inglaterra, o enforcamento é conduzido como uma cerimônia de casamento. Ela convoca concepções múltiplas da morte, em especial crenças nos poderes terapêuticos do cadáver e na volta dos defuntos.[39] Precipitam-se, então, para levar um pedaço da corda do enforcado, uma parte de suas roupas, um pouco de sangue do decapitado. Na Dinamarca e na Alemanha, bebê-lo permitiria curar a epilepsia, segundo uma ideia difundida. Os pesquisadores de tesouro rondam, à noite, ao pé das forcas para tentar encontrar a mandrágora, uma planta em forma de "homenzinho" e portadora de riqueza, que proviria da semente masculina projetada quando da ereção provocada pelo estrangulamento.

O lugar do suplício registra uma constante mixagem das culturas eruditas e populares. Uma se aproxima da outra, sem se fundirem. A esse preço, as pessoas comuns aceitam fortemente o fenômeno e exercem o papel que se espera delas. As queixas consignadas por observadores cultos, irritados pela desordem, barulho e gritos da multidão, testemunham uma sensibilidade diferente, mas não de uma hostilidade do povinho diante dessas práticas. Ao contrário, a ocasião é a de uma espécie de grande festa em torno de um palco de brutalidade legal que substitui os antigos divertimentos sanguinários, proibidos a partir de então, em particular o abate de animais e os conflitos armados rituais entre jovens machos. Herdada das Luzes, a visão romântica de uma oposição surda da maioria dos assistentes dessas execuções espetaculares só se apoia em exceções. Numerosas, aliás, elas traduzem sempre um deslize provisório do consenso porque a multidão estima que a justiça não foi bem-feita, se o ritual for perturbado ou conduzido de maneira anormal. Tal é o caso se o condenado sofre inutilmente na mão de um carrasco inexperiente, que tenta várias vezes para cortar uma cabeça, por exemplo. O executante corre o risco, então, de sua própria vida sob os golpes da populaça enfurecida. Esta reclama uma espécie de direito de vingança contra o incompetente.

---

38   R. Muchembled, *Passions de femmes au temps de la reine Margot, 1553-1615*, Paris, Seuil, 2003, p. 224-226.
39   Douglas Hay, Peter Linebaugh, John G. Rule, E. P. Thompson, Carl Winslow, *Albion's Fatal Tree. Crime and Society in Eighteenth-Century England*, Londres, Allen Lane, 1975, reed., Harmondsworth, Penguin, 1977, p. 116.

A multiplicação dos suplícios investiu, aliás, a função de mestre das altas obras de uma dimensão infamante muito mais marcada que na Idade Média.[40] Na liturgia sacrificial, sua tarefa indispensável é tida, doravante, como ignominiosa e principalmente angustiante: o indivíduo oferece, agora, frequentemente a morte, e ele é o único, entre os plebeus, a deter legalmente esse terrível direito delegado pelo monarca. Face obscura deste ser ao mesmo tempo sagrado e desprezível, banido da sociedade, de tanto que o temem, ele carrega todo o peso de interditos acumulados, religiosos, mas também mágicos. Seu papel é mais amplo ainda: ele serve para desviar a cólera dos justiçáveis da pessoa do soberano, que arma, no entanto, sozinho seu braço. "Viva o rei sem o carrasco!" poderia ser um grito do tempo, à imagem do grito dos camponeses revoltados contra a gabela – o imposto sobre o sal. Porque o homem esconde comodamente quando os espectadores identificam uma "injustiça", um excesso de zelo ou quando eles se enchem de piedade por uma mulher bonita e resignada, ou por um homem valente e simpático. O carrasco sofre até as consequências das decisões impopulares das autoridades. Em 1752, ordena-se, na Inglaterra, entregar os cadáveres dos criminosos enforcados aos cirurgiões, para dissecação, numa ótica de pesquisa médica e de educação. Pais e amigos escandalizados desencadeiam inúmeras revoltas, porque essa prática de eliminação total, que existia já esporadicamente, é interpretada por meio de uma dupla cultura, religiosa, mas também mágica, ligada à integridade corporal dos defuntos. Ainda mais que é patente a vontade dos juízes de utilizar esses sinais de infâmia para impor mais amplamente uma disciplina nova ao povo.[41]

Tais sublevações permitem traçar os contornos de uma concepção "popular" que admite a validade plena e completa de um tormento merecido. A multidão retifica, no entanto, às vezes, num sentido ou noutro, uma sentença da qual ela não admite o bem-fundado. Em Nuremberg, em 1612, ela apedreja o mensageiro da cidade, que a corte local tinha simplesmente decidido espancá-lo e depois bani-lo por traição e ataques à moralidade. Em Paris, em 28 de setembro de 1582, ela livra, ao contrário, um jovem prestes a ser enforcado por ter engravidado a filha do presidente da Câmara de contas. Amigos armados vêm ao seu socorro, aos quais se juntou "a maior parte do povo" presente. Sargentos são mortos, outros feridos, enquanto uma mulher corta os elos do condenado que foge para jamais ser reencontrado. O cronista Pierre de l'Estoile explica a que ponto as pessoas tinham ficado chocados pela injustiça do decreto do parlamento, enquanto um conselheiro deste acabava de se livrar com uma pequena multa por fatos julgados muito mais graves. Além disso, a moça seduzida, Artémise Bailly, tinha sempre dito que ela tinha consentido, e que o casal tinha contraído um "verdadeiro e legítimo casamento" antes de ter relações carnais. Seu pai, além disso, tinha uma reputação muito má, porque dormia

---

40   Pascal Bastien, *L'Exécution publique à Paris au XVIIIe siècle. Une histoire des rituels judiciaires*, Seyssel, Champ Vallon, 2006, p. 144-163.
41   D. Hay et al., *Albion's Fatal Tree*, op. cit., p. 117.

com sua camareira. Burguês culto, o narrador confessa sua própria inclinação pelos amantes comoventes, admitindo, ao mesmo tempo, que a revolta violenta contra a autoridade é perniciosa e merece, então, ser punida. Para desviar a atenção, o parlamento manda enforcar, em 16 de outubro seguinte, um refinado patife "que diziam não aguentar mais, por ser incorrigível", comenta l'Estoile. Como ele merece seu destino, desta vez, o público não protesta. Mas ele continua, durante muito tempo, a divertir-se com o golpe certo dado nos juízes, e a se deleitar "completamente com poesias amorosas e epigramas divertidos" vendidos nas ruas, a respeito da história de Artémise, que se tornou trágica. Porque se seu amante está em segurança, a menininha nascida de seus amores morreu ao cabo de 15 dias, e a heroína se encontra trancada no mosteiro de Montmartre.[42]

A populaça exprime, muitas vezes, sentimentos poderosos, ternura indizível por um casal marcado por um funesto destino, nesse caso, ódio selvagem, em outros, piedade, frequentemente. Ela não admite que um enforcado que continua a viver, ou cuja corda se rompe, seja de novo supliciado. Ela exige dos oficiais que respeitem as tradições de misericórdia. Na França ou no Santo Império, uma delas impõe a graça, quando uma jovem virgem se oferece para casar-se com um condenado ao pé do cadafalso. Em 1561, em Colônia, uma presa da forca recebe duas propostas sucessivas, que ela recusa. Os espectadores exigem, no entanto, que ela seja poupada, lançam pedras no executor, depois o liberam. Mais frequentemente ainda, eles sofrem com o interessado, ou tentam até abreviar seus males. O enforcamento tal como se pratica, então, provoca o risco de prolongar a agonia, porque o paciente não morre com o pescoço quebrado, mas por lenta sufocação, debatendo-se. O mestre das altas obras, seus ajudantes, sua mulher se agarram, muitas vezes às suas pernas para apressar o fim. E não é raro ver parentes ou amigos do infeliz se precipitarem para fazer o mesmo.[43]

Uma observação de Montaigne, no capítulo "De la cruauté", esclarece tais atitudes coletivas. Ele conta ter visto um ladrão ser enforcado em Roma "sem nenhuma emoção da assistência; mas, quando aconteceu de o colocarem em pedaços, o carrasco não dava um golpe sem que o povo não o acompanhasse com uma voz queixosa e com uma exclamação, como se cada um tivesse demonstrado seu sentimento a essa carniça". Sua própria apreciação difere muito: "Eu aconselharia que esses exemplos de rigor pelo meio dos quais se pode manter o povo ocupado se exercessem contra os corpos dos criminosos; porque vê-los privarem-se de sepultura, vê-los ferver e esquartejar, isso atingiria quase da mesma forma o vulgar quanto as penas que se faz sofrerem os vivos".[44]

O dócil letrado do qual se elogia, geralmente, o bom senso e a tolerância conhecia bem as realidades judiciárias, porque ele tinha sido prefeito de Bordéus. Seu

---

42 R. Muchembled, *Passions de femmes*, op. cit., p. 98-101, conforme Pierre de l'Estoile e peças judiciárias.
43 J. R. Ruff, *Violence in Early Modern Europe*, op. cit., p. 108.
44 Montaigne, *Essais*, liv. II, cap. XI.

texto permite compreender sem anacronismo as atitudes dos espectadores em face do corpo sofredor, assim como a função da repressão penal aos olhos das autoridades e dos legistas. Quando o castigo parece normal, proporcional ao delito, a multidão fascinada observa sem emoção aparente. Não somente ela admite a pertinência da sanção, mas ela coloca o supliciado a distância da comunidade da qual ele transgrediu gravemente as normas. A sorte ulterior do cadáver desmembrado faz, no entanto, brotar a emoção, porque ela implica uma identificação coletiva, feita de arrepios individuais, desse envoltório carnal martirizado, sem relação direta com os seus malefícios. Tendo um grande desprezo pelo "vulgar", Montaigne aconselha, em seguida, agir na corda sensível desse mesmo sentimento. Para reforçar a tutela dos poderes sobre as populações, ele preconiza aterrorizá-los. O essencial não é, provavelmente, a violência nem a morbidade do espetáculo em si, mas a angústia participativa dos assistentes que recebem por eles mesmos a mensagem. Para além do encaminhamento à morte, encontra-se, com efeito, evocado um destino ulterior ainda mais intolerável: despedaçado ou fervido, o cadáver não possui mais sua integridade e se encontra privado de sepultura. O mesmo acontece para as bruxas e para os heréticos entregues à fogueira. A dimensão cristã de tal punição não basta para explicar sua importância. Trata-se também de um tema obsedante da cultura popular, rural e urbana, que motiva a virulência das revoltas londrinas de 1752, quando os enforcados foram entregues aos cirurgiões. Nos Países Baixos espanhóis, as proposições de Montaigne já são aplicadas desde o segundo terço do século XVI. As cidades se cercam, então, de rosários de cadáveres e de restos humanos, corpos enforcados no cadafalso, expostos meio calcinados ou numa roda, cabeças cravadas em lanças, mãos cortadas, a fim de dissuadir os malandrins de passar as portas e de tranquilizar os habitantes durante uma época conturbada.[45]

Ainda imperfeitamente conhecida, essa liturgia do medo visa mais a avivar os medos dos vivos do que a punir os condenados de maneira bárbara. Se seu efeito dissuasivo sobre o crime está longe de ser averiguado, seu papel pedagógico sobre as populações parece muito mais certo. O principal ensinamento que elas tiram daí diz respeito ao sentido da morte. O teatro dos suplícios a liga intensamente à religião, à salvação e à ação do rei, através dos seus juízes, seus oficiais e o carrasco que o representa. Percepções diferentes aparecem igualmente. Ligadas a tradições e a crenças mágicas, elas concernem à integridade corporal, à volta dos defuntos e às maneiras de impedi-los disso. Pode-se, aliás, se perguntar se o forte aumento das penas corporais e dos desmembramentos de cadáveres constatado durante um período bastante curto, a segunda metade do século XVI e as primeiras décadas do seguinte, não está, principalmente, está ligado a uma necessidade das massas, mais do que à vontade das elites. Seria possível que a aceitação pelas multidões da percepção cristã do corpo e do não-retorno dos mortos, exceto quando o demônio anima um cadáver, tenha tido necessidade de uma longa fase de transição e de uma incessante

---

45   R. Muchembled, *Le Temps des supplices, op. cit.*, p. 172-176.

reiteração de "provações" visíveis efetuadas pelo ritual das execuções capitais. Pelo menos, essas concepções muito diferentes ficam, em tais ocasiões, próximas umas das outras, constantemente.

A "disciplina" do corpo social popular só pôde ser conduzida com o assentimento dos adultos machos que dominam a vida paroquial e comunitária. Constatando a multiplicação das execuções por homicídio, marca, aos seus olhos, um grande aumento de insegurança, estes admitem as vontades de controle do Estado na matéria, na medida em que isso permite reforçar sua posição local ameaçada pelo aumento dos perigos. É provável que eles não identifiquem realmente um interdito maior, segundo a fórmula de Muyart de Vouglans, no fim do antigo Regime, quando ele evoca "essa máxima de nosso direito público que não permite a ninguém fazer-se justiça por si mesmo e quem quer que alguém mate seja digno de morte".[46] De maneira mais pragmática, seu interesse bem obtemperado os incita simplesmente a preferir cada vez mais a mediação judiciária a uma violência doravante muito arriscada, o que os coloca à margem do erro em relação à juventude apegada aos costumes de brutalidade viril. A migração cultural não é feita facilmente. Na França, ela exige cerca de um século nas regiões mais bem controladas pelo poder central, mas muito mais nas zonas isoladas ou muito distantes, como a Alvérnia. O parlamento de Paris tem, então, seus últimos Grandes Dias (sessões extraordinárias), em 1665-1666, para tentar pacificar um espaço montanhoso, sempre saturado de violência, onde os fidalgos são os principais vetores da insegurança. Homicídios, brutalidades, duelo e porte de armas compõem mais da metade dos 692 crimes identificáveis sancionados. Trezentas e quarenta e sete condenações à morte por contumácia e 23 realmente executadas traduzem a vontade real de retomada de comando. Em seguida, um tratamento quotidiano da delinquência basta para melhor arrumar a região no reino.[47] Outros espaços franceses resistem por mais tempo às mutações, como Quercy, onde a violência colore com numerosas revoltas populares, no século XVII e permanece uma poderosa realidade quotidiana até o século XIX.[48] Menos preocupados com o problema ou menos capazes de impor sua mediação, os Estados mediterrâneos apresentam, frequentemente, uma evolução mais lenta e mais hesitante. Castela é, assim, marcada no século XVII por um pico de processos contra o homicídio. A curva se orienta para a queda, em seguida, mas uma retomada se observa no decorrer da segunda metade do século XVIII.[49] Pode-se ver aí ressurgências violentas ligadas a

---

46 B. Schnapper, *Voies nouvelles em histoire du droit*, op. cit., p. 92-93, nota 139 e p. 96.
47 Arlette Lebigre, *Les Grands Jours d'Auvergne. Désordres et repression au XVIIe siècle*, Paris, Hachette, 1976, em especial p. 134, 139, 153-155. Consulte também Malcolm Greenshields, *An Economy of Violence in Early Modern France. Crime and Justice in the Haute Auvergne, 1587-1664*, University Park, Penn State University Press, 1994, p. 219, 229 sobre a violência dos nobres, p. 241 a respeito das penas de morte por homicídio.
48 François Ploux, *Guerres paysannes en Quercy. Violences, conciliations et répression pénale das les campagnes du Lot)1810-1860)*, Paris, La Boutique de l'Histoire, 2002.
49 T. A. Mantecón, "Long-term trend of crime in early modern Castile", op. cit.

fraquezas do Estado, assim como a efeitos de gerações. A cultura juvenil tradicional reencontra regularmente vigor antes de ceder, de novo, terreno e, assim por diante, até o último terço do século XX.

O mecanismo principal é o de uma relação de força entre as faixas etárias masculinas. Sem coincidir com o olhar que as autoridades e os magistrados têm do homicídio, a visão dos adultos estabelecidos se aproxima dele por necessidade. Para evitar turbulências excessivas e contestações cada vez mais fortes da parte dos jovens machos frustrados, eles utilizam como última arma o recurso aos tribunais, quando as formas de regulação habitual não satisfazem mais. A queixa formal torna-se um meio de pressão suplementar para chegar a acomodações, inclusive entre rivais que ocupam uma posição social idêntica. Mesmo se ela é abandonada no meio do caminho, para limitar as despesas de procedimento, quando um acordo privado foi obtido, ela permite mostrar abertamente a superioridade do que impõe ao adversário a vergonha relativa ao comparecimento diante dos juízes. Seu triunfo é ainda mais brilhante se o processo se encerra de maneira humilhante para o vencido, forçado a apresentar desculpas, a uma reparação honrosa, até mesmo entregue às mãos infames do carrasco. A passagem de um sistema fechado da honra à sua recomposição em torno de novas normas, sob a influência da justiça criminal ou civil, muda a cartada, introduzindo uma mediação exterior valorizadora para o ganhador, desvalorizadora para o perdedor. Assim, a escala da estima de si se encontra dotada de um grau suplementar. A arbitragem legal produz as condições de uma mudança das relações sociais, religando mais os interessados à soberania real. Como o mostram trabalhos escandinavos, o mecanismo de comparecimento na justiça é um fermento de evolução para o conjunto dos súditos.[50] Ele produz um fio de ouro invisível que ergue para a monarquia "a mais sadia parte da sociedade", composta de homens casados, que possuem bens e querem defender sua honra contra todos os perigos. Longe de se encontrarem corpos e almas entregues a um Estado tentacular ao qual eles se submeteriam por medo dos suplícios, os povos europeus do século XVII sabem utilizar as cortes legais para remendar o tecido comunitário corroído pelas grandes crises do tempo. Os que detêm o poder local trabalham com esse registro, sem rejeitar as tradições, mas, ao contrário, para revivificá-las num contexto de inquietude geral. Eles aceitam a nova definição oficial do homicídio porque eles encontram aí uma proteção pessoal reforçada contra os perigos e as contestações, sem dever, necessariamente, utilizar a força ou as armas para defender seus direitos.

Na França, o desarmamento dos particulares é preconizado por declarações reais, em especial em 1660 e em 1666. Em Paris, o tenente de polícia, estabelecido há pouco, proíbe, em 1673, aos criados e aos lacaios dos nobres, culpados de inú-

---

50 H. Ylikangas, "What happened to violence?", *op. cit.*, p. 58, 65-66; Eva Österberg, "Criminality, social control, and the early modern state: evidence and interpretations in scandinavian historiography", *op. cit.*, p. 42, 50-51

meras rixas, usar bastões ou bengalas.[51] Ainda que elas não produzam muito efeitos, tais disposições são emblemáticas de uma vontade de policiar o reino, para reduzir a insegurança. O importante na matéria não é, evidentemente, o princípio, já antigo, mas o fato de que ele traduza daí para a frente muito mais uma necessidade dos "povos". Por toda parte, na Europa, exprime-se, na metade do século XVII, uma forte aspiração geral à paz, depois de um século e meio de perturbações incessantes. A rejeição da violência, à exceção da do Estado, que pune licitamente e conduz guerras justas, afirma-se, porque ela resulta de um pacto social renovado, passado entre os governantes e os representantes dos governados. Ele repousa sobre uma recusa dos excessos mortíferos e desenha em negativo a imagem ideal do homem jovem fugindo de toda brutalidade festiva e da moça evitando toda tentação sexual, para evitar ser forçada a um infanticídio.

Aos olhos dos espectadores, a maior parte dos condenados à morte ou a sevícias corporais merecem certamente sua sorte.[52] Muito pouco explorada, a ausência de identificação dos assistentes com eles valida tanto mais a ação punitiva que impede, muitas vezes, um mecanismo de transferência funcionar. Verdadeiro compêndio da sociedade, a multidão é composta de pessoas dos dois sexos, de todas as idades e de todas as condições sociais, inclusive inúmeros camponeses vindos de longe para ver o espetáculo na cidade. Ora, os supliciados, em especial os culpados de homicídio, de violência ou de latrocínio, são majoritariamente jovens solteiros.[53] Por volta de 1536, os juízes municipais de Arras descobrem a importância do problema em matéria de ataque aos bens, num contexto de guerra, de afluxo dos refugiados e de aumento do desemprego, porque suas sentenças levam, a partir de então, à margem, a menção "rapazes jovens". Dessa data até 1549, os 37 indivíduos assim qualificados compõem 39% do contingente de ladrões masculinos. Como os outros acusados do mesmo delito, eles têm um perfil de desenraizados. Às vezes vindos de longe, de Lion, de Paris, da Picardia, eles nasceram, mais frequentemente, em outras cidades dos Países Baixos, em especial em Lille, de onde eles foram banidos. Como eles, eles roubam principalmente dinheiro para sobreviver. Se eles se arriscam raramente à morte, nesse estágio, eles são sistematicamente exilados, depois de fustigações pelas ruas e encruzilhadas para alguns. Eles são, também, às vezes, marcados ou desorelhados para prevenir as outras justiças sobre seu comportamento incorrigível, como o ordenam, também, os almotacés de Amiens, Antuérpia, Bruges, Ypres etc. Em 1536, um antuerpiense de 15 anos, já desorelhado dos dois lados, é marcado com ferro quente nas costas com a imagem de um rato, emblema da cidade e trocadilho para designá-la: "A-rat". Um jovem bruxelense, duas vezes condenado, com as duas orelhas amputadas na parte superior, as tem novamente mutiladas "por baixo", no mesmo ano, para indicar sua terceira recidiva. Um círculo vicioso criminal bem

---

51 Pierre Clément, *La Police de Louis XIV*, Paris, Didier et Cie, 2ª ed., 1866, p. 70-71.
52 J. R. Ruff, *Violence in Early Modern Europe, op. cit.*, p. 107.
53 Consulte o cap. II.

identificável conduz os "filhos por casar" muito turbulentos para um destino funesto. Jacquet Corroier, nascido em Arras, é um dentre eles. Ele participa de uma rixa, que acaba num homicídio, durante uma dança, num domingo de dezembro de 1547. Inocentado, ele se vê, entretanto, proscrito por causa de sua má reputação e porque ele passeia armado, de noite, costume juvenil outrora ordinário, mas doravante censurado. No desespero, ele interrompe várias vezes seu banimento. Até que um dia, ele volta à cidade com a faca na mão, ameaçando matar qualquer um que se aproximasse, e gritando que ele só tem "uma morte para morrer". Só lhe resta tentar a sorte em outro lugar, a exemplo de Jehennet Ruyelle, dito May Pottier, com uns 10 anos de idade, quando é expulso de Arras, em 1538. De novo expulso da cidade, em 1542, como vagabundo e ladrão, porque ele se recusa a exercer seu pretenso ofício de sapateiro, ele já mostra um passado de delinquente pesado, porque foi sucessivamente banido de Lille, Bétune, Tournai e Cambrai. Frédéric Mouton, um jovem nascido em Tournai, desorelhado dos dois lados, mostra um currículo idêntico. Ele percorre o país com outros cortadores de bolsas, de 1537 a 1540. Nascido em Corbie, duplamente desorelhado, vagabundo e ladrão, que se desloca com um pequeno bando de cúmplices, Colin Noizetier, dito Malespargne, é expulso de Arras em 1533, depois de tê-lo sido de Ypres, Saint-Pol, Tournai e Lille. Muitos desses excluídos encontram em seu caminho o terrível preboste da cavalaria, que tem a reputação de enforcar antes de julgar, que põe fim a sua curta carreira criminosa.[54]

Da turbulência ao banimento, depois, ao roubo para sobreviver, e, finalmente, à malfeitoria, a rota da degradação não é longa para esses jovens exilados sem esperança. As características juvenis do latrocínio se mantêm durante muito tempo. De 1650 a 1750, 45% dos ladrões punidos em Amsterdã têm entre 20 e 30 anos,[55] como os três quartos dos enforcados no século XVIII, na Inglaterra.[56] Os bandos de malfeitores são, também, compostos principalmente de jovens machos. A de Hees, nas Províncias Unidas, recruta meninos de 12 a 13 anos, na metade do século XVII. O grupo valenciano de Berenguer, na Espanha, no fim do século XVII, conta com 113 membros de 12 a 46 anos, cuja maior parte tem entre 20 e 30 anos. Os malfeitores de Orgères, na França, apontam uma média de 33 anos, em 1798, e os cúmplices de Salembier, executados em Bruges, no mesmo ano, de 34 anos.[57] Posto na roda vivo, na praça de Grève, em 1721, Cartouche tem 28 anos, e Mandrin, 31, quando sofre o mesmo destino, em Valença, em 1755.

Quanto às mulheres condenadas à morte, o estereótipo da velha bruxa não deve iludir. Ele só se aplica grandemente no Santo Império. A perseguição poupa a Inglaterra e os países mediterrâneos. Ela só aflora na França, onde o crime feminino capital por excelência é o infanticídio, definido no sentido amplo como "encobrimento de

---

54   R. Muchembled, *Le Temps des supplices*, op. cit., p. 137-142.
55   P. Spierenburg, "Long-term trends in homicide...", op. cit., p. 159.
56   D. Hay et al., *Albion's Fatal Tree*, op. cit., p. 115.
57   J. R. Ruff, *Violence in Early Modern Europe*, op. cit., p. 234.

gravidez". Na alçada do parlamento de Paris, do qual depende quase a metade da população do reino, 58% dos 1.505 homens enviados ao cadafalso, de 1575 a 1604, cometeram um homicídio. Do lado feminino, 68% das 441 executadas no mesmo lapso de tempo pagam por um infanticídio, 15% por um assassinato, 9% por acusações de bruxaria. Ora, o perfil das primeiras é majoritariamente o de moças solteiras vulneráveis que esconderam sua gravidez, depois, suprimiram sua criança, para evitar a desonra e a miséria. O mesmo rigor se observa em toda a Europa ocidental.[58]

Sob o reinado de Henrique III ou de Henrique IV, a multidão parisiense que vem assistir a castigos capitais, na praça de Grève, ou em outro lugar, identifica obrigatoriamente uma dominante juvenil entre os 1.946 indivíduos dos dois sexos prometidos a essa sorte pelo parlamento, em três décadas. A lancinante reiteração das cerimônias punitivas, em cerca de 65 ocasiões por ano, ou seja, mais de uma vez por semana, só pode ligar estreitamente a juventude ao perigo potencial que ela representa para os contemporâneos. Como em outra parte no continente, a ação judiciária prolonga os esforços educativos novos das Igrejas, católicas ou protestantes, destinados a enquadrar de perto as crianças que atingem a idade inquietante da puberdade. Porque é a idade de todas as tentações, que podem conduzir à danação eterna, se guias firmes não recolocam esses seres frágeis no caminho correto. A poderosa vocação escolar dos jesuítas, em especial, toma, precisamente, seu impulso no fim do século XVI, para desafiar as academias protestantes e formar as elites ensinando a elas como frustrar as armadilhas do demônio. Para as meninas, descendentes de Eva, tidas como particularmente vulneráveis às seduções diabólicas, excluídas do ensino secundário e superior, as escolinhas paroquiais, o catecismo católico e, principalmente, o enquadramento estrito por homens, pai, depois, marido, exercem o mesmo papel. A forca se erige em última instância para sancionar aqueles e aquelas que não entram na linha.

A revolução penal do século XVI é destinada mais a vigiar do que a punir. Orientando seus raios para a adolescência masculina e feminina, ela contribui para o desenvolvimento de uma concepção profundamente desafiadora desse estágio da existência. O esforço faz parte de um grande movimento ocidental de redefinição das normas sexuadas para torná-las imperativas, demonstrando que sua transgressão pode custar a vida. Se eles gostam dela, meninos e meninas são rudemente convidados a não imitar Caim, para uns, Medeia, para as outras. Trata-se, também, de convencer disso os pais e os espectadores do suplício, a fim de fazê-los apertar sua influência sobre todas as crianças, cujos excessos potenciais ameaçam a validade do pacto social. O discurso aterrorizante mantido pelo conjunto dos atores ao pé da forca se desenvolve vigorosamente durante um século, o tempo necessário para que ele seja lentamente aceito nas comunidades de base. Em duas ou três gerações, o assunto está resolvido. Assim se explica o declínio acentuado e rápido das mutilações corporais, das conde-

---

58 R. Muchembled, "Fils de Caïn, enfants de Médée...", *op. cit.* Consulte também a última parte deste capítulo.

nações à morte e do uso da tortura, desde a segunda metade do século XVII, bem antes da emergência das Luzes filosóficas. Apesar das variações importantes segundo os países e as jurisdições, a queda se observa em toda parte. O parlamento de Paris dá, precocemente, o tom na França. Desde 1545, ele já abandonou as mutilações corporais, substituída pela marca com ferro quente, à exclusão da mão cortada do parricida, e ele usa moderadamente o recurso à questão preparatória. Entre 1575 e 1604, ele só confirma em apelação uma sentença capital em quatro decretadas pelas sedes primárias de sua imensa alçada.[59] Apesar da ausência de tal instância central reguladora, os Países Baixos, as Províncias Unidas, o Santo Império e a Itália registram tendências semelhantes. O número das execuções aí cai por toda parte, desde o século XVII, mais ou menos rapidamente, mais ou menos fortemente conforme os lugares. As grandes cidades, Bruxelas, Amsterdã, Frankfurt ou Florença, dão o tom. Na Inglaterra, a diminuição data dos anos 1630. Ela se acentua em seguida, antes que o número torne a subir no século XVIII. Mas, doravante, são principalmente os ataques aos bens que são definidos com uma extrema severidade por leis novas. À exceção de Amsterdã, onde os anos 1700-1750 conhecem uma ressurgência provisória, antes de um novo decréscimo, o reino insular parece ser o único na Europa a apresentar uma curva ascendente das penas capitais, no século das Luzes.

Uma humanização das formas de suplícios se observa, aliás, em todo lugar. Os falsários não são mais fervidos vivos no óleo a partir do meio do século XVI, no parlamento de Paris. O de Bordéus pronuncia ainda tais decretos, em 1532 e em 1545, mas modera a decisão em dois outros casos.[60] A prática desaparece, também, na Alemanha. O desmembramento infligido a Damiens, em 1757, é só uma espetacular exceção motivada por uma acusação de regicídio, que se tornou tão rara quanto inédita. A maneira mais corrente de executar, no continente, é o enforcamento. Em nítida regressão a partir do século XVI, a decapitação continua, no entanto, um privilégio nobiliário na França, antes de se encontrar democratizada pela Revolução. A decisão de "rodar" alguém vivo é, na realidade, reservada aos piores malfeitores e aos seus chefes, tais como Cartouche e Mandrin. Pouco frequente e atroz, sua aplicação contribui a forjar a lenda desses jovens bandidos aureolados com um infinito poder de transgressão. Para o resto, ordens secretas, conhecidas sob o nome de *retentum*, no parlamento de Paris, conduzem, frequentemente, o carrasco a abreviar os sofrimentos de um condenado à roda ou à fogueira, estrangulando-o discretamente desde o início da cerimônia. Um aliviamento idêntico das sentenças é notado na Prússia, depois de 1779, no Império austríaco, depois de 1776, ou na Inglaterra, para as mulheres supostamente queimadas vivas.[61] Contrariamente à teoria de Michel Foucault, o abrandamento das penas não data absolutamente do século XVIII, mas

---

59 *Ibid.*, p. 1078 e B. Schnapper, *Voies nouvelles en histoire du droit*, *op. cit.*, p. 117, a respeito do abandono das mutilações já observável em 1545.
60 B. Schnapper, *Voies nouvelles en histoire du droit*, *op. cit.*, nota 63, p. 73.
61 J. R. Ruff, *Violence in Early Modern Europe*, *op. cit.*, p. 110-111.

pelo menos da metade do século XVII. A partir desse momento, a queda acelerada do número de execuções capitais acompanha o espetacular decréscimo dos crimes de sangue. Os dois fenômenos se revelam estritamente ligados. A "fábrica" ocidental só aplicou severamente a lei do talião durante uma centena de anos, de 1550 a 1650. Legalizada, esta é destinada a proibir aos meninos de se matarem reciprocamente, e às meninas grávidas, mas solteiras, de se desembaraçarem do fardo.

Medeia, a mãe culpada

Nos séculos XVI e XVII, no continente europeu, a violência é vista muito diferentemente em função do sexo do autor. A violência do homem não se torna uniformemente negativa sob o efeito do processo de criminalização do homicídio então em curso. A brutalidade masculina permanece enraizada nas tradições paroquiais, em particular sob a forma lúdica dos combates viris entre jovens machos. Por outro lado, ela é aceitável e até sublime quando um homem mata para defender sua vida, sua família, seus direitos, sua comunidade, seu país, até mesmo quando ele maltrata sua mulher, seus filhos ou seus criados, para lhes impor uma estrita disciplina. A virilidade se encontra, por essa razão, portadora de uma ambiguidade fundamental, porque a lei exige a obediência e o controle de si, enquanto a sociedade valoriza um potencial agressivo necessário para o bem geral. Os juízes têm, a partir de então, por tarefa, separar o bom grão do joio. Na Inglaterra, os júris aplicam também esses estereótipos. Nos casos domésticos, os pais ou os patrões cujas sevícias causaram a morte de um filho ou de um criado são tratados com mais indulgência que as esposas ou as donas de casa acusadas dos mesmos maus-tratos. O caso dos primeiros é, geralmente, reduzido a um homicídio não premeditado ou a um acidente. Porque, segundo a medicina do tempo, a violência masculina está ligada ao temperamento quente e seco do sujeito que o torna brutal e eruptivo. Ela se encontra, então, frequentemente, considerada natural, honrosa, e mesmo necessária. Ao contrário, a violência das mulheres é uniformemente percebida como anormal e profundamente maldosa. Ela revela a face sombria, perigosa e aterrorizante da feminidade tal como a imaginam os homens da época. Uma esposa que mata seu marido, ou uma empregada, seu patrão, corresponde a um modelo negativo muito angustiante para os juízes. Temida pelos maridos ingleses contemporâneos de Shakespeare, mas rara nos arquivos judiciários, a imagem da envenenadora é uma de suas principais expressões.[62]

Trata-se, entretanto, mais de fantasmas masculinos do que de realidades criminais. Fora o infanticídio, o homicídio cometido por uma filha de Eva é pouco frequente diante dos tribunais e leva menos frequentemente ao último suplício que o imputado a atores do sexo forte. De 1575 a 1604, o parlamento de Paris registra a apelação de 269 assassinas, que alcançam 9% do total dos incriminados, nesse

---

62 Vanessa MacMahon, *Murder in Shakespeare's England*, Hambledon, Palgrave Macmillan, 2004, p. XX-XXII, 71, 109, 181.

domínio. Ele condena 68 à morte, ou seja, uma em quatro. Os 869 homens executados pelo mesmo delito compõem, quanto a eles, um terço de seu contingente.[63] Na Inglaterra, 75% das comparecentes escapam de qualquer sanção, contra 50% de seus homólogos masculinos. Nas cidades alemãs, as sentenças capitais para mulheres, principalmente realizadas por decapitação, são pouco numerosas, se excluirmos os casos de bruxaria: onze em Hall, e o mesmo tanto em Esslingen, de 1500 a 1700, 11 igualmente em Memmingen, contra 61 homens, entre 1551 e 1689. Enquanto os machos são majoritariamente eliminados por homicídio ou por roubo, elas o são principalmente, e cada vez mais, por infanticídio.[64]

Desde a Renascença, a diferença entre os gêneros sexuais é espetacularmente destacada por todas as cortes criminais europeias. Os homens são essencialmente processados por ataques às pessoas ou aos bens; as mulheres, por bruxaria ou infanticídio. No parlamento de Paris, entre 1575 e 1604, as segundas só fornecem 20% dos 4281 acusados de violências ou de assassinatos, e 15% dos 4523 registrados por roubos. Sua parte passa a 48% dos 487 suspeitos de magia satânica e a 93% dos 529 presos por infanticídio.[65]

Enquanto os pretensos membros de uma seita demoníaca só são expulsos com vigor em alguns países, dentre os quais o Santo Império, a maior severidade reina quase em toda parte contra as mães indignas que se desembaraçam de sua criança. Uma harmonização judiciária precoce se observa a esse respeito. O ato era, no entanto, criminalizado na Idade Média. Não somente era difícil trazer a prova, mas ele era amplamente tolerado pelas comunidades e constituía uma forma de regulação dos nascimentos, na ausência de contracepção eficaz. Na França, na segunda metade do século XV, era até possível obter uma carta de agraciação real, em caso de processos por essa razão. A nova legislação modifica brutalmente as perspectivas. Ela ordena às moças grávidas fora do casamento que declarem seu estado às autoridades civis. O objeto é, ao mesmo tempo, impedir um infanticídio e fazer o pai saber, para garantir a subsistência do recém-nascido. O mais importante é, no entanto, que os juízes não são mais obrigados a provar a morte da criança. Ao contrário, eles exigem, doravante, que a interessada demonstre sua inocência, inclusive em caso de morte natural ou de acidente. Eles aplicam, com efeito, uma presunção de culpabilidade em relação a todas as que dissimularam seu estado para dar à luz sem testemunha. A primeira lei desse tipo parece ter sido adotada em Bamberg, em 1507. Disposições idênticas figuram na *Constitutio Criminalis Carolina*, outorgada no Santo Império, por Carlos Quinto, em 1532. A maior parte dos príncipes territoriais alemães e dos Estados europeus impõe os mesmos princípios, no decorrer dos séculos XVI ou XVII. Além da França, onde um edito real de 1557 proíbe a "ocultação da gravidez", e da Inglaterra,

---

63 R. Muchembled, "Fils de Caïn, enfants de Médée", *op. cit.*
64 V. MacMahon, *Murder in Shakespeare's England*, op. cit., p. XX; Ulinka Rublack, *The Crimes of Women in Early Modern Germany*, Oxford/New York, Oxford University Press, 1999, p. 81.
65 R. Muchembled, "Fils de Caïn, enfants de Médée", *op. cit.*

a partir de 1624, a Dinamarca, as Províncias Unidas, a Lituânia, a Rússia, a Escócia e a Suécia produzem leis nesse sentido.[66]

Esse impressionante estabelecimento sistemático, que desdenha diferenças estatais e confessionais, traduz-se por toda parte por possantes ondas repressivas. Definido num sentido muito amplo, o infanticídio torna-se o crime feminino imperdoável por excelência. O edito de 1557 desencadeia uma vigorosa perseguição na França. O parlamento de Paris vê a corte das apelantes afetadas aumentar regularmente, de uma dezena a umas 30 por ano, até 1640. A média anual das condenações à morte do período se estabelece em torno de 10. Depois de um refluxo até 1670, a curva das acusações retoma quase seu nível anterior até 1700, mas as execuções caem a partir da década de 1690, depois continuam constantemente a diminuir na sequência. No total, quase 1.500 mulheres teriam sido enforcadas por ocultação de gravidez, entre 1557 e 1789, por ordem do parlamento de Paris. É imaginável que quase o dobro tenha tido o mesmo destino, na escala do reino inteiro.[67] Os magistrados parisienses se revelam particularmente impiedosos entre 1575 e 1604, porque eles enviam à força 299 das 494 apelantes, ou seja, 60% do total. Seu horror extremo do crime se evidencia melhor em comparação com os 33% dos assassinos dos dois sexos e dos 17% de pretensas bruxas (40 em 234), para os quais eles assinam um decreto de morte, na mesma época.[68] O parlamento de Dijon mostra uma severidade idêntica. De 1582 a 1730, ele confirma mais de 80% das sentenças capitais dos juízes primários de sua alçada e envia, finalmente, à força 50 mulheres infanticidas, mas nenhum de seus 23 cúmplices masculinos. Ele tem, no entanto, tendência a moderar mais suas decisões depois de 1668.[69] Na Inglaterra, a lei de 1624 produz igualmente perseguições muito duras. Em Essex, de 1620 a 1680, 31 das 84 comparecentes são declaradas culpadas pelos júris e executadas, das quais um terço durante a década de 1630.[70]

O perfil das acusadas é preciso. Muito similar em todo o continente, ele se mantém até o século XIX, apesar das evoluções dos sistemas judiciários. De 1575 a 1604, as 494 comparecentes diante do parlamento de Paris compreendem mais de três quartos de solteiras: 271 moças e 107 viúvas. Na maioria originárias do mundo rural, elas parecem também muito vulneráveis ante os avanços de sedutores. Provavelmente enlouquecidas por se encontrar grávidas, elas são frequentemente incapazes de enfrentar materialmente a situação. Sua duração média de prisão é de 26 dias. Os magistrados se mostram claramente mais expeditivos que quando eles instruem processos de homicídios, principalmente relativos a homens, para os quais eles acor-

---

66 J. R. Ruff, *Violence in Early Modern Europe*, op. cit., p. 151-152.
67 A. Soman, "Sorcellerie, justice criminelle et société dans la France moderne (l'ego-histoire d'un Américain à Paris)", *Histoire, Économie et Société*, 1993, 12º ano, p. 207-210.
68 R. Muchembled, "Fils de Caïn, enfants de Médée", *op. cit.*
69 James R. Farr, *Authority and Sexuality in Early Modern Burgundy (1550-1730)*, Oxford/New York, Oxford University Press, 1995, p. 132-133.
70 J. A. Sharpe, *Crime in Seventeenth-Century England. A County Study*, Cambridge, Cambridge University Press, 1983, p. 136.

dam, geralmente, prazos duas vezes mais longos. Tal índice confirma sua percepção da extrema gravidade do infanticídio e sua propensão a não duvidar ou hesitar na matéria, a ponto de, coisa excepcional, aplicar quase tão rigorosamente o edito real quanto os juízes subalternos, de reputação cruel e sanguinária.

Na Borgonha, entre as 76 incriminadas de 1582 a 1730, enumeram-se 60 solteiras e oito viúvas. Dezenove delas são órfãs de pai. Muitas parecem ter saído de meios modestos, rurais em especial, e viver dificilmente. O estereótipo tem a vida dura: ele se encontra na Bretanha, diante do tribunal criminal de Rennes, que julga 636 acusadas de infanticídio, de 1825 a 1865. Precisão raramente fornecida para os séculos precedentes, a metade dentre elas tem entre 20 e 30 anos. Trezentas e cinquenta e cinco pertencem ao mundo agrícola, 86% são solteiras, e perto de 7%, viúvas. Seu crime é essencialmente o de mulheres excluídas do casamento, que ocupam uma posição social precária. Os júris criminais são, no entanto, muito menos severos que os juízes do passado. A maior parte é encaminhada para trabalhos forçados ou para a cadeia. Somente 12 das incriminadas são condenadas à morte, das quais uma por contumácia por ter enterrado sua criança viva.[71]

O modelo principal da mulher infanticida referenciado pela justiça a partir do século XVI é o da moça solteira de origem rural e muito modesta, frequentemente, criada, que matou sua criança ao nascer.[72] A lei não teria tido, no entanto, tal impacto, sem uma verdadeira cooperação das comunidades. Mais bem documentado, o caso inglês permite compreender a que ponto a pressão judiciária corresponde a uma demanda das comunidades, alternada com os notáveis machos que as dominam e têm assento nos júris. Os processos se multiplicam bem antes do estatuto de 1624. Depois de leis sobre os pobres de 1576, promulgadas no momento de um forte aumento da população, a atividade repressiva se desenvolve consideravelmente ao encontro dos autores de ataques à propriedade e das mães infanticidas, enquanto o homicídio registra uma progressão menos marcada. No que diz respeito às segundas, a atenção se dirige principalmente, em 70% das queixas, sobre a eliminação de bastardos, ao nascer, por mulheres que, na maior parte, esconderam sua gravidez. O quadro legal se revela inadaptado, porque as autoridades devem produzir a prova de que se trata mesmo de um assassinato e não de uma morte natural, como pleiteiam muitas interessadas. A cooperação dos vizinhos, até da família, se revela necessária para chegar a isso. Quem sabe ela constitua uma pressão da base para estigmatizar a profunda anormalidade das suspeitas potenciais? Difícil de estabelecer por provas irrefutáveis, a culpabilidade na matéria se encontra cada vez mais construída por uma negociação, caso a caso, entre os juízes e os habitantes, representados pelo júri e as

---

71 R. Muchembled, "Fils de Caïn, enfants de Médée", *op. cit.*; J. R. Farr, *op. cit.*, p. 133 para a Borgonha; Annick Tillier, *Des criminelles au village. Femmes infanticides en Bretagne (1825-1865)*, Rennes, Presses Universitaires de Rennes, 2001, p. 122-123, 154, 202, 400.
72 Mark Jackson, *New-Born Child Murder. Women, Illegitimacy and the Courts in Eighteenth-Century England*, Manchester, Manchester University Press, 1996, p. 49.

testemunhas. A lei de 1624 somente teoriza essas novas práticas, para bem distinguir as inocentes das culpadas. O número de queixas aumenta, então, fortemente, para atingir perto de um quinto do conjunto das incriminações de homicídio. A absolvição é mais frequente do que nos casos masculinos de assassinato, mas as que são declaradas culpadas são enforcadas, em 72% dos casos.[73]

Tratadas de maneira impiedosa, as vítimas desse processo se encontram selecionadas por acordo tácito entre os magistrados e os machos dominantes de sua coletividade. Elas só constituem uma minoria, cuja importância é muito difícil de estabelecer. Em Terling, em Essex, no século XVII, os infanticídios reais identificados pelos demógrafos são pelo menos duas vezes e meia mais numerosos que os que chegam à justiça. A ordem de grandeza é sensivelmente idêntica na França, de 1831 a 1880, segundo as estatísticas oficiais, porque 8.568 julgamentos aconteceram no conjunto do território, enquanto 19.959 casos levados à justiça ficaram sem sequência.[74] As 494 apelantes no parlamento de Paris, entre 1575 e 1604 representam apenas uma mulher em dez mil, de todas as idades, que viveram na jurisdição, durante uma geração inteira, ainda menos se considerarmos somente as que acabam enforcadas. Parece evidente, em todos os casos, inclusive no século XIX, que o número real dos infanticídios é muito mais elevado do que o fazem crer as estatísticas judiciárias. O crime não concerne, no entanto, senão a uma ínfima proporção das mães solteiras, das quais 95%, segundo uma estimativa relativa à Inglaterra do século XVII, não mataram seu bebê.[75]

A espetacular dramatização do problema em toda a Europa é exatamente contemporânea da caça às bruxas. O objetivo, nos dois casos, não poderia ser de um encaminhamento para a morte sistemático. Trata-se muito mais de intimidar as que se reconhecem nos estereótipos desenvolvidos, definindo os limites que elas não podem ultrapassar, sob pena de aí deixar sua vida. Os homens de poder, juízes, testemunhas, membros da "parte mais sadia" das paróquias, se põem de acordo para estigmatizar os caracteres doravante inaceitáveis da feminidade, construindo dois modelos repulsivos que enquadram o único caminho moralmente admissível: o da esposa e mãe legítima. Porque os processos contra a bruxaria e o infanticídio desenvolvem uma mesma obsessão profunda concernente a matar recém-nascidos e criancinhas. Em diversos lugares, em especial nos Países Baixos espanhóis, os adeptos de Satã têm a reputação de matar seus próprios rebentos ou os das outras mulheres para trazer ao seu mestre os cadáveres não batizados, a fim de extrair deles unguentos e pós maléficos. Acusam-nas até de cozinhá-los de maneira horrível, para devorá-los no sabá. Na Inglaterra, um quarto delas comparece por ter enfeitiçado crianças, e

---

73 Peter C. Hoffer e N. E. H. Hull, *Murdering Mothers. Infanticide in England and New England, 1558-1803*, New York, New York University Press, 1981, p. 18-19, 96-97; V. MacMahon, *Murder in Shakespeare's England, op. cit.*, p. 127.
74 J. R. Ruff, *Violence in Early Modern Europe, op. cit.*, p. 153 e A. Tillier, *Des criminelles au village, op. cit.*, p. 404.
75 V. MacMahon, *Murder in Shakespeare's England, op. cit.*, p. 130.

62% devem responder, entre as acusações que pesam sobre elas, de pelo menos um malefício dirigido contra as crianças. Antes mesmo da lei repressiva de 1624, contra o infanticídio, a correlação é evidente para os contemporâneos. Ela é igualmente revelada aos historiadores pela evolução paralela das duas curvas de incriminações para Essex, de 1563 a 1623, e para Middlesex, de 1613 a 1618.[76]

O medo das matadoras de crianças, jovens ou idosas, traduz um fantasma masculino mais profundo, uma angústia de destruição da comunidade pelo erro das mulheres que escapam do controle dos homens, para viver livremente sua sexualidade. Porque o estereótipo da bruxa se liga principalmente às velhas, sobretudo as viúvas, que se entregam de corpo e alma ao demônio. É a metáfora de um apetite sensual anormal, nos termos culturais da época, visto que não é mais levado no ambiente do casamento e não pode ser fecundante depois da menopausa. As moças infanticidas, quanto a elas, transgridem, igualmente, o interdito, deixando-se levar pela luxúria fora do ambiente matrimonial, para buscar o prazer e não para procriar, como o demonstra sua reação no nascimento da criança não desejada. Seu estatuto real é, no mais das vezes, precário. Muitas são criadas, algumas perderam seu pai, tanto que muitas delas são vulneráveis frentes a um patrão que abusa de sua posição para solicitá-las carnalmente. Mas as pessoas de bem as veem, sobretudo, como tentadoras de costumes dissolutos.

Nos dois casos, essas mulheres são consideradas como perturbadoras, pelas quais chega o escândalo. Exacerbadas pelas tensões de um período de conflitos e de mudanças, temores de desordem e de ruptura se concentram sobre a pessoa delas. O desenvolvimento de uma moral religiosa mais exigente em matéria sexual, qualquer que seja a confissão dominante do país, atrai sobre elas a atenção de seus concidadãos. Na Inglaterra, os bispos anglicanos mandam *church wardens* (*marguilliers* [guardas da igreja]), escolhidos localmente e que fazem relatórios com a finalidade de corrigir as turpitudes constatadas, vigiar os comportamentos dos paroquianos. O de Bath e Wells, em Somerset, pede, em 1630, uma relação minuciosa referente a toda forma de imoralidade: a simples fornicação, as atitudes que atingem a castidade feminina, a lubricidade dos indivíduos dos dois sexos, as moças grávidas, os pais possíveis, os rapazes que se casam com essas desavergonhadas para esconder o erro do genitor, sem esquecer o nome dos que fornecem uma ajuda material a transgressores. O objetivo é obrigar os suspeitos a vir justificar-se diante das autoridades religiosas, inclusive se são objeto de um simples boato malevolente.

As investigações descrevem uma vida sexual camponesa bastante liberada, até para as mulheres, casadas ou não. Somente são exceção as moças e as esposas dos *yeomen*, os ricos fazendeiros, e representantes da *gentry*, a nobreza do campo, mais afetados que os outros pelo fluxo moralizador. A influência dessas duas minorias

---

76 P. C. Hoffer e N. E. H. Hull, *Murdering Mothers, op. cit.*, p. 28-31, 96-97; J. R. Ruff, *Violence in Early Modern Europe, op. cit.*, p. 153.

dominantes contribui para consolidar um controle social mais antigo, que repousa sobre a necessidade, para as moças solteiras, de evitar o escândalo público de uma gravidez. Tentativas de aborto são frequentemente mencionadas e as moças do campo conhecem receitas variadas, que parecem, muitas vezes, eficazes, mesmo se muitas delas as rejeitam, mais por medo de danos físicos que por medo da danação eterna. Os bastardos atestados nos documentos são raros, 3% em média, com uma forte tendência à queda no decorrer do século. Reveladoras do número daquelas que se casam grávidas, as concepções pré-nupciais oscilam entre 16% e 25% dos batismos, segundo os lugares.[77]

Se as normas sexuais evoluem, na Inglaterra, como em outra parte, não é unicamente sob o efeito de morais rigorosas vindas do exterior. O exemplo de Somerset mostra que os dominantes locais adotam mais facilmente os interditos do que as pessoas humildes, por convicção, mas também porque eles reforçam, assim, sua influência sobre a comunidade. Eles encontram a ajuda dos poderes para tratar o velho problema da bastardia. Conforme a antiga legislação Tudor, o sedutor deve, em princípio casar com a moça grávida ou, se ele já é casado, preocupar-se com o destino da criança e contribuir financeiramente para o seu cuidado. É, no entanto, muito difícil de resolver a questão, porque só o medo das doenças venéreas limita a liberdade sexual dos rapazes.[78] O acento novo em relação à responsabilidade das moças que sucumbem à tentação toma sentido na ótica do enforcamento, que espera pelas mães infanticidas. É de se duvidar, entretanto, se estas constituem um verdadeiro perigo aos olhos de seus concidadãos, diferentemente das bruxas, cujos sortilégios eles podem temer. Mais prosaicamente, os notáveis do lugar aproveitam incitações legais e religiosas a respeito de gravidezes ilegítimas para tentar melhor controlar seus efeitos profundamente perturbadores sobre o equilíbrio da coletividade. Eles aceitam, então, uma redefinição implícita dos papéis sexuais, que atenua a responsabilidade do macho, levando o essencial desta sobre a parceira seduzida. A execução daquelas que se desembaraçam de uma criança ilegítima não visa somente a limitar tais condutas pelo terror. Ela reforça a proibição das relações sexuais fora do casamento, até aí pouco observada, advertindo solenemente somente a parceira feminina das consequências mortais de tal transgressão.

Para limitar a pretensa lubricidade das filhas de Eva, os censores masculinos invocam, ao mesmo tempo, o medo do inferno e o da justiça impiedosa dos homens. Em toda a Europa, eles constroem duas figuras femininas da desumanidade, a jovem mãe infanticida de uma criança ilegítima e a velha bruxa devoradora de cadáveres de bebês, para fazer sobressair a da esposa dócil, cuja missão na terra é de gerar belos filhos. Tema cada vez mais importante a partir do século XVI, ligado nos países católicos ao da Virgem amamentando Jesus, o amor materno por um pequeno ser sagrado evoca o que falta fundamentalmente aos dois modelos negativos. Estes

---

77   Geoffrey Robert Quaife, *Wanton Wenches and Wayward Wives*, op. cit., p. 119-121, 146-158, 171-172.
78   *Ibid.*, p. 181-183, 186, 249.

carregam a lancinante mensagem da necessidade de um enquadramento masculino para evitar as armadilhas do demônio. Numa proporção variável segundo os países, fogueiras e patíbulos materializam o interdito.

Na França, as acusadas de infanticídio parecem, certamente, as mais perigosas das mulheres. Uma verdadeira obsessão a seu respeito impregna a cultura do tempo. Testemunha disso é a moda do tema literário de Medeia. A história trágica daquela que seduziu o herói antigo Jasão, com a ajuda de seus sortilégios, e, depois, que degolou, por ciúme, as crianças procriadas com ele, é atualizada por muitos autores, no fim do século XVI e no início do século XVII. À maneira de Corneille, Belleforest, Rosset e o bispo Camus, cujos livros "estão, então, em todas as bibliotecas e em todas as memórias", retomam o mito feroz. Eles pintam toda a brutalidade de seu "século bárbaro" através de uma figura feminina infinitamente perigosa. Heroína do Mal, lúbrica, incrivelmente violenta, monstro capaz de produzir um ato fundador contra a natureza, isto é, contra Deus, esta representa muito exatamente o "inverso da maternidade".[79]

O primeiro, François de Belleforest tece a metáfora sangrenta em suas *Histórias trágicas* editadas em 1559, a respeito "Da lubricidade de Pandora e crueldade desta contra o próprio fruto de seu ventre, por se ver abandonada por aquele de quem ela estava grávida". Em 1619, François de Rosset, autor das *Histórias memoráveis e trágicas de nosso tempo*, projetadas para um enorme sucesso, põe em cena "Barbárias estranhas e incríveis de uma mãe desnaturada", das quais Rouen é o teatro. Velha e feia, Gabrine vive sozinha com sua filha. Ela se apaixona por um amigo casado do seu filho. Convence-o a ajudá-la a matar o filho, depois, sua própria mulher, a fim de casar sua filha e obter toda a herança. Como único preço de suas tramas, ela exige que ele se deite com ela durante os oito dias que precedem as núpcias projetadas.

A narração constrói a violência assassina como o pior pecado que exista no mundo, porque ela liga explicitamente o "parricídio" cometido com uma fúria inigualável pela megera que acaba com seu desgraçado filho com cem golpes de punhal "naquele que sujou com o sangue do primeiro homem de bem o regaço de nossa antiga mãe": Caim. O assassino de Abel tinha respondido a Deus, que lhe perguntava onde estava este último: "Por acaso, eu sou o guarda de meu irmão?" A frase é retomada pela virago, "Não sou sua guardiã!", para responder ao criado que procura seu patrão morto. Verdadeira exterminadora de sua progenitura masculina, ela concentra, assim, sobre ela todos os fantasmas de destruição do gênero humano: "Vocês ouviram falar de tamanha desumanidade? A fábula de Medeia é comparável a essa história não menos repleta de verdade do que de horror?" Para o contista, a diabólica Gabrine se confunde com a figura da bruxa cúmplice de Satã, que ela evoca, aliás, enfrentando sem remorsos o último suplício: "Seus cabelos pareciam ser-

---

79   Christian Biet (dir.), *Théâtre de la cruauté et récits sanglants...*, op. cit., "Médée, caméléon sanglant", p. 452-458 e textos das histórias e dos tabloides citados mais adiante, p. 458-505.

pentes entrelaçadas; seus dois olhos vermelhos como fogo lançavam olhares capazes de provocar a morte naqueles que ela olhasse." Ao contrário, o cúmplice reconhece publicamente seus crimes no cadafalso, depois pede ao Criador que o perdoe. O autor distingue, assim, a culpabilidade do homem, punido pela justiça, mas capaz de uma contrição que lhe deveria valer a misericórdia divina, daquela da velha senhora, imperdoável e desumana, descrita como um poço de lubricidade e uma Górgone sedenta de morticínio.

Jean-Pierre Camus, bispo de Belley, explora o mesmo tema em 1630, em *A Mãe Medeia*. Ciumenta, uma esposa enganada mata todos seus filhos com machadadas, inclusive um bebê de seis meses, em seu berço, antes de se suicidar. O autor tira daí "uma lição aos maridos, que tratem humanamente e fielmente suas mulheres", porque são "vasos frágeis". A natureza cruel e maldosa das filhas de Eva se encontra, também, destacada em outras produções destinadas a um público mais amplo. Os "tabloides sangrentos" vendidos nas ruas de Paris difundem o medo da ferocidade feminina. Tal é o caso, em 1608, da História prodigiosa de uma jovem que fez um jovem fidalgo comer o fígado de seu filho, ou, em 1625, da *História verdadeira de uma mulher que matou seu marido, a qual, depois, usou de crueldades inauditas em seu corpo*. Obstinada, esta última se recusa, em seguida, a arrepender-se no momento de sua execução, dizendo que se fosse preciso fazer de novo, ela o faria ainda. "Enfim, essa mulher perversa, esse monstro horrível, morreu em sua obstinação e não quis, por uma verdadeira contrição, receber pacientemente esse suplício temporal, pequeno em relação ao seu crime, para evitar os tormentos eternos".[80] Uma visão masculina idêntica do segundo sexo colore a pintura e a gravura da época barroca, só deixando aos interessados uma alternativa: a de seguir o modelo materno que conduz à salvação ou de se tornar uma mulher perdida dedicada ao demônio.[81] Algumas representações das virtudes femininas contêm, no entanto, uma mensagem ambígua. Esse é o caso da imagem bíblica de Judite, que seduz Holofernes, para matá-lo, a fim de salvar sua cidade sitiada. Frequentemente engrandecida pelos partidários do tiranicídio, sob Henrique III, muito frequentemente cariciada pelo pincel dos pintores, ela coloca a serviço da comunidade a violência natural imputada ao conjunto de seu sexo. Mas a cabeça sanguinolenta do vencido dentro de uma bandeja não convoca a angústia por parte dos espectadores machos do tempo?

Na França, o pico dos processos contra aquelas que escondem sua gravidez é precisamente alcançado durante o primeiro terço do século XVII. A curva das condenações à morte culmina por volta de 1620. O movimento ulterior de queda é provavelmente devido, em parte, a uma jurisprudência nova do parlamento de Paris, que decide, em 1619, a aplicar penas inferiores ao enforcamento se o cadáver

---

[80] Ibid., p. 494-505. Consulte também M. Lever, *Canards sanglants*, op. cit. e J.-P. Seguin, *L'Information em France avant le périodique*, op. cit.

[81] Sara F. Matthews-Grieco, *Ange ou diablesse. La représentation de la femme au XVIe siècle*, Paris, Flammarion, 1991.

do bebê não contém traços de sevícias.[82] Ele está ainda mais ligado a uma mudança de atitude cultural. A partir do fim dos anos 1630, o público culto se desvia brutalmente da literatura trágica. Os relatos sangrentos e moralizadores de Rosset ou de Camus saem de moda, enquanto se impõem uma estética mais clássica, uma língua mais polida e normas de civilidade novas. Descritas em 1630, num livro de Faret, *L'Honnête Homme* [fidalgo], depois retomadas por inúmeros autores, estas últimas privilegiam doravante a polidez, a mesura e a urbanidade.[83] As sensibilidades das camadas superiores se distanciam da fascinação pela violência que impregnava anteriormente a literatura e a arte, no mesmo momento em que as execuções capitais diminuem e onde termina a idade de ouro do duelo.[84]

Ora, esses fenômenos podem ser constatados simultaneamente em outros países. Além disso, as perseguições contra as bruxas e contra as mulheres infanticidas perdem, também, intensidade a partir das primeiras décadas do século XVII. Pôde-se ver o resultado de progressos médicos, tais como os que questionam a validade da pesquisa da marca diabólica no corpo das pretensas cúmplices do diabo. Aparece, também, um teste, generalizado no decorrer do século, consistindo em colocar um pedaço de pulmão de um recém-nascido morto na água, para ver se ele flutua. Na afirmativa, os juízes estimam que ele respirou e suspeitam a mãe de assassinato.[85] Na realidade, tais índices indicam simplesmente que os tribunais reclamam mais provas que antes para decretar a culpabilidade de uma acusada.

Depois de duas ou três gerações de rigor, o afrouxamento da pressão judiciária deve-se, ao mesmo tempo, a mudanças de prática repressiva e a uma menor demanda por parte das comunidades. As autoridades, em primeiro lugar, parecem estimar que elas atingiram seu objetivo, que consiste em estigmatizar comportamentos femininos desviantes considerados como muito perigosos para a ordem divina e a sociedade. Os processos por infanticídios permitiram, com efeito, definir um tabu intangível, mostrando a desumanidade das culpadas. Contribuíram, também, para impor, por contraste, o princípio absoluto do amor materno "natural", quaisquer que sejam as circunstâncias, ligado ao único modelo normativo admissível, o da esposa fértil e dócil. O teatro judiciário reproduz, aliás, incessantemente esse ideal feminino. As comparecentes que querem comover os magistrados para aumentar suas chances de sobrevivência apresentam sua "verdadeira" natureza, utilizando um repertório bem definido de comportamentos e de expressões emotivas: elas levantam os braços, se ajoelham e, principalmente, choram.

Os juízes, no entanto, não são enganados pelas simuladoras, que derramam falsas lágrimas, ou que se agitam de maneira excessiva. Aos seus olhos, o corpo fala muito claramente. Eles interpretam a palidez, os tremores, os suspiros, os sinais de

---

82   A. Soman, "Sorcellerie", *op. cit.*, p. 209.
83   Robert Muchembled, *La Société policée*, *op. cit.*, Paris, Seuil, 1998, p. 77-122.
84   Consulte o cap. VI.
85   J. R. Ruff, *Violence in Early Modern Europe*, *op. cit.*, p. 153-154.

nervoso como índices de culpabilidade. Ao contrário, as que gemem do fundo do coração, profundamente e em silêncio, antes de clamar sua inocência, são consideradas como credíveis. Uma incriminada alemã é descrita, em 1670, como obstinada, maldosa e incapaz de mostrar a menor emoção. Uma outra, Anna Martha Laistler, suspeita de infanticídio, em 1665, se acha testada e observada de perto. Colocam-lhe o corpinho nos braços antes de enterrá-lo. Ela o beija várias vezes, lamentando-se e repetindo: "Oh, caro tesouro, fique tranquilo, eu estarei logo com você, oh, santa criança", antes de afirmar que ela é uma grande pecadora, mas que não o matou. Os assistentes observam que se seus gestos e seus olhos exprimem a dor, ela se revela incapaz de derramar uma só lágrima. O juiz conclui que suas atitudes traduzem terror e não tristeza. Ela é condenada à decapitação.[86] O rosto feminino é particularmente escrutado para tentar descobrir a verdade. Acredita-se, então, poder ler aí, como num livro aberto, e determinar com certeza se a interessada realça a boa ou a má parte de seu sexo. Mesmo não sendo sempre coroados de sucesso, os esforços desesperados das incriminadas da segunda metade do século XVII, para se conformar ao modelo feminino positivo, provam que elas conhecem perfeitamente suas características. Sua difusão na população torna menos necessária uma tentativa sistemática de erradicação do crime de ocultação de gravidez.

Do lado dos concidadãos, um parêntese perseguidor se fecha. Ainda mal estudadas e obscuras, as causas de sua adesão ao movimento estão provavelmente menos ligadas à moral rigorosa vinda do alto, principalmente assimilada pelos poderosos locais, do que a necessidades internas de reequilíbrio das relações entre os sexos e as gerações. Jovens infanticidas e velhas bruxas são bodes expiatórios sacrificados para acalmar angústias excessivas, em uma época de grandes perturbações e de tensões. Elas representam, as duas, formas de liberdade, sexual e social, em relação aos machos adultos, e mantêm relações privilegiadas com os homens jovens. Porque estes perseguem as primeiras, com suas assiduidades e são formados pelas outras no uso de uma cultura mágica muito antiga, enquanto as esposas de idade média reinam sobre a infância. Ora, as principais novidades que se impõem às comunidades, rurais em particular, concernem aos solteiros do sexo forte, chamados a abandonar sua violência viril ritual, sob pena de morte, em caso de homicídio, e a distanciar-se mais das moças núbeis, sob o efeito das pressões religiosas e morais que redobram o efeito dos códigos de honra tradicionais. As condenações multiplicadas contra as jovens mães infanticidas não ofereceriam mais aos que regem a coletividade um meio indireto de melhor controlar a agressividade exacerbada dos rapazes maiores? Em outros termos, o principal problema não seria o das relações entre as faixas etárias masculinas?

De fato, são principalmente os homens estabelecidos que colaboram ativamente, nos júris e por seus testemunhos, com a punição das bruxas e das moças que escondem sua gravidez, como se observou. Que eles vejam aí perigos mais graves e

---

86 U. Rublack, *The Crimes of Women in early Modern Germany*, op. cit., p. 58-59, 165. A respeito da verdade expressa pelo corpo sob a tortura, consulte L. Silverman, *Tortured Subjects*, op. cit.

mais prementes que seus antecessores, pouco preocupados com esses assuntos, provém, provavelmente, de uma percepção afinada de seu interesse bem compreendido. Reforçando sua tutela sobre as partes menos dóceis da sociedade feminina, eles as separam mais do universo juvenil masculino. Além disso, eles não parecem ser os responsáveis diretos pelas perseguições, já que eles aplicam a lei que transforma doravante em crimes muito graves as atitudes outrora bem toleradas dos filhos por casarem violentos, das donzelas seduzidas e das curandeiras encanecidas. O mundo que se projeta é o da vigília rural, durante a qual os primeiros vêm fazer a corte às segundas, sob o olhar atento das velhas, enquanto os homens adultos se mantêm juntos, um pouco à parte. Desestabilizado pelas novidades religiosas e morais vindas do exterior, ele se reconfigura para digeri-las. Os notáveis aproveitam disso para reforçar sua influência sobre todos, em particular sobre as mulheres muito independentes e mais ainda sobre os rapazes agressivos, sem que por isso, no entanto, se tornem alvos diretos do descontentamento exacerbado destes últimos.

No século XVIII, o infanticídio é menos frequentemente processado diante dos tribunais e os índices de culpabilidade caem. Na Inglaterra, os júris mudam de comportamento. Enquanto, em caso de dúvida, eles opinavam até aí pela severidade, inclinam-se, a partir de então, pela absolvição, em proporções muito mais importantes que quando se trata do assassínio de um adulto.[87] Essa volta à indulgência dos representantes das comunidades significa que eles consideram as interessadas, muitas vezes meninas muito jovens, como vítimas e não mais como culpadas. Isso se traduz, em 1803, pela ab-rogação do estatuto de 1624, no quadro de uma lei, no entanto, muito dura em relação a inúmeros crimes capitais, dentre os quais o aborto por drogas. Finalmente, um ato de 1938, sobre o infanticídio, decreta que este não será mais considerado um assassínio, se a mãe não se restabeleceu do parto ou da lactação, e se ela matou seu próprio bebê com menos de 12 meses. A mesma evolução se observa em outros países. Na França, o edito de 1557 não é mais aplicado com rigor depois de 1700, no momento em que começa a se desenvolver uma prática alternativa. O abandono puro e simples permite doravante às moças desamparadas e às mães casadas muito pobres livrar-se discretamente de um recém-nascido, sem consequências judiciárias. Em Paris, a média anual das entradas de crianças encontradas nos hospitais passa de 825, em 1700, para 6 mil, pouco antes da Revolução. Louis-Sébastien Mercier entoa uma ode ao progresso dos costumes, afirmando que isso "impediu mil crimes secretos: o infanticídio é tão raro quanto era comum outrora". Na realidade, ele se encontra simplesmente diferido, tomado como encargo pela coletividade. Em Rouen, por exemplo, 58% dos recém-nascidos recolhidos no hospital morrem antes de atingir um ano, durante a década de 1710, e mais de 94% deles, de 1770 a 1779.[88]

---

87 P. C. Hoffer e N. E. H. Hull, *Murdering Mothers*, op. cit., p. 76-79.
88 Ibid., p. 86-87; M. Jackson, *New-Born Child Murder*, op. cit., p. 273; A. Soman, "Sorcellerie", op. cit., p. 207, 210.

O olhar dirigido às mães infanticidas se modifica em profundidade, porque seus concidadãos sentem, geralmente, mais piedade que horror por seu ato desesperado. A lei pode continuar rigorosa, ela não consegue mais se impor a uma opinião pública que se tornou profundamente tolerante na matéria. O artigo 302 do Código penal francês de 1810 prevê ainda o castigo supremo, mas a repugnância dos jurados e da opinião pública em decretá-lo obriga um importante remanejamento a partir de 1824. Enquanto o governo denuncia "absolvições escandalosas, ou, quando muito, condenações derrisórias a fracas penas correcionais", circunstâncias atenuantes são concedidas às incriminadas, o que proíbe decretar sanções mais graves que os trabalhos forçados à perpetuidade. Novas disposições limitam a punição aos trabalhos forçados com tempo definido, em 1832, depois, a partir de 1863, a uma prisão de cinco anos no máximo, quando a prova de vida da criança não foi trazida.[89]

As pesquisas recentes infirmam a teoria de Michel Foucault, que atribuía às ideias das Luzes a evolução do sistema penal ocidental, fazendo-o passar do esplendor dos suplícios físicos decretados pelo príncipe ao encarceramento dos desviantes, para o maior benefício da burguesia triunfante. Desde o século XVI, perfilam-se métodos repressivos fundados na exclusão social e de trabalho forçado. Em 1545, o parlamento de Paris já poupa a vida de 19% dos apelantes, enviados a remar nas galeras reais. Os países mediterrâneos, a Espanha especialmente, fazem o mesmo. No século XVII, a Inglaterra, rapidamente imitada pelas Províncias Unidas e a Suécia, começa a transportar prisioneiros para suas colônias. Um outro tipo de expiação dos erros aparece em 1555, perto de Londres, sob a forma de uma instituição carcerária, *Bridewell Palace*, onde os vagabundos, obrigados ao trabalho, sofrem uma rigorosa disciplina religiosa e moral destinada a transformá-los em súditos obedientes produtivos. Os mesmos princípios se aplicam ao *Rasphuis* e ao *Spinhuis* de Amsterdã, fundados em 1596. Desde o fim do século XVI, ou as primeiras décadas do século seguinte, o modelo inglês das casas de correção se dispersa em Leida, Brema, Antuérpia, Estocolmo, Lion ou Bruxelas. Depois, a França constrói, por sua vez, no início do reinado de Luís XIV, um lugar de reclusão dos pobres e mendigos, o hospital geral. Alguns desses estabelecimentos recebem rapidamente criminosos. O fato de que eles propõem uma alternativa ao castigo supremo e às punições corporais é sugerido pela cronologia de sua generalização, que corresponde precisamente ao início da fase de declínio contínuo dos mesmos e da tortura judiciária.

Fortalecido depois das grandes crises, o Estado moderno da metade do século XVII não precisa mais de demonstrações excessivas de poder e de crueldade para estabelecer sua influência. Tanto assim que as elites de desapegam do gosto pelo sangue e pelo espetáculo da morte. Assim, os "livros do demônio" saem de moda desde o início do século XVII, na Alemanha, assim como as histórias macabras ou sanguinárias deixam de interessar ao público culto, na França, por volta de 1640.

---

89   A. Tillier, *Des Criminelles au village, op. cit.*, p. 9, 121-122.

O classicismo é apenas uma categoria cômoda para definir uma mudança profunda de sensibilidade no país de Molière. Igualmente perceptível em muitos outros Estados, ele corresponde a uma rejeição do excesso de paixões e de tormentos que caracterizam o maneirismo do fim da Renascença e da era barroca. Então, é possível pensar que a forte diminuição do número das execuções públicas é uma das consequências do reforço do Estado, porque este desenvolve um melhor sentimento de segurança entre as populações.[90]

O contrato social realizado entre os cidadãos e as autoridades é consolidado em toda a Europa, a partir dos tratados de Vestefália, em 1648, que põem fim a um século de esbraseamento geral. Em consequência, os excessos cruéis do cadafalso público parecem cada vez menos necessários para tranquilizar os povos sobre a capacidade dos governos de refrear a maré maléfica e criminosa. No século XVIII, as preocupações principais de uns e outros se afastam do temor da feroz brutalidade dos rapazes solteiros e da fúria infanticida das jovens mães indignas, para migrar para novas angústias. Estas se condensam doravante essencialmente em torno do medo do roubo, enquanto cessa pouco a pouco a urgência de salvar sua vida ameaçada, numa sociedade em via de pacificação, onde as armas se escasseiam entre as populações civis e onde o homicídio se revela cada vez menos corrente.

---

90 V. A. C. Gatrell, *The Hanging Tree*, op. cit., p. 24.

CAPÍTULO VI

Duelo nobiliário, revoltas populares
As metamorfoses da violência

O duelo, encarnado na memória coletiva através dos heróis de filmes de capa e espada, nada tem de intemporal. Inventado no decorrer no século XVI, ele atinge seu apogeu, na França, sob os dois primeiros reis Bourbons, no mesmo momento em que as grandes revoltas camponesas chegam ao seu paroxismo. A coincidência não é fortuita. Negligenciada pelos historiadores, porque os dois movimentos parecem situar-se em esperas sociais radicalmente diferentes, ela convida a buscar um denominador comum. Sobretudo porque toda a Europa é afetada, e que o sangue corre em abundância pelo chão, dos anos 1520 à metade do século XVII. O período é marcado por incessantes sedições, inauguradas pelo poderoso levante armado de 300 mil camponeses alemães, em 1525. Ela conhece revoltas religiosas sem número, em especial na Inglaterra e nos Países Baixos. Esses dois Estados experimentam uma "revolução", acompanhada, para os Países Baixos, da rejeição da tutela real espanhola, quando da constituição da república calvinista das Províncias Unidas, em 1579; para a Inglaterra, da decapitação do monarca Stuart e da instauração do protetorado de Cromwell, em 1649. As confrontações confessionais causam danos: guerras religiosas francesas, de 1562 a 1598, Guerra dos Trinta Anos, no Santo Império, entre 1618 e 1648. Os tronos vacilam. Reis morrem assassinados, como Henrique III e Henrique IV, na França, ou no combate, com Gustavo-Adolfo, da Suécia. Pretendentes são eliminados, entre os quais o duque de Guisa, na França, ou Guilherme de Orange, o chefe da revolta dos Países Baixos. Outros, muito ambiciosos, desaparecem oportunamente, como Dom João da Áustria, meio-irmão de Filipe II da Espanha, assim como o filho deste – por instigação do pai, como alguns pretendem...

Essa era de furor e de violência sanguinária é, no entanto, a das grandes mudanças políticas estruturais. O minucioso estudo dos conflitos religiosos muito frequentemente ocultou um fenômeno positivo maior: a extrema desorganização do continente, induzida por uma incessante rivalidade entre as Igrejas concorrentes e os príncipes ambiciosos, esconde o grande aumento dos procedimentos de unificação da civilização ocidental. A mais evidente é a gestação do Estado moderno. Sob duas formas antagonistas cujos mecanismos evoluem e se aperfeiçoam sem parar, ao longo do enfrentamento, ele precisa controlar a agressividade dos seus súditos para melhor canalizar a de seus exércitos para o domínio fundamental da confrontação lícita com os inimigos. O modelo centralizado, à francesa, repousa sobre uma aspiração das forças vivas para o alto. Em virtude de análises clássicas, ele capta, em parte, a violência exacerbada dos aristocratas, para colocá-la a serviço do soberano nos campos de batalha.[1] O outro arquétipo é o da Cidade-Estado cujo poder repousa sobre uma economia florescente: Veneza, no fim da Idade Média, Antuérpia, no meio do século XVI, Gênova, algumas décadas mais tarde, Amsterdã, no século XVII. Mas este último modelo deve adaptar-se às ameaças crescentes que fazem pesar sobre ele as mais poderosas monarquias, atraídas por sua riqueza. Ele aceita, às vezes, uma tutela de príncipe, a do grão-duque do Ocidente, Carlos, o Temerário, nos Países Baixos, depois aquela, "imperial", mas flexível, de Carlos Quinto, no mesmo espaço, especialmente em Antuérpia, e também nas cidades livres do Santo Império e nas prestigiosas metrópoles italianas. Em seguida, a rigidez religiosa do imperador que envelhece, depois, principalmente, o pulso de ferro de seus sucessores, incita cidades orgulhosas a constituir amplas redes de resistência para manter seus princípios fundadores, à maneira das Províncias Unidas revoltadas contra Filipe II ou das ligas urbanas protestantes alemãs, que preferem o cajado de senhores próximos, procurando o apoio de reis estrangeiros, mesmo sendo católicos. Protegida por sua insularidade, a Inglaterra constitui uma exceção. Ela passa lentamente do primeiro ao segundo modelo, recusando o estilo absolutista dos Stuart, depois de ter tolerado o dos Tudor, para tornar-se uma espécie de vasto subúrbio econômico de Londres. Dominada por uma capital em prodigiosa extensão, em consequência da revolução industrial do século XVIII, ela mantém a aparência de uma monarquia. A partir da Gloriosa Revolução de 1688, ela se acha governada por uma elite com valores urbanos, desconfiada dos excessos da centralização e adepta da separação dos poderes. É testemunha disso uma forte crise da aristocracia, cujos valores essenciais se fundam cada vez mais obre o dinheiro e o espírito de empresa mais do que sobre o nascimento.[2] A justiça insular reflete esses particularismos. De 1550 a 1630, ela é a única na Europa a punir sem piedade os autores de delitos contra os bens. O número dos enforcados teria atingido perto de 75 mil em 100 anos, de 1530 a 1630, para menos de 5 milhões de habitantes. Entre 1580 e 1619, executam-se 87% deles por roubo, malfeitoria ou arrombamento, contra 13% para crimes de sangue. É preciso esperar a década de 1660-1669, para ver a relação equilibrar-se mais, com 55%, para os primeiros, e 45%, para os segundos. A criminalização crescente do homicídio se opera, então, mais tardiamente que em outros lugares.[3]

---

1   Ver os trabalhos de Norbert Elias, em especial *La Dynamique de l'Occident*, op. cit.
2   Lawrence Stone, *The Crisis of the Aristocracy (1558-1641)*, Oxford, Clarendon Press, 1965.
3   Steve Hindle, *The State and Social Change in Early Modern England*, c. 1550-1640, Basingstoke, Palgrave, 2000, p. 119, 142.

A guerra constitui, em todos os casos, a tela de fundo da evolução. A Europa a conhece quase sem interrupção, entre seus monarcas rivais, suporta-a da parte dos turcos, que avançam para o sudeste, exporta-a no mundo inteiro desde o tempo dos conquistadores, Cortês e Pizarro. O estatuto do conflito militar muda, então, totalmente. Não somente porque se impõe a noção de guerra justa, mas, mais ainda, porque inúmeros militares se distinguem, doravante, muito claramente, dos outros súditos. A única cultura legítima da violência torna-se a dos soldados e dos oficiais que agem com ordem do Estado. Os civis, quanto a eles, devem aceitar deixar-se desarmar para confiar inteiramente sua segurança na justiça e nas pessoas encarregadas da manutenção da ordem pelo soberano. Tais princípios levarão gerações, até, às vezes, séculos, para impor-se ao conjunto dos súditos. A adesão é mais fácil e mais rápida nas cidades, já trabalhadas há muito tempo por métodos bastante eficazes de pacificação interna.[4] Do lado oposto se define uma cultura militar particularmente brutal. Cada vez mais orientada para a vontade de matar, ela se prolonga, também, frequentemente, pelos piores horrores infligidos aos vencidos, inclusive às populações ordinárias, sem poupar as mulheres nem as crianças, como o mostram com realismo as gravuras de Jacques Callot. Entre esses extremos se encontram formas maciças de resistência ao abandono da violência tradicional, que constituem tantos métodos de adaptação aos interditos feitos pela lei e pela moral. Não é surpreendente que as duas principais mutações concernam às camadas sociais para as quais a brutalidade sanguinária faz parte das modalidades correntes de relações sociais e se encontra codificada em antigos rituais coletivos necessários à definição viril dos indivíduos, em prioridade à dos jovens machos: a aristocracia e o campesinato.

Duelo nobiliário e revolta rural traduzem adaptações coletivas ou individuais aos novos códigos impostos. Em cada caso, os atores reivindicam um direito eminente ao conflito frontal, mesmo se ele termina com a morte do adversário. Eles se chocam com uma legislação repressiva que lhe proíbe, e tentam negociar com as autoridades os acordos que a legislação lhes recusa. Os aristocratas inventam assim uma forma nova de expressão de sua superioridade sobre os plebeus. Apegados ao uso da espada, cujo uso exclusivo eles reclamam agora, esse ascendente supõe conferir a eles o privilégio tácito de matar, com a condição de respeitar as regras estritas do conflito de honra. Embaraçados, porque a moral cristã de que eles são os representantes se opõe cada vez mais fortemente a uma ética tão bárbara, os monarcas instalam uma legislação muito repressiva na matéria. Mas eles não impõem aplicá-la, sobretudo porque compartilham, frequentemente, pessoalmente dos ideais aristocráticos, como Luís XIV, ainda que ele tenha prestado juramento de abolir os duelos, ao inaugurar seu reinado. É verdade que processos sistemáticos contra os vencedores teriam como efeito privar os reis de guerra da fina flor de seus oficiais. Tal enfrentamento mortífero necessita, com efeito, de uma longa aprendizagem técnica e da aquisição de valores centrados na coragem que a tornam indispensável ao

---

4 Consulte o cap. IV.

crescimento do Estado militarizado. O que explica por que ele floresce na França conquistadora dos Bourbons.

Quanto aos camponeses revoltados que reclamam igualmente a sobrevivência de seus direitos em deixar exprimir-se uma violência juvenil festiva secular, eles são tratados com muito menos indulgência. Suas exigências não servem de nada para os progressos do poder real. Ao contrário, mesmo se eles não o contestam diretamente, eles correm o risco de minar suas bases, recusando a evolução pacificadora que querem lhes impor, a fim de transformar o país em cidadela inatingível, sem inimigos interiores perigosos. Obscuramente, sua recusa se junta, no entanto, à dos nobres, por razões muito diferentes. A estranha conjunção é, aliás, frequentemente visível no terreno, porque os rurais obrigam muitos fidalgotes provincianos a pegar em armas para se colocar, bem ou mal, à frente de seu levante, assim como o querem já os camponeses alemães que se insurgiram em 1525. Não somente os aldeões não exprimem, então, nenhuma preocupação, parecendo, de perto ou de longe, com a luta de classes, mas eles rejeitam a clivagem nova, praticamente desconhecida até então, entre os privilegiados de nascimento e eles próprios, isto é, entre guerreiros especializados no combate mortal e trabalhadores da terra obrigados a abandonar as armas e as práticas brutais. A sociedade que eles desejam conservar repousa, sem contestação, sobre uma clara distinção entre as três ordens, clero, nobreza e terceiro estado, mas eles se recusam a ver instalar-se paredes estanques na vida quotidiana. Voltados para o passado, enquanto os obrigam a olhar para o futuro, eles tentam imobilizar o tempo. Eles desejam preservar a imagem mítica, celebrada pelo contista Noel Du Fail, de uma época em que senhores e camponeses se divertiam, lutavam, bebiam juntos, compartilhando uma ética viril idêntica. Uma era em que a espada não era absolutamente o apanágio dos primeiros, mas o simples sinal de uma vigorosa juventude que achava normal, até necessário, derramar o sangue, ferir ou ser ferido, a fim de conseguir daí o orgulho pessoal e a consideração social.[5]

O duelo, uma exceção francesa

A partir de 1500, a "revolução militar" ocidental transforma o continente europeu em máquina de guerra e de conquista, que testa a inovação em sua terra antes de exportá-la para o mundo todo.[6] A consequência menos visível – mas, sem dúvida, a mais profunda – desse movimento geral é de levar os Estados, mais ou menos rapidamente segundo os casos, a tentar desarmar e pacificar dentre os seus cidadãos os que não são nem soldados nem guardas da ordem. Se a acumulação dos horrores e as

---

[5] Estudando só a violência nobiliária, isolada da do resto da população, S. Carroll (*Blood and Violence in Early Modern France, op. cit.*) se priva de uma compreensão completa do fenômeno. Ele se engana quanto a uma concepção aristocrática mítica do ponto de honra (pudor), no entanto frequentemente contradito pela brutal selvageria dos numerosos enfrentamentos que ele descreve.

[6] Geoffrey Parker, *La Révolution militaire. La guerre et l'essor de l'Occident, 1500-1800*, Paris, Gallimard, 1993 (ed. americana, 1988).

exigências religiosas novas, tanto católicas quanto protestantes, desempenharam um papel no processo, o essencial da explicação se encontra em outra parte. No curso das décadas se impõe aos reis absolutos a necessidade de afastar os excessos de violência de sua "cidadela" estatal, para melhor poder consagrar-se aos inimigos. Luís XIV acaba a evolução na França. O país é transformado em fortaleza por Vauban, as resistências interiores são desmanteladas, a exemplo das muralhas de Marselha. Proibidas de usar armas, as populações devem confiar na segurança garantida pela cavalaria real e na justiça, enquanto se impõe um exército de ofício aquartelado, dirigido por uma nobreza perita no jogo da morte. O outro modelo político, o da Cidade-Estado, deve, também, adaptar-se, ser hábil na guerra, tanto para proteger seu santuário territorial – quando Luís XIV invade as Províncias Unidas – quanto para conquistar mercados coloniais e europeus. Originária do sistema urbano pacificador, a Cidade-Estado é somente levada por tradição a reforçar a paz interna necessária à sua expansão econômica. Mas ela deve, doravante, desenvolver, também, uma cultura belicosa específica indispensável para a sua sobrevivência, e não somente engajar aventureiros ou *condottieri* estrangeiros encarregados de fazê-lo em seu lugar.

Paradoxalmente, a multiplicação dos conflitos chega, lentamente, a separar a cultura dos profissionais da violência da das populações ordinárias. Os militares são os únicos que se julga terem direito de matar um outro ser humano, no momento de guerras "justas". Eles se privam disso cada vez menos. Os costumes cavalheirescos medievais, a economia do sangue demonstrada pelos mercenários desejosos de conseguir bons resgates dos prisioneiros cede espaço a choques cada vez mais frequentemente mortais, com armas muito destrutivas, canhões, fuzis, e pistolas, esperando os temíveis sabres do tempo de Napoleão. Transformado em menos corrente, até no século XVIII, quando da pretensa guerrinha (das rendas), o enfrentamento homem a homem, enquadrado por regras estritas e não desembocando necessariamente num desfecho fatal, se transforma em mito. Ele pretende encarnar-se no duelo, cuja ocasião se encontra menos nos campos de batalha do que na vida ordinária ou entre os exércitos em repouso. Esse tipo de combate toma uma importância crescente para marcar a especificidade dos que a ele se entregam, por contraste com a interdição feita ao resto da população e com a punição cada vez mais severa do homicídio.[7]

Filho bastardo da eficácia mortífera nova dos nobres militares e do desarmamento dos civis, tão mais prestigioso quanto mais cruel e mais raro, o duelo não deve ser considerado com os olhos (apaixonados) de Chimena. Ele constitui um assassinato deliberado pouco observado em uma época onde se executa, no entanto, cada vez mais, por tal crime. Seus partidários, assim como seus atores, exigem o privilégio exorbitante de continuar a eliminar um humano sem pagar o preço por isso. Com grande arrogância, eles se situam acima das leis divinas e das do rei, em nome do "ponto de honra" (pudor) erigido em sinal de superioridade de sua casta.

---

7   Consulte o cap. V.

Entretanto, no passado, todos os súditos, qualquer que fosse sua origem, obtinham facilmente uma graça real depois de tal ato, os duelistas reclamam sua exclusividade. Captação aristocrática do direito realengo de vida e de morte, o duelo depende de uma vasta propaganda destinada a ocultar suas origens plebeias e a impor ao príncipe uma indulgência particular.

Os historiadores se enganaram muitas vezes com os discursos mantidos sobre esse tema por escritores partidários do sangue "azul", ocupados, no mesmo momento, em reivindicar uma origem racial diferente. Maneira de construir uma intransponível fronteira com os plebeus, a ideologia emerge desde o século XVI, na França. Seus adeptos afirmam que os grandes francos loiros conquistadores impuseram seu jugo aos pequenos galo-romanos morenos degenerados.[8] Na realidade, a codificação do duelo serve, ao mesmo tempo, para promover uma especificidade "natural" dos nobres e para ocultar a extrema violência dos choques que os opõem. Crueldade e loucura destrutiva estão mais frequentemente presentes no encontro do que a magnanimidade alardeada pelas definições teóricas. Assim, um confronto entre os senhores de La Garde e de Lignerac começa com sorrisos e abraços, antes de se transformar em furiosa altercação, onde o segundo apunhala 14 vezes o primeiro. Quanto a Jacques de Séran, cavaleiro de Andrieux, um dos raros personagens de sua posição a ser executado por duelo aos 30 anos de idade, em 14 de julho de 1638, na praça de Grève, em Paris, ele é de uma ferocidade excepcional. Sem fé nem lei, ele é acusado de ter cometido três estupros, assim como vários assassinatos antes dos 23 anos e de ter matado 72 adversários em duelo. Quando alguns lhe pediam graça, ele aceitava com a condição de que eles renegassem a Deus, depois lhes cortava a garganta por prazer, a fim de destruir sua alma ao mesmo tempo que o seu corpo, segundo Tallement des Réaux.[9] A visão romântica herdada do século XIX oculta a face sombria da questão. A especialização guerreira dos aristocratas franceses produz uma verdadeira arte de matar sem piedade que os distancia das práticas violentas ordinárias dos outros jovens machos, mais propensos a demonstrar seu valor provocando um ferimento do que matando.[10] Engrandecida pelo código ético do duelo, sua agressividade força a natureza por produzir uma cultura de morte adaptada aos apetites de conquista dos príncipes de seu século. Ela se distancia dos rituais de confrontação viril ordinários, destinados a provar simplesmente a superioridade de um combatente sobre um outro, e práticas de inúmeras espécies animais onde a emissão de sinais de submissão pelo vencido para a escalada fatal. Ela colore intensamente o tempo da irresistível expansão francesa, das guerras da Itália às conquistas de Luís XIV.

---

8   André Devyver, Le Sang épuré. *Les préjugés de race chez lés gentilshommes français de l'Ancien Régime, 1570-1720*, Bruxelles, Éditions de l'Université de Bruxelles, 1973.
9   S. Carroll, *Blood and Violence in Early Modern France*, op. cit., p. 46, 172, 179. A obra apresenta muitos exemplos de uma idêntica e feroz violência mortífera. Consulte também a p. 207, sobre a raridade das execuções de nobres duelistas.
10   Consulte o cap. III.

O duelo constitui, certamente, uma exceção francesa.[11] Em nenhum outro lugar na Europa atinge a importância que assume no reino muito cristão. As escolas de esgrima nascem, no entanto, na Itália, e os mestres mais reputados ou os melhores manuais provêm da península. Mas a prática do desafio de honra só resplandece aí com um brilho efêmero, na primeira metade do século XVI, antes de registrar um declínio muito rápido. A explicação corrente se reporta à influência do concílio de Trento, que proíbe a prática em 1563. Acrescenta-se a isso uma desvitalização mais profunda, através da literatura e do riso, numa sociedade onde os nobres são mais que na França, e onde nenhuma pressão legal visa a criminalizar o fenômeno.[12] Se nos referirmos à honra susceptível dos italianos e aos costumes assassinos da Renascença, tanto nas cidades quando nas cortes principescas, parece, no entanto, surpreendente constatar um abrandamento tão brutal. Na realidade, a cultura belicosa que subentende o duelo não conseguiu inserir-se sustentavelmente numa Itália dominada pelos estrangeiros e pouco expansionista. Como em muitos países mediterrâneos, o modelo tradicional de violência ritualizada da juventude continuou a impor-se até uma época tardia. A persistência da luta com faca para infligir um ferimento, em nome do pudor, compartilhado por todas as camadas sociais, que não exige absolutamente a eliminação do adversário, impediu o duelo de impor-se de forma durável.

A situação é idêntica na Espanha, sob Filipe II, onde os contraventores a leis de interdição precoces são pouco numerosos.[13] Nos Países Baixos, sob tutela espanhola, "cartazes", isto é, editos de príncipes, visam o duelo desde 1589. O de 1610 prevê a degradação de nobreza ou de ofício e a confiscação da metade dos bens, em caso de desafio ou de aceitação deste, a morte e a confiscação total para os que se bateram, assim como para os segundos. Ele é retomado em 1626. Em 1636, acrescentam-se a eles processos "contra o corpo e a memória dos mortos". O autor de uma coletânea de jurisprudência que fornece essas precisões, no decorrer da década de 1630, não dá nenhum exemplo concreto a respeito do que ele chama de uma "coisa bestial", observando que o rei da França não consegue desenraizá-la, apesar de todos os seus esforços. Ele precisa, no entanto, que um general pode autorizá-lo contra inimigos, durante uma guerra, prática corrente nos exércitos espanhóis.[14] Ainda que o império territorial de Filipe II mantenha sua coesão da força militar, o duelo não é nele um fenômeno corrente, nem na península ibérica, nem em outra parte. A razão essencial se prende, com toda evidência, à possante sobrevivência da prática do combate

---

11   F. Billacois (*Le Duel dans la société française des XVIe–XVIIe siècles. Essai de psychologie historique*, Paris, EHESS, 1986) descreve perfeitamente essa especificidade francesa, p. 31-82. Sobre o assunto, consulte também Micheline Cuénin, *Le Duel sous l'Ancien régime*, Paris, Presses de La Renaissance, 1982 e Victor Gordon Kiernan, *The duel in European History. Honour and the Reign of Aristocracy*, Oxford, Oxford University Press, 1988.
12   F. Billacois, *Le Duel dans la société française des XVIe–XVIIe siècles*, op. cit., p. 79-80.
13   *Ibid.*, p. 62.
14   Biblioteca municipal de Lille, MS. 510, cópia das "Remarques... de Pierre Desmasures" sobre o costume de Artésia, t. VI, f° 2564 r°-2571 v°.

ritual entre os jovens machos. A Artésia fornece prova disso, porque o número das remissões por tais homicídios jamais foi tão alto quanto durante o primeiro terço do século XVII. Culpados e vítimas saíram de todas as camadas da população. Pôde, no entanto, observar uma maior propensão a matar que antes, durante esses confrontos. Sinal de uma relativa fascinação pela ética do desafio desenvolvida no poderoso reino vizinho? Não seria essa a verdadeira arma secreta dos reis Bourbons? Enquanto o velho rival Habsburgo continua a tolerar facilmente as formas tradicionais de violência em seus vastos territórios, a França desenvolve uma nova e temível técnica de exterminação. É verdade que no século XVI, os exércitos ibéricos demonstravam um estado de espírito do mesmo estilo. Habituados à "guerra florida" que consiste em vencer sem matar para fazer um máximo de cativos, com o objetivo de sacrifícios ulteriores, os Astecas do México se encontraram muito desarmados diante da tática impiedosa de Cortês, em 1519. Como Pizarro, no Peru, em 1532, este não beneficiava somente de melhores armas, mas, igualmente, de uma superioridade mental na arte de vencer sem permitir aos inimigos a reconstituição de suas forças. O lento enfraquecimento da monarquia espanhola no século XVII depende, talvez, de uma erosão dessa agressividade conquistadora. Os contemporâneos deploram que as elites aristocráticas parecem perder o gosto pelo combate e se distanciam do estilo belicoso encarnado pelo duque de Alba, sob Filipe II. É totalmente diferente do outro lado dos Pireneus, onde a arte de massacrar se aperfeiçoa durante inúmeros desafios de honra.

O duelo não fica também em voga no Santo Império. Apesar das interdições precoces, em especial em Saxe, desde 1572, e por toda parte, em 1623, as condenações reais são raras, mesmo no exército. Elas se fazem um pouco mais frequentes após a terrível Guerra dos Trinta Anos, durante a segunda metade do século XVII. Sensíveis a um fenômeno exótico de origem francesa, soldados e estudantes constituem os dois grupos mais visados.[15] Antes de 1650, a fragmentação política e religiosa do país produz o homem doente da Europa, ameaçado e não conquistador, campo dos apetites das grandes potências militares, dentre as quais a Suécia e a França. A ética do duelo não encontra, então, aí boas condições de expansão. Ela se torna, no entanto, uma virtude apreciada no século XIX. Uma elite burguesa recupera tais valores, em especial no exército prussiano, que conta também com numerosos oficiais nobres, dos quais alguns são de origem francesa e huguenote. Em todas as universidades, os estudantes também estão impregnados deles.[16] Esse novo estado de espírito está no fundamento de elevação em potência militar, revelada contra a França em 1870, acentuada em seguida. Seria interessante saber se, no mesmo tempo, paralelamente, o homicídio juvenil ordinário é criminalizado. Porque a concentração dos valores guerreira sobre os que podem fornecer os quadros do exército atinge, provavelmente, melhor seus objetivos, quando o resto da população perde o direito de derramar o sangue. Tal é o caso no reino nórdico de Suécia-Finlândia. A

---

15 F. Billacois, *Le Duel dans la société française des XVIe–XVIIe siècles*, op. cit., p. 42-49, 406.
16 Ute Frevert, *Das Duell in der bürgerlichen Gesellschaft*, Munique, Beck, 1996.

aplicação muito mais frequente da pena de morte por assassinato, a partir de 1620, coincide com o início de um século de conquistas militares e de constituição de um vasto império, inaugurado pelas espetaculares intervenções de Gustavo-Adolfo na Guerra dos Trinta Anos.[17] Resta a saber qual era, então, exatamente o estatuto do duelo na sociedade sueca.

A Inglaterra, por seu lado, imita a França, de 1570 a 1640, tanto que a nobreza envia, muitas vezes, seus filhos para frequentar as academias de esgrima além--Mancha. O paroxismo dos duelos se observa entre 1610 e 1620, nos dois reinos, mas os insulares perdem, em seguida, rapidamente o gosto. Fora os Stuart, que imitam o estilo monárquico dos Bourbons, o fenômeno parece ficar em parte estranho ao espírito loca, para o qual "o sangue é dinheiro".[18] Ameaçado pela invasão espanhola da Invencível Armada, o país não é, aliás, mais a grande potência militar do tempo da Guerra dos Cem Anos. Ele já erradicou, em parte, a violência, orientando-a para espetáculos de combates de animais e de lutas com as mãos livres codificadas entre homens, ancestrais do boxe. O teatro elisabetano desempenha, igualmente, um papel na formação de uma sensibilidade pacífica, pelo menos para os que vão ver as peças em Londres. Pouco tratado na França, na mesma época, o tema da vingança é uma verdadeira obsessão dos autores ingleses. Heroico antes de 1607, o vingador se torna antipático, de 1607 a 1620, depois as discussões morais vencem, até 1630,[19] enquanto, no mesmo momento, se desenvolve em Paris a literatura das "histórias trágicas", que forma a sensibilidade dominante, a dos leitores nobres e burgueses, com uma grande banalidade do sangue difundido com a mais extrema crueldade. Antes de se apagar, a partir dos anos 1640, ela constitui, de alguma maneira, uma aprendizagem subliminar que permite admitir facilmente a nova lei do duelo morta, cuja idade de ouro francesa se situa precisamente entre 1600 e 1640. Ondas de sangue literárias e casuísticas do pudor habituam os filhos de família a praticar o assassinato sem emoção, a despeito da legislação e da moral religiosa. A época é também a dos "tabloides sangrentos", ancestrais dos "fatos diversos". Seus relatos horríficos acompanham a mutação das normas, banalizando a crueldade do duelo aos olhos de todos. Instala-se suavemente uma imagem muito lisonjeira do herói viril nobre. Protetor da viúva e do órfão, à maneira do cavaleiro de outrora, ele mata com razão, para defender sua honra, ignorando as intrigas tortuosas de um Estado glacialmente repressivo, mas, no fundo, secretamente apegado aos valores profundos que ele alardeia. Alexandre Dumas só terá que bordar nessa trama já tecida sob Luís XIII, para imortalizar um puro mito aristocrático, incitando habilmente cada um a reconhecer aí uma parte de si. Porque a captação da herança violenta pelos nobres e soldados priva ainda mais os outros jovens machos da expressão tradicional de sua

---

17 Heikki Ylikangas, "What happened to violence?", *op. cit.*
18 F. Billacois, *Le Duel dans la société française des XVIe–XVIIe siècles*, *op. cit.*, p. 59 (p. 49-59 e p. 407 a respeito do caso inglês).
19 *Ibid.*, p. 56.

virilidade competitiva, doravante estigmatizada como um crime imperdoável, em caso de desfecho fatal.

Jovens nobres afiados

Paixão francesa, o duelo adquire um prestígio inigualável a partir da metade do século XVI, porque ele concentra todas as virtudes masculinas necessárias à conquista da Europa e do mundo. Para levar a paz e o cristianismo aos povos, segundo a missão do monarca, é preciso dispor de gente de guerra que saiba matar para vencer ou se deixar matar para salvar sua honra. As regras anunciadas não constituem senão uma aparência, um método de educação para o assassínio. Elas permitem ultrapassar os poderosos interditos morais, legais, talvez também biológicos, que impedem, muitas vezes, um vencedor de dar, sem remorso, o último golpe ou de bater-se com a "fúria francesa" já observada pelos italianos contemporâneos de Maquiavel. As realidades são mais brutais. Os demônios liberados por esse pacto de morte tácito entre o príncipe e seus melhores guerreiros levam a frenesis sanguinários revelados por inúmeras fontes. "Episódio heróico-crapuloso combinado com uma hábil réplica violenta",[20] o golpe de Jarnac de 1547 – onde o vencedor corta de maneira inesperada o jarrete do seu adversário – revela a vontade de matar sem piedade dissimulada sob o código normativo. A sacudida telúrica gerada por esse último combate singular autorizado pelo rei da França percorre toda a nobreza. Doravante, a procura febril de uma maravilhosa capacidade técnica coroada por uma inevitável arma secreta traduz claramente a contradição fundadora: suprimir a qualquer preço um semelhante, mas mantendo as aparências – ou fingindo – para garantir a indulgência do soberano.

O homicídio muda de sentido. Ele gera sempre a censura e é visto, cada vez mais, como um crime, se ele é cometido por um plebeu, mas continua, ainda, frequentemente, perdoado pelo monarca, até a Revolução. Difíceis de verificar, os números fornecidos por observadores da época têm em conta de 6 mil a 10 mil fidalgos abatidos em duelo, durante o reinado de Henrique IV, de 1589 a 1610. Pierre de l'Estoile fala de 7 mil graças concedidas aos vencedores.[21] Tais dados concernem, seguramente, ao conjunto das cartas de remissão por assassinato das quais os nobres só recebem uma pequena fração, mesmo se esta ultrapassa de longe seu peso demográfico, avaliado em 2% da população. Um desconto referente a eles tem em conta 772 fidalgos eliminados em duelo, de 1550 a 1659, ou seja, cerca de meia dúzia por ano, em média.[22] Os exageros indicam, no entanto, uma tomada de consciência do problema por contemporâneos sobressaltados. Eles contribuem para afastá-los de uma percepção da banalidade do ato. Martelando a ideia de que isso apresenta o risco de conduzir à extinção da nobreza, os autores validam os esforços de interdição de Henrique IV revelados pelos editos de 1599, 1602 e 1609. No mesmo momento,

---
20   Ibid., p. 83.
21   Ibid., p. 115.
22   S. Carroll, *Blood and Violence in Early Modern France*, op. cit., p. 259.

entretanto, as práticas clementes do primeiro Bourbon reforçam o discurso aristocrático sobre a legitimidade do pudor. Essas contradições insolúveis acabam por definir o duelo como um direito excepcional, que deveria ser raro, ninguém mais além de um guerreiro de sangue azul estando autorizado a abreviar uma existência, sem uma decisão de justiça em boa e devida forma.

A questão da idade dos combatentes não interessou muito aos historiadores, sobretudo porque as fontes são pouco prolixas a esse respeito. Ela é, no entanto, fundamental. Se existem duelistas adultos e mesmo idosos, os testemunhos estão de acordo para ligar o fenômeno à juventude. Desportes clama:

Rigoroso pudor que com tão quentes chamas
Persegue os jovens corações e as mais belas almas.

Por outro lado, os períodos mais propícios à multiplicação desses encontros não são os de guerra, mas de paz.[23] Um efeito de geração é identificável. A chegada ao estado adulto de adolescentes cujas posições não foram dizimadas pelos conflitos, mas, ao contrário, cheias, por várias décadas, de calma relativa e de prosperidade explica tanto a multiplicação dos confrontos nas aldeias de Artésia, dos anos 1600-1630, quanto a dos duelos na Inglaterra ou na França, por volta de 1620. Uma maior atenção a tais dados permitiria localizar pulsações mais ou menos de 30 anos que correspondem ao aumento de frustrações e de conflitos internos entre os "filhos por casar" que se tornaram muito numerosos, principalmente os caçulas nobres que devem deixar a terra paterna para procurar a fortuna e a glória na ponta da espada. Alguns autores do tempo se dão conta perfeitamente disso, a ponto de desejar enviar para se baterem nos exércitos valentes que incomodam muito.[24]

Logo antes da entrada em guerra da França, depois de mais de 20 anos calmos, a década de 1620 se revela crucial. Ela o é, igualmente, aliás, na Europa, onde o início da Guerra dos Trinta Anos, em 1618, perturbou todos os equilíbrios. Emblemático, o caso Bouteville, em 1627, se situa precisamente nesse contexto de completude de energia juvenil e de vigília de armas.[25] A decisão de condenar à morte o conde de Montmorency-Bouteville, assim como seu padrinho e primo, o conde Des Chapelles, depois de um duelo, é extraordinária, reveladora de profundos movimentos na sociedade e na cultura. Crime de lesa-majestade desde 1602, o duelo não foi, no entanto, reprimido sob Henrique IV. Em 1626, um novo edito real ameaça com o suplício capital e da perda de nobreza estendida a toda a família os transgressores que se batem em companhia de um padrinho, porque tais enfrentamentos opõem, muitas vezes, dois pares de fidalgos. Bouteville tem 28 anos em 1627, quando desafia a lei. Ele participou de 22 duelos, desde os 15 anos. Depois de ter fugido como os outros atores de um encontro em 1624, ele já foi condenado por contumácia à forca em imagem na praça de Grève. Uma noite, desconhecidos serraram as traves que

---

23 F. Billacois, *Le Duel dans la société française des* XVIe–XVIIe *siècle, op. cit.,* p. 122, 130-135.
24 *Ibid.,* p. 135.
25 *Ibid.,* p. 247-275 sobre esse caso muito documentado.

suportavam as imagens desonrosas, a fim de manifestar sua reprovação. Próximo a Chalais, um familiar de Gastão de Orleães, o irmão do rei, o homem se acha bem protegido, até mesmo impune. a opinião não pende, aliás, para uma sanção muito severa, diferentemente de Richelieu, de seus próximos, da pequena burguesia parisiense e dos juízes. Ainda, alguns destes últimos, comovidos pela eloquência de Des Chapelles, admirável no ímpeto de seus 27 anos, mostram uma atitude ambígua.

A razão de Estado precisa de um exemplo espetacular face a uma denegação tão evidente da autoridade real. O processo do caso parece-se, entretanto, com centenas de outros, para os quais a punição suprema não será utilizada. Os dois comparecentes não pertencem ainda ao mundo dos adultos estabelecidos. Tendo entrado na violência aos 15 anos, a exemplo dos solteiros dos reinos de juventude, eles participaram de algumas expedições militares, depois se tornaram veteranos da brutalidade, sem ter saído da juventude. Des Chapelles reivindica habilmente a sua diante dos juízes, porque ele sabe que ela constitui uma circunstância atenuante. Um outro primo de Bouteville defende este último, dizendo que ele tem "a doença dos de sua idade". Os 22 adversários do fino espadachim eram semelhantes, demonstrando uma média de 24 anos. Os combates tinham um caráter ritual tradicional próprio ao conjunto dos "filhos por casar". Em 1624, por exemplo, Bouteville enfrenta Pontgibault. Não tendo punhal, eles pegam facas, depois jogam cara ou coroa para saber quem terá a maior e a mais pontuda. O padrinho de Pontgibault afia, em seguida, a arma numa pedra, esperando a chegada do companheiro de Bouteville, "durante esse tempo eles se divertiram pulando". Esses personagens imaturos não atribuem preço à existência, mesmo sendo a deles. Eles só diferem essencialmente dos plebeus demandantes das cartas de remissão pelo excessivo frenesi mortífero do duelo codificado. Ainda, Bouteville, às vezes, "se vangloria de dar a vida" aos vencidos. Sob a aparência da honra nobre, ele retoma assim as práticas populares que consistem em ferir e me vencer, mais do que em matar. Os combates acontecem, aliás, sempre, num domingo ou num dia de festa. Os inimigos do conde aproveitam disso para taxá-lo de impiedade, enquanto se trata de circunstâncias normais de batalhas entre membros dos reinos juvenis, como se observou a propósito da Artésia. No dia de Páscoa de 1624, Bouteville provoca, assim, Pontgibault em uma igreja, durante o ofício. O fato de que eles não usem adaga e devam sortear facas para passar às vias de fato implica, pelo menos, uma ausência de premeditação. O mecanismo lembra o que preside aos choques entre camponeses num lugar e em um momento de grande sociabilidade. O hábito de escolher padrinhos que manejam, também, a espada um contra o outro, depõe a favor da sobrevivência de velhas tradições de solidariedade entre rapazes púberes. As características iniciais dos confrontos não mudaram. Só o código do duelo opondo exclusivamente nobres é verdadeiramente novo, e o uso da espada, quando se confirma, mais seguramente fatal. Nem por isso o combate deixa de continuar um gesto iniciático, um rito de passagem à idade adulta para as novas gerações, mesmo se pais de família e homens maduros nisso arriscam, às vezes, sua vida.[26]

---

26   *Ibid.*, p. 247, 262-265, 269, 274, 386, 418.

Capítulo VI ✤ Duelo nobiliário, revoltas populares. As metamorfoses da violência

O rito é temido pelos poderes e pessoas estabelecidas. Sobretudo porque ele fala abertamente da necessidade para os antigos de ceder, um dia, o lugar aos seguintes. Nenhuma necessidade de evocar os manes do doutor Freud para compreendê-lo nem de descrever a desobediência de Bouteville como um desafio dirigido ao próprio rei, cujo lugar os nobres rebeldes reivindicariam, até os paroxismos da Fronda.[27] O impulso juvenil percebido pelos contemporâneos basta para a explicação. Ela induz a não exagerar as resistências aristocráticas diante das mutações do Estado moderno.[28] Muito aparentes, essas oposições escondem uma realidade mais profunda. Os adolescentes de sangue azul não contestam mais que os jovens camponeses os princípios que fundamentam a autoridade de seus pais. Eles esperam simplesmente calçar suas botas sem mudar a ordem das coisas e sofrem por dever esperar por muito tempo sua vez de entrar na carreira. Bater-se é, aliás, também uma maneira de passar o tempo, porque não se encontrou lugar no mundo, assim como o clama Bouteville. Aos olhos dos adultos de sua casta, o duelo possui, pelo menos, a virtude de ocupar os jovens guerreiros ociosos e de evitar que eles pensem em voltar a ponta de sua espada contra os seus mais velhos. A coisa pode, evidentemente, acontecer, em particular quando se distancia a esperança de aceder rapidamente aos títulos e às riquezas. Mas, na idade barroca, a das peças de Shakespeare e das tragédias de Corneille, o duelo serve mais geralmente para aprender as prescrições fundamentais que regem o universo dos privilegiados de nascimento. Os atores procuram provar que eles podem perfeitamente se integrar nelas. As causas confessas dos desafios se referem a mulheres, a querelas financeiras ou a processos, a rivalidades agravadas por questões de precedência ou de pertença a clientelas inimigas. a maior parte revela dificuldades de inserção ou conflitos hierárquicos e dizem respeito muito mais frequentemente a jovens em espera do que a velhinhos estabelecidos. A visão romântica do ato sem esperança, da resistência desesperada ante o avanço do tanque do Estado moderno, é pura propaganda aristocrática. Talvez até ela sirva de freio às ambições dos mais turbulentos, afirmando que o ganho esperado é mínimo ou inexistente. Ela corresponde a um sentimento de declínio e de impotência entre alguns nobres impertinentes, mas ela esconde cuidadosamente o fato de que a segunda ordem está-se preparando para a batalha atrás do príncipe absoluto Bourbon, para ajudá-lo a conquistar o universo.

A luta contra o duelo não foi, aliás, jamais real nem eficaz, na França. a execução de Bouteville e Des Chapelles não muda nada no problema. O próprio Richelieu impede processos contra um contraventor, em 1628. Refugiado em Mântua, Beuvron, o adversário de Bouteville, é agraciado em 1629. Apesar de novos editos, dentre os quais o de 1679, que reforçam o rigor aparente das sanções, o laxismo prevalece e a fúria do duelo não desaparece absolutamente no século XVIII.[29] Ele

---

27 Ibid., p. 348, 351, 386-387, 389, 394-398, para as interpretações do fenômeno pelo autor.
28 Arlette Jouanna, Le Devoir de revolte. La noblesse française et la gestation de l'État moderne, 1559-1661, Paris, Fayard, 1989.
29 F. Billacois, Le Duel dans la société française des XVIᵉ–XVIIᵉ siècle, op. cit., p. 273, 299, 305, 315.

exerce, com efeito, um papel fundamental na construção de uma relação nova entre o rei e os que morrem por ele diante dos inimigos. Os jovens oficiais nobres se tornam os ferros de lança, ou mais exatamente, as pontas das espadas, do temível exército de conquista francesa.

Porque o duelo é uma escola de elite guerreira. Ele desempenha uma impiedosa seleção, só deixando sobreviver os mais dotados na arte de matar, o que é de bom augúrio, nas capacidades de vencer no combate. Além disso, ele garante aos nobres o monopólio do porte e do uso da espada, porque as proibições que emanam dos soberanos não se dirigem a eles. No século XVI, todo mundo pode ainda demonstrar seu orgulho, exibindo uma lâmina na cintura. Em 1555, o cronista Claude Haton exclama que não há filho de boa mãe que não tenha espada e adaga. Os próprios padres, acrescenta ele, estão frequentemente tão prontos a desembainhar quanto os outros, e figuram entre os primeiros participantes nas querelas das tabernas, nas danças, nos jogos de quilhas ou de esgrima. Em 1610, em seu *Traicté de l'espée françoise* [Tratado da espada francesa], Jean Savaron, futuro deputado do terceiro estado, quatro anos mais tarde, deseja que todo bom francês seja autorizado a usar a espada, como isso se pratica "por toda parte e em todos os tempos".[30] Em consequência, a moral do pudor chega a uma monopolização da espada pelos aristocratas, desejosos de exibir de maneira exclusiva sua virilidade ímpar. Os outros ficam limitados a se rebaixar com a faca, dissimulada sob as roupas, até sem ponta, por ordem de Filipe II, nos Países Baixos, a fim de reduzir as inúmeras ocasiões de homicídios. a castração simbólica dos plebeus assim realizada pela legislação não impede absolutamente as tradições de confronto armado juvenil de perdurarem. Enquanto o "ferro" se enobrece ao longo dos duelos codificados, a luta com faca, que se tornou majoritária no século XVII, nas cartas de remissões artesianas, é, doravante, sinônimo de baixeza, de traição e de crime. Desvalorizadora, ela caracteriza sucessivamente as pessoas humildes, de quem se exige vigorosamente não derramar sangue, depois os malfeitores mais cruéis das regiões recuadas, enfim os Apaches (bandidos) parisienses do início do século XX.

Na França, o mito da espada data do século XVII. Em algumas gerações, ele chega a transformar totalmente a significação social do objeto. Um perito em armas extático escreve, em 1818, que "é o sinal do comando, a arma do oficial".[31] Enobrecida no período da expansão territorial, sob Luís XIII, ela serve, na realidade, para reorientar a extrema violência intestina, presente em toda parte no reino, para um corpo especializado de guerreiros de elite, cujo soberano tem uma necessidade urgente de cumprir sua missão sagrada. Ela muda, ao mesmo tempo, de função técnica e de objetivo. Máquina de matar, se são dominadas as regras sutis de uma esgrima puramente aristocrática, ela não tem mais nada a ver com as práticas do século XV

---

30   Ibid., p. 126, 321-322.
31   Citado por Pascal Brioist, Hervé Drévillon e Pierre Serna, *Croiser le fer. Violence et culture de l'épée dans la France moderne, XVIᵉ-XVIIIᵉ siècle*, Seyssel, Champ Vallon, 2002, p. 12. O uso novo da espada para matar é analisado às p. 53 e seguintes.

ou XVI. Na guerra e nas aldeias artesianas, manejava-se, então, frequentemente, estoques, chamados também "verduns", por causa do nome da cidade famosa em sua fabricação. Os melhores deviam poder perfurar uma armadura, graças à sua lâmina larga, de secção quadrada ou triangular. Eram utilizadas mais com a extensão do que com a ponta, como o mostram as gravuras que apresentam choques da infantaria. Levantados em 1567, os ferimentos dos veteranos cobertos de cicatrizes das companhias de Montluc e de Brissac revelam que de quatro cicatrizes em cinco que resultavam de golpes de espada si situam na cabeça, no rosto ou nos membros, enquanto as cicatrizes no tronco e no ventre não passam de 6%. Ambroise Pare lembra que a última localização é, no mais das vezes, mortal.[32] A esgrima militar visa, então, a cabeça, em todos os sentidos do termo. Ela não é especialmente destinada a matar, por causa do capacete. Além disso, o vencido pode trazer um bom resgate, principalmente se ele for de alta posição. A matriz militar fornece a base do ensino técnico para toda a população. Na Artésia, a localização prioritária na cabeça, dos ferimentos dos indivíduos mortos pelos impetrantes de cartas de remissão, frequentemente jovens camponeses, advoga por uma demonstração de força, sem objetivo deliberadamente mortífero.[33] Globalmente, é a mesma coisa na Picardia, do outro lado da fronteira, sob Francisco I. Mais de um homicídio perdoado em dois é cometido com uma espada. O crânio e o rosto são os mais atingidos, em 37% dos casos, seguidos pelos membros, os ombros, as costas ou dos lados, por volta de 32% para o conjunto, o peito figurando para 15% e a barriga, também, para 15%.[34]

Mas longa, mais fina, mais frágil, a espada dos mosqueteiros do rei imortalizados por Alexandre Dumas só pode ser utilizada de ponta, para perfurar um corpo. A guerra mudou de sentido depois do abandono da armadura pesada, facilmente furada por uma bala. Pluma ao vento, o cavaleiro nobre precipita-se sobre os piqueiros plebeus, atira e mata e, depois, introduz bravamente sua lâmina contra um de seus semelhantes. Nisso é preciso uma bravura nova, habilidade mais do que força, tudo o que lhe insuflam três mestres indispensáveis: os de dança, de equitação e de esgrima. Todos apelam para as mesmas qualidades de fineza, de habilidade, de resistência e de bravura, para formar um tipo inédito de conquistador aristocrático. Sob uma máscara de polidez ensinada pelos manuais de civilidade, depois pela etiqueta da corte de Versalhes, o nobre jamais foi tão poderosamente levado a comportar-se com uma selvageria animal, no momento de um duelo ou na guerra. Um médico do Rei Sol, Martin Cureau de La Chambre, o diz sem rodeios em *Les Charactères des passions*, publicado em 1658, no qual ele fala da coragem "que o nascimento infundiu no coração e que é próprio ao apetite sensitivo porque é comum a todos os animais". Acrescenta a isso a força, para caracterizar a segunda ordem pelo uso

---

32   *Ibid.*, p. 36-37.
33   Consulte o cap. III.
34   Isabelle Paresys, *Aux marges du royaume. Violence, justice et société en Picardie sous François Ier*, Paris, Publications de la Sorbonne, 1998.

dessas duas "qualidades que a natureza tornou tão nobres, tendo-as destinado para ser os fundamentos do poder e da superioridade".[35]

Entoado por milhares de jovens ambiciosos animados por um preconceito de "raça" que os incita a acreditar-se de uma essência superior aos outros, o duelo é um hino frenético e selvagem até a morte. Não é surpreendente que a Igreja e o próprio rei, espantados pela ferocidade desumana dos combatentes, tenham tentado limitar seus efeitos, ainda que eles tenham garantido a glória do soberano na guerra. Um mosqueteiro o escreve lucidamente numa obra que foi publicada em Londres, em 1768, para refutar os argumentos dos oponentes: "Mas não vêem que é o duelo que nutre esse valor francês, fatal aos inimigos do Estado".[36] Era preciso, com efeito, uma ousadia excepcional para arriscar sua vida sem outra proteção senão a fina lâmina de uma espada. Um sobrevivente descreve um encontro. Ele perfura o ventre, depois a garganta de seu rival, mas sua espada fica cravada no segundo ferimento. Ele é, por sua vez, atingido do lado, recua, prepara-se a lançar-se sobre o indivíduo que acaba de recuperar a arma adversa caída ao chão. Inesperadamente, este a estende a ele: "Você me arrebentou, mas eu sou fidalgo", antes de morrer em seguida.[37] Pode-se, com certeza, decifrar esse relato sobre o modo admirativo, louvando o princípio do pudor conduzido para tanta elegância, de garbo e de respeito pelo outro. Uma leitura menos sensível a propagandas nobiliárias decifra um furioso balé mortal de um lado e de outro, uma absoluta determinação em eliminar um humano, inclusive para o combatente com o ventre perfurado, que continua a atacar com fúria, com uma espada enfiada na garganta. Indomável coragem, certamente, mas profundo desprezo pela vida!

A história retificada da paixão do duelo acaba numa inquietante constatação. A civilização dos costumes descrita por Norbert Elias é apenas uma aparência. A crueldade se esconde mais do que nunca sob imperativas regras de civilidade, mas ela se torna tão mais intensa e radical entre os especialistas da arte de matar. Diferentemente dos jovens machos camponeses, brutais em exibir sua virilidade, sem procurar deliberadamente eliminar o adversário, que imita, às vezes, Bouteville, os nobres franceses do século XVII são incitados a matar voluntariamente e friamente, envolvendo-se no pudor para justificar o injustificável. Eles oferecem, assim, ao Estado uma violência exacerbada ao extremo que faz deles os protótipos de Rambo, o super-herói militar de cinema capaz de exterminar os inimigos por centenas. Em seguida, o aumento contínuo de armas de destruição maciça se explica melhor se admitirmos que a Europa aperfeiçoou, a partir do modelo francês sob Luís XIV, os métodos de eliminação guerreiros, até as terríveis conflagrações mundiais. Forçando a natureza e produzindo uma cultura de morte, o duelo inaugurou uma temível inflexão para a barbárie assumida em nome de valores pretensamente transcendentes. Como se a agressividade reprimida pelos códigos de civilização se concentrasse

---

35 Citado por P. Brioist, H. Drévillon e P. Serna, *Croiser le fer*, op. cit., p. 126.
36 Coustard de Massy, *Histoire du duel en France*, Londres, Elmsly, 1768.
37 *Ibid.*, p. 279.

fortemente num sentimento de superioridade destrutivo que dá o direito de matar a uma pequena fração eleita da sociedade, antes de trazer, mais tarde, os povos armados a confrontos militares de grande amplitude. Deste ponto de vista, o homem se fez cada vez mais um lobo para o homem, no continente europeu, do século XVII à metade do século XX...

A "brutalização" da sociedade francesa depois de 1700 ganha sentido nessa ótica.[38] "Somente à nobreza é permitido usar as armas", afirmam os dicionários de polícia da época das Luzes. A cada um segundo seu mérito! Mesmo se os transgressores plebeus são numerosos, é também sobre a aristocracia que recai a responsabilidade principal de uma violência sanguinária muito mais intensa do que frequentemente se imagina. O tempo dos filósofos é marcado por fortes ondas de crueldade. Longe de declinar, o duelo está presente frequentemente nas ruas de Paris, onde ele representa, por baixo, um décimo das violências fatais durante o primeiro quarto do século e 333 casos judiciários atestados, de 1692 a 1792. Na curva dos julgamentos em apelação diante do parlamento, dois picos se observam, de 1722 a 1731 e de 1742 a 1751, seguidos cada um de um declínio, depois de uma última elevação no decorrer da última década de observação. Entre as vítimas depostas no necrotério do Grand Châtelet, as que parecem ter sucumbido por ocasião de um duelo foram atingidas, em 70%, no peito e, em mais ou menos 10%, no ventre. As estocadas mais frequentemente desferidas visam a zona situada em torno dos mamilos, com uma leve preferência pelo direito. A vontade de perfurar o tronco e o coração aparece claramente. Ela testemunha um frio desejo de matar. Quase 300 cadáveres têm a ver com esse tipo de confronto, em documentos que apresentam lacuna para uns 30 anos.[39]

As rixas concernem prioritariamente aos militares, dos quais um número importante de soldados engajados, assim como nobres, a levar em conta as definições profissionais fornecidas somente para um morto em três. Um quarto do contingente identificado é composto de citadinos plebeus que exercem funções muito diversas. Isso não significa que o duelo se democratizou, mas que estes últimos continuam a praticar a brutalidade sanguinária antiga que a ideologia do desafio de honra reserva, doravante, aos aristocratas e aos soldados. Fornecidas para um pouco menos de um cadáver em dois, as informações sobre a idade atestam a juventude dos vencidos: quase metade tem menos de 30 anos, e seu número se torna desprezível depois dos 40 anos. O pico se situa entre 26 e 30 anos, segmento principal, tanto entre os acusados quanto entre as vítimas, das estatísticas de homicídio no Ocidente, do século XIII aos nossos dias. Alguns desses personagens são, talvez, casados e estabelecidos, mas eles não representam, com certeza, a maioria do grupo, em uma época em que os rapazes se casam um pouco antes de 30 anos, no quadro de núpcias cada vez mais tardias no decorrer do século. Adolescentes atrasados, à imagem de Bouteville e

---

38 F. Billacois, "Duel", *in* Lucien Bély (dir.), *Diccionario de l'Ancien Régime*, Paris, PUF, 1996.
39 P. Frioist, H. Drévillon e P. Serna, *Croiser le fer, op. cit.*, p. 306, 309, 323, 343-349. Os autores falam seja de 333 (p. 332), seja de 325 casos judiciários (p. 362).

Des Chapelles, em 1627, eles não deixam de ter mais fúria de vencer. Em segunda posição vêm seus caçulas, de 20 a 25 anos, seguidos de um número quase tão importante para indivíduos com a idade de 30 a 35 anos. Um efeito de geração aparece, igualmente, na curva dos 810 duelos depreendidos entre 1700 e 1790. Aumentos se revelam no início do século, de 1732 a 1751, a partir de 1762 e, de novo, em 1782.[40] A cada 20 ou 30 anos, uma pulsação coletiva de violência mortal afeta, prioritariamente, jovens machos. Parece que a causa provém de uma plenitude de energia e de um acréscimo de concorrência entre os solteiros, aos quais podem ser juntados alguns dos que acabam apenas de casar-se, mas continuam apegados, algum tempo, ao universo dos precedentes. O recuo da idade no casamento é classicamente interpretado pelos demógrafos como um meio de regulação do número dos nascimentos em um mundo repleto. Ele contribui, também, para atrasar o acesso dos filhos à sucessão de seus pais, ao preço de graves frustrações sexuais e sociais. O aumento do número de casais não oficiais e de nascimentos ilegítimos nas cidades é um dos meios de afrouxar essa lei implacável. O duelo é outro meio.

Um procedimento novo de pacificação é, no entanto, introduzido desde 1566 pelo decreto real de Moulins. Instituído sob a tutela dos marechais (cavalaria) da França, o tribunal do pudor visa a controlar a violência dos interessados, oferecendo-lhes uma reparação judiciária susceptível de evitar o confronto armado. O abandono, dois anos mais tarde, em 1568, da inscrição das cartas de remissão nos registros do Tesouro das Cartas constitui um outro sinal da vontade de modificar as prática em matéria de homicídio. A legislação não consegue, no entanto, impedir, as tradições de perdurar, nem o duelo de atingir picos até a metade do século XVII. A ambiguidade das reações do aparelho de Estado, e mais ainda as hesitações do soberano ante esse fenômeno proibido, mas não desenraizado, que se revela formidavelmente útil para a militarização da nobreza a serviço dos objetivos de conquista da monarquia, bastam para explicá-lo. Os marechais só tratam, finalmente, de um número irrisório de casos. Voltam-se para eles apenas indivíduos mais prudentes que os outros, desejosos de não arriscar sua existência num combate, e consolados por não se sentir desonrados recorrendo a uma instância que reparará sua honra. As sanções decretadas contra o agressor são as seguintes: o esclarecimento – espécies de desculpas –, a obrigação de pedir perdão, às vezes, ajoelhado ao chão, a perda das armas e da nobreza pessoal, o banimento e a multa, enfim, a prisão, até um máximo de 20 anos para aquele "que tiver golpeado por trás, embora sozinho", que conseguiu uma vantagem ou foi apadrinhado. Mantidos só para o período de 1720-1789, os arquivos reúnem 643 dossiês. A repartição cronológica apresenta um ritmo próximo do dos duelos: totalmente fraco antes de 1730, forte aumento dessa data até 1759, com 382 queixas, das quais 161, entre 1730 e 1739, queda absoluta para 116 casos no decorrer das duas décadas seguintes, nítido aumento, com 106 exemplos de 1780 a 1789.

---

40   Ibid., p. 362-368. As interpretações concernentes aos duelos "civis" e aos protagonistas na "força da idade" antes dos 30 anos não são satisfatórias.

As 160 querelas levantadas de 1774 a 1789 concernem em 99% a acusados masculinos. As mulheres contam, entretanto, 10% das vítimas. A metade dos protagonistas é de nobres, seguidos de perto por militares, entre os quais figuram somente 4% de oficiais. Burgueses e profissionais demandantes em consequência de "bilhetes de honra" (promissórias) em outros termos, para dívidas não pagas por aristocratas ou oficiais, contam em 7%. As cidades fornecem os dois terços dos casos, que acontecem prioritariamente em Paris e na Normandia. A Guiana e a Gasconha, por seu lado, contam com uma maioria de altercações que aparecem no meio rural. O centro e o leste do reino são muito pouco representados. Os problemas na origem do conflito são maciçamente ligados a questões de dinheiro: 70% dos 100 exemplos identificáveis concernem a dívidas não reembolsadas, apesar de um bilhete de honra, 22% dizem respeito ao patrimônio, 3% ao jogo, 5% às mulheres. Eles levaram a injúrias e, por essa razão, a uma ação em reparação diante do tribunal, em vez de chegar a um duelo, ainda que os queixosos, assim como os acusados, façam, quase todos, parte da segunda ordem ou do exército. Os golpes trocados são raros. Os dados com os pés ou os punhos, um bastão ou uma bengala, são três vezes mais numerosos que os seis golpes de espada observados. A última informação de importância concerne às idades. Muito pouco mencionadas, em 23 vezes para os acusados, em 26 ocasiões para as vítimas, elas confirmam, então, a juventude dos primeiros, dos quais 15 têm menos de 25 anos, e três outros, de 25 a 29 anos. Os queixosos só pertencem quatro vezes a esses dois grupos de idades, 14 têm de 40 a 49 anos, e os outros são mais velhos. Em outros termos os conflitos comportando essas precisões tendem a opor gerações separadas por 20 anos e mais.[41] O conjunto do dossiê parece implicar uma dificuldade de inserção dos defensores e uma agressividade voltada contra os demandantes adultos em consequência de problemas muito mais frequentemente financeiros que sexuais. Simbolicamente, poder-se-ia ver nisso "filhos" censurarem "pais", que lhes reclamam obstinadamente dívidas de honra, por não lhes dar os meios de viver dignamente. É, talvez, a razão pela qual o tribunal é preferido ao duelo, nessas condições. O fenômeno esclarece em parte a situação difícil dos rapazes de boa família, na época do casamento e da herança tardios. Ele parece indicar que eles julgam ter o direito de reclamar espécies de adiantamentos de herança a toda a sociedade como preço de sua paciência. A mentalidade perdulária e a recusa de honrar suas dívidas imputadas aos aristocratas pelos credores burgueses se compreendem assim um pouco melhor. O bilhete de honra (nota promissória) não pago traduz, às vezes, uma forma servil de agressividade juvenil. Em caso de dramatização, o conflito pode chegar a um verdadeiro duelo, frequentemente desigual, onde o caçula, levado por seu desejo de ir à desforra, pela vontade de matar, insuflada pelas lições de esgrima e por possibilidades físicas superiores, tem mais oportunidade de superar o velho.

---

41 Franck Obert, "160 querelles d'honneur devant le tribunal des Maréchaux de France (1774-1789)", dissertação de mestrado sob a direção de Robert Muchembled, Université de Paris-Nord, 1998, p. 27, 34, 62, 73, 77, 79, 98, 125.

O fim dessa paixão francesa não se mostra absolutamente quando da abolição dos privilégios pela Revolução. A fúria mortal perdura no século XIX, adaptando-se a técnicas novas e emburguesando-se.[42] Depois de 1815, os desafios mortais se contam, de novo, por dezenas, a cada ano. Aquele que se recusa a bater-se passa por um covarde. Os maiores nomes, Victor Hugo, Lamartine, Alexandre Dumas, Proudhon, Gambetta, entregam-se a esse jogo perigoso. Clemenceau enfrenta Déroulède, depois Drumont. Como Pouchkine, morto por pistola, por um oficial francês, em 1837, o matemático Evaristo Galois perde a vinda pela honra de uma mulher, em 1832. A coragem exigida pelo duelo tinha até incitado os exércitos da Revolução a encarregar um preboste de armas para testar os novos incorporados em cada regimento. Cada ingresso devia, assim, medir-se ao seu adversário, durante um rito iniciático violento inspirado pelas práticas antigas dos reinos de juventude. Justo retorno das coisas, a Revolução se apodera da questão para lhe dar, sem o saber, sua origem "popular". "Para nós, afirma Camille Desmoulins, uma bofetada é um assassínio".[43] O modelo guerreiro que subentende o fenômeno é, finalmente, tão necessário à França do recrutamento geral ou aos colonizadores de esquerda do século XIX quanto o tinha sido para os soberanos do Antigo Regime. Não é um acaso se a Alemanha unificada de Bismarck fabrica, da mesma maneira, nas universidades e no seio da burguesia, heróis militares que garantirão os triunfos nacionais do século XIX e serão os responsáveis durante duas guerras mundiais.

O tempo das cidades medievais desejosas de desmontar o encadeamento da violência, taxando o menor tapa, antes que ele acabe numa feroz escalada, só voltará depois de 1945. Em seguida, o duelo declina muito rapidamente, na França, lançando seus últimos ardores com o de Gaston Defferre contra René Ribière, em 1967. À imagem do conjunto da Europa ocidental, o país aspira à paz e rejeita as práticas que desenvolvem excessivamente a agressividade juvenil para fazer dela uma arma de conquista, como o serviço militar obrigatório. Matar tornar-se um crime, sem exceção, quaisquer que sejam as circunstâncias. O tabu é hoje praticamente absoluto. Os adolescentes machos mais violentos são apenas uma ínfima minoria. Quanto à violência ritual iniciática dos bandos, ela se volta para os objetos, em especial através do incêndio de carros, e se dirige muito raramente com ferocidade contra as pessoas, mesmo tratando-se de rivais de outros bairros.

Prolongados recentemente por inúmeros filmes ou séries televisadas sobre o mesmo tema, os romances de capa e espada do século XIX tiveram um papel extremamente apaziguante nesse domínio. Eles contribuíram, lentamente, para vacinar os jovens leitores contra a tentação da violência real, oferecendo-lhes alívios oníricos. Porque as explorações de d'Artagnan, Lagardère ou Pardaillan estão estritamente

---

42 Robert A. Nye, *Masculinity and Male Codes of Honor in Modern France*, Oxford/New York, Oxford University Press, 1993 e Jean Noël Jeanneney, *Le Duel. Une passion française (1789-1914)*, Paris, Seuil, 2004, a respeito do duelo burguês no século XIX.
43 P. Brioist, H. Drévillon e P. Serna, *Croiser le fer, op. cit.*, p. 439, 463, 467.

fora de alcance do comum dos mortais, por desconhecimento da esgrima e, ainda mais, da espada. Seu substituto de madeira ou de plástico não produz o risco de ferimentos graves, tranquilizando o rapaz que o exibe em sua virilidade e permitindo a ele exigir seu lugar no mundo. O gênio dos autores foi de fundir tradições violentas diversas para fazê-las participar todas em conjunto ao apaziguamento das paixões juvenis. Os heróis de papel ou de cinema são ainda caçulas, pobres ou simples fidalgos de província que transformam com garbo e generosidade a fria arte de matar duelistas em missão de defesa da viúva, do órfão e do perseguido. Eles não esquecem o bem coletivo, manejando repetidamente clichês, que deveriam tornar o senhor do Estado sensível às espantosas artimanhas de seus maus ministros. Assim se encontra reafirmado o velho costume que fundava a realeza, de os revoltosos camponeses fazerem eco até o último suplício: Viva o rei sem a gabela! O chefe é bom! Tudo o que vai mal só pode ser o erro dos que o cercam.

A República fez o melhor uso, até o presente, dessa preciosa herança. Além disso, Cyrano ou os Três Mosqueteiros encarnam obscuramente os direitos juvenis imprescritíveis ao excesso, à alegria, a combates entre pares necessários para estreitar os elos do grupo. É preciso que a juventude aconteça! A exemplo do príncipe que agracia, os adultos são chamados à indulgência para os que esperam impacientemente sua vez de dividir o bolo social, mesmo se eles se deixam levar a alguma violência por consolo, aborrecimento ou agressividade. Em nosso imaginário profundo, d'Artagnan e seus amigos compõem precisamente o arquétipo do bando adolescente batalhador, com membros capazes de matar, mas tão simpáticos. Na origem, é, aliás, um desafio que conduz d'Artagnan e Athos a um duelo do qual Porthos e Aramis são os padrinhos. Dois contra dois, como no encontro que custou a pena capital para Bouteville, mas também como os jovens camponeses que se enfrentam um dia de festa sob o olhar de todos, eles acabam por cair nos braços uns dos outros. Chegada a idade madura, 20 anos depois, a indefectível amizade continua, metáfora do que deve ser um conflito entre jovens: lúdico, brutal mas leal, produtor de elo e de bem comum. O soberano não pensava diferentemente quando agraciava inúmeros rapazes solteiros transformados em assassinos do domingo, para permitir-lhes retomar sem dificuldade seu lugar na comunidade.

No fundo, as histórias romanceadas de capa e espada produzidas no século XIX misturam as heranças plebeias e aristocráticas para ensinar como se tornar um jovem macho à francesa. No momento preciso em que a nação se lança na grande aventura colonial, elas associam os antigos rituais de virilidade necessários a cada um para marcar seu lugar aos mecanismos mais específicos que transformaram os nobres do século XVII em máquinas de guerra e de conquista. Mais tarde, quando da descolonização, esses heróis de pena sofrem para oferecer às gerações da dúvida um ideal que sai lentamente de moda. A paz que reina desde 1945 e a construção em curso da Europa desvalorizam o símbolo da espada conquistadora em proveito da expansão serena das ideias universais generosas. Os filmes sobre esse tema perdem interesse ou são produzidos com um espírito muito diferente em Hollywood. Tanto que parece fechar-se sob nossos olhos um capítulo imperial aberto com fogo e sangue no início do século XVI, quando a agressividade começou a ser desviada do seio das comunidades de base e dos reinos de juventude, para encontrar-se reorientada contra os inimigos externos.

Violências populares e frustrações juvenis

Os questionamentos dos historiadores são estreitamente tributários dos de seu tempo. As revoltas populares que sacudiram a Europa do fim da Idade Média a 1789 ilustram maravilhosamente a ideia. Elas suscitaram debates apaixonadas na época da guerra fria, nos anos de 1960 e 1970. Um especialista russo, Boris Porchnev, abriu o baile, analisando de maneira classicamente marxista as sedições francesas dos anos de 1623-1648, num "contexto de feudalismo econômico ainda dominante no seio do qual um regime capitalista se desenvolve".[44] Traduzida em francês desde 1963, sua obra provocou uma vigorosa polêmica, conduzida por Roland Mousnier. Para este, a luta das classes não poderia explicar nenhum desses movimentos. Numa "sociedade de ordens" muito hierarquizada, os insurgentes não demonstram jamais a menor ideologia "revolucionária", nem mesmo nos levantes russos do tempo, com a única exceção do de Stenka Razine, em 1667-1671.[45] A fagulha inicial provém geralmente da cobrança de novas taxas ou de abusos burocráticos, porque o Estado reforça sua centralização e suas exigências. Os castelos e os nobres são bastante raramente os alvos das insurreições, que se dotam, ao contrário, frequentemente, de chefes de guerra aristocráticos para aumentar sua eficacidade militar, forçando um pouco os senhores locais a enquadrar as tropas. O monarca, quanto e ele, não é jamais colocado em questão. O grito frequente: "Viva o rei sem a gabela!", indica a recusa de atribuir-lhe a menor responsabilidade. Esta se orienta essencialmente contra os oficiais locais, em particular os coletores de impostos. Inúmeros alunos de Mousnier estão, no mesmo instante, encarregados de vasculhar os arquivos da França inteira para produzir teses regionais. Elas demonstram tanto e mais que a luta das classes não aflora no reino muito-cristão, enquanto alguns raros francos atiradores se arriscam a contestar a vulgata.

Entre eles, Robert Mandrou tenta atrair a atenção para algumas características ocultadas pela querela ideológica que causa danos. Ele indica a localização prioritária dessas revoltas no Oeste e Sudoeste da França, a forte emotividade dos meios populares, o papel sedicioso das mulheres, a importância da violência como "afirmação coletiva de existência", o aspecto selvagem, mas não inteiramente cego, das insurreições. Para os camponeses, o principal problema, acrescenta ele, é menos a posse do solo do que a pequena dimensão da exploração e a insuficiência do equi-

---

44 Boris Porchnev, *Les Soulèvements populaires em France de 1623 à 1648*, Paris, SEVPEN, 1963, reed., Flammarion, 1972, p. 44
45 Roland Mousnier, *Fureurs paysannes. Les paysans dans les révoltes du XVIIe siècle (France, Russie, Chine)*, Paris, Calmann-Lévy, 1967.

pamento. Os aumentos de impostos contribuem para desequilibrar mais ainda um sistema já muito frágil. O levantamento fiscal é somente "o termômetro desvairado de uma situação de crise", inclusive na cidade, mesmo se a situação dos citadinos se revela frequentemente menos precária. Os revoltados não compõem frentes de classe e não têm nenhuma consciência política, à parte o legalismo monárquico expresso pela maioria deles durante a ação, o que não impede uma cruel repressão ordenada pelo príncipe. Eles se mostram, no mais das vezes, hostis ao resto da sociedade, passando de reivindicações antifiscais a um movimento antissenhorial no Dauphiné, em 1649, ou terminando por queimar castelos do Perigord, em 1637. Os rurais se afastam, assim, mais frequentemente, dos citadinos, aliás, levados por natureza à desconfiança, até mesmo ao desprezo, entre eles.[46]

No início do século XXI, a querela historiográfica se acalmou, sobretudo porque o tema não está mais realmente em moda. A multiplicação das obras consagradas a diversos países europeus contribuiu, provavelmente, para isso, dando a impressão de que tudo, ou quase, era dito sobre um assunto que não desencadeia mais as paixões doutrinais.[47] E ainda que a violência esteja no cerne dessas manifestações, depois, em sua brutal repressão, a visão de conjunto que se tem dela hoje se limita sempre muito estreitamente aos fenômenos classicamente discutidos depois do confronto entre Porchnev e Mousnier. Como se paredes estanques proibissem dirigir a vista para além de um consenso doravante bem estabelecido.[48] Nessa ótica, o longo ciclo das revoltas populares se abriu quase dois séculos depois da grande *jacquerie* (motim popular) camponesa que devastou a Ilha de França, em 1358. Enquanto o século XV conheceu mais uma reconstrução depois de terríveis provas, as vigorosas mudanças religiosas, políticas e sociais do início do século XVI coincidiram com explosões sociais de vasta amplitude, das quais a guerra dos camponeses alemães deu o alarme, antes de se estender, em seguida às cidades e ao mundo mineiro. Alguns levantes são

---

[46] Robert Mandrou, "Vingt ans après... les revoltes populaires em France au XVIIe siècle", *Revue historique*, t. CCXLII, 1969, p. 29-40; id., *Classes et luttes de classes en France au début du XVIIe siècle*, Messine-Florence, D'Anna, 1965, em particular p. 63-78.

[47] Entre inúmeros trabalhos: George Rudé, *The Crowd in History. A Study of Popular Disturbance in France and England*, 1730-1848, New York, John Wiley and Sons, 1964; Yves-Marie Bercé, *Croquants et Nu-pieds. Les soulèvements paysans en France du XVIe au XIXe siècle*, Paris, Gallimard/Julliard, 1974; Peter Blickle, *The Revolution of 1525. The German Peasant's War from a New Perspective*, Baltimore, The Johns Hopkins University Press, 1981; David Underdown, *Revel, Riot and Rebellion. Popular Politics and Culture in England, 1603-1660*, Oxford, Oxford University Press, 1985; Charles Tilly, *The Contentious French. Four Centuries of Popular Struggle*, Cambridge, Harvard University Press, 1986; Michael Mullett, *Popular Culture and Popular Protest in Late Medieval and Early Modern Europe*, Londres, Croom Helm, 1987; William Beik, *Urban Protest in Seventeenth-Century France. The Culture of Retribution*, Cambridge, Cambridge University Press, 1997; Jean Nicolas, *La Rébellion française. Mouvements populaires et conscience sociale, 1661-1789*, Paris, Seuil, 2002.

[48] Tal é o caso de J. R. Ruff (*Violence in Early Modern Europe*, op. cit.), que consagra dois capítulos sucessivos bem informados à violência ritual de grupo, como a dos jovens, p. 160-183, depois, às revoltas populares, p. 184-215, sem realmente tentar estabelecer relações entre os dois fenômenos.

diretamente devidos a protestos confessionais, como a conquista da cidade de Monastério (Münster) pelos anabatistas, em 1534-1535, a peregrinação de graças na Inglaterra, em 1549 ou o iconoclasmo protestante nos Países Baixos, em 1566. Outros se desenvolvem em sequência e provocam revoluções, como a cisão dos Países Baixos insurgidos contra o rei da Espanha, em duas entidades distintas, a partir de 1579, para acabar, num caso, de volta ao rebanho, no outro, na constituição da república calvinista das Províncias Unidas. Tanto na França quanto na Alemanha, muitas cidades veem, então, explodir seu sistema de pacificação interna, e seus habitantes se tornarem mais turbulentos do que antes, em particular no século XVII.

Tempo de ferro, marcado pelas exigências fiscais crescentes do Estado para travar guerras sem fim que devastam muitas regiões, este vê instalar-se uma vida cada vez mais difícil. A "pequena idade glacial" produz verões mais frios e mais úmidos, preços do pão erráticos, fomes mais frequentes e mais graves. As barrigas vazias enfraquecidas enfrentam, ao mesmo tempo, inúmeras epidemias e as devastações ocasionadas pelos exércitos. Sua exasperação provoca incessantes motins frumentários urbanos e mal-estares rurais idênticos, ainda agravados por problemas diversos, como o movimento das cercaduras na Inglaterra, o problema do direito de caça aristocrático ou as querelas locais um pouco em toda parte...

Os camponeses, que compõem mais dos três quartos da população na maioria dos Estados, entram em violência por um período muito longo. As pequenas "emoções" limitadas a algumas horas ou a alguns dias se contam por milhares nas cidades e nos campos, até em pleno século XIX. As grandes guerras rurais, implicando milhares de atores durante meses, são mais localizadas e se desencadeiam principalmente entre 1550 e 1650. Dirigida contra a introdução da gabela, o novo imposto sobre o sal, a de Guiana, em 1548, inaugura na França um movimento que acaba em motins conduzidos pelos Bonés Vermelhos bretões, de 1675. Como no Santo Império, em 1525, as autoridades não podem tolerar um questionamento tão radical. Mas essas graves explosões de furor, punidas com crueldade, testemunham um extraordinário aumento do espírito de violência, tanto da parte dos rebeldes quanto da dos governantes. A origem de um fato de tanta dimensão e tão difuso no continente propõe um enigma de importância. Ele só pode ser resolvido, introduzindo no universo fechado do estudo das revoltas populares um paradigma muito raramente evocado pelos autores: a mutação das sensibilidades juvenis populares sob o efeito das proibições crescentes destinadas a retirar dos interessados seus direitos seculares a uma violência ritual.

As causas imediatas dos levantes estão essencialmente ligadas a uma degradação das condições de existência, em consequência de um aumento muito forte da pressão fiscal ou de terríveis penúrias. O fenômeno é endêmico em toda a Europa, inclusive no século XVIII ou XIX. Entretanto, as grandes insurreições camponesas comprovam incômodos muito mais profundos. Na França, verdadeiros exércitos rebeldes formados por nobres se chocam com as tropas reais, sob Luís XIII e no início do reinado de Luís XIV. De maio a julho de 1637, os Miseráveis do Périgord reúnem várias dezenas de milhares de insubmissos e deixam centenas de mortos no campo de batalha, durante sua derrota diante dos soldados, em 1º de junho. De 16 de julho a 30 de novembro de 1636, o "exército do sofrimento" dos Descalços da Normandia conta com até quatro mil homens. Derrotado sob as muralhas de Avranches, ele abandona aí 300 mortos. A caça aos motins dispersos é, em seguida, espetacular e sangrenta. De maio a julho de 1662, 3 mil insurgidos, apelidados de "Lustucru", percorrem o país em torno de Bolonha do mar. Perto de 600 são capturados e, na maioria, enviados para as galeras. Em abril de 1670, o Vivarais se esbraseia até 25 de julho, data de uma derrota indicada por uma centena de vítimas. Na Bretanha, os camponeses de Cornualha se armam na primavera de 1675, contra a instauração de impostos indiretos sobre o papel timbrado, a marca do estanho e a venda do tabaco. Em julho, eles se voltam contra inúmeros castelos e exigem que os senhores renunciem aos serviços gratuitos, assim como a algumas rendas dominiais. A chegada das tropas, em setembro, os leva a dispersar-se sem combate.[49] A repressão é, contudo, brutal contra esses Bonés Vermelhos. A marquesa de Sévigné se queixa de não poder mais passear em seus bosques bretões, por causa de inúmeros enforcados nos galhos das árvores...

Essas rebeliões sem esperança ante os soldados aguerridos e a autoridades impiedosas exprimem, na realidade, um poderoso apego às tradições. Seus membros recusam as "novidades" fiscais e, mais geralmente, toda forma de questionamento dos costumes seculares. Respeitosos pelos equilíbrios sociais, do rei e, mais frequentemente, dos aristocratas aos quais eles pedem para ajudá-los a obter justiça, eles visam, essencialmente, aos excessos cometidos contra eles e escolhem muitas vezes agentes do fisco para fazer deles os bodes expiatórios. Conservadores, passadistas, eles recusam o avanço do Estado moderno, mas sem teorizar sua rejeição. Seu protesto coletivo define uma cultura de humilhação e de oposição que é o ancestral distante da greve operária dos tempos industriais. Ele se enraíza na pobreza tão mal vivida que as condições de vida se degradam para o povinho dos campos, no século XVII. Sem contestar a ordem estabelecida, os atores desses inúmeros dramas se voltam para o príncipe para lhe pedir pão, como o fazem ainda os amotinados da fome de abril de 1789, já que esta é a função protetora e alimentadora do soberano. A sociologia das multidões revoltadas merece, no entanto, ser analisada de mais perto. Elas compreendem, frequentemente, mulheres, particularmente ativas no momento dos motins frumentários, mas, também, muito presentes em numerosas outras circunstâncias.[50] Ninguém se interessou realmente pela idade dos homens envolvidos, por falta de precisões nas fontes, às vezes, mas também por falta de interesse pela questão.

Ora, os grandes motins camponeses demonstram características específicas que devem fazer refletir no problema. Elas se situam, mais frequentemente, durante a estação quente, a partir da primavera, para culminar durante os meses de verão. Trata-se, precisamente, do calendário privilegiado da violência festiva juvenil.[51]

---

49   Y.-M. Bercé, *Croquants et Nu-pieds, op. cit.*, p. 50-55.
50   J. R. Ruff, *Violence in Early Modern Europe, op. cit.*, p. 204-207.
51   Consulte o cap. III.

O mês de maio é tradicionalmente dedicado à corte amorosa, depois do longo inverno e da interminável Quaresma. As curvas de criminalidade perdoada mostram a forte progressão até o auge do verão dos confrontos viris culminando em homicídios. Juntam-se a isso as ocasiões oferecidas pelo carnaval, no momento do qual os transbordamentos ordinários podem acabar na multiplicação de conflitos mortais.[52] Tais fenômenos existem por toda parte na Europa. Em Lisboa, o milagre de um crucifixo cintilando, colocado em dúvida por um judeu, transforma as festas de Páscoa, de 1506, em motins sangrentos, durante três dias – duas mil pessoas teriam sido mortas. As graves desordens de Pentecostes, de 1566, em Pamiers visam os protestantes que proibiram as festas católicas durante as quais eram designados papas, imperadores e abades de juventude. Os que marcham, então, nas ruas atrás de uma estátua de Santo Antônio e dançam, acompanhados de músicos, gritando "Mata! Mata!", são, evidentemente, solteiros que reivindicam os direitos que acabam de lhes confiscar. Eles se batem durante três dias, antes de serem, finalmente, vencidos. Na Inglaterra, em 25 de março de 1631, a revolta da floresta de Dean, no Gloucestershire, reúne 500 homens que marcham através dos bosques acompanhados de pífaros, tambores e portadores de bandeiras. O objetivo divulgado é de restabelecer um livre acesso a esses lugares, doravante cercados e proibidos. Entretanto, a forma assumida pelo levante é a do *skimmington*, o charivari insular, que termina pela destruição da efígie do proprietário que tinha decidido sobre a cercadura. No sábado seguinte, 5 de abril, véspera do domingo de Ramos, na liturgia católica, uma multidão de três mil pessoas volta com tambores e bandeiras para destruir outras barreiras e queimar casas.[53]

Uma das dimensões essenciais, mas negligenciada, dos rebeldes populares é de traduzir por atos violentos portadores de um simbólico de oposição a recusa de ver desaparecerem os privilégios costumeiros das abadias de juventude masculinas. O papel importante exercido nos motins, religiosos em particular, pelas mulheres e rapazes jovens impúberes se revela mais bem conhecido.[54] O aspecto festivo de inúmeras sedições é igualmente destacado, às vezes até colocado em paralelo com as frustrações dos solteiros machos, sem atribuir a isso muita importância, em geral. Inúmeras proibições são, no entanto, promulgadas nesse domínio, desde os anos de 1530. As autoridades protestantes se mostram muito hostis a manifestações consideradas como pagãs e licenciosas. As brincadeiras de carnaval são proibidas nas cidades alemãs e suíças reformadas, assim em Berna, ou, ainda, em Nuremberga, onde o último *Schembart* acontece, em 1539. Os países católicos agem da mesma forma. Em Lille, a festa do rei dos Bobos é suprimida por um edito de Carlos Quinto, em 1540. Na França, um decreto de Francisco I, datado de 1548, tenta erradicar as abadias de juventude

---

52   Emmanuel Le Roy Ladurie, *Le Carnaval de Romans. De la Chandeleur au mercredi des Cendres, 1579-1580*, Paris, Gallimard, 1979.
53   J. R. Ruff, *Violence in Early Modern Europe*, op. cit., p. 196-197, 200.
54   N. Zemon Davis, *Les Cultures du peuple*, op. cit., p. 285-287. Consulte, também, Y.-M. Bercé, *Croquants et Nu-pieds*, op. cit., p. 73.

em algumas províncias, sob pretexto de que elas ajudam a propagação da Reforma. Os campos se mostram muito mais renitentes. Eles mantêm suas tradições, apesar das pressões, por exemplo em Genevois, no Jura e o país de Vaud, nos Países Baixos, nas Províncias Unidas, no Santo Império romano germânico. Os atores conseguem, às vezes, adaptá-las habilmente aos tempos novos para melhor preservá-las. Na Inglaterra, no século XVI, o hábito de queimar um manequim representando Carnaval, na noite de Terça-feira gorda, se transforma em fogueira para um papa de palha, o que permite se conciliar com os poderes vigorosamente anticatólicos. Os puritanos chegam a substituir a festa de Halloween e seus fantasmas, em 1º e 2 de novembro, pela celebração da *Guy Fawkes Night*, em 5 de novembro, em lembrança da descoberta do complô das Pólvoras papista de 1605. Eles não conseguem, no entanto, impedir as festas e patuscadas do passado de serem reiteradas nessa ocasião. Eles não conseguem, também, quando tentam, desenraizar as manifestações de violência e de licença sexual ligadas à Terça-feira gorda, às festividades de Páscoa, ou, ainda, à ereção do mastro inaugurando a estação dos amores no *May Day*, com claro simbolismo.[55]

A censura dos costumes juvenis só tem êxito muito imperfeitamente, o que explica a obstinação dos poderes religiosos e laicos. No século XVII, os primeiros multiplicam as intervenções nessa frente de resistência. Cada vez mais bem formados, os vigários católicos são os ferros de lança do interdito e manejam a temível arma da confissão para dissuadir os pecadores de se entregarem a vícios estigmatizados como pecados mortais. As danças são particularmente visadas. Em algumas dioceses, o número dos dias de festa – uns 60, além dos domingos – é reduzido a uns 30, a fim de evitar tantas possibilidades de desordem. Na maioria dos casos, essas diversões "restauravam a efervescência da juventude na bela estação", com dois tempos fortes: a dança na praça e a orgia coletiva no cabaré. Recusar todo prazer a pessoas cuja existência ordinária era difícil e apagada só podia provar ásperas resistências, principalmente diante de bispos muito rigorosos. Na realidade, as proibições sucessivas decretadas por diversas autoridades não conseguiram jamais erradicar completamente os costumes lúdicos rurais antes da partida maciça dos jovens para o regimento e para a fábrica, na época industrial. Entre as formas de recusa, a propensão a se travestir em mulher quando de uma revolta não está unicamente ligada a uma necessidade de anonimato. A atitude expressa uma reivindicação carnavalesca muito clara. A transgressão de um tabu de vestuário, aliás punido pelo rei sob o Antigo Regime, acrescenta uma dimensão contestatória suplementar. É observada no curso dos motins rurais de 1628-1631, contra as cercaduras no oeste da Inglaterra, efetuadas por um camponês que se fez chamar de *Lady Skimmington* (Senhora Charivari). É, também, o caso no país de Galles, em 1820, depois, em 1840, quando dos *Rebecca riots*. Em Ariège, quando da Guerra das Demoiselles (Senhoritas) contra o código florestal, em 1829-1830, os amotinados correm de noite pelos campos, em grupos de

---

55   Y.-M. Bercé, *Fête et révolte. Des mentalités populaires du XVIᵉ au XVIIIᵉ siècle*, Paris, Hachette, 1976, p. 66-70; J. R. Ruff, *Violence in Early Modern Europe, op. cit.*, p. 166-167.

20, disfarçados de mulheres, com o rosto enegrecido, principalmente no Carnaval ou nos domingos e dias de festa.[56]

As grandes revoltas camponesas do século XVI e da primeira metade do século XVII se distinguem muito claramente das curtas "emoções" espontâneas que reúnem um número limitado de atores de uma paróquia rural ou de um bairro urbano para queixar-se da miséria, ou por qualquer outra razão. Elas constituem uma espécie de levante em massa de protestos em uma região, durante longos meses. A exasperação que move esses milhares de camponeses ultrapassa as causas imediatas definidas pelos historiadores sociais a partir dos anos 1960. Ela os leva a transpor as barreiras da desobediência, mas também as da possante xenofobia entre comunidades vizinhas. A reunião heteróclita sofre, aliás, dessa fraqueza constitutiva, cada bando seguindo seus chefes e suas cores, para ir à batalha, o que facilita a vitória das tropas regulares, muito mais disciplinadas e mais bem armadas, enviadas para sufocar as rebeliões.

Entretanto, os atores vão menos à guerra do que à festa, com a flor entre os dentes (sem preocupação), de qualquer maneira. Eles acreditam na vitória porque estão certos do seu direito: "Se o rei soubesse disso!" Alegres, eles marcham juntos como se fossem às diversões, pífaros e gaitas à frente, na hora dos ataques, por exemplo, no Quercy, em maio de 1707. Vencedores, eles se embebedam, bem sem ironia "à saúde do rei", acendem grandes fogueiras semelhantes às do Carnaval ou de São João, fazem soar os sinos com toda força, desfilam com música... No Carnaval de Bordéus, em 1651, uma efígie de Mazarino, execrada, é decapitada na noite da Terça-feira gorda, depois de ter percorrer pelas ruas em um burro, escoltado por 300 pessoas armadas. No domingo seguinte, ela é queimada na praça do palácio, onde acontecem as execuções capitais, depois, uma segunda vez, uma semana mais tarde, nos fossos do palácio municipal, sob grandes fogos de artifício acompanhados de fogueiras de alegria acesas por centenas nas aldeias dos arredores. Orgias monstruosas e danças improvisadas acompanham o que constitui uma variante ampliada, várias vezes reiterada, para aumentar o prazer popular do tradicional combate de Carnaval e Quaresma, concluída por festividades em torno da fogueira onde queima o manequim personificando o primeiro.[57]

Atores habituais das manifestações alegres, os membros das companhias de juventude rurais e urbanas estão, certamente, presentes em grande número nas fileiras dos insurgidos. Sobretudo porque correr os caminhos com armas lhes é habitual. Além disso, eles têm a energia necessária para longas semanas de marcha seguidas de rudes confusões e muito menos a perder que seus pais, porque eles não são nem casados nem instalados. É, provavelmente, sua vitalidade que colore o movimento com traços lúdicos e com uma certa inconsciência dos perigos enfrentados ou até duras punições previstas. A ausência de massacres deliberados assim como a escolha de um

---

56 Y.-M. Bercé, *Fête et révolte*, op. cit., p. 84-86, 150-152, 158, 174, 187.
57 *Ibid.*, p. 80-81, a respeito do carnaval de Bordéus, em 1651.

pequeno número de alvos realmente detestados caracterizam, aliás, os ritos de violência costumeiros, centrados na brutalidade, mas sem desejo sistemático de matar. Somente o coletor de impostos, odiado, corre o risco de ser morto, depois arrastado nos caminhos como um troféu. Em alguns casos, os vencedores prendem sua presa numa árvore, antes de lhe lançar machados ou facas, para testar sua coragem e fazer correr seu sangue no meio da alegria coletiva, sobre o modelo dos abates de animais ou das rudes partidas de bola. O código cultural em função, que prega a inversão dos valores ordinários durante um período festivo, é precisamente o que todas as tutelas tentam fazer desaparecer. Os revoltados agem da mesma maneira que os jovens por ocasião da festa dos Loucos, do Carnaval e dos múltiplos momentos de diversões da estação quente. Eles realizam, por um curto instante, o sonho das barrigas vazias de abordar às margens de um mítico país da Utopia, onde o vinho corre em borbotões, o alimento abunda, e tudo se passa agradavelmente no melhor dos mundos.[58]

Imenso protesto coletivo contra novas normas morais puritanas mal aplicadas, mas perturbadoras da vida quotidiana, as grandes guerras camponesas ultrapassam as reivindicações expressas para se tornarem os sintomas de um profundo mal-estar. Elas revelam uma recusa obstinada de abandonar as tradições culturais ancestrais que valorizam a violência viril como meio de se arranjar, um dia, um lugar ao sol, num mundo não mudado. Desde o fim da Idade Média, a Europa ocidental escolheu, entretanto, criminalizar o homicídio e desvalorizar a rudeza relacional das populações. A lei de Deus e a de um príncipe com poderes reforçados são invocadas pelas autoridades para conduzir essa mutação de grande amplitude. Só os aristocratas obtêm sub-repticiamente a autorização de continuar a matar sem moderação, em nome do pudor. Apoiada em religiões conquistadoras, a moral dos tempos novos exige de todos os outros súditos que eles abandonem seus costumes sanguinários.

A longa onda de revoltas populares durante várias gerações indica que o confronto com os governantes se dramatiza em torno dessa aposta. A violência proibida é encenada de maneira espetacular pelos que resistem, enquanto um novo modelo de comportamento masculino banindo a brutalidade e os excessos emergem lentamente sob o efeito da ação repressiva, mas também educativa das tutelas. Porque, para afastar o maior número possível de homens jovens por casar dos rituais de enfrentamentos, elas acrescentam à coerção o peso da persuasão e o da vergonha. A crueldade dos jogos, dos sacrifícios de animais em particular, se encontra fortemente destacado. Começa assim uma lenta transição que terminará por transformar os divertimentos carnavalescos em esportes, como o boxe na Inglaterra, desde o século XVIII, ou o futebol dos nossos dias. Transformados em espectadores, os participantes, rapazes solteiros inclusive, controlam melhor o prazer que eles continuar a sentir, vendo sofrer homens ou animais e eles podem identificar-se aos jogadores,

---

58   M. Mullett, *Popular Culture and Popular Protest...*, op. cit., p. 96-99 sobre a relação entre revoltas e Carnaval. Consulte também Edward Muir, *Ritual in Early Modern Europe*, Cambridge, Cambridge University Press, 1997, p. 104-105 a respeito dos ritos violentos juvenis.

permitindo-se uma exuberância, doravante mal vista na vida ordinária.[59] A multiplicação das penas capitais e sua impressionante liturgia judiciária estabelecem distantes fundações do fenômeno a partir do século XVI. O esplendor novo dos suplícios serve muito menos para provar o poder do rei do que para modelar um novo estado de espírito dos observadores face à morte e ao sangue. Acontece, com certeza, ainda, às multidões de violar as regras, de se lançar em socorro de um condenado ou de massacrar um carrasco inábil, como torcedores invadem um campo de jogo. Mas, no mais das vezes, elas devem contentar-se em assistir de longe ao que se passa. Uma das funções principais da execução, tão frequentemente reiterada, é assim obrigar os assistentes a distanciar-se do palco e a imprimir em seu espírito a ideia segundo a qual somente o príncipe possui o direito eminente de mandar matar um ser humano legalmente condenado.

Para ser aceito, um dia, como um verdadeiro adulto, o jovem macho rural ou citadino do século XV e do século XVI devia provar sua virilidade no teatro da rua. Por isso, ele participa de combates contra pares e de rituais perigosos, tais como os jogos de bola ingleses e franceses, as caças ao touro espanholas, as corridas de cavalos do *palio* de Sena (Itália), as batalhas nas pontes de Veneza. Um idêntico código de violência subentendia, ao mesmo tempo, as festas cruéis marcando o ano e as obrigações de vingança simbolizadas pela história de Romeu e Julieta. A passagem de uns para os outros só era mais cômoda. Bastava uma faísca para transformar o alegre Carnaval em verdadeira carnificina, como em Romans, em 1580, ou em Udine, em 1511, quando a facção dos Zambarlani tomou a frente da dos Stumieri, depois de 200 anos de lutas inexpiáveis, depois desmembrou os cadáveres, deixando os restos aos porcos e aos cães, durante vários dias.[60] A partir da Renascença, a justiça monárquica tenta, por toda parte na Europa, captar essa linguagem simbólica que fazia do corpo uma metáfora da sociedade inteira e da violência um ato produtivo de relação entre os indivíduos. Ela toma, no entanto, o cuidado de sacralizar ao extremo a cerimônia das execuções e dos suplícios físicos. Para reforçar a autoridade do Estado, importa mostrar que não se trata de simples represálias públicas, mas de um castigo justificado aos olhos de Deus, cuja execução transcende friamente as paixões desse mundo. O desprezível carrasco carrega sozinho o peso da responsabilidade direta, poupando ao rei, misericordioso por natureza, de passar por um cruel tirano. E o drama se cerca de uma grave solenidade: procissão conduzindo o condenado ao cadafalso, exortações do confessor, arrependimento público. O conjunto serve para acalmar os ardores e a saciar a curiosidade mórbida dos espectadores, ensinando-lhes tanto a dominar suas emoções com a visão do sangue que corre quanto a controlá-las na vida corrente, para não sofrer uma sorte tão funesta. O distanciamento das multidões realizado pela construção de cadafalsos superelevados em locais permanentes, praça

---

59 *Ibid.*, p. 104-105, 138, 141.
60 *Ibid.*, p. 104-107; *id.*, *Mad Blood Stirring. Vendetta and Factions in Friuli during the Renaissance*, Baltimore, 1993. Consulte, também, o cap. III.

Capítulo VI ❧ Duelo nobiliário, revoltas populares. As metamorfoses da violência   189

de Grève, em Paris, ou Tyburn, em Londres, procede de uma vontade idêntica. Mesmo se alguns assistentes se apertam sempre nos primeiros lugares, a fim de molhar um pano no sangue do supliciado ou de levar alguma relíquia, a tendência a manter à distância o corpo martirizado se acentua lentamente, de geração em geração, traduzindo o aumento progressivo de um tabu. A ida à morte se olha de longe, sem contato, sem odor. É, provavelmente, a progressão desse limiar de tolerância mais do que o medo da pena suprema que explica a diminuição do número dos homicídios e dos atentados contra as pessoas, a partir da segunda metade do século XVII.

As grandes revoltas populares, que se desenvolvem segundo uma cronologia paralela, utilizam em abundância o antigo repertório gestual e simbólico. Elas manifestam uma recusa maciça de ver desaparecer o direito ritual à violência que impregna a totalidade da existência e ensina aos rapazes a se tornarem homens. Com um fundo de crises por crises múltiplas, elas inventam uma cultura de protesto em face das pressões dos governantes e das pessoas de Igreja. Seu apogeu na primeira metade do século XVII corresponde a uma reclamação identitária no momento em que a pressão atinge seu máximo na Europa barroca conturbada da Guerra dos Trinta Anos. As insurreições exprimem em atos a recusa dos interessados de abandonar a brutalidade festiva para se tornarem simples espectadores, súditos dóceis e cristãos fiéis, das tragédias da vida. O fim das grandes guerras camponesas não é, no entanto, o dos hábitos contestados. Ele indica antes que um ponto de equilíbrio foi alcançado. As autoridades moderam suas exigências, prontos a lançar, em seguida, ofensivas pontuais. Os rurais aceitam, às vezes, voltar-se para jogos menos perigosos ou diferenciar-se dos que fazem sofrer pessoas ou animais, justificando-os como esportes.[61] Eles sabem, também, muitas vezes, dar o troco, modificando mais as aparências que o conteúdo. A violência mortal continua um dado fundamental da existência nos territórios isolados ou distantes dos centros políticos, que conservam melhor suas tradições. A *vendetta* continua a impor-se no seio das relações humanas, às vezes mesmo até nossos dias, não somente no espaço mediterrâneo, por exemplo, na Córsega, na Ligúria ou em Frioul, mas igualmente na Islândia, nas Terras Altas da Escócia, no Gévaudan ou no Quercy.[62] Os proletariados da época industrial divulgam também uma certa brutalidade de costumes herdados do passado. Sublimada, esta acaba produzindo uma cultura de contestação operária que anima hoje inúmeras greves, particularmente na França.

O papel dos jovens machos nos levantes do passado mereceria análises mais longas. Ele aparece, principalmente, indiretamente, quando das grandes insurreições camponesas francesas do século XVII. Sua localização, majoritária no Oeste e, mais ainda, na parte sudoeste do reino, leva a pensar que a explicação clássica para o descontentamento fiscal, a distância do poder monárquico e as tradições de independência locais, não basta. Acentuada pelo forte aumento dos impostos, a degra-

---

61   Id., *Ritual in Early Modern Europe*, op. cit., p. 138.
62   Ibid., p. 106; F. Ploux, *Guerres paysannes en Quercy*, op. cit.

dação das condições de existência provém, igualmente, de um fenômeno estrutural negligenciado, as regras de herança que se aplicam às massas camponesas. Os costumes franceses são redigidos a partir do século XVI. Muito diversas no detalhe, as que regem a partilha sucessória dos bens plebeus opõem, essencialmente, as regiões onde as obrigações tornam difícil a fragmentação das terras àquelas onde se impõe o princípio de igualdade.[63] As segundas compreendem a zona orleano-parisiense, pouco afetada por grandes movimentos sediciosos, depois da *jacquerie* de 1348, ao mesmo tempo, por causa de sua excepcional prosperidade, da influência enorme da capital e de uma poderosa vigilância monárquica em torno desta.[64] Terras igualitárias muito menos bem mantidas em tutela pelo centro político, majoritariamente situadas a oeste, registram, por sua parte, um individualismo agrário muito forte. A linhagem se encontra aí avantajada à custa do casal. Ora, são precisamente esses espaços que conhecem o paroxismo das sedições rurais a partir de 1620. Depois de uns 20 anos de paz, de reconstrução e de progressão demográfica, a situação se degrada, como em toda parte, para os jovens que chegam à idade de homem. Mas as consequências são mais graves nessas comunidades, porque se um pai deixa vários filhos, eles devem se partilhar terras já reduzidas pelo efeito mecânico das sucessões precedentes. Suas frustrações são ainda acentuadas pelo recuo da idade do casamento, que atrasa o mesmo tanto sua entrada no grupo dos adultos instalados. A importância jurídica e cultural da linhagem se junta a isso para valorizar os usos ligados à violência festiva e à vingança familiar. As grandes revoltas servem, provavelmente, de exutório a um conjunto de descontentamentos acumulados, que se tornaram explosivos pela ofensiva dos poderes contra as danças e os ritos de enfrentamento juvenis. Uma sensibilidade idêntica anima a Flandres, igualmente igualitária, onde o hábito da rebelião, rural e urbana, está bem implantado.

Um último índice da importância do fator juvenil pode ser extraído de uma análise das "emoções" populares, na França, de 1661 a 1789.[65] O desaparecimento das guerras camponesas não significa absolutamente a pacificação dos campos. O pesquisador contou perto de 8.500 movimentos mais ou menos graves, dos quais 39% são dirigidos contra o fisco, 18% traduzem problemas alimentares, e 20% dos conflitos com as autoridades, principalmente o aparelho de Estado. As aldeias dominam, com 60% do total, mesmo se a sobrerrepresentação citadina, 40% para 15% da população, revela um grande nervosismo urbano. Um primeiro pico aparece por volta de 1705, um outro entre 1740 e 1760, um último, muito marcado, de 1765 a 1789. Trata-se de ondas geracionais de descontentamento, provavelmente ainda

---

63 Jean Yver, *Égalité entre héritiers et exclusion des enfants dotes. Essai de géographie coutumière*, Paris, Sirey, 1966.
64 Robert Muchembled, Hervé Bennezon e Marie-José Michel, *Histoire du Grand Paris de la Renaissance à la Révolution*, Paris, Perrin, 2008.
65 J. Nicolas, *La Rébellion française, op. cit.*, em especial p. 29,34 e cap. XI, "Jeunesse, jeunesse...", p. 443 e seguintes.

mais fortes nas cidades, então em vigorosa expansão demográfica e econômica, do que nos campos. As 634 desordens, com dominante juvenil bem identificada, o confirmam: 131 acontecem de 1741 a 1760, e 308, de 1770 a 1789. Elas compreendem um bom número de turbulências noturnas ou carnavalescas, principalmente concentradas entre junho e setembro, nos domingos ou na ocasião de grandes festas de São João, de São Pedro e de 15 de agosto. O antigo calendário lúdico e viril impõe sempre sua lei. As forças da ordem ou os poderes locais se encontram contestados em 365 vezes, enquanto os enfrentamentos entre bandos aparecem em 61 ocasiões, os charivaris e cavalgadas no burro, 59 vezes, as desordens causadas por escolares ou estudantes – dentre as quais, as de Toulouse, muito reputadas por seus excessos –, 40 vezes. Em outros termos, os numerosos e severos editos de enquadramento são bem frequentemente achincalhados. Os altos aumentos de intolerância legislativa da metade do século e do período de 1778-1786 são acompanhados, em resposta direta, de picos de transgressão que fazem amplamente duvidar da eficácia das proibições pretensamente reforçadas. A cultura popular resiste muito bem às ofensivas dirigidas contra ela e manifesta até uma grande vitalidade. Os jovens machos não abandonaram absolutamente suas tradições noturnas nem sua brutalidade. Eles voltam, em parte, esta contra os auxiliares do Estado, os militares e os membros da cavalaria.

Aí está, aliás, somente a parte visível do problema. Com um pouco mais de 7% do total, as desordens juvenis parecem relativamente raras. Mas somente os que foram processados aparecem no desconto, os interessados tendo-se, frequentemente, vingados os desmancha-prazeres, ou de se comportarem segundo os hábitos herdados do passado. Muitas outras manifestações rituais continuam impunes, à imagem dos combates entre bandos, pouco observados no corpus. Porque essas coisas se praticam discretamente, longe dos olhos dos garantidores da ordem, que não procuram, provavelmente, deliberadamente os acontecimentos, quando um aumento de febre repressiva não os obriga a isso. Além disso, é certo que os adolescentes fornecem inúmeros atores, no caso de outras emoções classificadas em rubricas diferentes. Protestos fiscais, alimentares ou dirigidos contra autoridades os veem, seguramente, mobilizar-se com o resto da comunidade. Sobretudo porque sua animosidade bem estabelecida contra as tutelas e a cavalaria encontram, assim, o que fazer, e que a ocasião lhes permite provar sua virilidade, praticando, contra alvos detestados, uma violência costumeira, então amplamente aprovada pelos adultos revoltados que eles acompanham.

Como em toda a Europa, o século XVII é particularmente violento na França.[66] A degradação das condições de vida e o aumento das exigências fiscais do Estado contribuem muito para isso. Mas a causa essencial deve ser buscada na revolução das sensibilidades veiculada pela "civilização dos costumes". Esta modifica em profundidade os comportamentos dos citadinos bem remediados, já preparados pela paz urbana do século XV a aceitar essas novidades, que se difundem, em seguida, entre

---

66 J. R. Ruff, *Violence in Early Modern Europe*, op. cit., p. 192, 204.

os cortesões, em Versalhes.[67] Paralelamente, os outros corpos de população são vigorosamente incitados a abandonar a violência ritual que fundamentava a coesão dos grupos, mas acabava numa grande indiferença face aos ferimentos e ao homicídio. A aceitação de teorias tão distantes das realidades não se fazia de maneira cômoda. Nas duas extremidades do espectro social, os nobres, por um lado, o povinho citadino e, principalmente, o rural, por outro, se recusam a abandonar suas tradições. Revelada pela multiplicação dos duelos e dos grandes levantes populares, o duplo aumento de violência que resulta exprime fortes rejeições face à vontade dos governantes de impor uma lei da economia do sangue e das paixões. Por volta de 1620, no momento exato em que começa a impor-se, no Ocidente, o princípio segundo o qual a vida humana é protegida por Deus e a espada justiceira do príncipe, o desencadeamento concomitante dos desafios mortais entre aristocratas e motins camponeses carrega uma forte mensagem de contestação do conceito. A brutalidade praticada constitui, nela própria, a reivindicação principal. Os primeiros se saem, no entanto, melhor, porque a monarquia precisa muito deles nos exércitos para não tolerar a loucura mortífera dos duelos, prometidos somente em fachada a rigorosas punições. Eles incitam, assim, uma cultura sanguinária privilegiada, um modelo guerreiro baseado na eliminação impiedosa do adversário, cujo traço só se apaga muito lentamente, na sequência. Os rurais encontram muito menos indulgência. A volta incessante das proibições prova, contudo, a sobrevivência das tradições visadas. Porque o mundo rural sabe adaptar-se às ameaças vindas de fora, mantendo seu equilíbrio interno. À imagem dos jovens nobres que multiplicam os desafios, ele repousa sobre a obrigatória encenação da virilidade das novas gerações masculinas. Somente a conjunção, muito mais tarde, da queda do número de camponeses, do êxodo rural para as fábricas e do recrutamento generalizado permitirá instaurar verdadeiras mudanças em profundidade. Além disso, certas regiões conservam ainda hoje os hábitos de violência juvenil e de vingança familiar, dos quais são testemunhos a *vendetta* mediterrânea e as máfias que recuperaram suas principais características.

O tabu do sangue se impõe inicialmente entre as elites urbanas do continente, depois das terríveis devastações e traumatismos da Guerra dos Trinta Anos. Ele faz, em seguida, muito lentamente, seu caminho. Em Romans, em 1768, um motim explode por causa de um boato de rapto de crianças de menos de 14 anos por senhores bem vestidos que querem "tirar-lhes o sangue" e utilizá-los para demonstrações anatômicas.[68] A alegação lembra os levantes parisienses de maio de 1750, durante os quais um policial encontra a morte, porque corre um boato segundo o qual Luís V, envelhecendo, ordenaria raptar crianças para se regenerar com seu sangue.[69] Metáfora social, a substância vital sacralizada deve ser economizada. O corpo popular exuberante é

67　Robert Muchembled, *La Société policée, op. cit.*
68　J. Nicolas, *La Rébellion française, op. cit.*, p. 363.
69　Arlete Farge, Jacque Revel, *Logiques de la foule. L'affaire des enlèvements d'enfants. Paris 1750*, Paris, Hachette, 1988.

obrigado a reter-se, a evitar os excessos, a disciplinar-se.[70] Os dois motins em questão indicam, a uma só vez, que as gentinhas das cidades nem sempre querem saber, mas elas começam a persuadir-se mais disso no tempo dos filósofos. Ironia histórica, a os notáveis acusados de querer monopolizar o corpo, a carne e o sangue dos súditos, em particular dos mais jovens. Elas percebem muito bem o risco simbólico, em uma época em que os rapazes que chegam à idade adulta são, doravante, enquadrados de mais perto que antes. A "fábrica" europeia tenta fazer admitir aos jovens machos a absoluta necessidade de controlar sua violência. Desvalorizada pelos discursos morais dominantes, estigmatizada pelos representantes da ordem e os professores, esta se encontra cada vez mais desviada para espetáculos que supostamente a aliviam, como as execuções públicas, ou, na Inglaterra, o boxe. Os adolescentes particularmente renitentes, culpados de homicídio, de ferimentos ou de roubo, devem expor-se a uma punição das mais severas. É preciso, ainda, que as autoridades morais de referência, representadas pelo soberano e os senhores de qualidade, não rompam o pacto tácito de fazer um uso ilícito do precioso sangue da juventude, de quem eles exigem, com grande insistência, que não o dilapidem em tempo ordinário.

Uma linha de divisão cultural e social se desenha vigorosamente. Partidários entusiastas da pacificação dos comportamentos, os mais civilizados consideram, doravante, os outros como bárbaros grosseiros e brutais. Os preconceitos nobiliários de raça, definidos fortemente desde o século XVI, na França, assim como o desprezo marcado das classes superiores da era industrial, por exemplo, na Inglaterra vitoriana, pelos operários bêbados com costumes violentos e à sexualidade liberada, provêm dessa divisão do mundo. Talvez, inicialmente, tenha ela servido para sublimar os velhos reflexos xenófobos constitutivos das comunidades locais do passado, para forjar os Estados modernos, depois as nações do século XIX? Acentuada pelos procedimentos de educação dos adolescentes que distinguem obstinadamente uma elite, a despeito dos discursos de igualdade contemporâneos, ela continua a produzir, sob nossos olhos, na França e em outra parte na Europa, uma sociedade com duas velocidades.

---

70   Mikhail Bakhtine, *L'Œuvre de François Rabelais et la Culture populaire au Moyen Âge et sous la Renaissance, op. cit.*

CAPÍTULO VII

A violência domesticada
(1650-1960)

Em 1648, as pazes de Vestfália põem fim à Guerra dos Trinta Anos e a mais de um século de confrontos entre protestantes e católicos pela dominação da Europa. Sempre numerosos em seguida, cada vez mais mortíferos até o paroxismo das duas conflagrações mundiais do século XX, os conflitos mudam profundamente de sentido. Eles deixam, no mais das vezes, de colocar à frente causas religiosas para privilegiar noções de guerra justa entre Estado, depois, nações, enquanto uma notável parte das forças vivas se investe na conquista e na exploração colonial.

Engajada de 1650 a 1960, num imenso esforço para impor-se ao resto do mundo e para responder em seu solo aos desafios incessantes entre regiões expansionistas, a fábrica ocidental distingue cada vez mais vigorosamente duas formas de violência, legítima ou ilegítima. A primeira é indispensável para manter o espírito belicoso necessário à defesa da pátria e ao domínio de imensos territórios de ultramar. A outra é considerada pelas autoridades e as pessoas estabelecidas como inquietante, perigosa, perturbadora da harmonia social. Ora, as duas estão intimamente ligadas a fenômenos idênticos de agressividade viril. Como desenvolver uma sem validar o uso da outra aos olhos de todos?

O esforço de distinção foi longo e complexo. Mais lento em alguns países ou certas regiões, ele conhece fases regressivas, em especial no momento de grandes crises. Ele impôs, no entanto, por toda parte, no continente, um duplo modelo masculino de comportamento: o homem "imperial" capaz de brutalidade quando ela se mostra necessária ou legítima, e o cidadão pacífico, bom esposo, bom pai, alegando num lar calmo. O ideal do *peaceable kingdom* inglês, capaz de produzir energia militar necessária para reger um vasto império mundial, se encontra em toda a Europa ocidental, em especial na França, nos países Baixos, na Alemanha...

A pacificação das condutas quotidianas não repousa somente sobre a força das ideias, mas, também, nos modos de controle coletivo adaptados a tais necessidades. Norbert Elias e Michel Foucault os identificaram bem, cada um limitando a análise em uma das duas vertentes principais de um fenômeno que não ganha todo seu sentido senão globalmente. O processo de civilização dos costumes definido pelo primeiro permite compreender como o Estado se outorga autoritariamente o monopólio da violência, modela o sujeito levando-o a integrar-se autocontroles e limita, assim, as expressões de agressividade no espaço público. Código de ligação entre os membros das camadas superiores, a polidez configura as aparências, para pacificar as relações ordinárias sem embotar a energia indispensável aos combates vitais lícitos. Ela não concerne, no entanto, senão parcialmente e lentamente aos mundos populares. Estes são o objeto de outras técnicas de gestão da brutalidade, sob a forma de práticas "disciplinares" apresentadas por Foucault. Para ele, a prisão, mais exatamente o "carcerário", segundo seus termos, não visa somente a punir nem a tornar dóceis os eventuais transgressores das leis. A prisão faz parte de uma "tática geral das submissões" que conduz em ciclo do olhar policial ao encarceramento, depois, à delinquência, porque a vigilância de alvos pré-definidos envia, regularmente, alguns deste para a cela.[1]

Seria, entretanto, inexato opor termo a termo os dois modelos de educação do comportamento em função de puros critérios sociais. Numerosos são aqueles, de todas as origens, que são modelados pela dupla mensagem contraditória, nas famílias, nas instituições educativas e, mais ainda, no decorrer do serviço militar. A norma consiste em limitar estreitamente o direito de matar aos deveres sagrados para com a pátria, os seres amados, e a legítima defesa não é facilmente admitida por todos. Ela é especialmente infringida por aristocratas que reclamam o respeito do pudor, ou por adolescentes originários das camadas populares, cuja sobrevivência depende de sua capacidade de se defender em um ambiente difícil. Ela se encontra, contudo, difundida e enquadrada de muito perto por múltiplas agências de socialização. A justiça criminal é uma das principais. Durante os três séculos referidos, ela exerce um papel fundamental de verificação da eficacidade da difusão dos princípios e dos interditos relativos à violência ordinária. Aqueles que ignoram, depois, comparecem diante dos magistrados são maciçamente homens jovens solteiros de origem modesta, enquanto a parte das mulheres implicadas não para de diminuir. As mesmas características se encontram a propósito dos crimes contra os bens, que se tornam a preocupação essencial das sociedades industriais.

Bem além de sua ação repressiva e do restabelecimento da paz interna, os tribunais modelam as novas gerações masculinas em função dos critérios dominantes. Analisar seu papel permite inserir um elo que falta entre as teorias de Elias e as de Foucault, porque eles dirigem a todos os cidadãos uma mensagem normativa repleta de sanções, em caso de ruptura dos códigos. Aqueles, numerosos, que se adaptam pouco ou mal às exigências da civilização dos costumes não são somente avaliados em função da lei, mas também de sua periculosidade para a coletividade. Eles precisam demonstrar que sabem, pelo menos, refrear sua agressividade, se querem escapar

---

[1] Norbert Elias, *La Civilisation des mœurs*, op. cit.; Michel Foucault, *Surveiller et punir*, op. cit., p. 277, 287.

de processos. Esse mecanismo de autocontrole ligado ao interesse bem temperado do ator face a uma ameaça precisa de sanção redobra o da civilidade que cimenta as relações das pessoas honestas. Ele não chega a uma queda absoluta do potencial destrutivo do ser humano, mas a uma forma eficaz de enquadramento cultural deste pela civilização ocidental. O universo dos adultos soube muito limitar a brutalidade juvenil, desviando-a para a conquista externa ou a guerra legítima e criminalizando duramente o resíduo. Conjugado ao desaparecimento dos grandes conflitos militares em solo europeu, depois de 1945, o fim da era colonial destruiu esse equilíbrio, deixando o campo livre, há algumas décadas, para um aumento da criminalidade de sangue e dos excessos físicos.

De 1650 a 1960, a violência se acha realmente domesticada na Europa. Não somente os índices de homicídio seguem uma longa tendência à queda para atingir *minima* absolutos na metade do século XX, mas o uso mais banal da força evolui para práticas menos perigosas, tanto na intimidade familiar quanto no espaço público, onde o combate com mãos livres, conduzido segundo regras precisas, toma pouco a pouco o lugar do enfrentamento com faca. As metrópoles urbanas são o principal motor da mudança. Contrariamente a um clichê divulgado, a cidade europeia é um poderoso amortecedor de violência. Para pacificar suas ruas, ela modela incansavelmente a juventude e vigia de perto os imigrados que chegam em grandes proporções no tempo da industrialização. Os campos, que perdem sua preponderância demográfica na mesma época, mudam igualmente em profundidade, com um ritmo mais lento. A brutalidade rural regride, no entanto, muito menos por causa da ofensiva de civilização dos costumes do que de uma adaptação voluntário, até desejada por parte dos notáveis e dos adultos machos estabelecidos, à penalização dos crimes de sangue. Essa mutação radical das relações entre as faixas etárias masculinas se traduz pelo abandono progressivo da defesa da honra viril, por meio de armas, ou utilizando o poder físico, em proveito de uma percepção nova do valor, simbólico, mas igualmente monetário, da existência humana.

Sangue proibido

O espetacular movimento de rarefação do homicídio na Europa é bem conhecido. Iniciado desde o século XVII, ele se desenvolve principalmente nas cidades até a época industrial, depois ganha pouco a pouco os campos. França e Alemanha conhecem, assim, as duas, uma lenta queda das taxas no decorrer do século XIX, apesar das explosões pontuais. Na França, tais reincidências se observam por volta de 1830, 1850, 1870, 1880-1890 e, mais claramente, ainda, em torno de 1910. Contrariamente a clichês inexatos, a urbanização e a industrialização não são fatores de agravamento, mas, ao contrário, de atenuação a longo termo. Nos dois países, a curva das agressões sem sequências fatais evolui, no entanto, para a alta, exatamente ao inverso da precedente. Em outros termos, os conflitos são mais frequentes, mas suas consequências se tornam menos dramáticas. Depois de ter observado que a taxa francesa mais elevada, perto de 21 homicídios para 100 mil habitantes, concerne à Córsega, um autor estima que a principal explicação deve ser buscada nas tradições de violência, cujo declínio marca a vitória dos "valores urbanos e da organização social".[2]

Deve-se acrescentar a isso a dimensão juvenil que permite sozinha compreender as ondas sangrentas constatadas mais ou menos a cada 20 anos na França, igualmente identificáveis na Alemanha, por volta de 1850, depois, nos anos de 1880. Mais do que às crises econômicas, sociais e políticas ou à atmosfera de inquietude dos períodos de anteguerra, que amplificam somente o fenômeno, os picos estatísticos parecem principalmente ligados a efeitos geracionais. Impostos a uma maioria crescente de jovens machos, os interditos concernentes aos excessos sanguinários são sempre abertamente rejeitados por uma minoria deles que continuam a bater-se nas ruas, mas se matam cada vez menos, na maioria das vezes. A explosão mais intensa que se manifesta bastante regularmente na França, ao cabo de duas décadas, está, provavelmente, ligada à chegada ao fim da adolescência de uma nova faixa etária. Espécie de acesso de febre juvenil contra as normas impostas, ela traduz uma percepção agravada de sua situação pelos atores, geralmente de origem humilde, face à dominação dos adultos, que se exerce também muito fortemente no quadro econômico. Obrigando as autoridades policiais e judiciárias a reforçar um controle lentamente relaxado, por rotina, durante o período precedente, ela contribui a inflar, esporadicamente, os números da criminalidade contra as pessoas.

Na Suécia, o índice de homicídio declina lentamente, a partir dos anos de 1840 e se liga pouco a pouco, de maneira específica, às classes populares.[3] Na Inglaterra, os casos conhecidos da polícia, – um pouco menos de 400 por ano –, se reduzem pela metade entre 1860 e 1914. As condenações diminuem ainda mais, para fixar-se em 0,6 para 100 mil habitantes, no fim do período. Assaltos e ferimentos seguem, inicialmente, um movimento inverso, depois, pondo-se a declinar fortemente, desde a metade do século XIX para os primeiros, por volta de 1870 para os segundos.[4] Embora ela só se interesse incidentemente pelo critério de idade e não dê números brutos, um estudo regional referindo-se a uma grande região mineira, a *Black Country*, ao norte de Birmingham, mostra que os rapazes de 16 a 25 anos são sobrerrepresentados. Enquanto eles constituem 23% da população, por volta de 1850, eles fornecem 45% dos incriminados, com todos os tipos de delitos, até mesmo 50%, nos anos de 1830. Nenhuma outra categoria mostra uma delinquência superior ao seu peso demográfico, com exceção – mas com uma menor amplitude em relação ao seu número – dos que atingem 14 ou 15 anos e 26 a 29 anos. No total, os dois terços dos indivíduos processados têm de 14 a 29 anos, embora eles não ultrapassem

---

2   Howard Zehr, *Crime and the Development of Modern Society. Patterns of Criminality in Nineteenth-Century Germany and France*, Londres, Croom Helm, 1976, p. 114-117, 133, 135.
3   D. Lindström, "Interpersonal violence in history...", *op. cit.*; E. Österberg, "Criminality, Social Control, and the Early Modern State...", *op. cit.*
4   V. A. C. Gatrell, "The decline of theft and violence in victorian and edwardian England", *in* V. A. C. Gatrell, Bruce Lenman, Geoffrey Parker (dir.), *Crime and the Law. The Social History of Crime in Western Europe since 1500*, Londres, Europa Publications, 1980, p. 286-289.

o terço dos habitantes. Sensivelmente menos educados que a maioria destes últimos, eles pertencem a um mundo proletário rude, onde a briga é frequente, mas acaba bastante raramente em crimes de sangue.

De 1835 a 1860, esse espaço em que vivem mais de 300 mil pessoas fornece 258 comparecentes por *manslaughter* (ferimentos e golpes seguidos de morte) e 56 por *murder* (homicídio). Nenhuma sentença capital é pronunciada. As deportações ou o trabalho forçado se limitam a uma dúzia de exemplos, e a maior parte das penas infligidas é de prisões por seis meses ou menos. Os processos contra 499 autores de agressões sem consequência funesta confirmam as conclusões concernentes ao caráter maciçamente masculino e juvenil da violência ordinária, porque 92% dos atos são cometidos por homens, dos quais mais da metade tem entre 18 e 30 anos. Sua parte atinge até 80% para as tentativas de homicídio. O infanticídio, enfim, é pouco pesquisado. Geralmente jovens, muitas vezes criadas, as 39 acusadas deduzidas são tratadas com indulgência. Uma em duas é inocentada, as outras são encarceradas durante um ano no máximo, até menos de um mês para duas delas. Tudo indica que a violência, mesmo fatal, não é a preocupação principal das autoridades nem a das classes laboriosas da região. Apesar das pesadas despesas em que incorrem, os depósitos de queixas se orientam muito mais frequentemente para ataques à propriedade, o que destaca, ao mesmo tempo, uma aceitação fundamental da legitimidade do sistema legal e um fraco desejo de pacificar mais as relações humanas.[5]

Na França, o "Cômputo geral da administração da justiça criminal", de 1871 a 1940, permite, também, constatar que 49% dos casos são atribuídos a rapazes ou a moças com a idade de 30 anos ou menos. O índice ultrapassa 71% para o infanticídio, o delito feminino mais frequente, antes do roubo e do aborto. No que se refere aos homens, que constituem 83% do contingente, ele alcança 71% para os golpes e ferimentos seguidos de morte ou o assassinato não premeditado, 66% para o assassinato, 77% para as agressões agravadas, e ele ultrapassa também os três quartos para o roubo agravado. O número de acusados muito jovens sendo fraco, menos de 1% do total, a entrada na carreira se efetua realmente a partir de 16 anos. Até 40 anos, o roubo é de longe o principal motivo registrado, enquanto o primeiro lugar caba, em seguida, constantemente aos "atentados ao pudor e estupros de crianças", duas ações arbitrariamente reunidas na mesma categoria judiciária. Entre 22 e 30 anos, o assassinato não premeditado chega em segunda posição, muito longe do roubo, acompanhado do atentado ao pudor e estupro de crianças, do homicídio premeditado ou "assassinato", no sentido do código penal, depois do infanticídio. Uma correlação suplementar aparece com o celibato. Levantado em média em 57% dos dossiês, ele caracteriza ainda mais as violências agravadas.[6]

---

5 David Philips, *Crime and Authority in Victorian England. The Black Country 1835-1860*, Londres, Croom Helm, 1977, p. 160-163, 260-261, 267, 284-285.

6 Benjamin F. Martin, *Crime and Criminal Justice under the Third Republic. The Shame of Marianne*, Baton Rouge, Louisiana State University Press, 1990, p. 10-17.

Para além dos números que não refletem jamais perfeitamente as realidades e devem sempre ser tratados com precaução, aparecem tendências incontestáveis. No século XIX, na Europa ocidental, a queda para a delinquência afeta prioritariamente uma fração da juventude masculina e feminina que não parece conseguir assimilar as normas nem integrar-se socialmente. Para os dois gêneros, o percurso começa habitualmente pelo roubo. Acrescentam-se a isso, em seguida, ataques sexuais a meninas pequenas e confrontos brutais, viris ou com fim alimentar, para os machos, enquanto as moças vulneráveis recorrem ao infanticídio para se livrar de um apuro. Dentre os rapazes, os que se casam ou se estabelecem passam a formas de transgressão mais frequentemente centradas na fraude, o abuso de confiança, as manobras ilegais e os abusos carnais visando a menininhas. Estes fornecem 29.369 casos denunciados, de 1871 a 1940, ou seja, mais de 14% do total, o que os coloca em segunda posição depois do roubo. Não é certo que a prática se limite a um consolo somente dos representantes das classes superiores ou médias, frustrados pelo "casamento burguês", perseguindo sem pudor as pequenas proletárias mal protegidas.[7]

O fenômeno coloca, entre outros problemas, o do incesto em meio popular, porque o código penal o compreende igualmente na rubrica em questão. Mais amplamente, ele incita a refletir sobre o deslocamento da violência do espaço público para o seio do lar, na família. A novidade interessa, então, pouco às autoridades, tão contentes por ver reduzirem-se os conflitos aparentes, quanto pouco desejosas de investir no foro privado. Porque os homens de todas as idades atacam as meninas pequenas. O crime ocupa a segunda posição entre os solteiros de 16 a 21 anos, o terceiro para seus mais velhos até 30 anos, antes de subir ao segundo lugar entre os jovens adultos estabelecidos, e depois assumir o primeiro e de mantê-lo constantemente, em seguida, entre os homens com mais de 40 anos. Esses números colocam às claras inquietantes relações entre os sexos nas camadas sociais inferiores, das quais saiu a maioria dos indivíduos processados na justiça.

A emergência de um grande número de queixas manifesta, sem dúvida, uma necessidade feminina de encontrar um apoio externo contra uma tirania masculina muito difundida, que conduz a abusar, tão frequentemente, das menininhas. Ainda, é provável que a lei do silêncio e o medo de represálias impeçam outras denúncias, principalmente da parte de uma mãe contra um pai abusivo. É, além disso, possível que a indulgência crescente dos magistrados e dos jurados em matéria de infanticídio seja, em parte, motivada por uma percepção cada vez mais clara da situação desastrosa vivida desde a infância por muitas meninas, em particular pelas pobres criadas que fornecem a maior parte das acusadas.[8] Como na Inglaterra, não somente os patrões consideram facilmente que eles têm direito aos seus favores sexuais, mas

---

7   Ibid., p. 14, 37.
8   Consulte o cap. VI e Louis Gruel, *Pardons et châtiments. Les jurés français face aux violences criminelles*, Paris, Nathan, 1991, p. 58-60. Consulte também A. Tillier, *Des Criminelles au village*, op. cit.

elas se encontram também muito expostas aos estupros por parte dos criados machos ou dos senhorios.[9]

Na França, a criminalidade feminina conhece uma queda no decorrer do século XIX, para acabar por se fixar em 14% do total, nas últimas décadas, inclusive o infanticídio e o aborto. A parte das mulheres na violência se torna muito fraca: 6% para o homicídio simples ou o roubo com sevícias, 9% para as agressões, golpes e ferimentos, 13% para o assassinato. Além disso, os júris demonstram uma tendência crescente a tratá-las com indulgência e a absolvê-las, mais frequentemente que os homens.[10] Somente alguns tipos precisos atraem a atenção, como *A criada criminosa*, à qual Raymond de Ryckère consagra, em 1908, uma obra com o subtítulo evocatório *Étude de criminologie professionnelle*.

Não se deve deduzir daí muito rapidamente uma melhora da condição feminina. Porque o segundo gênero fornece cada vez mais vítimas. Maciçamente cometido com menininhas, os abusos carnais de menores se multiplicam, tanto na França quanto em inúmeros outros países, em especial em Viena, no tempo do doutor Freud. Na Inglaterra, eles conhecem uma forte progressão de 1860 a 1890, exatamente ao inverso da criminalidade em geral, que desaba depois de 1850, e não para de cair até a virada do século. Noventa e nove por cento dos acusados são homens, que atacam a meninas pequenas, em 93% dos casos. A "descoberta" do problema está ligada a um poderoso movimento de proteção da infância e a uma concepção romântica que apareceu com as Luzes, que insiste sobre a inocência dos mais jovens. A atenção não se volta, no entanto, sobre o menino, por causa de uma percepção diferenciada dos gêneros, que liga sempre o ser feminino à sua reputação sexual. Somente as meninas abusadas tornam-se um verdadeiro problema social. Elas são, ao mesmo tempo, o objeto de uma atenção crescente, explicando o aumento das queixas, e de uma rejeição. Muitas instituições se recusam a acolhê-las, de medo que elas corrompam as outras internas. Com a idade de 12 anos, até antes, elas são normalmente colocadas em refúgios ou prisões que acolhem prostitutas adultas.

Em um momento em que a feminidade e a infância se encontram repensadas pelos britânicos, a fim de desenvolver no conjunto da nação um modelo masculino de "vigoroso colonizador" imperial e um modelo feminino completamente devotado a uma "maternidade sagrada", as pequenas violentadas que não se integram nesse esquema causam, pelo menos, tanto espanto quanto piedade. Além disso, os contemporâneos se recusam a enfrentar abertamente o problema do incesto, no entanto, bastante frequente na origem de sua "queda". Pecado aos olhos da Igreja, o fato não é processado antes de 1908, no Reino Unido. Ele cai simplesmente sob o golpe da legislação que rege a idade do consentimento. Até 1885, a afeição excessiva de um

---

9 Anna Clark, *Women's Silence, Men's violence. Sexual Assault in England 1770-1845*, Londres Pandora, 1987, p. 40-41.
10 Ann-Louise Shapiro, *Breaking the Codes. Female Criminality in Fin-de-Sièce Paris*, Stanford, Stanford University Press, 1996, p. 14.

pai por sua filha de 13 a 16 anos não se evidencia como ilegítimo. Alguns genitores parecem, aliás, considerar que seus direitos maritais se estendem às crianças, sobretudo porque o estupro do cônjuge não pode ser processado antes de 1991.[11]

Apesar de importantes diferenças sociais, religiosas e culturais, os dois principais poderes coloniais do século XIX, a França e a Inglaterra, conhecem uma evolução paralela em matéria de delitos contra as pessoas. Homicídios e sevícias físicas continuam a declinar no espaço público, para atingir uma queda absoluta. No início do século XX, os tribunais processam menos de um acusado de homicídio para 100 mil habitantes. A violência não está, no entanto, erradicada, mas antes desviada pelos esforços das autoridades e das instâncias morais que ensinam a necessidade de domesticá-la em público. Desde 1822, as primeiras leis inglesas contra os que maltratam os animais vão no mesmo sentido. Em 1835, as brigas de galo e o maltrato dos animais domésticos são proibidos. Sustentada por uma opinião que reprova cada vez mais as expressões de crueldade, a criminalização da brutalidade entra numa nova fase, procurando a pacificação completa do espaço coletivo. O alvo principal continua a juventude masculina, de origem popular em particular. Desde a Idade Média, ela foi obrigada, sucessivamente, sob pena de morte, a abandonar o porte de armas e as rixas rituais, a contestação agressiva das autoridades, o latrocínio para melhorar uma existência difícil. Enfim, a aquisição de um vasto império ultramar contribuiu para o seu apaziguamento, orientando uma parte dos seus representantes mais turbulentos para a carreira militar ou o estabelecimento nas colônias.[12]

A Europa ocidental do século XIX redefine uma vez mais a noção de violência para adaptá-la a mudanças importantes nas relações sociais e, mais ainda, nas relações entre as faixas etárias e dos sexos, em uma época industrial marcada por grandes mutações. Tanto na França quanto na Inglaterra, os tribunais se mostram cada vez mais severos para os acusados masculinos e manifestam, ao contrário, uma indulgência crescente em relação às mulheres incriminadas. O paradoxo aparente revela uma vontade de enquadramento muito mais forte dos primeiros, principalmente jovens machos originários da classe operária, da parte dos poderes e dos notáveis adultos pertencentes às camadas superiores ou médias da sociedade. Aos seus olhos, o direito de punição, inclusive o recurso legítimo à força, pertence exclusivamente aos patrões, aos superiores e aos pais, que podem fazem uso dela sem excesso, para proteger seu lar e suas propriedades.

Quanto às filhas de Eva, muito mais raras a comparecer, elas se encontram, também, cada vez menos duramente castigadas na Inglaterra, na segunda metade do século. Elas recebem, sobretudo, penas de prisão curtas, quase jamais uma condenação à morte. Um número crescente de incriminadas de violências é, em suma, o objeto

---

11 Louise A. Jackson, *Child Sexual Abuse in Victorian England*, Londres, Routledge, 2000, p. 4-5, 18-19, 120, 134.
12 Martin J. Wiener, *Men of Blood. Contesting Violence in Victorian England*, Cambridge, Cambridge University Press, 2004, p. 12-13.

de veredictos de absolvição, sob pretexto de loucura. O fato de que eles atingem 17% dos casos nos anos de 1890 diz bastante sobre a percepção da "fraqueza" feminina que subentende as decisões. Na França, os jurados do fim do século se mostram pouco severos em face das práticas abortivas tornadas maciças, que implicam, cada vez mais, esposas utilizando esse meio para controlar sua fecundidade, apesar da política de natalidade do governo e as exortações da Igreja. O ato é descriminalizado por uma lei de 1923. Os índices de absolvição dos infanticídios, majoritariamente cometidos por meninas solteiras pobres e dominadas, progridem ainda mais rapidamente, para alcançar 58% às vésperas da Primeira Guerra Mundial, três vezes mais que em 1860.[13]

Tal clemência parece suspeita para certas feministas, levadas a ver nesse "não reconhecimento do potencial de violência na mulher" um dispositivo visando a abrandar os costumes, colocando em exergo a velha figura da "mulher civilizadora" ligada à afirmação de sua inferioridade.[14] Poderia mais exatamente tratar-se de uma percepção pelos juízes e jurados de uma migração decisiva da brutalidade física, do espaço externo para o centro do lar, e de uma vontade de limitar seu impacto, sem intervir diretamente em matérias privadas ou íntimas. A multiplicação das queixas por abuso sexual ou estupro de meninas pequenas é um dos inúmeros índices do desenvolvimento de sanções judiciais destinadas a frear a rudeza relacional e os excessos no ambiente conjugal. Considerado o santuário inviolável da masculinidade pelos burgueses triunfantes, este é, com efeito, o lugar da única agressividade legítima possível, por parte do patrão sobre o resto da família. Ela não deve, evidentemente, ultrapassar os limites de tolerância fixados pela lei, mas continuar discreta, calada, desconhecida das autoridades, sem o que ela pode ser sancionada com severidade. Tal é o caso da eliminação do cônjuge. De 1841 a 1900, a Inglaterra e o país de Gales registram 78 processos de esposas assassinas, e 701 um procedimentos contra maridos assassinos. A desproporção se duplica em um movimento inverso afetando os dois gêneros. Enquanto o gesto fatal feminino diminui pela metade durante o período, o cometido por um homem aumenta em três quartos e representa o único tipo de homicídio em progressão na época.

É improvável que a evolução seja unicamente devida a uma intensificação dos conflitos no seio do lar. Porque tais fatos eram propriamente invisíveis ou raros nas épocas precedentes. Em 579 dossiês de sevícias corporais, nenhuma acusação desse gênero é relatada no Essex, de 1620 a 1680. Como em toda a Europa, as perturbações conjugais são, então, sancionadas pela comunidade, sem recorrer à justiça. Os maridos complacentes ou fracos são instados a usar de rigor, sob pena de punições públicas humilhantes, como a cavalgada no burro, só imposta aos machos "cornudos". Se eles têm a mão muito pesada, e a mulher não sobrevive, o caso é qualificado como homicídio acidental e tratado com uma grande benevolência pelas cortes,

---

13 Ibid., p. 74, 133. Para a França, L. Gruel, *Pardons et châtiments*, op. cit., p. 57-59.
14 Nancy L. Green, "La construction de la délinquance feminine", in Cécile Dauphin et Arlette Farge (dir.), *De la violence et des femmes*, op. cit., p. 104.

supondo-se que ele chegue até elas. No século XVIII, casos não mortais chegam mais frequentemente diante dos tribunais ingleses, mas são, geralmente, o objeto de um procedimento de reconciliação sob controle legal e não de um castigo. A prática continua no século XIX, enquanto se estabelece, paralelamente, uma criminalização, sem dúvida parcial, do fenômeno.[15] Sua interpretação é incômoda. Não é certo que se trate de uma pura vontade de proteção dos fracos da casa. Os magistrados e os jurados não parecem definir verdadeiros limites senão nos limites dos excessos mortais de um marido. No mesmo momento, eles se recusam a tratar claramente do incesto paterno. E se eles tentam proteger melhor as meninas pequenas dos abusos sexuais, em particular por parte dos adultos, é principalmente para evitar que a perda de autoridade deles produza uma ampla corrupção do mundo feminino, sobre o qual repousa o futuro demográfico da nação. Como na França ou em outros países em via de industrialização, o essencial dos esforços repressivos diz respeito às classes inferiores, consideradas como perigosas e singularmente violentas.

A Inglaterra representa, contudo, uma relativa exceção na Europa. Ela é a única a ter precocemente orientado seus tribunais para a repressão dos ataques aos bens, sob a pressão dos "principais" habitantes pertencentes à *middling sort* das paróquias, assustadas pelo aumento rápido da vagabundagem entre 157 e 1630. O problema provém, então, de uma grande dificuldade dos jovens em estabelecer-se e casar-se, porque 67% dos que são detidos por vagabundagem têm menos de 21 anos, e 43%, menos de 16 anos.[16] No século XVIII, o *bloody code* continua a mandar para a forca mais jovens ladrões do que assassinos. Ele é abandonado nos anos de 1830, quando as ansiedades principais das autoridades e dos cidadãos se deslocam cada vez mais para os ataques às pessoas. Seu tratamento tardio repousa sobre um desarmamento geral dos cidadãos e das forças de polícia, seguido de um forte aperto das formas de vigilância sociais e de regulação da ordem pública. Vista como uma originalidade insular pelos autores anglo-saxões, essa evolução parece mais constituir uma recuperação do pelotão dos outros Estados, envolvidos desde o início do século XVII num processo de "civilização dos costumes" e de limitação da violência sanguinária. Nesse ambiente, a condenação rigorosa do assassino tende mais a reabsorver um arcaísmo espetacularmente demonstrado pelos números e a alinhar o país aos outros, do que a exprimir uma especificidade reivindicada pelos jornais locais, no fim do século XIX.[17] Estes definem especialmente o assassinato da mulher infiel como anti--inglês por natureza, para melhor exaltar o *self-control*, a domesticação da violência e a atenção dirigida ao sexo frágil. Acredita-se que esses traços caracterizam o súdito britânico, por contraste com todos os outros povos, franceses, italianos, espanhóis, gregos, em especial, presumivelmente incapazes de controlar sua impulsividade e sua combatividade. Vilipendiada pela tolerância muito grande dos júris nacionais em

---

15 M. J. Wiener, *Men of Blood*, op. cit., p. 140-141, 148-149.
16 Consulte o cap. II.
17 Clive Emsley, *Crime and Society in England, 1750-1900*, 2. ed., Londres, Longman, 1996, p. 275.

relação aos que matam por amor ou por paixão, a imoralidade francesa atrai especialmente sua condenação. É verdade que as mulheres são as principais beneficiárias da evolução, na Inglaterra do século XIX. Porque o álcool alimenta particularmente a brutalidade nos meios populares. Uma legislação muito restritiva dá testemunho disso, e as condenações a multas ou a detenções em prisão por tais excessos triplicam de 1860 a 1876, para atingir 185 mil no decorrer do último ano. Os casos de assassinatos de uma esposa por um marido bêbado acompanham o movimento, passando de 63, entre 1841 e 1870, a 152 durante os 30 anos seguintes.[18] A realidade desse flagelo social crescente explica a severidade dos tribunais. A ode ao "homem comum razoável" entoada pelos contemporâneos contribui, principalmente, a ocultar a extrema dificuldade de erradicar a violência, doravante excluída do espaço público, mas concentrada no lar, onde ela é, provavelmente, muito mais intensa e mais difundida do que sugerem as estatísticas criminais.

Na França, a situação parece um pouco menos preocupante. A antiguidade da luta contra todas as formas de agressão parece ter impedido uma excessiva concentração destas no foro privado, se nos referirmos à indulgência dos jurados a esse respeito. De 1903 a 1913, eles só se mostram muito rigorosos em matéria de assassinato ou de homicídio agravado, principalmente por ocasião de um roubo. Eles absolvem 40% dos outros comparecentes. Eles se revelam, sobretudo, compreensivos para os que matam por amor, ciúme ou aflição, mas também quando as vítimas, "pouco estimáveis", pertencem a meios turbulentos, onde os conflitos são costumeiros, e quando se trata de querelas de cabarés ou de rixas entre concubinos, no mundo operário.[19] A diferença essencial entre os dois grandes países rivais se deve, provavelmente, a uma percepção coletiva diferente de valor da vida humana. Por volta de 1830-1834, a França ocupa uma posição média, na Europa, pelo uso da pena de morte, com um caso anual por milhão de habitantes. Na Prússia, o castigo supremo praticamente desapareceu na quinzena de anos precedentes e não sanciona mais senão assassinatos. Na Inglaterra, a média anual das condenações ao último suplício passa, ao contrário de 1000, em 1810, a 1350, por volta de 1830, o que dá, em relação à população, uma taxa 10 vezes mais elevada que na Prússia e três vezes superior à da França. A maior parte visa a ataques à propriedade. Ainda que o número de enforcamentos efetivos decline sem parar durante o primeiro terço do século, para fixar-se em uma sobre 29 sentenças capitais, entre 1831 e 1833 – os outros prisioneiros sendo deportados para as colônias –, são principalmente roubos simples sem brutalidade que se acham também duramente sancionados.[20] O simbolismo ligado à execução não orienta, então, esta em prioridade para a dissuasão em relação aos autores de excessos sanguinários. O homicídio possui, por essa razão, uma dimensão muito mais banal que sobre o

---

18   M. J. Wiener, *Men of Blood*, op. cit., p. 235, 238-239, 288-289.
19   L. Gruel, *Pardons et châtiments*, op. cit., p. 47, 67.
20   Jean-Claude Chesnais, *Histoire de la violence en Occident de 1800 à nos jours*, Paris, Hachette, ed. revista e aumentada, 1982, p. 140-143.

continente. A multiplicação dos assassinatos de esposas traduz, provavelmente, as dificuldades de adaptação das sensibilidades coletivas à criminalização de um ato que, até aí, não apresentava problema maior às autoridades.

O declínio da violência fatal e o recuo da pena de morte estão intimamente ligados. Eles compõem as duas faces de um mesmo processo de valorização da vida humana que faz a originalidade da Europa e dos valores universais que ela exporta desde o século XIX. Nessa época de conflitos, guerras intestinas e de luta de classes, a evolução geral para a pacificação das relações ordinárias se desenvolve por toda parte em seu solo, em ritmos, às vezes, muito diferentes. A Itália, por exemplo, conhece uma transformação radical na segunda metade do século. O índice nacional de homicídio passa de 13 a 2 para 100 mil habitantes. Na província de Nápoles, onde vivem cerca de 7 milhões de pessoas, por volta de 1861, tais malefícios equivalem ao dobro dos que são, então, cometidos na Alemanha, França e Inglaterra juntas. Os tribunais julgam sete vezes menos em 1880, enquanto a população aumentou de 20%. Na Sicília, na mesma data, seu índice continua muito alto, em torno de 17 para 100 mil, mas já diminuiu pela metade, talvez, até de dois terços, desde o início do século. O declínio gradual da pena de morte, com um comportamento igualmente variável segundo os Estados, constitui a tela de fundo sobre a qual se desenvolve a pacificação dos costumes. Na França, o número dos guilhotinados caiu muito por volta de 1901-1905, depois acontecem flutuações até a abolição do castigo, em 1981. A Inglaterra registra um movimento ainda mais espetacular, passando de um máximo, por volta de 1830, a um índice inferior ao da França, no início do século XX, enquanto a Noruega, a Dinamarca e a Suécia abolem a pena capital. Essas mutações traduzem um olhar novo lançado sobre aos jovens de origem humilde que representam a maioria dos condenados à morte. Na Inglaterra, antes de 1800, os rapazes de menos de 21 anos são os mais representados no sinistro grupo.[21]

Às vésperas do primeiro conflito mundial, que revela fortes ondas de ferocidade coletiva, muitos europeus se encontram paradoxalmente pouco inclinados aos confrontos sanguinários na vida quotidiana. As burguesias podem orgulhar-se de ter domesticado a violência homicida, reduzindo fortemente o número dos assassinatos não crapulosos. Elas canalizaram ou desviaram a brutalidade das camadas laboriosas para torná-la menos preocupante. O aumento do número de golpes e ferimentos ou de conflitos familiares traduz essa derivação para atos com consequências menos trágicas, que conhecerão, por sua vez, uma regressão a seguir, um pouco menos rápida e com menos tamanho nos países do Sul do que nos do Norte.[22] A situação resulta de uma vigilância multiforme dos adolescentes, em particular dos de origem proletária, cuja turbulência "natural" preocupa mais fortemente os governantes, os de posse, as pessoas de bem ligadas à ordem e à paz cívica. A fábrica ocidental multiplicou os procedimentos de enquadramento de seu potencial perturbador. Filtro último, a

---
21   Ibid., p. 50-51, 145-150.
22   Ibid., p. 156-157, 162, 164.

justiça penal é menos encarregada de punir os irredutíveis e os irrecuperáveis ou de reabilitá-los pelo enclausuramento, segundo alguns discursos normativos do tempo, do que de isolá-los do corpo coletivo, para lhes impor a educação que eles rejeitaram.[23] A prisão, tal como a descreve Michel Foucault representa, ao mesmo tempo, um elo e um modelo reduzido da sociedade ocidental. Ela acolhe majoritariamente jovens machos anômicos. Ela prolonga para eles o imenso esforço de conformação de sua faixa etária por diversas instituições, dentre as quais a escola e o exército, e por múltiplos procedimentos menos oficiais. A educação do comportamento conduzida por todas as instâncias de socialização insiste sem fim sobre a necessidade do controle de si e da polidez, por ocasião da repartição do espaço comum, enquanto a agressividade juvenil se encontra desviada de mil maneiras, em especial, para o esporte produtor de um espírito sadio num corpo sadio, a aventura colonial, e, mais ainda, a defesa da pátria em perigo...

A despeito de uma queda real dos perigos, que se tornou bem visível pelo nível extremamente baixo das estatísticas concernentes ao homicídio na virada do século, os europeus acreditam ser as testemunhas de uma progressão da ferocidade dos jovens homens. A preocupação vem, provavelmente, da chegada à idade adulta de uma geração numerosa e cheia, cuja massa crescente pode assustar as pessoas estabelecidas, atropeladas, no mesmo instante, pelas reivindicações proletárias e pelas tensões entre Estados. Na França, os intelectuais se apaixonam por tais problemas. Eles definem estereótipos criminosos em uma ótica muito moralizadora. Do lado masculino, estes são ajustados segundo as idades da vida: a violência caracteriza a juventude, o roubo ou a fraude se desenvolvem com a maturidade, os abusos sexuais visando às meninas pequenas são o apanágio da velhice. Talvez o odor antigo que se desprende dessas tipologias contribuiu a desvalorizá-los fortemente aos olhos dos pesquisadores de hoje? No entanto, se considerarmos essa literatura florescente como um sintoma, ela revela uma angústia muito forte face às ameaças representadas pelas novas gerações e às suas consequências desastrosas para a coletividade. Paul Drillon disserta, em 1905, sobre *La Jeunesse criminelle. Science et religion. Études pour le temps présent*. Em 1907, J. Grosmolard analisa *La Lutte contre la criminalité juvénile au XIXe siècle*, enquanto Raoul Leroy apresenta um *Examen médico-légal d'um jeune criminel de 20 ans poursuivi pour viol et homicide volontaire*. Em 1908, Albert Giuliani consagra sua tese de direito à adolescência – *L'Adolescence criminelle. Contribution à l'étude des causes de la criminalité toujours croissante de l'adolescence et des remèdes à y apporter*. No ano seguinte, G.-L. Duprat também se interessa pela criminalidade na adolescência – *La Criminalité dans l'adolescence. Causes et rémèdes d'un mal actuel*.[24]

---

23   Falk Bretschneider, "Toujours une histoire à part? L'état actuel de l'historiographie allemande sur l'enfermement aux XVIIIe et XIXe siècles", *Crime, Histoire et Sociétés. Crime, History and Societies*, vol. 8, nº 2, 2004, p. 141-162.

24   B. F. Martin, *Crime and Criminal Justice under the Third Republic*, op. cit., p. 5, nota 9, fornece uma longa lista de títulos com inúmeros erros de detalhe.

A hecatombe de 1914-1918, que dizimou, principalmente, a juventude, desarma esses temores e permite reencontrar o caminho da pacificação dos costumes. Por volta de 1930, a violência assassina atinge sua "estiagem" na Europa. O homicídio não é mais do que uma lembrança na parte ocidental, da Escandinávia à Espanha, passando pela França, onde os atos repertoriados oscilam entre 0,5 e 0,9 para 100 mil habitantes, com exceção da Finlândia onde o índice atinge 10,1. Um segundo grupo de países – Alemanha, Bélgica, Portugal, Itália, Checoslováquia, Áustria – expõe médias situadas entre 2 e 3. A leste, e ao sul, enfim, a Hungria, a Polônia, a Romênia e a Grécia veem os seus fixarem-se entre 4 e 6, contra 8,8 nos Estados Unidos, e 51,8 no México, na mesma época. Quase meio século mais tarde, entre 1976-1978, a situação transcrita pelas estatísticas sanitárias se harmonizou. O índice flutua, geralmente, em torno de um, ou seja, nove vezes menos do que nos Estados Unidos, e as distâncias se reaproximam, inclusive para a Finlândia, onde o fenômeno continua, contudo, três vezes mais frequente que em outro lugar. A Europa é o único continente do planeta a apresentar tal situação no terceiro quarto do século XX. A violência fatal é aí residual, no mais frequente das vezes, ligada ao banditismo. Os processos aí se orientam, a partir de então, principalmente para formas de brutalidade privada. O aumento muito claro dos casos de estupros na Suécia e na Alemanha, sua mais lenta progressão na França, Inglaterra ou Itália, indica menos uma agravação real do que uma criminalização crescente de tais fenômenos. Expulsa da rua, cada vez mais denunciada pelas vítimas, a agressividade se torna um tabu absoluto. A célula familiar se encontra mais do que antes sob vigilância, o que induz processos crescentes contra atos ordinariamente silenciados até então, dentre os quais o incesto e a pedofilia, chamados a concentrar a atenção das autoridades repressivas, no início do século XXI. Outras evoluções e transferências de violência são identificáveis. As conclusões de Durkheim relativas ao suicídio, mais frequente segundo ele em classes remediadas francesas do que entre os pobres, são sempre válidas, e a Europa dos anos de 1970 exibe a mortalidade na estrada mais forte no mundo, com grandes diferenças segundo os países. Ao contrário dos Estados Unidos, a existência aí é menos ameaçada pelo crime do que pelo acidente na estrada e o suicídio.[25]

A maneira como o Velho Continente se transformou em oásis de segurança para as pessoas depende, ao mesmo tempo, de uma tomada de responsabilidade do problema por cada Estado e de uma aceitação individual dos valores pacificadores. A evolução não chegou ao desaparecimento de toda violência mortífera, porque esta atingiu uma intensidade excepcional por ocasião das revoltas, revoluções e guerras que marcaram intensamente o território referido até 1945, mas acelerou sua retirada do espaço público e das relações sociais habituais. É possível perguntar-se se os dois mecanismos não estão intimamente ligados. O controle cada vez mais eficaz da agressividade viril comum não teria tido por preço coletivo as hecatombes militares

---

25 J.-Cl. Chesnais, *Histoire de la violence en Occident*, op. cit., p. 56-57, 61-63, 174, 222, 277, 313, 397.

e as explosões reivindicatórias conduzidas a enfrentamentos sangrentos? No estado atual dos conhecimentos, é impossível decidir. Pelo menos se pode pensar que a multiplicação das obrigações em torno do tabu do sangue modificou profundamente o equilíbrio psíquico dos jovens machos, em um momento em que outros interditos, de ordem sexual, pesavam fortemente sobre eles. Os filhos de privilegiados ou de burgueses afortunados foram, assim, às vezes, orientados para um desespero suicida e, mais frequentemente ainda, por um mecanismo de sublimação, para estilos de competição lícitos colocados a serviço da coletividade: exército, conquista colonial, evangelização dos povos distantes, empresas comerciais, encontros esportivos de alto nível...[26] O que aconteceu com os outros, em particular os mais pobres? Obrigados a disciplinar suas paixões, a não mais se bater e a esperar o casamento para aproveitar das delícias da carne, como viveram eles essa submissão sem grande esperança? A resposta para um problema tão vasto ainda muito pouco estudado não é simples. Ela exige pelo menos distinguir o universo urbano do universo dos campos.

A cidade civilizadora

As sociedades ocidentais procuram policiar em prioridade as ruas da cidade. Criado por Luís XIV, o tenente de polícia de Paria as ilumina, as vigia, para prevenir movimentos populares possíveis, olhando pelos casos individuais e se informando sobre todo boato.[27] No século XVIII, o capitalismo comercial se impõe, e as riquezas coloniais afluem sobre o continente, principalmente nas cidades, que atraem massas de vagabundos e de desenraizados dos quais muitos não podem ser reeducados nas casas de correção ou nos hospitais gerais. Os grandes batalhões de delinquentes se recrutam sempre no universo juvenil, masculino e feminino. Se eles, com frequência, assimilaram a mensagem imperativa das autoridades e das tutelas morais concernentes ao tabu de sangue, nem por isso deixam de sofrer enormes frustrações num sistema muito hierárquico, onde o adulto macho tem todos os direitos. Para muitos dentre eles, o roubo constitui uma necessidade vital, ao mesmo tempo que um exutório. O Ocidente conhece uma valorização cada vez mais forte dos bens. No plano simbólico, estes se tornam progressivamente a marca de uma existência bem-sucedida, enquanto se desenha a Revolução francesa, portadora dos valores do mérito para se opor aos do nascimento. Não é, então, surpreendente que o diálogo social se ligue, nesse nível, entre os decisores do vértice e da base da sociedade, do rei ou do chefe do Estado aos pais de família, para exercer uma tutela, de maneira renovada, mas sempre firme, uma juventude apressada para aproveitar do que sua civilização considera como essencial. A justiça criminal é encarregada de provar a importância extrema dos novos interditos.

---

26 A ideia é desenvolvida por Robert Muchembled, *L'Orgasme et l'Occident*, op. cit.
27 Pierre Clément, *La Police de Louis XIV*, 2ª edição, Paris, Didier et Cie., 1866.

Lenta em realizar-se, a principal mudança vê as crianças, principalmente os grandes rapazes solteiros, que, outrora andavam ao acaso de noite e nos dias de festa, lentamente rechaçados do espaço público para frequentar a escola, a manufatura, mais tarde a fábrica e o serviço militar obrigatório. A atenção e a afeição familiar que se desenvolvem para essas idades da vida a partir do século das Luzes traduzem não somente uma revolução dos sentimentos, mas também um reforço da influência dos adultos sobre gerações potencialmente perturbadoras da paz comunitária. Encarregado de garantir a socialização inicial e de afastar os pequenos do caminho do vício, depois confiá-los a instituições capazes de limitar os contatos dos adolescentes com a rua preocupante, o lar parental adquire, assim, muito mais importância que antes. Lugar protetor, ele concentra, igualmente, mais tensões, quando assume funções formadoras, outrora assumidas pelos bandos juvenis. Assim, as violências domésticas parecem ter constantemente aumentado durante o período, a tal ponto que, por volta de 1970, perto de um homicídio em quatro cometidos na Europa é um crime familiar.[28] Enquanto as cidades só representam ainda uma minoria no século XVIII, não mais do que um quinto da população francesa, por exemplo, elas se tornam os laboratórios da mudança. Depois de um eclipse no tempo dos suplícios decretados por um Estado central desejoso de mostrar seu poder, elas redescobrem os caminhos da pacificação dos comportamentos característicos da idade de ouro das boas cidades no fim da Idade Média.[29] O contraste é, com frequência, claro entre o terror legal sempre utilizado pelos governos centrais e os procedimentos de controle mais brandos empregados nas grandes metrópoles modernas. Mesmo se os alvos são idênticos, os ataques aos bens, que se encontram por toda parte, mais processados, o sistema punitivo difere muito sensivelmente. Em Lorena, principado soberano, o código Leopoldo, de 1707, orienta principalmente a severidade judiciária do regime contra os ladrões. Em um total de 139 sanções pronunciadas em apelação, de 1708 a 1710, elas fornecem 59 dos 70 condenados à morte. A metade deles roubou, sem violência, produtos alimentares, gado ou roupas. Raros, os casos de sangue sancionados pela pena capital são todos considerados como extremamente graves: dois parricídios, seis assassinatos e um infanticídio.[30] A conjuntura deprimida e a miséria que reina durante o grande inverno de 1709 não explicam sozinhas a onda repressiva concernente ao roubo, porque o movimento afeta, ao mesmo tempo, toda a Europa, em particular a Inglaterra do "código de sangue, como se viu. No século das Luzes, o deslocamento do processo de criminalização indica que o homicídio não é mais a preocupação principal das autoridades, porque sua ação intimidadora produziu seus frutos, só deixando um pequeno número de irredutíveis, sempre eliminados sem piedade. As condenações judiciárias se abatem mais sobre os autores de latrocínios,

---

28 J.-Cl. Chesnais, *Histoire de la violence en Occident*, op. cit., p. 100.
29 Consulte o cap. IV.
30 Aline Logette, "La peine capitale devant la Cour souveraine de Lorraine et Barrois à la fin du règne de Louis XIV", *XVIIᵉ siècle*, nº 126, 1980, 32º ano, p. 10-13.

culpados, ao mesmo tempo, de desobediência e de questionamento dos fundamentos desiguais da sociedade.

A repressão dos ataques aos bens constitui igualmente a principal preocupação das autoridades urbanas, mas o tratamento do problema pela polícia e pela justiça de proximidade se revela menos brutal. Mensurada segundo as queixas prestadas diante da corte dos Magistrados municipais de Bordéus, de 1768 a 1777, a pequena delinquência ordinária sancionada por esse tribunal municipal de primeira instância implica 2.100 acusados, em 10 anos.[31] Muito próspera, enriquecida pelo comércio atlântico, embelezada pelo intendente Tourny, a cidade é uma das mais importantes da França, depois de Paris, com uma população que passa de 45 mil a 110 mil indivíduos, no decorrer do século. Ela enfrenta uma crise de subsistência excepcionalmente grave em 1771-1772. A parte feminina destacada nessas fontes é marginal. Os conflitos entre pessoas atingem perto de 36% do total, seguidos pelos roubos por cerca de 25%. O perfil mais corrente do delinquente é o do homem jovem originário do artesanato ou de um pequeno ofício, recentemente imigrado em 41% dos casos, de preferência vindo do campo que de outras cidades. Os incriminados com a idade de 20 a 34 anos formam quase quatro quintos do contingente, com uma predominância dos rapazes de 20 a 24 anos. Os artesãos, principalmente os dos ofícios da madeira, do vestuário ou da construção, entre os quais figuram muito poucos mestres, fornecem dois acusados em cinco, as ocupações de nível inferior, marinheiros, moços de frete, criados, vinhateiros, quase o mesmo tanto. Os queixosos, cuja idade é raramente conhecida, pertencem, quase a metade, a camadas mais remediadas, nasceram, na maioria, em Bordéus, e sabem, mais frequentemente que os acusados, assinar. Em 80% dos casos, eles conhecem estes últimos, em consequência de relações profissionais, de vizinhança ou de coabitação, até mesmo simplesmente de encontros nas ruas ou em feiras de março e de outubro, momentos privilegiados dos crimes registrados.

Injúrias e golpes que levam a ferimentos caracterizam uma sociabilidade brutal herdada do passado, que acontece, principalmente, no verão. A metade das querelas opõe protagonistas de nível social equivalente, habitualmente vizinhos ou companheiros de trabalho, por causa de problemas de dinheiro – empréstimos, aluguéis não pagos, dívidas –, ou altercações, em especial no cabaré, algumas vezes também por desejo de vingança. As agressões verbais, injúrias ou ameaças, os golpes não que provocam ferimento atingem quase os dois terços do conjunto. Eles visam intensamente a pessoas de condição superior e compõem, igualmente, uma boa parte da delinquência feminina. Quanto ao resto, os ferimentos que justificam a presença de um cirurgião são provocados, em 36%, por rapazes com a idade de 20 a 24 anos, companheiros artesãos, na proporção de três em cinco, que enfrentam geralmente um de seus semelhantes. Resto da intensa e frequente violência homicida do

---

31 Dominique Vié, "La criminalité à Bordeaux de 1786 à 1777 d'après les plaintes et informations de la cour des Jurats", *Positions des thèses de l'école des Chartes*, Paris, 1971, p. 193-199.

passado, o fenômeno demonstra uma sensível queda do limite de tolerância nesse ponto, mas também a sobrevivência, com consequências menos trágicas, dos enfrentamentos viris entre machos solteiros, essencialmente no meio dos trabalhadores de serviço pesado.

O roubo apresenta caracteres muito diferentes. Ele acompanha de perto a curva das variações do preço do pão, e atinge seu máximo durante a crise de 1771-1772. Escasseia-se no verão, mas, ao contrário, multiplica-se durante as feiras. Simples, uma vez em duas, ele diz respeito, no entanto, muito pouco ao alimento. Os acusados roubam, principalmente, dinheiro, roupas, baixelas de prata e joias. Geralmente, membros dos pequenos ofícios e imigrados de data recente sem trabalho atacam habitantes com alguma posse. A calamidade é muito mais importante do que o sugerem os números, porque as vítimas devem encontrar elas mesmas o ladrão para levá-lo à justiça, sem obter muita ajuda da parte da polícia. Penas pesadas, indo até ao enforcamento ou ao trabalho forçado perpétuo, indicam que as autoridades judiciárias identificam uma ameaça social grave e endêmica, sem ter os meios reais de eliminá-la. Elas revelam, também, um face a face tenso entre a parte mais instável do mundo juvenil pobre, originário da imigração e da sociedade próspera estabelecida. Menos preocupante, parece, porque ela se limita a conflitos entre iguais, a violência sanguinária residual cujo calendário difere muito do precedente seria o fato de uma outra parte, um pouco mais bem estabelecida, da faixa etária? Tal é, provavelmente, o caso das injúrias, linguagem sarcástica ou desafio da parte dos inferiores, em especial mulheres, contra superiores ou financeiramente bem. Os simples delitos de polícia contabilizados só sustentam esse sentimento, porque eles provam a "existência de um espírito barulhento, crítico, brincalhão e fraudador", entre os jovens bordelenses, que gostam de resistir à ronda, atacar ou amotinar o povo contra ele. Enfim, os casos de costumes denotam uma ampla tolerância da vizinhança com a prostituição e uma forte propensão masculina ao rapto de sedução, para se aproveitar dos favores de uma moça, depois, abandoná-la, quando ela estiver grávida. Nesse domínio aparece a fragilidade muito grande das criadas, infalivelmente dispensadas pelos patrões, depois tentadas pelo infanticídio, o que não é em nada uma novidade e se observa em outros lugares, assim como na Inglaterra, nos séculos anteriores.[32]

A evolução constatada em outras grandes cidades europeias segue as mesmas linhas de força. O roubo se torna em toda parte a preocupação principal, em especial em Paris.[33] Em Amsterdã, os juízes multiplicam as sentenças capitais a esse respeito, por volta de 1720, enquanto consideravam até aí os fatos com uma grande indulgência. A mutação é diretamente religada à mudança de estatuto da violência mortal. Os relatórios de inspeções de cadáveres permitem observar um espetacular declínio desta até os anos 1690, seguido de uma nítida elevação temporária: o índice

---

32 Frances E. Dolan, *Dangerous Familiars. Representations of Domestic Crime in England, 1550-1700*, Ithaca, Cornell University Press, 1994, p. 25.
33 André Abbiateci (*et al.*), *Crimes et criminalité en France*, op. cit.

de homicídio para 100 mil habitantes passa de 47, no século XV, a 25, no seguinte, depois a três, por volta de 1670, antes de tornar a subir para nove, de 1693 a 1726, para, enfim, estabelecer-se entre dois e três, na segunda metade do século XVIII. A retomada constatada durante três décadas corresponde a um período específico de "combate com faca" nas ruas, que acaba precisamente no decorrer dos anos de 1720. Em seguida, a agressão fatal migra do espaço exterior para o lar, onde se desenvolvem conflitos sangrentos mais numerosos. Ora, os atores dos duelos com faca são, essencialmente, jovens machos originários das camadas inferiores, mas não das mais baixas. Eles ocupam até uma posição mediana, nos limites inferiores das categorias "respeitáveis". Além disso, a metade deles são pequenos ladrões de ocasião, até, às vezes, indivíduos que vivem de suas rapinas.[34] Parece que a transição para a pacificação dos comportamentos se tenha efetuado nesse momento, induzindo resistências da parte dos solteiros privados de seus direitos tradicionais à violência viril. Obrigados a deixar o espaço público noturno, eles desafiam duplamente as autoridades, pelo duelo popular com faca e pelo latrocínio.

A cultura juvenil masculina urbana passa do assassinato, cada vez menos tolerado pela sociedade, ao roubo. Até aí levemente reprimido, frequentemente considerado um caso privado pela polícia, em Bordéus ou em outra parte, este não oferece somente meios de existência aos menos providos. Num universo onde os contrastes de riqueza se acentuam e onde as tentações aumentam, ele depende também de atitudes de contestação dos adolescentes face às autoridades e aos notáveis bem instalados. Não se trata de mais pobres e vagabundos sem esperança, mas, antes, de crianças do povo que se julgam mal favorecidos e que sofrem pelo reforço das tutelas morais e sociais que pesam sobre eles. A justiça não se engana aí. Diante desses novos desafios que deslocam para os bens o nó do conflito simbólico entre as gerações ascendentes e os adultos, ela reage, multiplicando os exemplos de punição suprema. O roubo simples, ou, para os criados, o fato de roubar a menor coisa do seu patrão, mesmo um lenço, pode levar à forca. A nova lição educativa dada a todos os filhos é não opor-se à lei dos pais, não procurar subverter a ordem comum das coisas, apropriando-se do que não lhes pertence, mas manter seu lugar, trabalhar e obedecer, para chegar, um dia, à posição esperada. *Le Zèle et la Paresse*, uma célebre sequência gravada em 1747, segundo Hogarth, prolonga o cruel acautelamento. Ela mostra que o aprendiz vicioso e preguiçoso acaba enforcado em um cadafalso em Tyburn, enquanto seu companheiro hábil, respeitador das normas, se torna prefeito de Londres.[35]

Embora ela esteja começando a assumir o primeiro lugar na Europa, com um aumento de mais da metade de sua população no decorrer do século, para atingir perto de 900 mil habitantes por volta de 1800, e que ela conheça um dramático

---

34 Pieter Spierenburg, *The Spectacle of suffering*, op. cit., p. 138-139; id., "Knife fighting and popular codes of honor in early modern Amsterdam", *op. cit.*, p. 106-107.
35 *William Hogarth*, catálogo da exposição do Louvre, Paris, Hazan e Musée du Louvre Éditions, 2006, p. 184-189.

declínio da renda *per capita*, a cidade de Londres registra uma queda muito forte dos assassinatos cometidos nas ruas. Os acusados masculinos representam 87% do total. As mulheres estão tão mais retiradas que elas respondem muito raramente pela violência às inúmeras provocações ou insultos que sofrem no espaço público. Levando em conta a evolução demográfica, o total dos combates mortais, aliás, mais frequentemente engajados sem intenção deliberada de matar, se revela seis vezes menos importante em 1791 do que em 1690. As últimas décadas do século das Luzes veem o índice estabelecer-se em menos de 1 para 100.000, no mesmo nível que o que prevalecerá por volta de 1930, no conjunto do Reino Unido. Os dois tipos de homicídios que se degradam mais são as resistências às autoridades policiais – o que implica uma melhor aceitação da lei – e as querelas de honra. No último caso, a atitude de evitação levantada do lado feminino se desenvolve também entre os homens, porque, a partir da metade do século, um número crescente deles não procura mais responder a provocações, utilizando armas. Além disso, testemunhas de todas as origens sociais se interpõem durante 39% das brigas da segunda metade do século. a pacificação dos costumes atinge particularmente os jovens *gentlemen*, dos quais muitos deixam de portar a espada, desde os anos 1720 ou 1730. A intolerância a toda forma de brutalidade se exprime ainda mais fortemente por volta de 1760, através de frequentes queixas prestadas pelos londrinos empurrados, agarrados, maltratados ou agredidos quando caminham na rua. O espaço exterior aberto se torna muito mais policiado. No fim do século XVIII, mais da metade dos homicídios denunciados foi cometida no interior de casas ou de lugares públicos fechados, tabernas, bares e lojas.[36]

O declínio por patamares sucessivos da violência relacional, em Londres, corresponde a uma aceitação crescente de auto-obrigações cada vez mais fortes pelas gerações afetadas. O ponto de partida da sensibilização da opinião pública ao problema é, provavelmente, constituído pelo caso dos *Mohocks*. Durante vários meses, em 1712, a capital inglesa conhece um verdadeiro pânico moral. Grupos misteriosos de jovens aristocratas devassos são acusados de aterrorizar a cidade, de noite, e de ferir pessoas honestas. A rainha chama à vigilância e até oferece uma boa recompensa aos denunciantes. Ora, trata-se de uma pura invenção de um escritor de Grub Street, que deixa, aliás, muitos contemporâneos céticos. O resultado é, no entanto, tornar os cidadãos e as autoridades muito menos tolerantes com os libertinos de qualidade, os *rakes*, doravante mais frequentemente e mais fortemente processados na justiça. Originária de um fantasma angustiante, a longa crise revela uma realidade, porque ela atrai a atenção sobre os perigos que resultam da agressividade juvenil e sobre a necessidade de remediar a isso.[37]

---

36 Robert B. Shoemaker, *The London Mob. Violence and Disorder in Eighteenth-Century England*, Londres, Palgrave Macmillan, 2004, p. 168, 170-175, 178-179.
37 Jennine Hurl-Eamon, *Gender and Petty Violence in London. 1680-1720*. Columbus, Ohio University Press, 2005, p. 32-33, 40-41, 46-47.

Por conseguinte, as estatísticas concernentes aos crimes de sangue registram um resíduo em constante diminuição, apesar dos problemas sociais e culturais incessantemente mais agudos colocados pela coabitação de populações desarmônicas em aumento permanente. A violência não desaparece, muito pelo contrário, mas ela se banaliza de geração em geração. A vigilância exercida pela polícia e o terror das execuções capitais não bastam para explicá-la. O principal motor da evolução deve ser procurado no controle diário dos gestos de cada um pela coletividade. A civilização dos costumes está a caminho, como em todas as grandes cidades da Europa. Ela não se instaura somente por regras de polidez e de civilidade. Estas forjam efetivamente tipos ideais de homem e de mulher sensíveis, caridosos, capazes de dominar suas pulsões e de expurgar seu vocabulário, para evitar o insulto ou os confrontos em público.[38] Mas seu efeito é, principalmente, sensível nas camadas superiores e nas classes médias. Se elas se difundem, igualmente, para os mundos populares e podem ser aprendidas frequentando os bares, os jardins, os lugares públicos, até mesmo estão presentes, cada vez mais, nas relações entre patrões e criados, elas estão longe de conseguir modelar os comportamentos do conjunto das categorias laboriosas. O uso de palavras pertencentes a esse código verbal é, aliás, muito raro nos milhares de processos do tempo, que dizem respeito, sobretudo, a representantes destas últimas.

A nítida mudança de atitude das multidões e dos humildes ante a brutalidade está, no entanto, patente. Ela parece resultar principalmente da modificação do espaço urbano, que se tornou superpovoado. No último terço do século, em particular, muitos observadores estrangeiros comentam com surpresa a conduta dos passantes londrinos: eles evitam os olhos dos outros, reduzem ao máximo o contato físico, servindo-se de seus cotovelos e não de suas mãos para abrir passagem, não se voltam quando esbarraram em alguém, porque seria confessar uma ação intencional. A reputação não se fixa mais tanto quanto antes na rua, o que desarma uma parte dos enfrentamentos outrora inevitáveis em caso de questionamento público da honra. Os lugares de sociabilidade onde se apertam as pessoas humildes, *pubs* e lugares de trabalho, são provavelmente regidos por regras de evitação de conflitos ainda mais imperativas, porque eles fornecem indispensáveis refúgios, separados dos tumultos externos. Afetar aí maneiras afáveis se torna necessário para não passar por um desmancha-prazeres. A respeitabilidade se liga, doravante, menos a uma virilidade ferozmente proclamada do que a uma conduta calma que não põe em perigo a ordem que reina no meio.[39]

Os londrinos de qualquer origem se distanciam de alguma maneira dos perigos e da promiscuidade da rua, para construir uma personalidade mais intensamente "privada", menos sensível ao olhar dos outros, o que os torna menos desejosos de manejar a invectiva ou de dar um murro para impor o respeito. A evolução parece

---

38 Graham J. Barker-Benfield, *The Culture of Sensibility. Sex and society in Eighteenth-Century Britain*, Chicago, The University of Chicago Press, 1992.
39 R. B. Shoemaker, *The London Mob, op. cit.*, p. 292-297.

vir da mesma forma tanto de baixo, das multidões em vias de se transformar em coleções de indivíduos num mundo superpopuloso, quanto do alto e do processo de civilização dos costumes. Ela induz uma modificação profunda das definições implícitas da masculinidade e da feminidade, então, também das relações entre os gêneros. Porque se os homens se revelam menos agressivos entre eles, eles parecem se interessar mais frequentemente, espontaneamente e rudemente, pelas mulheres. Estas veem sua própria violência declinar, a ponto de se tornar quase desprezível nos arquivos judiciários. Mas quando elas se deixam levar, elas mostram, então, entre elas, ou contra um macho, uma brutalidade particularmente intensa, apaixonadas, com todas as garras de fora contra policiais, por exemplo.[40] A evidente contradição faz pensar que as máscaras que elas usam nas circunstâncias mais frequentes correspondem a estereótipos deliberadamente empregados para exibir as normas exigidas. Sofrer as injúrias sem responder, sofrer pacientemente as sevícias masculinas, principalmente as do marido, no lar, caracteriza o segundo sexo aos olhos de todos.

Domesticada no espaço público, a violência viril parece se desdobrar mais na célula conjugal e, mais ainda, contra aquelas que não são protegidas por sua boa reputação nem por um esposo. Um número importante de queixas concernentes a ataques sexuais é testemunho disso. Sua multiplicação prova, por um lado, que as autoridades preparam uma criminalização do fenômeno, e, por outro lado, que as vítimas elaboram estratégias de defesa contra os excessos masculinos. Enquanto 80% dos estupradores são absolvidos pelos tribunais ingleses, para grande prejuízo das agredidas, as que denunciam uma simples tentativa na matéria ou maus-tratos são bem acolhidas e recebem facilmente satisfação. Mulheres grávidas e esposas agredidas ou enganadas produzem, assim, um relato que se distancia dos fatos diante do juiz de paz de Westminster entre 1680 e 1720. Elas insistem sobre seu estado de dependência e sua fragilidade para comover um magistrado que ocupa, de alguma maneira, o lugar de um patriarca, prestes a admitir bastante facilmente sua verdade, mesmo se ela se assenta em alegações vagas. Aproveitando, ao mesmo tempo, da simpatia da opinião e das instâncias legais em favor do tipo feminino maltratado que elas representam, elas utilizam precisamente os estereótipos de vulnerabilidade que a ele se referem para obter ganho de causa.[41] Habilmente contornada nessas ocasiões, a dominação masculina, habitualmente brutal no lar, é também um dado fundamental do tempo. É porque ela reconhece seu peso que a própria justiça tenta restabelecer um pouco de equilíbrio a favor dessas mulheres, provavelmente, sem ser inteiramente ludibriada por seu discurso nem por sua aparente submissão.

É verdade que Londres difere enormemente do resto da Inglaterra, principalmente regiões rurais, onde os conflitos se acertam muito mais frequentemente de maneira informal. Por toda parte na Europa, a grande cidade modifica profundamente os comportamentos, de múltiplas maneiras. Ela impõe aos indivíduos limitar

---

40   Ibid., p. 169-170, 298.
41   J. Hurl-Eamon, *Gender and Petty Violence in London*, op. cit., p. 32-33, 61.

seus excessos demonstrativos, gestuais e verbais, para não preocupar as multidões densas no seio das quais eles devem inserir-se. Os códigos de polidez inventados na Renascença nas cortes da Itália do Norte e propostas como modelos por *La Civilité puérile*, de Erasmo, em 1530, se difundem amplamente entre os membros das camadas superiores urbanas, como em Paris, desde o reinado de Luís XIII, porque elas correspondem a necessidades vitais de gestão mais apaziguadora do espaço comum onde eles evoluem.[42] Tais normas são apenas uma das figuras visíveis da urbanidade relacional que se tornou cada vez mais necessária nas metrópoles gigantescas e potencialmente muito conflituosas do século XVIII. A cidade policia e pule as atitudes. Como o fazem as mulheres que exageram sua postura de sujeição diante de um tribunal, as pessoas do povo devem igualmente adotar um perfil adaptado às suas necessidades, diante de um cliente, a um empregador ou até mesmo a um passante. Esbarrando-se, o tempo todo, uns nos outros, eles aprendem a evitar os aborrecimentos ligados a condutas exuberantes. Vagabundos e mendigos sabem bem que a agressividade não paga, mesmo se eles se deixam levar, às vezes, sob a influência da bebida ou da frustração. Os mais renitentes são, provavelmente, os jovens, desejosos de mostrar seu valor em público. Nem por isso eles deixam de ser presos na rede dos interditos, tão eficazes que eles são incessantemente escoltados pelo olhar reprovador e anônimo das multidões e não somente pelas autoridades, pela moral, pela religião ou pelas obras de civilidade. Cada citadino que imerge no oceano urbano deve, por necessidade, proteger-se dos outros, imergindo-se, mais do que antes, em si mesmo, ao abrigo de uma espécie de "bolha" pessoal invisível.

Essa "dimensão oculta" define a maneira como o ser se percebe e se conduz em relação aos seus semelhantes. Ela toma mais ou menos amplitude em função das regras promulgadas pelas sociedades e do lugar que o indivíduo deseja ou pretende ocupar.[43] Na aldeia, onde o espaço vivido é menos atravancado e onde o sentido da honra exige manifestações públicas de virilidade por oposição à modéstia feminina, ela permanece muito ampla para todos os machos, mas varia, para desenhar entre eles hierarquias. Ela é ainda mais ampla para os aristocratas presunçosos que portam orgulhosamente a espada ao lado, não toleram nenhum contato e tomam como pretexto um simples franzimento de sobrancelha para desafiar o impudente. O abandono do porte de espada pelos nobres, em Londres, depois de 1730, é sintomático de um estreitamento geral dessa bolha. Como o é também o desarmamento dos citadinos ordinários, na Europa. Para parecer respeitável, o homem de bem de, a partir de agora, limitar o número e a amplitude das fricções com os outros. Quanto à mulher de qualidade, ela deve exibir ainda mais submissão que nos campos, retirar-se diante da injúria e se refugiar no lar. As normas burguesas de clausura voluntária das esposas e de cortesia masculino no espaço público que se impõem no século XIX são apenas uma variante teórica das necessidades novas da vida urbana. Protegido dos tumultos exteriores por uma espécie

---

42   R. Muchembled, *La Société policée*, op. cit., p. 77-122.
43   E. T. Hall, *La Dimension cachée*, op. cit.

de armadura invisível, o *eu* masculino citadino se mostra menos sensível às tiranias do meio local que obrigam a vencer com o sangue uma honra humilhada, que pertence mais ao grupo familiar ou clânico que ao próprio ator.

Outras grandes cidades registram, provavelmente, uma evolução comparável. Ela não foi, no entanto, ainda estudada de perto em Paris, a principal rival de Londres. Conhecem-se melhor as formas da violência na rua, porque elas atraíram, há muito tempo, a atenção dos historiadores.[44] Elas revelam resistências e permanências que compõem a outra vertente do fenômeno. Autoridades e pessoas de bem querem pacificar a calçada urbana, com o assentimento de muitos adultos do povo, enquanto os homens jovens tentam, com frequência, reencontrar seus direitos perdidos na violência ritual, em particular no centro ou no universo noturno, cada vez mais tomados pela luz e pela ordem. Os discursos sobre a higiene, a saúde, o trabalho se juntam aos consagrados à segurança e à paz, para controlar uma capital florescente e explosiva. Depois de 1850, a alta dos aluguéis e a especulação imobiliária se juntam a isso para acentuar, incessantemente, a segregação social e afastar as classes operárias, consideradas como perigosas, para leste, depois, para periferias ou subúrbios cada vez mais distantes.

Diante desse exílio duramente ressentido, retomar Paris se torna um tema popular obsessivo. Ele colore fortemente as poderosas ondas revolucionárias de 1848 e de 1871. Simbolicamente ilustrada pela figura de Gavroche, a juventude proletária exprime também quotidianamente seu ressentimento diante de uma marginalização crescente que lhe diz respeito sobretudo a seus antecedentes. Ela utiliza, por isso, uma vasta gama de gestos e de comportamentos de derrisão, de insolência ou, às vezes, de desafio resumidos pelo tipo do "titi parisiense" (menino esperto e malicioso). Quando pode, ela invade o espaço público, por ocasião das festas. Ela redescobre, também, práticas violentas que lembram as tradições viris do passado, através do fenômeno apache (malfeitor), no início do século XX, ou no ambiente dos bandos de jovens.[45] Mas sua margem de manobra se reduz lentamente como pele encolhida. Ela precisa, de agora em diante, descer à rua para se exprimir, enquanto aí ficava uma boa parte do tempo antes da era industrial. Um vivo desejo de retomada de posse contribui para explicar a importância dos movimentos de greve, muitas vezes durante a primavera ou no outono, e algumas de suas características lúdicas herdadas dos antigos costumes juvenis – ainda que a mistura dos sexos e das idades transforme hoje profundamente o sentido de tais ações. Desarmados, no sentido literal do termo, porque o porte de uma faca se tornou um sinal de criminalidade potencial, os

---

44 Arlette Farge, *Vivre dans la rue à Paris au XVIIIe siècle*, Paris, Gallimard/Julliard, 1979, em especial p. 242-244. Consulte, também, id., *La Vie fragile. Violence, pouvoirs et solidarités à Paris au XVIIIe siècle*, Paris, Seuil, 1986, e com André Zysberg, "Les théâtres de la violence à Paris au XVIIIe siècle", *Annales ESC*, t. XXXIV, 1979, p. 984-1015. Para o período seguinte, consultar a obra de Louis Chevalier, *Classes laborieuses et classes dangereuses à Paris pendant la première moitié du XIXe siècle*, Paris, Plon, 1958.

45 O cap. IX trata dessas questões.

adolescentes machos o são também simbolicamente pela cultura na qual se inserem, sob a tutela dos códigos normativos vindos do exterior, mas também dos adultos do seu próprio mundo.

A masculinidade mudou, com efeito, totalmente, de sentido a partir do século XVI. Ela se afastou do olhar local, principalmente atento à honra do grupo de referência, para tornar-se muito mais pessoal e "urbana". O interdito do sangue esvaziou o duelo de seu prestígio, muito mais rapidamente na Inglaterra, onde ele quase desapareceu, desde 1850, do que na França, onde ele sobreviveu um século a mais.[46] Quanto ao combate popular com faca, encontrou-se lentamente desvalorizado pelos discursos oficiais, qualificando de atitude bestial e abjeta, para melhor erradicar as tradições camponesas de confronto com arma branca, outrora destinadas a provar a virilidade dos adolescentes envolvidos. Na Finlândia, no século XIX, a província de Ostrobothnia meridional é, dessa forma, aterrorizada por bandos de *Knife Fighters*, que atacam as pessoas e os bens. Os habitantes reclamam a ajuda da força pública e tratam até como verdadeiros heróis os policiais que utilizam métodos eficazes, mas no limite da legalidade para desembaraçá-los da praga.[47] Em Paris, o único período de progressão do índice de homicídio, antes das depurações de 1944-1945, se situa entre 1890 e 1913. Ele se estabelece, então, em 3,4 para 100 mil antes de retomar seu movimento de queda, para atingir o mínimo de 1,2, entre 1939 e 1943. A despeito das queixas incessantes e das angústias dos mais ricos face às pretensas ameaças das classes perigosas, a capital está, entretanto, longe de ser um antro de assassinos, nessa época. Se a criminalidade urbana ultrapassa a dos campos, no início do século XX, é, primeiramente, porque estes se tornaram numericamente minoritários, durante o Segundo Império. As grandes cidades, dentre as quais Lion, Marselha e Bordéus, conhecem, com certeza, ondas febris mais graves que em outros lugares, e a Prússia vê, no mesmo momento, o índice de assassinatos urbanos ultrapassar claramente o do meio rural.[48]

As explicações clássicas, relativas ao clima dos Anos Loucos, onde se atordoa e se mata mais que antes, em um frenesi que prepara o conflito mundial, não poderia bastar. O essencial diz respeito a aumentos surdos de reivindicações dos adolescentes, tanto na França quanto na Alemanha, em um universo atropelado pela modernidade que não lhes deixa lugar suficiente, enquanto eles são cada vez mais numerosos, alcançados por rurais desenraizados da mesma idade que vieram tentar sua sorte na cidade. O retorno violento da cultura do combate com faca, simbolizado pelos Apaches parisienses do início do século XX, indica um desregramento do sistema de transmissão dos bens e dos direitos dos adultos aos mais jovens, e constitui, provavelmente, um tipo indireto de contestação, que mereceria estudos mais amplos. O medo das classes perigosas esconde um temor mais profundo de ser agredido e morto pelos rapazes grandes proletários, que encontram, cada vez mais dificilmente,

---

46   A respeito do duelo, consulte o capítulo VI.
47   Heikki Ylikangas, "What heppened to violence?", *op. cit.*, p. 65.
48   J.-Cl. Chesnais, *Histoire de la violence en Occident, op. cit.*, p. 78-79.

seu lugar ao sol. Como na Finlândia, ele se desenvolve, igualmente, entre os adultos da mesma origem que eles.

Porque, ao longo do século XIX, as gerações sucessivas de trabalhadores estabelecidos adotam e adaptam ao seu meio as regras de pacificação instauradas pela lei, até o momento em que seu exemplo não satisfaz absolutamente mais os jovens machos que se atropelam num mundo que não lhes deixa suficiente esperança. O mecanismo de pacificação dos conflitos urbanos ordinários aparece claramente no caso inglês, o mais bem estudado desse ponto de vista. As rixas não desapareceram, evidentemente, e não se escassearam, realmente, mas suas consequências se tornaram muito menos dramáticas. O código de honra viril foi reorientado para a definição do combate equitável, o *fair fight*, imitado do boxe, que faz furor nas cidades e aldeias, desde o século XVIII. O encontro deve ser aceito por um lado e pelo outro, desenrolar-se sem arma e limitar-se aos dois protagonistas. Em 1896, uma querela entre duas mulheres casadas, que teria, em outros tempos, causado uma briga geral e podido ver maridos resolverem-se na faca, é controlada pela polícia. Os dois chefes de família se encontram, em seguido no *pub*, brigam, pedem a um vizinho a permissão de se confrontarem em seu estábulo, batem-se sob os olhares de testemunhas, depois deixam separadamente os lugares. De volta a casa, um deles se queixa de dores causadas pela ruptura de suas tripas durante o confronto. O adversário é preso e colocado sob acusação por *manslaughter*, mas os espectadores afirmam que o combate se desenrolou lealmente, o que leva à sua liberação sem sanção. Não é raro que os júris tomem tais decisões, com a condição de que uma arma não tenha sido utilizada. O combate com mãos livres é considerado honroso e perfeitamente inglês, enquanto o uso da faca é considerado uma prova de covardia, marca específica dos estrangeiros, em especial irlandeses. Um advogado defende assim seu cliente argentino, dizendo que os alógenos não atribuem tão grande valor à vida quanto os ingleses.

As realidades são, frequentemente, diferentes, sobretudo porque nenhuma lei proíbe o porte da faca nem o de uma arma de fogo, antes de 1920. Algumas cidades, aliás, são fortemente marcadas pela insegurança ligada e esse uso, a exemplo de Liverpool e de Manchester. A última conhece, além disso, uma forte violência juvenil. De 1870 a 1900, 250 casos implicando bandos de *scuttlers* foram encontrados. Entre os 717 acusados, 94% são rapazes de origem popular, principalmente com a idade de 14 a 19 anos, imitados por uma minoria de meninas da mesma geração, solteiros e trabalhando em fábrica. Seu comportamento tem a ver com um rito de passagem, à espera da idade adulta. Mas, diferentemente dos reinos de juventude do século XVI, o nível da violência praticada caiu fortemente. Limita-se a golpes e ferimentos, porque o número total de homicídios cometidos não vai além de cinco. Os combatentes seguem, assim, as lições de *fair fight* dadas pelos adultos. Ordinariamente vítimas da rudeza destes, eles aprendem a importância da força para fixar uma reputação e reforçar um estatuto social, em particular nos dias de festa e nos domingos, em confrontos públicos codificados, onde é preciso evitar colocar deliberadamente em perigo a vida do rival. As tradições de grande brutalidade não desapareceram. Elas simplesmente se adaptaram para responder à exigência suprema de respeito pela existência humana acentuada pela lei. A selvageria excessiva é igualmente estigmatizada, levando, às vezes, o opróbrio a regiões inteiras. O Lancashire tem, assim, má reputação por causa de uma forma local de combate, onde se utilizam os pés, o *purring*, que conduz 17 acusados diante dos juízes do condado, no único mês de agosto de 1874.[49]

A cidade europeia é um amortecedor da violência. Ela desempenha esse papel fundamental há meio milênio e propõe ao resto da população seu modelo de pacificação dos comportamentos. O cadinho urbano não é, com certeza, isento de brutalidade, mas ele visa, constantemente, a atenuar seus efeitos destrutivos, forjando a urbanidade necessária a uma vida de relação das mais intensas. Um dos principais objetivos é integrar os jovens, cuja chegada à idade de homem apresenta, constantemente, o risco de perturbar os equilíbrios, mas também de rechaçar os mais turbulentos dentre eles para periferias recuadas, em companhia de todos aqueles que rejeitam os códigos estabelecidos. Mais do que o Estado, longínquo, tentado em usar a coerção ou o terror para impor sua ordem, a cidade remenda incansavelmente um tecido rasgado o tempo todo pelas novidades. Para fazer isso, ela leva suas forças vivas, inclusive os adultos das camadas inferiores, a se vigiarem mutuamente e a enquadrar de perto os adolescentes, para conservar, de maneira privilegiada, uma segurança que não poderiam garantir sozinhos o porte de armas e a pena de morte. Eis a razão pela qual a explicação política, moral, religiosa ou econômica não basta para esclarecer a longa marcha ocidental para a rarefação do homicídio e da violência física ou verbal.

Os ritmos diferem, contudo, segundo os países, o que dá alguma pertinência, num plano secundário, ao estudo das variações culturais entre o sul e o norte, o leste e o oeste do continente. Nos anos de 1960, por exemplo, os golpes e ferimentos voluntários continuam importantes, mas caem abaixo das estatísticas da delinquência da estrada. A Inglaterra e a França, países singularmente contrastados em inúmeros domínios, apresentam, juntas, o mais baixo índice de condenações na matéria, calculado em função do peso demográfico, enquanto a Alemanha mostra 50% a mais, e a Itália, o dobro das primeiras.[50] Procurar razões no "temperamento" latino ou nórdico, na impregnação religiosa, na importância do alcoolismo ou em outros critérios não é inútil, de um ponto de vista comparativo. O fato mais importante é, no entanto, que a Europa ocidental atingiu coletivamente o mais baixo nível de violência interpessoal que uma civilização jamais conheceu, sob a influência direta das principais metrópoles. Londres, Paris ou Amsterdã abriram, precocemente, a trilha. O relativo atraso italiano provém de uma elevação mais tardia da onda pacificadora nas grandes cidades. Roma apresenta ainda índices de homicídio de 8 a 15 para 100 mil, entre 1850 e 1890, enquanto não ultrapassam 0,5, em Londres, 2, em Liverpool, e 1,3, em Paris, a partir de 1860-1870. O duelo com arma branca continua

---

49 Shani D'Cruze (dir.), *Everyday Violence in Britain 1850-1950*, Londres, Longman, 2000, p. 43-45, 70-75, 78, 82.
50 J.-C. Chesnais, *Histoire de la violence en Occident, op. cit.*, p. 156-169.

uma tradição importante nas ruas da Cidade Eterna. Mas na virada do século, a curva se orienta fortemente para a queda, para alcançar menos de cinco às vésperas do primeiro conflito mundial.[51] O mecanismo de repressão do combate de sangue com faca se impõe precisamente para as novas gerações, quando a população dobra, entre 1879 e 1914, para aproximar-se de 600 mil pessoas. Como em Londres, um século antes, a rápida densificação da população impõe um recuo da agressividade aberta.

Um fantasma recorrente define, no entanto, a grande cidade como perigosa e intensamente brutal. É possível perguntar-se se a reativação mais ou menos regular desse terror coletivo não é o sintoma deliberadamente velado da chegada à idade adulta de um número importante de adolescentes, em particular dos rapazes originários das classes inferiores. O medo dos Mohocks londrinos de 1712 ou a dos Apaches parisienses da Belle Époque focaliza a atenção sobre os aristocratas devassos, em um caso, sobre as ralés criminosas, em outro, mas transcreve sempre uma obscura inquietude coletiva concernente aos jovens machos sedentos de sangue empertigando-se às margens do mundo estabelecido. Estes ocupam pouco a pouco o lugar de últimos grandes inimigos potenciais das pessoas de bem, à medida que desaparecem as revoltas e os motins sanguinários. Nenhuma dúvida de que sua cultura de reivindicação não os faça facilmente confundir-se com os grevistas, cujo número aumenta rapidamente na França, a partir dos anos de 1880, e mais ainda, com os bandidos assassinos que encarnam o mal absoluto no universo industrial.

Os eruditos do tempo tentam com frenesi descobrir os segredos desses seres nocivos, dessa "lama malfeitora", dessa "máquina violenta" perscrutando sua fisionomia, seu cérebro, seu cadáver entre no necrotério. Como escreve, em 1906, Camille Granier, inspetor geral do ministério do Interior, em A mulher criminosa, os responsáveis pela manutenção da ordem "se assustam com a ideia de uma coalizão poderosa e imaginária, eles inventaram, sucessivamente, as ralés da sociedade, as classes perigosas, enfim, o exército do crime".[52] Não seria, cada vez, para evitar olhar de frente os mais assustados de seus fantasmas, o do ímpeto sanguinário de uma juventude proletária ébria por revanche? A emergência, em 1910, do complexo de Édipo no pensamento de Freud merece ser lida em termos simbólicos como a irrupção na cultura europeia de um problema juvenil bem real, cada vez mais obsessivo até a Grande Guerra. Os pais, em outros termos, os adultos instalados, não temem um brutal desapossamento pelos filhos, os adolescentes duramente mantidos em tutela, que se tornaram muito numerosos e ardendo para tomar o lugar deles?

Violência e mutações da honra na aldeia

O estudo sistemático da violência nos campos está ainda amplamente por fazer, principalmente os séculos industriais que viram a atenção concentrar-se nas cidades

---

51 Daniele Boschi, "Homicide and knife fighting in Rome, 1845-1914", in P. Spierenburg (dir.), Men and Violence, op. cit., p. 132-133.
52 Frédéric Chauvaud, De Pierre Rivière à Landru. La violence apprivoisée au XIXe siècle, Turnhout, Brepols, 1991, p. 161, 168, 184, 187, 190, 197.

e nos operários. Reduzido a uma minoria no decorrer do século XIX, enquanto representava mais dos três quartos da população europeia, em 1789, o universo rural europeu se estreitou ainda mais rapidamente, sob o efeito de sua modernização, durante o último quarto do século XX. Por volta de 1970, uma poderosa onda de ternura nostálgica por esse mundo que estávamos prestes a perder gerou uma efêmera floração de pesquisas, mas poucos autores se interessaram, então, pela criminalidade nesse ambiente. Estereótipos antigos bem estabelecidos concernentes à grande rudeza dos costumes aldeões contribuíram, provavelmente, para desviar a atenção dessas questões das quais se acreditava, erroneamente, saber tudo.

Ora, a violência camponesa conheceu uma evolução radical, mais perturbadora das tradições estabelecidas, que a registrada nas cidades. Em dois ou três séculos, essa civilização que é a matriz original da nossa mudou mais fortemente que no decorrer dos dois milênios precedentes. Ela adotou, por bem ou por mal, uma relativa pacificação dos comportamentos individuais e coletivos. Um pouco mais bem conhecido, o exemplo francês permite observar a concordância, que nada tem de fortuito, entre a forte queda dos homicídios e o fim de um grande ciclo de revoltas rurais, a partir da metade do século XIX. Daqui para a frente, qualificado com a malfeitoria mais cruel ou com uma conduta anormal, o interdito do sangue se impõe na aldeia, um século mais ou menos depois de sua afirmação nas cidades. A lentidão do movimento revela hesitações em aceitar novas normas sacralizando a vida humana e reprovando o excesso de agressividade. Não por causa de uma barbárie mal esboçada pelas novidades religiosas, morais e éticas, como o pretendem os observadores de fora, mas em consequência da resistência de um modelo social e cultural que deu suas provas.

Os camponeses procuram preservar o essencial disso, dando garantias a poderes externos cada vez mais prementes. Eles sabem, com efeito, escolher o que lhes é útil entre as ferramentas materiais e culturais que lhes são propostas ou impostas. A lei é, assim, o objeto de uma sutil apropriação, para permitir acabar melhor com os conflitos. O desarmamento e a pacificação dos costumes reclamados pelas autoridades civis e religiosas se encontram operando, mas sem destruir o antigo sistema de valores apoiado na expressão ritualizada dos confrontos viris. Reduzida a um combate com mãos livres, à imagem do *fair fight* inglês, a violência permanece, principalmente, como o apanágio da juventude masculina nos campos, dos séculos XVIII e XIX, porque ela continua a permitir simbolicamente ao ator valorizar-se e reclamar seus direitos no seio do grupo.

O mecanismo da civilização dos costumes – pouco presente na aldeia –, o medo da polícia e a força dos discursos estrangeiros não bastam para explicar a evolução. Esta se refere, também, à percepção de uma necessidade inelutável de salvaguardar o essencial, abandonando ou ocultando as tradições mais estigmatizadas. Pouco a pouco, entretanto, o equilíbrio interno das comunidades se modifica, porque as cidades projetam uma sombra crescente sobre territórios deixados por ondas de migrantes. A criminalidade mortífera se desenvolve, a partir de então, principalmente na família, em especial para resolver problemas de transmissão à geração seguinte, ou se transforma em banditismo nas zonas recuadas, mal controladas pela polícia. O mundo rural se estiola e se enfraquece ao mesmo tempo a partir do interior, o que prepara o desaparecimento acelerado das práticas de confronto físico, à medida que os jovens deixam as ilhas, as montanhas, os lugarejos, aos quais só se apegam os mais velhos.

Em Gonesse, grande aldeia de cerca de 3 mil habitantes, ao norte de Paris, cujos numerosos padeiros vão várias vezes por semana à capital, para vender aí um pão branco muito apreciado pelos citadinos, a modernidade se impõe, desde o século XVII, sob a influência da metrópole próxima. A violência continua muito frequente, mas num estilo muito menos sanguinário que nos séculos anteriores.[53] Pequeno tribunal real, o prebostado do lugar julga 522 casos, de 1620 a 1700: 86% se referem a golpes e ferimentos, 4%, injúrias simples ou agravadas com blasfêmias, 4%, roubos, 4%, questões de costumes, 1,5%, homicídios. No total, 1.326 indivíduos aparecem nas fontes, dos quais 522 acusados, 208 cúmplice e quintetos e 96 impetrantes. Os homens fornecem 85% dos réus e 82% dos personagens mencionados por uma ou outra razão. Nem todos são camponeses. Ao lado de raros nobres e eclesiásticos, eles pertencem a diversos ofícios: porteiros, procuradores (religiosos), carcereiros, pastores, carroceiros, lavradores, operários diaristas, vinhateiros, sapateiros, pedreiros, marceneiros, moleiros, mercadores, taberneiros, criados. Os inevitáveis padeiros fornecem, sozinhos, 19% dos incriminados masculinos. A maior parte mora em Gonesse. A parte dos "estrangeiros", vindos de uma aldeia próxima, na maioria, não vai além de 13%. Infelizmente, muito pouco precisas, as idades concernem a menos de um delinquente macho em 10, e uma mulher ou uma vítima dos dois gêneros em 20. Nessas condições de fraca representatividade da amostra, dois incriminados do sexo forte em cinco têm de 20 a 25 anos, e a metade dos queixosos masculinos, de 20 a 30 anos.

Em 80 anos, as fontes só indicam oito homicídios. Tal raridade é plausível, mas não segura, porque a gravidade do crime pode justificar uma submissão direta às cortes superiores. A metade dos casos é descrita por cirurgiões quando de exames de cadáveres, os outros quatro provêm de queixas. Dois dos acusados são condenados à forca. Nativo de uma paróquia vizinha, o primeiro feriu seu adversário com uma faca, na feira, numa noite de agosto de 1638. O segundo atingiu o seu da mesma maneira, na taberna, em agosto de 1681. Respectivamente condenados ao banimento perpétuo e às galeras, os dois outros beneficiam de circunstâncias atenuantes. Um pode pleitear a provocação em sua casa, onde ele cometeu o ato com golpes de espada, numa noite de agosto de 1653. O outro agiu em estado de embriaguez, na taberna, numa noite de novembro de 1679, mas usando unicamente pés e punhos. Excepcional por suas consequências funestas, o último crime deixa entrever uma aplicação muito boa da interdição do porte de armas. Somente os fidalgos, os oficiais do rei e as pessoas

---

53 Fanny Mayet, "Violence et société à Gonesse, 1620-1700", dissertação de mestrado sob a direção de Robert Muchembled, Université de Paris-Nord, 1999. A situação anterior nos campos foi descrita no cap. III.

habilitadas têm direito a esse uso. A vigilância é concentrada nos dias de exposição, de festa, de feira, no domingo e à noite. Os contraventores correm o risco de multas pesadas ou uma severidade redobrada do tribunal, como aprendem às suas custas os dois condenados à morte que tiraram uma faca na praça e no cabaré.

O mau exemplo deles não é corrente. Entre 837 ferimentos, dos quais alguns são minuciosamente descritos por 213 relatórios de cirurgiões, declarados por 529 vítimas de violências físicas, 395 homens e 134 mulheres, somente 8% foram causados por armas brancas ou de fogo. As últimas, apenas 2%, são, quase a metade, caso de sargentos reais, que portam, também, legalmente, a espada. Eles se servem dela como profissionais, provocando ferimentos sangrentos, enquanto os padeiros que dela se servem batem com a parte plana na cabeça do oponente. Alguns soldados, quanto a eles, têm uma faca, que eles utilizam em uma briga. O uso dos punhos e dos pés é, no entanto, maioria, com 33% das menções para os primeiros, e 22% para os segundos. Os diversos tipos de bastões, dentre as quais a prancha de degrau de uma charrete com a extremidade grossa como de uma matraca, o cabo de um chicote, a vassoura e as ferramentas com madeira, rastelo ou martelo, em especial, contam com 22%. As pedras aparecem em 8%, os objetos de metal – vaso, quartilho, candelabro, bastão férreo, cajado de pastor, enxada – em 6%. Mordidas só são descritas cinco vezes. Uma só mulher utiliza seus dentes, contra um sargento do rei que veio confiscar-lhe os bens, em 1626. Depois de se jogar sobre ele e de tê-lo atingido com uma pedra no crânio, ela lhe arranca a camisa, depois lhe morde a perna. As cabeçadas, o uso dos cotovelos ou das unhas não são jamais evocados, e o joelho projetado contra o estômago aparece em uma única ocasião, em 1623.

O quadro revela a existência de um poderoso controle social que ultrapassa as interdições legais para proibir o uso das armas e orientar, majoritariamente, as relações conflituosas para confrontos com murros e pontapés, lembrando o *fair fight* ou os combates de boxe britânicos do século XVIII. Apesar de sua rudeza, essas centenas de confrontos parecem relativamente codificadas para evitar a fúria mortal e a impiedosa crueldade que teriam podido levar a estilhaçar a cabeça de um adversário com golpes de pedra ou de bastão, a desfigurá-lo com a força das unhas, a mordê-lo com frenesi, para arrancar-lhe o nariz ou a orelha, a obstinar-se em lugares particularmente sensíveis... O estudo dos ferimentos confirma a impressão, porque 55% deles não sangram. É verdade que a média esconde comportamentos diferentes do agressor em função do sexo da vítima: só 39% das mulheres têm feridas abertas, contra 51% dos homens. Eles exibem, mais frequentemente, contusões, equimoses ou raras fraturas que comprovam uma brutalidade retida, tanto da parte de um macho quanto de uma coirmã. Para os dois gêneros, os lugares menos visados são os ombros, as costas, o peito e o ventre, que representam juntos 14% do total. Braços, pernas e mãos atraem em média 29% dos golpes, a cabeça, 26%, e o rosto, um pouco mais de 30%.

Mas diferenças importantes se observam entre as duas partes do gênero humano. As mulheres são mais atingidas nos membros e no rosto, em 40% e 34% dos casos, contra 25% e 29% para os homens. Elas são muito menos frequentemente visadas na cabeça, 10% contra 31%. Feridas e contusões nas mãos, nos braços ou nas pernas exigem, às vezes, ficar de cama, mas não colocam em perigo por muito tempo a capacidade de trabalho. Causar equimoses, lividezes ou pisaduras no rosto é um meio de humilhar a vítima e provar a superioridade do vencedor, porque as marcas permanecerão, por muito tempo, visíveis aos olhos de todos. Para as mulheres, pode-se pensar que a humilhação é ainda mais forte, porque o rosto, único lugar realmente descoberto na época, com as mãos e os braços, é o próprio símbolo da feminidade. Sobretudo porque, para elas, uma cicatriz não pode ser dissimulada por uma barba ou bigodes nem por maquiagem, que pareceria bastante inconveniente nas ruas de uma aldeia. Os ferimentos recebidos na cabeça pelos homens demonstram mais uma vontade de prejudicar, de vencer sem matar e de afastar duramente um oponente, estigmatizando-o aos olhos dos outros. Os mais frequentes atingem o alto do crânio, o osso parietal e seu prolongamento para trás, o osso coronal, segundo o vocabulário dos cirurgiões. Um chapéu ou um boné pode amortecer o choque, mas não impede sangramentos, principalmente, se é usada uma pedra, um bastão ou uma vasilha de estanho. Vêm, em seguida, as lesões nas têmporas e aquelas, mais raras, que atingem a testa ou o occipício, as últimas traduzindo um ataque por traição, como em um cadáver encontrado no caminho em 1683.

A população mostra sua forte sensibilidade ao problema, concentrando suas queixas sobre a violência quotidiana, intensa, mas banal, cometida por 474 indivíduos, dos quais 21 culpados de injúrias ou de blasfêmias, sem agressão física. A parte das mulheres não alcança 10%. Os roubos, em número de 18, são raramente denunciados. Trata-se, ainda, de latrocínios agravados por golpes, seis vezes, fatos cometidos por estrangeiros, na aldeia, ou de malfeitoria, nos grandes caminhos. Os crimes de costumes não são mais frequentes: dois raptos, dos quais um com sevícias, 18 meninas grávidas querendo forçar o pai a casá-las e a pagar uma pensão, dois exemplos de prostituição. Para evitar as grandes despesas provocadas por uma ação legal, a comunidade trata, provavelmente, ela própria os casos que podem terminar facilmente em transações privadas. Que ela utilize tão facilmente a lei em matéria de violência ordinária não mortal traduz a dificuldade de gerir a questão, utilizando tais métodos tradicionais.

As sentenças encontradas concernem somente a um quinto dos procedimentos, provavelmente porque a maior parte das outras acabou pelo abandono dos processos, depois de um acerto entre as partes, menos oneroso que as despesas judiciárias.[54] Elas permitem compreender a importância atribuída aos diversos tipos de delitos por essa instância de proximidade e de entender o que as vítimas esperam quando elas intentam uma ação. Três penas de morte são decretadas, duas por homicídio e uma por roubo de dinheiro, por um estrangeiro, em uma casa da aldeia. Em caso de queixa por causa de um ferimento grave, o acusado é preso preventivamente

---

54 A situação é idêntica no século seguinte: Adeline Cardoso, "Criminalité et stratégies judiciaires à Gonesse (1720-1789)", dissertação de *master* 1, sob a direção de Robert Muchembled, Université de Paris-Nord, 2007.

nas celas locais para obrigá-lo a pagar uma provisão que cubra a assistência médica necessária. As sanções propriamente ditas são geralmente multas. As blasfêmias são taxadas oficialmente em 60 vinténs, em 1642, e em 10 libras parisianas, em 1697. Um mercador ambulante picardo bêbado, que blasfema várias vezes, num albergue, em 1662, "que Deus morra, pela cabeça de Deus, eu renego a Deus", paga 60 vinténs. Quando se acrescentam injúrias, sem vias de fato, os juízes modulam o castigo, levando em conta a posição social do insultado. O homem que se desentende, em 1679, com um tenente da artilharia da França, ex-coronel dos proclamas e das convocações, se vê condenado a desembolsar 60 libras, além de cinco anos de banimento e as despesas do processo, que sobem para mais de 256 libras.

A enormidade das quantias aparece em relação à fortuna média de um jardineiro de Montreuil, sob Luís XIV, estimada graças aos inventários após falecimento: 200 libras. Da mesma maneira, os ferimentos são geralmente sancionados por multas que escalonam de 24 vinténs a 300 libras, segundo os mesmos critérios e em virtude de circunstâncias agravantes tais como injúrias ou blasfêmias. A mais pesada, em 1665, se junta a um banimento perpétuo, após um ataque, na rua, de sargentos que procediam à transferência de um prisioneiro. As penas complementares de exclusão são raras, salvo para os ladrões, que são banidos ou enviados às galeras. Entre os brutais, alguns sofrem prisões punitivas, a fustigação, a exposição no pelourinho. Outros devem apresentar desculpas públicas ao agredido. Uma vela acesa à mão, eles devem, algumas vezes, pedir solenemente perdão a Deus, à justiça e a vítima por tê-los ofendido. Assim, um carroceiro de 26 anos é condenado a seis libras de multa, à compra de uma vela expiatória e a duas horas de exposição no pelourinho da prisão de Gonesse, pela resistência oposta a um oficial que tinha ido prendê-lo após uma denúncia de blasfêmias. Em 23 de dezembro de 1670, quando o procurador se apresenta no albergue do Leão de Ouro a fim de proceder à prisão, o homem se lança sobre ele, lhe morde a mão, resmunga: "Quem é você que me fala? Eu nem ligo para você! Você se acha o glorioso!" Depois, ele blasfema: "Eu renego a Deus, pela cabeça de Deus, morte a Deus, pelo sangue de Deus, eu não acompanharei você!"

Os acusadores esperam principalmente obter uma compensação financeira elevada, acompanhada por uma satisfação de amor-próprio, e até, em certos casos, de uma reparação estridente de sua honra ferida. Desestabilizado pela multa e pelas despesas do processo, humilhado aos olhos dos outros, preso se continuar a representar um perigo, o culpado não pode vingar-se, sem correr o risco de maiores contrariedades. A justiça consegue, assim, fazer apreciar seu papel pacificador. É, no entanto, incômodo definir os objetivos reais dos demandantes, dos quais só metade fornece seus motivos. Esse silêncio voluntário não parece confundir os magistrados além da medida. Ele incita, contudo, a considerar com precaução as motivações enunciadas pelos interessados. Entre estas, as questões de interesses vêm à frente, seguidas pela denúncia de um desejo de vingança do inimigo ou de um questionamento de sua honra, depois, por atos de solidariedade, por exemplo, para socorrer uma esposa agredida por seu marido, enfim, por querelas depois de beber na taberna.

Diferentemente do século XVI, o cabaré não é mais o ambiente privilegiado da brutalidade. Ele vem em segunda posição, com 20% das menções, o que comprova certa eficacidade da vigilância policial e uma aplicação relativamente correta das interdições de abertura no momento do serviço divino, nos domingos e dias de festa. *Le Lion d'Or, Le Berger, La Levrette, La Cage, Le Cheval Blanc, Le Mouton, Les Trois Voies, Le Grand Cerf, La Rose dauphine* e outros estabelecimentos são, no entanto, teatros importantes da sociabilidade local e de seus deslizes. O "manse" (domínio), isto é, a casa, os anexos e o pátio, vê desenrolarem-se 30% dos conflitos. As mulheres aí se enfrentam em 44% dos casos, os homens, em 29% das ocasiões. O queixoso é, com mais frequência, o ocupante e não o visitante, que veio, às vezes, acertar um litígio, com uma ponta de agressividade particularmente clara, de noite. Entre os outros lugares fechados, os moinhos contam com 6%, mas as igrejas são três vezes menos afetadas, assim como as lojas. Globalmente minoritário, o espaço externo compreende a rua, para 15% dos casos, a praça, os grandes caminhos e as lavouras, que contam cada um com 7%. Mais bem controlada que antes nos lugares públicos, principalmente na taberna, a violência se desenvolve muito mais no lar. A tendência só se acentuará em seguida. Por um lado, a visibilidade dos excessos cometidos na morada conjugal se torna maior, por causa da vigilância crescente exercida por todos. Por outro lado, aí se concentram muitos problemas relacionais, que não podem mais, tão facilmente quanto antes, se resolver fora, em pleno dia.

Mais fraca no inverno, com um vazio absoluto na época de Páscoa, a conflituosidade sobe muito a partir do mês de maio, alcança seu ápice em agosto, depois declina progressivamente até novembro, antes de tornar a subir em dezembro. Dias privilegiados, o domingo e a segunda-feira registram cada um 20% dos conflitos, seguidos pela quinta-feira, com 16%. Conhecida uma vez em cinco, a hora do crime indica que a agressividade se desenvolve mais a partir da tarde, culmina no início da noite, torna a cair lentamente em seguida, enfim reduz-se muito depois da meia-noite. A parte do domínio é mais fraca no inverno, no momento das vigílias comuns, até abril, onde ela cai a 8%, depois aumenta claramente em maio, junho, agosto, outubro, e culmina em 43%, em novembro. Sobrerrepresentado de setembro a fevereiro, o cabaré alcança até um terço dos casos em novembro ou em dezembro.

Presentes como tais na metade das queixas, as injúrias constituem, geralmente, o ponto de partida da altercação. Elas são, prioritariamente, proferidas entre o meio da tarde e o início da noite. A metade delas estigmatiza maus costumes. O homem é, habitualmente tratado de *bougre* (traste), isto é, de sodomita, de *janin* (bobo), termo de desprezo indicando que ele é "cocu" (cornudo), ou de *jean-foutre* (ridículo); a mulher, de *putain* (puta), de *bougresse* (traste), de *garce* (piranha) ou de *cul chaud* (rabo quente). Mais de um quarto das outras invectivas é relativo à má reputação de uma pessoa, qualificada de ladrão ou ladra, de intrujão ou intrujona, de indivíduo que "não vale nada", de valentão. O resto diz respeito à estupidez ou não é claro. A referência à bruxaria se revela muito rara. As mulheres que brigam entre elas usam, principalmente, "puta" e "piranha", acumulando, às vezes, os efeitos: "puta, dupla puta, ela mantinha um bordel, piranha, cadela" ou "puta, dupla puta, ela teria ganhado dinheiro com seu rabo". Os homens entre eles privilegiam "traste, "ladrão", "patife" ou "intrujão", o que destaca o aspecto desonroso aos seus olhos dos ataques aos bens, mesmo se raramente recorrem à lei, nesse domínio. Em relação ao sexo frágil, eles têm uma predileção por "puta" e, em segundo lugar, por "traste", termo que as interessadas utilizam muito pouco a respeito de uma semelhante.

Os insultos e as injúrias são, ao mesmo tempo, estereotipados e moduláveis em função da posição social respectiva dos protagonistas. Eles traduzem a importância de um sentido da honra muito susceptível, porque o que se julga desacreditado como pessoa, ou pelo questionamento da reputação de um próximo, parte para a agressão, para não se humilhar. A novidade em relação aos séculos anteriores é que o perdedor prolonga, muitas vezes, o combate por uma queixa formal, mesmo que ele esteja na origem da altercação. Porque a corte prebostal, como se viu, não se interessa pelos motivos, o que permite a muitos comparecentes de se manter vagos. Seu objetivo é menos de castigar o agressor do que obrigá-lo a pagar as despesas pelos cuidados da vítima, a indenizá-la e a reparar sua honra manchada pelos ferimentos ocasionados, principalmente se eles são bem visíveis. Ela habitua, assim, os paroquianos a procurar sua mediação para obter as compensações financeiras e simbólicas, outrora quase sempre negociadas entre as partes por intermédio de árbitros não oficiais.

No século XVII, em Gonesse, grande aldeia próspera e ativa, estreitamente dependente de Paris, a violência se revela muito raramente mortal, diferentemente da Artésia, uns cem anos antes. O calendário dos confrontos, no entanto, não mudou fundamentalmente. A vigilância aumentada dos lugares de desacordos, como a taberna, e a dos comportamentos conta para muitos. Observa-se, com efeito, uma queda da sociabilidade externa em proveito de uma concentração nova no lar, acompanhada de um desarmamento quase geral, que limita as hecatombes entre jovens machos. Mas o essencial reside, provavelmente, na apropriação da justiça pelos rurais. Não por puro medo de punição, mas, antes, pela esperança de ganho e de uma melhor proteção. Em 80 anos, quase 600 demandantes reclamam, assim, a ajuda da lei, prioritariamente por injúrias ou vias de fato referindo-se a eles. Relacionado a uma população de 3 mil pessoas, o índice de conflituosidade anual registrado pelas fontes se estabelece, então, em torno de 250 para 100 mil. Em outros tempos, ele poderia ter conduzido a dezenas de homicídios, doravante desarmados na base.

A mutação não provém verdadeiramente de uma pacificação dos costumes, que continuam muito brutais. Ela resulta essencialmente de uma queda de intensidade das trocas de golpes durante conflitos físicos tão frequentes quanto antes. Os inúmeros cirurgiões jurados nomeados pelo preboste e citados nos documentos têm tanto trabalho quanto os padeiros do lugar. Mais de um quarto dos 276 tratamentos registrados preconizam sempre a sangria, para curar ferimentos, que são, na maioria, feridas abertas nos homens, mas mais frequentemente contusões em relação às mulheres. Assim, os práticos fazem sangria no braço, em 1662, uma paciente que sofre com uma lesão aberta no lábio superior, e nos dois braços, 10 anos mais tarde, de um indivíduo que recebeu uma bala de pistola no olho direito. Repouso, dieta, curativos, incisões de feridas purulentas, depois, sutura, emplastros, unguentos, poções, tisanas, lavagens fazem parte de sua panóplia. O falecimento dos clientes só é atestado 16 vezes, ou seja, em 6% dos casos. Em 1681, os dois cirurgiões chamados para visitar um personagem atingido por uma facada no baixo-ventre, cujos intestinos saíram, só podem formular um diagnóstico de "morte próxima, quase inevitável", o que acontece, efetivamente, alguns dias mais tarde.

Conforme essas constatações, parece difícil imputar a diminuição da frequência dos homicídios a claros progressos da medicina. A raridade das sequelas fatais provém muito mais seguramente de uma moderação nova durante os conflitos físicos que continuam muito correntes. Os códigos mudaram profundamente em algumas gerações. O confronto viril para ferir até o sangue com uma arma branca se tornou muito raro, o que implica um controle social e um autocontrole reforçados da adolescência masculina, mesmo se as fontes não fornecem quase nunca as idades dos combatentes. A linguagem dos golpes exprime sempre uma defesa da honra e uma vontade de humilhar o adversário, em particular num combate de homem a homem com mãos livres. Mas ele não tem nada de cego nem de bestial. Por um lado, ele se acha provavelmente mais inibido que antes pelo medo de pagar despesas médicas desastrosas a uma vítima atingida muito duramente e longamente aleitada, que não hesitará em se garantir na justiça. Por outro lado, a brutalidade é retida, salvo loucura ou raiva destruidora, por uma obrigação crescente de respeito pela vida humana. Acentuada há décadas pelas autoridades civis e religiosas, esta se desenvolve com o apoio da comunidade, cuja hostilidade se exprime contra os que não a levam em conta. Os demandantes são conscientes disso. Eles se apresentam ao tribunal como pessoas de honra, não tendo jamais causado erro nem falado mal de ninguém, e denunciam, quando as acusações são verossímeis, estrangeiros na aldeia e concidadãos violentos, raivosos ou bêbados.

Há mais. Os documentos permitem ver que os gestos brutais se articulam em função do sexo, da idade e da posição na escala social. Assim como os elos familiares, de trabalho e de amizade exigem defender um agredido, ou até de apoiar um agressor, um sutil código de deferência se impõe para nuançar ou reter a força dos golpes dados e a gravidade das injúrias proferidas. O medo de represálias, judiciárias ou econômicas, obtempera, assim, a atitude de inferiores diante de pessoas importantes ou temíveis. Reputados como rudes, armados, os sargentos reais veem raramente sua honra questionada, diferentemente de sua honestidade, e eles são majoritariamente atingidos nas mãos ou nas pernas. Muito poderosos numa sociedade onde o pão é rei, invejados, os moleiros são igualmente invectivados por sua desonestidade e visados maciçamente no rosto, mas bem pouco na cabeça. Os cultivadores mais remediados, os lavradores, que usam um importante pessoal permanente ou sazonal, são, de preferência, atingidos nos braços ou no rosto. Os mercadores, muitas vezes estrangeiros, menos respeitados, são, mais ordinariamente, o objeto de injúrias relativas à pureza de sua esposa e são visados na cabeça ou no rosto, como os padeiros e os operários. Muito numerosos, os primeiros têm uma reputação bem estabelecida de brutalidade ligada à sua vida penosa, assim como a frequentes, longas e, às vezes, perigosas viagens a Paris, para vender sua produção nas feiras, enquanto os segundos, habitualmente presumidos como ladrões, são facilmente desprezados, tratados de bêbados, de bobos, estigmatizados pelos seus maus costumes, sobretudo porque muitos deles não são nativos de Gonesse.

Quanto às mulheres, são geralmente definidas por sua fraqueza, o que leva a maioria dos machos a reter os golpes destinados a puni-las ou obrigá-las a obedecer, privilegiando o rosto ou os braços, para melhor humilhá-las e deixar nelas os traços de uma superioridade masculina fácil de identificar quando elas andam, em seguida, pelas ruas da aldeia. A situação social superior do marido lhes atrai mais respeito, enquanto um desprezo suplementar se aplica às criadas solteiras, sobre as quais todos os homens da casa pensam ter direitos.

Confrontados com uma justiça que reforça sua presença no seio do seu universo para fazer respeitar normas religiosas e morais cada vez mais estritas, os camponeses dos séculos XVII e XVIII aceitam o fenômeno, mas o investem com suas próprias necessidades. Eles aprender a se tornar demandantes astutos e a multiplicar as queixas para delas tirar substanciais benefícios. Os das aldeias vinícolas de Vanves, Issy e Vaugirard, não longe de Paris, mostram uma propensão muito ativa à briga, nos anos de 1760-1767. Muito demandantes, eles usam a lei como um instrumento privilegiado para resolver seus incessantes conflitos e firmar sua posição. Se eles sempre recorrem a mediadores e a pedidos de compensação negociados com a parte adversa, o tribunal lhe oferece um meio de pressão suplementar sobre os recalcitrantes. Não se trata unicamente de reassumir sua honra humilhada, porque eles reclamam, habitualmente, uma grande indenização financeira pelo prejuízo sofrido, como em Gonesse, sob Luís XIV. Os casos mais benignos, injúrias ou simples murro, terminam, em média, no pagamento de uma quantia exorbitante de 200 libras, e as exigências aumentam em função da gravidade dos ferimentos. Essa sede de lucro se acompanha de uma obsessão em obter reparação. Mais temível ainda, uma hábil estratégia de provocação de um adversário para levá-lo ao insulto ou aos excessos físicos reforça a vitória, principalmente se o condenado se recusa a executar a sentença, se opõe a um confisco ou levanta a mão contra os representantes da lei. Os queixosos ganham, assim, somas importantes, que eles não teriam podido acumular em uma vida de trabalho.

A busca do lucro leva a personalizar o caso mais possível e a colocar em valor o aspecto privado do confronto. Porque se o acusado fosse punido como provocador de confusão em público, a vítima correria o risco de só receber uma satisfação simbólica. O aspecto vago de inúmeros depoimentos e o fato de passar frequentemente em silêncio as causas reais da agressão se explicam dessa maneira. A ignorância aparente das sutilezas legais esconde, muitas vezes, uma notável aptidão a se encontrar na complicação processual tempo para obter o melhor resultado possível. O acusado não fica a dever. Ele argumenta, reage habilmente, utiliza, às vezes, a contraqueixa, o que torna delicada uma decisão final, apresentando uma versão totalmente contraditória do conflito, especialmente porque as testemunhas não gostam de se envolver muito quando a situação é complexa. A contestação da justiça ou de seus representantes existe, igualmente, mas ela é menos o fato das pessoas pequenas do que de paroquianos bem estabelecidos, e ela visa prioritariamente a filhos do país, que conseguiram um emprego de sargento, de escrivão, de procurador fiscal ou de tenente. Originários da elite da aldeia, eles criam invejosos entre os que se acham de sua posição, sem dispor do prestígio atribuído a tais funções.[55]

A premente demanda de justiça vinda das comunidades rurais parece, em parte, religada à possibilidade que ela oferece de se enriquecer sem trabalhar, fazendo muito amplamente pagar, no sentido próprio, uma injúria ou uma pancada. O fenômeno contribui paralelamente para explicar a diminuição dos processos por violência, no século XVIII, e o desenvolvimento da criminalidade contra os bens, porque as noções de valor e de riqueza assumem uma importância nova nos campos. A pacificação dos costumes passaria, então, mais pelo lucro, bem entendido, e pelo medo da ruína do que pelo medo da lei propriamente dita. Em Fâches-Thumesnil, pequena aldeia cerealífera situada ao norte de Lila, a delinquência levantada de 1677 a 1789, segundo os arquivos do tribunal senhorial, compreende, ao todo e para tudo, 10 exemplos. O lugar conta com 34 famílias, em 1553, ou seja, um pouco mais de 150 habitantes, assim como 14 cavalos e uma centena de carneiros. Em 1701, quando de um recenseamento de criados, 10 criados e 12 criadas são indicados na paróquia. O século XVIII vê um claro crescimento demográfico, porque, sob o Primeiro Império, 202 homens solteiros, casados ou viúvos idosos de 20 a 60 anos são contados. A metade dos casos julgados se espalha de 1677 a 1697. Todos são relativos a ferimentos, dos quais quatro infligidos entre 1689 e 1697, por um recidivista incômodo, Laurent Petit, lavrador nascido por volta de 1652, a muitos homens diferentes, dos quais o sargento do lugar. As condenações se limitam a multas e às despesas do processo.

Os cinco outros processos, de 1701 a 1789, dizem respeito a uma situação não precisa, a dois roubos noturnos com arrombamento, de queijos e objetos diversos para um, de dinheiro para o outro, e a dois delitos contra pessoas. Em 14 de julho de 1724, Vincent Defretin, filho de Jean, vai à noite lançar pedras à porta de uma casa, proferindo "injúrias atrozes" contra a moça do lugar e seu pai. A decepção amorosa de um solteiro parece evidente. Em 28 de janeiro de 1742, um homem entra no cabaré, com sua espingarda, e derruba com um encontrão o criado do ferrador, proferindo ameaças injuriosas, antes de ser dominado. Os relatos figuram em relatórios periódicos sobre a criminalidade divulgados a cada seis meses. Mesmo contendo lacunas, indicam, muitas vezes, a ausência de qualquer dano. De 1738 a 1746, só

---

55   Olivier Jouneaux, "Villageois et autorités", in F. Billacois, H. Neveux (dir.), "Porter plainte...", *op. cit.*, p. 101-118; A. Cardoso, "Criminalité et stratégies judiciaires...", *op. cit.*, chega a conclusões idênticas referentes a Gonesse no século XVIII.

são descritos um roubo e o empurrão na taberna, enquanto nenhuma infração foi levantada de 1762 a 1772.[56]

A situação europeia é, provavelmente, mais variada do que indicam esses alguns exemplos franceses de domesticação da violência em campos muito próximos das grandes cidades. Os jovens machos continuam turbulentos. Entre 1696 e 1789, nas jurisdições de Libourne e de Bazas, dependentes do parlamento de Bordéus, a faixa etária dos 20-29 anos fornece mais de um terço dos acusados de agressões físicas, seguida pelos 30-39 anos, que produzem um quinto do contencioso. A injúria é mais frequentemente usada pelos homens adultos de 40 a 49 anos, culpados de um quarto dos casos, contra um quinto para os de 20 a 29 anos. As atitudes juvenis tradicionais, em festas, provocam sempre muitas brutalidades e insultos verbais ou simbólicos. Estas últimas revelam o vigor de um espírito de contestação dirigido contra as autoridades, assim quando perturbadores vêm ridicularizar com cantigas o prefeito de Libourne, em 1741, depois, tentar forçar sua porta, uma noite depois, para se vingar da ação judicial que ele abriu contra eles, ou cobrir de excrementos a de seu sucessor, em 1787. As queixas das pessoas mais idosas visando a adultos bem estabelecidos que as insultaram ligam-se, provavelmente, por sua vez, à esperança de receber uma indenização importante que os rapazes por casar, pouco endinheirados não conseguiriam pagar. A grande precariedade da existência destes, em uma época de casamento tardio, é marcada pelo fato de que 51% dos ladrões dos dois sexos para os quais a informação é conhecida têm menos de 29 anos. As mulheres só são 15% desse total, os ladrões solteiros machos de 20 a 29 anos são os mais representados, numa proporção de um terço do contingente.[57]

A despeito de estereótipos negativos abundantemente espalhados quanto à violência rural, esta declina fortemente a partir do século XVII, como comprovam os raros estudos consagrados ao problema. No século XIX, o mundo dos campos é ainda mais fortemente sacudido. Aberto pelas estradas e estradas de ferro, ele é afetado por importantes misturas demográficas, enquanto a juventude local se encontra aspirada pelas fábricas. Opondo resistências à mudança, ele encontra a hostilidade dos adeptos da modernidade que denunciam sua sujeira, sua brutalidade, seu atraso, figuras cômodas para designar sua diferença. Porque suas tradições sociais e culturais sobrevivem, adaptando-se às inovações.

A hostilidade em relação ao "estrangeiro", em particular ao habitante de uma paróquia vizinha, continua grande, porque ela serve sempre como cimento comunitário e permite defender o território e as mulheres do lugar contra as arremetidas externas. Em reação, os que se arriscam em território hostil cerram as fileiras, tanto que se pode facilmente chegar a vias de fato, por ocasião de uma festa. O baile que termina num combate entre os campeões de duas aldeias limítrofes é um fenôme-

---

56   Archives départamentales du Nord, J 19, 86 e 87, "reino" dos Timeaux ou dos Estimeaux de Fâches-Thumesnil.
57   J. R. Ruff, *Crime, Justice, and Public Order in Old Regime France*, op. cit., p. 90-91, 132-133.

no dos mais habituais. Orientada em prioridade para a denúncia dos problemas sexuais, a zombaria coletiva serve mais ordinariamente para manter uma rivalidade considerada necessária. Em Vexin, as pessoas das cercanias afirmam que:

> As meninas de Longuesse
> Descobrem o seu traseiro
> Para cobrir o seu rosto.[58]

As regiões de difícil acesso, onde a vida continua rude por causa das condições materiais, não são as únicas a conhecer ondas de contestação da modernidade, quando esta perturba muito fortemente as coletividades locais. As florestas do Hurepoix e de Yveline, perto de Paris, veem enfrentarem-se duramente os nativos e os guardas-florestais (guardas-caça), depois da instituição da autorização, em 1844. A resistência à força pública constitui um estado de espírito muito difundido entre os rurais. Ela leva ao apoio de "bandidos de honra" refugiados nos bosques ou no matagal, por causa de uma pressão policial ou judiciária considerada excessiva pelas populações. Diferentes dos malfeitores sem fé nem lei que queimam a sola dos pés dos ricos camponeses para fazê-los confessar onde eles escondem seu ouro, esses personagens são apreciados porque eles encarnam as cópias sofredoras dos domiciliados, e porque suas aventuras reanimam o espírito de protestação contra as injustiças.

Entre inúmeros outros nichos identitários, as montanhas, como os Pireneus, a ilhas mediterrâneas, o sul da Itália conhecem constantemente esses fenômenos que preparam a chegada das máfias organizadas. Em Ariège, a Guerra das Demoiselles (Senhoritas), de 1830, os traduz em imagens fortes. Camponeses disfarçados de mulheres lembram um modo preocupante as antigas festas carnavalescas, durante as quais os jovens machos se distinguiam habitualmente de maneira brutal e sanguinária. Domados, mas teimosos, os rapazes maiores aproveitam sempre as ocasiões de desforra e mantêm um clima de contestação endêmica, no momento em que desaparecem, na metade do século XIX, na França, as grandes revoltas por herança das *jacqueries* (amotinações) medievais.

Apesar de algumas ressurgências, os rurais abandonam, no entanto, a protestação coletiva em armas. Um período se fecha. Já bem corroído há lustros, pela tentação judiciária que permite fazer a economia da vingança privada, obtendo altas indenizações financeiras, a violência abertamente prejudicial deixa pouco a pouco os campos. As que resistem mais a essa mutação são denunciadas por seu arcaísmo. São também aquelas em que as armas são com mais frequência que em outra parte conservadas, sob pretexto de caça, em particular, e onde o sentido da honra continua profundamente ligado à pureza das mulheres tanto quanto à expressão teatral da virilidade dos homens jovens. Por volta de 1882, a Córsega assume o primeiro

---

58 F. Chauvaud, *De Pierre Rivière à Landru*, op. cit., p. 65-92, em especial p. 69.

lugar em matéria de homicídios e de tentativas de assassinato, seguida, na ordem, pelos Pireneus Orientais, a Lozère, a Ardèche, e as Bocas do Ródano.[59]

Se a violência não é mais, no século XIX, o meio privilegiado de resolver os conflitos e as tensões na aldeia, é que esta mudou de eixo, agregando-se cada vez mais solidamente ao mundo circunvizinho. A profunda transformação das relações entre os jovens e os adultos do sexo masculino é o principal motor da evolução. A linguagem da honra tradicional e da vingança obrigatória se torna pouco a pouco uma língua morta que não une mais as duas partes. Substituído por idiomas novos emprestados do exterior, depois integrados às necessidades locais, ela deixa de construir as normas de troca entre as gerações, com uma rapidez maior ou menor, segundo os espaços referidos. Acelerada por duas vezes, quando das extraordinárias misturas de homens jovens, impostas no decorrer das duas guerras mundiais, a confusão se encontra constantemente apoiada por mecanismos maciços de integração, tanto formais – a escola ou o exército – quanto informais – como o culto das novidades celebradas pelas grandes mídias ou pelo desenvolvimento dos lazeres. Ela reduz a importância do coletivo para promover o indivíduo, e desvaloriza aos seus olhos as pulsões destruidoras em proveito de ideais universais herdados de 1789, que se acham encaixados num modelo de sucesso pessoal que exalta a fineza astuciosa em detrimento da brutalidade bestial.

Os rurais sempre foram capazes de aproveitar das inovações que lhes trazem importantes benefícios concretos e simbólicos. Aceitando disciplinar a violência no espaço público, abandonar em massa o uso de armas, principalmente da faca, em confrontos físicos, reorientar os códigos de honra do grupo para a pessoa, eles contribuíram, no entanto, para deslocar o principal palco dos conflitos para o lar. Antes, os excessos maiores dos rapazes solteiros aconteciam no exterior, entre pares dos reinos de juventude. Ora, se o homicídio rural se faz mais raro no século XIX, a família é muito mais correntemente do que no passado o seu teatro. Em Quercy, os confrontos nesse ambiente figuram entre os mais brutais, com os que contrapõem vizinhos. As causas mais frequentes são relativas à escolha do herdeiro e à transmissão do patrimônio, porque, nessa região, um dos filhos é privilegiado, em detrimentos dos outros irmãos e irmãs gratificados com uma pequena compensação. Vêm, em seguida, contestações internas a respeito do exercício do poder na casa. Muito rudes, os conflitos entre esposos resultam principalmente de censuras de incompetência, de alcoolismo ou de preguiça, que traduzem, igualmente, o medo de ver comprometer as chances de sobrevivência e de desenvolvimento dos sucessores.[60] A questão do parricídio, um crime raro em constante declínio, apesar de um pico, no meio do século e nos anos de 1880, cometido uma dúzia de vezes por ano, na França,

---

59 Ibid., p. 83-84, 93-114.
60 F. Ploux, *Guerres paysannes en Quercy, op. cit.* Consulte, também, Élisabeth Claverie, Pierre Lamaison, *L'Impossible mariage. Violence et parenté en Gévaudan, XVII*, XVIII*, XIX* siècles*, Paris, Hachette, 1982.

confirma a importância dos conflitos geracionais, ligados aos dois terços dos casos com fatores econômicos. No sul, o drama é, muitas vezes, iniciado pelo filho mais velho, desejoso de colocar a mão nas propriedades familiares. No norte, em terra igualitária, onde os filhos pagam uma pensão anual aos pais, os criminosos querem abrandar seus encargos financeiros.[61]

Com o benefício do inventário, pode-se pensar que o exemplo francês vale globalmente para o resto da Europa ocidental: expulsa da rua e da praça, enquadrada de perto no cabaré, a violência rural entra pela janela da exploração doméstica. Outrora percebida de maneira positiva na aldeia, quando ela permitia defender a honra de um grupo e manifestar o poder viril da faixa etária ascendente, incitando os filhos a esperar sua vez para substituir os pais, ela se torna puramente anormal e muito preocupante porque se exerce, cada vez mais frequentemente, contra um membro da família. As tensões que se concentram nesta fazem também emergir outros tipos de violência dissimulados atrás dos muros da casa. A partir dos anos de 1880, quando se impõem novas sensibilidades originárias do "acesso do indivíduo" que marcou fortemente o século, denúncias crescentes visam ao estupro de meninas pequenas, o incesto, as sevícias contra os menores.[62] As autoridades ficam, certamente, mais preocupadas pela repressão da criminalidade juvenil, assimilada a uma verdadeira praga, no início do século XX, mas o movimento que se inicia indica uma preocupação crescente das populações em matéria de violências dirigidas contra crianças, primeira etapa para a definição ulterior da pedofilia como a mais abjeta das monstruosidades imagináveis.

Cada vez mais sustentadas a partir do século XVIII, as estatísticas da delinquência traduzem mais uma transformação em profundidade do olhar repressivo do que uma verdadeira mutação das realidades criminais. Porque "é o ritual judiciário que constrói esse objeto social que se chama o acusado". Ele se consagra como "outro", como o inverso da "honestidade humana", no curso de um processo legal que permitia ao Estado afirmar sua autoridade de maneira simbólica e oferecer aos cidadãos um ideal de igualdade diante da lei.[63] Ora, o alvo principal continua constantemente o mesmo desde a revolução judiciária do século XVI: os jovens renitentes susceptíveis de contestar muito seriamente os direitos das pessoas estabelecidas, pais, governantes. Mas quando a sociedade muda, que seus valores fundamentais se modificam, as formulações emocionais dessa angústia de desapossamento dos adultos e das pessoas remediadas evoluem para adaptar-se às condições novas. A prova de força entre os sexos e, principalmente, entre as faixas etárias se desloca ao longo de linhas de fratura potenciais que assumem, então, mais importância. A aceitação maciça pelos jovens machos do tabu do sangue, ao preço de múltiplas pequenas contestações e

---

61   Sylvie Lapalus, *A Morte do velho? O parricídio no século XIX*, Paris, Tallandier, 2004.
62   F. Chauvaud, *De Pierre Rivière à Landru*, op. cit., p. 248-251.
63   Antoine Garapon, *L'Âne portant des reliques*, op. cit., p. 100, 143-145, 159. Consulte também Antoine Garapon, Frédéric Gros, Rémy Pech, *Et ce sera justice. Punir em démocratie*, Paris, Odile Jacob, 2001.

de frequentes desordens, desvia lentamente a atenção das autoridades desse problema globalmente resolvido. Sobretudo porque a definição de uma violência lícita nas guerras justas permite mobilizar essa poderosa agressividade coletiva reprimida, canalizá-la para colocá-la a serviço de objetivos de conquista e patrióticos.

O desenvolvimento de uma economia comercial capitalista desde o século XVIII produz desafios novos, levando hordas de jovens desenraizados dos campos para as cidades florescentes, tais como Bordéus, Amsterdã, Londres ou Paris. As condições de vida dessa mão de obra mal adaptada às necessidades se revelam tão difíceis que elas provocam ondas irreprimíveis de roubos, para garantir a sobrevivência dos interessados, seguidos por muitos criados e criadas que vão para a miséria depois de ter desagradado a seus empregadores ou sucumbido às tentações. Os mais frágeis, os mais jovens, os menos protegidos por solidariedades, familiares ou outros, compõem uma plebe preocupante.

No século XIX, seus exércitos famélicos são qualificados de classes perigosas pelos citadinos prósperos bem instalados. A busca de proteção aumenta muito, incentivando as autoridades urbanas a criminalizar mais o roubo e a ociosidade. Não é um acaso se na Inglaterra, uma das primeiras potências a conhecer a revolução comercial, depois, industrial, produz desde a segunda metade do século XVI um cruel "código de sangue" principalmente destinado a punir sem piedade os autores de ataques aos bens, a fim de tranquilizar os bem-providos. Ela só abranda sua legislação quando a ameaça parece fazer-se menos premente, a partir de 1830. Apesar de sua originalidade insular altamente reivindicada, ela passa, em seguida, para a pacificação do espaço privado, como os outros países europeus, concentrando o esforço para o seio da família.

Paradoxo importante, no início do século XX, a violência se tornou profundamente inaceitável para os que se julgam civilizados, enquanto se preparam as terríveis carnificinas humanas de 1914-1918. Estas traduziram um extraordinário retorno do reprimido? Porque a civilização ocidental é perpassada, então, por uma imensa denúncia da brutalidade quotidiana sob todas as suas formas. A aversão pela visão do sangue leva até a uma repugnância pelo espetáculo do abate dos animais e a uma piedade crescente pelos animais, que anuncia o desenvolvimento ulterior da sua proteção e da defesa dos seus direitos.[64] O homem sadio e moral se desvia não somente do espetáculo da morte, cada vez mais oculta, antes de se esconder, hoje, no fundo dos hospitais, mas também do espetáculo do sofrimento.

Desde 1847, na França, a aversão pela dor conduz à utilização dos anestésicos, éter e clorofórmio. Os paraísos artificiais das drogas, dentre as quais o ópio tão apreciado no tempo de Baudelaire, servem, talvez, para compensar um pouco as repressões emotivas, em especial entre os jovens submetidos à aprendizagem obs-

---

64 Noëlie Vialles, *Le Sang et la Chair. Les abattoirs des pays de l'Adour*, Paris, Edições da Maison des Sciences de l'Homme, 1987.

tinada do tabu do sangue e do interdito da violência. O indivíduo que conserva uma inadmissível selvageria, a ponto de não saber controlar ou derivar suas pulsões mórbidas, não é mais simplesmente o bruto rural, imagem inversa do homem de qualidade, porque os camponeses tomam, também, o caminho da modernidade, repudiando o excesso brutal. Com grandes reforços de publicidade ruidosa, ele é doravante encarnado pelo monstro absoluto capaz de matar por prazer e de se comprazer numa revulsiva crueldade, como Jack, o Estripador, em Londres, ou Jacques Vacher (vaqueiro), na França. Nascido de uma família de agricultores de Isère, em 1869, este, que se autointitula o "anarquista de Deus", matou quatro meninos, seis meninas e uma idosa, segundo a ata de acusação. Liberado de um asilo, cometeu seu crime final em 31 de agosto de 1895, em Bénonces, no Ain, onde, segundo suas confissões, cortou a garganta de um pastor de 16 anos antes de lhe arrancar as partes sexuais com os dentes.[65]

Fascinante para um amplo público ávido de horror, a figura do monstro assassino fala do último limite humano transposto por raros indivíduos que só podem ser loucos ou profundamente desequilibrados. No início do século XX, inúmeros relatos de ficção se apoderam da questão. Enquanto de anuncia o primeiro conflito mundial, a invasão de fantasmas sanguinários sobre o imaginário ocidental indica que não foi resolvida uma contradição fundamental entre a suavidade relacional exigida de todo ser civilizado nas trocas quotidianas e a exaltação guerreira das virtudes nacionalistas.

---

65 F. Chauvaud, *De Pierre Rivière à Landru*, op. cit., p. 234-239, 244, 245.

CAPÍTULO VIII

Arrepios mortais e relatos negros
(séculos XVI-XX)

O forte decréscimo dos homicídios a partir do fim do século XVI acompanha-se, na França, pelo aparecimento de uma literatura e de um imaginário destinado a edificar o leitor ou o observador, prolongando as emoções espetacularmente encenadas pelo ritual do suplício. Relatos dramatizados deste e tabloides sangrentos vendidos nas ruas de Paris, histórias trágicas destinadas a círculos mais cultos parecem ter por única finalidade provar que o crime não compensa. A literatura de patíbulos inglesa do século XVIII propõe lições morais idênticas. Entretanto, alguma coisa muda por volta de 1720, nos dois países, quando aparece uma veia muito mais ambígua, que eleva alguns malfeitores, como Cartouche, à posição de heróis populares míticos. Depois, no século XIX, a gesta dos bandidos invade a grande cidade industrial, dando, ao mesmo tempo, lugar a um estranho entusiasmo e a uma grande preocupação entre os bons burgueses. Assassinos e ladrões compõem, então, um exército de sombras selvagens, conduzido por Fantasma, acossado por Sherlock Holmes, cujas façanhas ferozes desafiam a honestidade e a moral estabelecida. Pouco antes da Primeira Guerra Mundial, os Apaches submergem Paris e as colunas dos jornais com grande tiragem. Os apreciadores do sangue em primeira página são recrutados somente nas camadas inferiores que escapam ao "abrandamento geral" dos costumes e ao "polimento dos ângulos da individualidade"?[1]

A colonização do imaginário ocidental pelos fantasmas cruéis não traduz de preferência a aceitação do tabu da brutalidade mortal, só deixando espaço para evocações do interdito? Porque a transgressão se torna impossível, salvo passar como um animal bruto ou por um louco. Somente formas distanciadas e oníricas se oferecem ainda aos rapazes que atingem a adolescência. Cada vez mais expulsos do espaço público e estreitamente vigiados, eles só podem encontrar em sonho a cultura viril juvenil dos séculos precedentes. Mandrin, Cartouche, Jack o Estripador e seus inúmeros êmulos fictícios, espalhados pelo livro ou pela imagem, depois, durante todo

---

1 Alfred Fouillée, *Psychologie du peuple français*, Paris, F. Alcan, 1898.

o século XX, pela história em quadrinhos, pelo cinema, pela canção, pela música, não trazem a lembrança nostálgica dessa violência outrora banal e amplamente tolerada pelos adultos? O relato negro, sob suas múltiplas variantes, desenvolve uma contestação mais ou menos viva da moral das aparências, da lei e da ordem impostas pelos homens estabelecidos. Ele traça o perfil incessantemente reatualizado daquele que ousa resistir a isso, gênio do mal, jovem bandido de honra, detetive particular desiludido, com métodos de investigação pouco ortodoxos. O sucesso desse gênero camaleão repousa sobre uma forte contradição interna em nossa cultura, desde o início do processo de erradicação do homicídio. Porque a suavidade relacional exigida dos machos "civilizados" na vida quotidiana caminha junto, com o pedido expresso do Estado, com a exaltação de suas virtudes guerreiras, indispensáveis para manter firmemente os impérios coloniais e defender a pátria em perigo. Abundantemente desenvolvida nos jornais, nos romances policiais e em muitos outros meios, a ficção sangrenta serve, assim, a dois objetivos opostos: pacificar os costumes dos rapazes púberes, oferecendo-lhes o exutório de seus arrepios mortais, sem passagem ao ato, mas, também, preparar a eventualidade deste, comprovado por duas terríveis hecatombes mundiais. A aprendizagem simbólica desses papéis opostos dá toda sua importância ao romance negro. Este define, também, a função do sexo frágil num universo dominado pelos valores viris, só oferecendo a escolha entre a suave, materna e tenra vítima, frequentemente loira, das paixões masculinas e a venenosa mulher fatal, dura e morena, que leva ao crime e, em seguida, à degradação.

O diabo, com certeza...

Nascimento do relato negro

Em 1558, Pierre Boaistuau publica *Le Théâtre du monde*, primeiro manifesto francês de um humanismo angustiado que acaba com a visão otimista das gerações precedentes: "Mas, bom Deus! o diabo se apoderou dos corpos e dos espíritos dos homens de hoje e os tornou tão hábeis e engenhosos para fazer o mal...".[2] O autor é, também, o criador, em 1559, de um novo tipo literário no país de Rabelais, as *Histoires tragiques extraictes des oeuvres italiennes de Bandel, et mises en nostre langue françoise par P. Boaistuau, surnommé Launay, natif de Bretaigne*.[3] A fonte é italiana. Ela segue os passos de Matteo Bandello, morto em 1561, que se inspirava, ele mesmo, em Boccacio. Frequentes reedições, traduções em inglês ou em flamengo, adaptações e diversos plagiatos comprovam um sucesso imediato. Em 1570, François de Belleforest aumenta a obra, com uma nova versão muito desenvolvida compreendendo sete

---

2   Pierre Boaistuau, *Le Théâtre du Monde* [1558], ed. crítica por Michel Simonin, Genebra, Droz, 1981.
3   Id. *Histoires tragiques extraictes des oeuvres italiennes de Bandel, et mises en nostre langue françoise par P. Boaistuau, surnommé Launay, natif de Bretaigne*, Paris, Sertenas, 1559.

volumes, em 1582.[4] O mundo representado é um universo de pesadelo, invadido pela violência e pelo monstruoso, invertido em relação aos códigos ora em uso. O indivíduo é, ao mesmo tempo, submetido aos "prodígios de Satã" e à terrível vingança de Deus. Fraco, arrebatado pelo furor de suas paixões, ele se encontra desencaminhado de sua natureza divina.

A onda literária das histórias trágicas cresce, no decorrer das últimas décadas do século XVI, com Vérité Habanc, em 1585, Bénigne Poissenot, em 1586, e muitos outros, depois, espalha-se fortemente no início do reinado de Luís XIII, com François de Rosset e o bispo Jean-Pierre Camus.[5] Seus escritos correspondem a um gosto barroco do público culto, que se deleita, também, com produções muito diferentes, tais como os romances de cavalaria e os contos alegres ou *L'Astrée* (1607-1628), longo romance pastoral de Honré d'Urfé. Eles propõem, por sua vez, "histórias de nosso tempo" baseadas na violência, no amor e na ambição. Muitas vezes ambientadas por uma introdução e uma conclusão em forma de moral, elas ensinam aos leitores a se comportar diante da Lei, divina e humana, desenvolvendo exemplos de transgressão seguidos de uma punição fatal.

Rosset, nascido em 1570, sem dúvida de uma família nobre, instalado em Paris, em 1603, torna-se, ao que parece, advogado no parlamento. Autor de diversos volumes de cartas e de poesia amorosa, ele edita, simultaneamente, em 1614, uma tradução francesa das seis primeiras *Nouvelles exemplaires* de Cervantes e suas próprias *Histoires tragiques de notre temps. Où sont contenues les morts funestes et lamentables de plusieurs personnes.* Compostas de 15 relatos, aumentados com outros oito, em 1619, data suposta de sua morte, elas encontram um dos maiores sucessos editoriais do século e são reeditadas pelo menos 40 vezes, entre 1614 e 1757, aumentadas com outras múltiplas peças por escritores anônimos, muito tempo depois do desaparecimento de Rosset. Contemporâneo da Contra-Reforma, este apresenta a infeliz história do homem, insistindo sobre a vaidade de todas as coisas.[6] Casos célebres lhe fornecem uma abundante matéria, como o assassinato de Concini ou o de Bussy d'Amboise, cujas façanhas são, também, relatadas por Alexandre Dumas, em 1846, em *La Dame de Montsoreau*. ele evoca destinos sinistros e mortes dramáticas, frequentemente violentas – 53 na coletânea –, com uma tendência a descrever minuciosamente a cena sangrenta: Fleurie, mulher impetuosa contra quem ela odeia, "pega uma faquinha com a qual ela lhe fura os olhos, e depois os arranca da cabeça. Corta-lhe o nariz, as orelhas, e assistida pelo criado, arranca-lhe os dentes, as unhas, e lhe corta os dedos

---

4   Consulte *id.*, *Histoires tragiques*, ed. crítica por Richard A. Carr, Paris, Champion, 1977; Jean Céard, *La Nature et les Prodiges. L'insolite au XVIe siècle en France*, Genebra, Droz, 1977, p. 253.
5   S. Poli, *Histoire(s) tragique(s)*, *op. cit.*, lista dos títulos p. 15-17; Raymond Picard, Jean Lafond (dir.), *Nouvelles du XVIIe siècle*, Paris, Gallimard, 1997, p. XX-XXIV.
6   *Ibid.*, p. XXII; S. Poli, *Histoire(s) tragique(s)*, *op. cit.*, p. 34. Consulte, também, François de Rosset, *Les Histoires tragiques de notre temps*, prefácio de René Godenne, Genebra, Slatkine Reprints, 1980, p. VII-IX, sobre F. de Rosset.

um depois do outro". Moralista, o escritor denuncia seu século como "o esgoto de todas as vilanias dos outros", saturado de abominações.[7] Ele imputa esse erro aos humanos desviados e, mais ainda, para o diabo, um dos principais heróis em cena.

Essa literatura insiste sobre a terrificante vingança divina que espera os transgressores. Ela tenta provocar a adesão do leitor a uma impiedosa moral punitiva depois de tê-lo convidado a explorar de maneira imaginária o mundo dos interditos. A curiosidade mórbida das multidões que assistem às execuções públicas é convocada para uma viagem onírica que produz arrepios de espanto com o espetáculo de coisas proibidas, depois, sensações confusas misturadas com o consolo, no momento do castigo fatal dos culpados, antes de um retorno apaziguante para o universo dos bem-pensantes. Dando, assim, o gosto do fruto proibido, sem perigo de aí deixar sua alma, tais relatos contribuem para colocar distantes as atrocidades relatadas. Eles abrem uma nova janela na cultura ocidental, transformando o sangue em tinta das coletâneas de histórias ou gravuras, a realidade concreta como fantasma macabro. Começa, então, a era da repressão das pulsões destruidoras. Postas no papel, nem por isso elas deixam de continuar muito ambíguas, caráter que elas conservarão até nossos dias, apesar de sua constante reformulação e uso de meios cada vez mais variados. Porque sua função é, finalmente, dupla: impor o tabu do assassinato, sem apagar totalmente a fascinação profunda do homem por esse mistério que lhe permitiu, como caçador predador, adquirir seu lugar dominante na terra.

Sem esquecer sua parte maldita... Para Rosset ou seus êmulos, o demônio é, certamente, o mais fiel companheiro do ser humano. E a mulher continua sua principal aliada. O autor o mostra através da história de um tenente de vigília lionês abusado por um diabo que o seduziu sob o aspecto de uma jovem muito bela. O pecador morreu e se acha condenado, como devido, porque "a luxúria atrai o adultério, o adultério, o incesto, o incesto, o pecado contra a natureza, e depois Deus permite que se juntem com o Diabo". "Para mim, acrescenta o narrador, acredito firmemente que era o corpo morto de alguma bela mulher, que satã tinha pegado em algum sepulcro e que ele fazia mover-se", modificando seu mau cheiro e sua cor. A edificação pelo horror assim proposta prepara a chegada do perturbador relato negro. É preciso, com efeito, que o leitor encontre prazer, sendo edificado pelo medo, que ele sinta prazer em estremecer à beira do abismo para onde o conduz seu guia.

Sob Luís XIII, a França experimente o patético, o dramático e o barroco. A vida parece sempre mais sombria, mais preocupante, de tanto que se multiplicam as armadilhas de um demônio onipresente.[8] Jean-Pierre Camus usa e difunde essa sensibilidade. Nascido em 1582, morto em 1652 ou 1653, bispo de Belley de 1608 a 1628, ele é um dos autores mais prolíficos de seu século, com 265 títulos, dos quais 21 cole-

---

7   F. de Rosset, *Les Histoires tragiques de notre temps*, op. cit., p. XIII-XVI, 128, 362-363.
8   Robert Mandrou, "O barroco europeu: mentalidade patética e revolução social", *Annales ESC*, t. XV, 1960, p. 898-914.

tâneas de histórias trágicas, reunindo 950 relatos.[9] Sua brevidade e sua variedade correspondem maravilhosamente aos seus objetivos moralizadores. Humanista cristão, partidário muito ativo da Contra-Reforma, ele procura difundir a devoção em todos os meios. Sua primeira coletânea de novelas trágicas, *Les Événements singuliers*, editada em Lion, em 1628, compreende 70 peças e suscita um grande entusiasmo. No mesmo ano, ele abandona suas funções episcopais e publica um segundo volume da mesma veia, *Les Occurrences remarquables*. Seguem, em 1630, *L'Amphithéâtre sanglant* e *Les Spectacles d'horreur*, dois dos mais reputados, assim como *Les Succez différens*, depois, em 1631, *Le Pentagone historique*, *Les Relations morales*, e *La Tour des miroirs*, em 1632, *Les Leçons exemplaires* e *Les Observations historiques*, em 1633, *Les Décades historiques*. Oito novos títulos aparecem de 1639 a 1644, dentre as quais *Les Rencontres funestes*, e várias coletâneas póstumas se juntam a essas, de 1660 a 1670.[10]

A forte influência de Camus sobre os ledores potenciais, então pouco numerosos, é certa. Ele atinge, ao mesmo tempo, os especialistas do saber, que contam com dois ou três mil membros na idade clássica, e mais ainda o "público mundano", composto de 8 a 10 mil pessoas, das quais três mil parisienses, por volta de 1660. Nobres, ricos burgueses, senhoras ou senhoritas apaixonadas por poesia, romances e literatura epistolar fazem parte deles e impõem as modas. Todos consomem igualmente os tratados de civilidade e de boas maneiras, sobre o modelo do *Honnête homme*, de Faret, impresso em 1630.[11] Os 12 títulos trágicos deixados por Camus, de 1628 a 1633, e suas rápidas reedições representam dezenas de milhares de exemplares, o que dá a pensar que poucos leitores cultos tenham podido ignorar sua existência. É, aliás, provável que foi identificando suas necessidades e depois de vários insucessos em gêneros mais "água com açúcar" que Camus se orientou, em 1628, para uma produção em cadeia de relatos negros, com a finalidade de lhes insuflar a piedade, por exemplo, de seu contrário. Mestre do mórbido e da crueldade, em uma época profundamente marcada pela obsessão do demoníaco e do pecado, ele é, com efeito, um moralizador muito consciente, mas que não se aborrece com seu prazer de escrever e não procura atenuar os detalhes dos espetáculos atrozes que ele descreve.

Depois dele e de seu contemporâneo Claude Malingre, raros são os escritores que continuam a desenvolver o modelo, com exceção de F. de Grenaille, que publica, em 1642, *Les Amours historiques des Princes*, e de Jean-Nicolas de Parival, autor, em 1656, de *Histoires tragiques de nostre temps arrivées en Hollande*, publicadas em Leida. O fim do

---

9   Jean Descrains, *Essais sur Jean-Pierre Camus*, Paris, Klincsieck, 1992; id., *La culture d'un évêque humaniste. Jean-Pierre Camus et ses "Diversités"*, Paris, Nizet, 1985; Max Vernet, *Jean-Pierre Camus. Théorie de la contre-littérature*, Paris, Nizet, 1995. As mais importantes reedições de suas obras são: J.-P. Camus, *Les Spectacles d'horreur*, introdução de René Godenne, Genebra, Slatkine Reprints, 1973 [ed. de 1630]; *Trente Nouvelles*, escolhidas e apresentadas por René Favret, Paris, Vrin, 1977. Consultar, também, R. Picard e J. Lafond (dir.), *Nouvelles du XVII siècle, op. cit.*
10 Lista estabelecida por R. Godenne, in J.-P. Camus, *Les Spectacles d'horreur, op. cit.*, p. XXIV.
11 Alain Viala, *Naissance de l'écrivain. Sociologie de la littérature à l'âge classique*, Paris, Minuit, 1985, p. 132-133.

reinado de Luís XIII coincide com o da voga das novelas trágicas, às quais são logo preferidas as peças mais divertidas de Sorel, Segrais, Scarron ou Donneau de Visé.[12] Sem dúvida, elas acabaram cansando o público de qualidade, doravante muito mais desapegados de uma fascinação pelo gosto do sangue, começando a provocar, ao mesmo tempo, uma virada literária para o classicismo e uma entrada na "civilização dos costumes".[13] Seu principal período de influência, de 1559 aos anos de 1640, é precisamente o do primeiro grande recuo da violência homicida na França, sob o efeito de uma criminalização judiciária cuja eficácia culmina por volta de 1620-1630.

Camus anima uma comédia humana povoada de personagens variados, mas com uma predileção pela nobreza, portadora do seu próprio ideal aristocrático, mesmo se ele não hesita em usar a esse respeito um tom satírico. Ela não gosta da rica burguesia e critica violentamente os financeiros, o império do dinheiro, as pessoas da justiça ou da polícia, os monges hipócritas. Pouco interessado pelos artesãos ou comerciantes, ele pinta os camponeses com piedade, mas manifesta também certa repulsa a seu respeito, porque eles "vivem ordinariamente entre os animais, têm muitas coisas deles". Ele concentra sua atenção nas paixões da alma, mais que nos indivíduos que as sentem. O pitoresco ou o anedótico lhe agradam, no entanto, muito. O casamento, a mulher, o adultério, temas incansavelmente retomados, são sempre situados num clima de violência e de crueldade inauditas, próximo das realidades do momento. Em uma ótica agostiniana pessimista, seu implacável Deus bíblico se mostra muito econômico com sua misericórdia. Como a justiça do tempo, que visa a desviar do crime pela representação das punições corporais, Camus maneja brutalmente o exemplo para provocar o pavor do vício no leitor.[14]

Assassinos, traidores, perjuros povoam suas descrições. Pôde-se contar 126 mortos em *Les Spectacles d'horreur*, uma de suas obras-primas. Onipresente, o diabo puxa as cordas da tragédia da existência. Caindo sem parar em suas armadilhas, os humanos se deixam levar a um frenesi sangrento que os priva de toda esperança de salvação. O narrador explora a veia da atrocidade mortal, apresentando uma galeria de monstros que são arquétipos do ser surdo às objurgações divinas. A cruel esposa traída de *La jalousie précipitée* assassina seu marido adormecido: ela "lhe enfia várias vezes um facão que ela tinha preparado para essa horrível execução *na* garganta, *na* barriga, *no* estômago, e, com golpes redobrados, ela expulsa a alma do corpo do deplorável e muito leal Paulin". Para se vingar de um esposo infiel, *La Mère Médée* mata seus filhos com machadadas, enquanto o marido enganado do *Cœur mangé* oferece como iguaria de escolha à sua metade o músculo cardíaco de seu amante.[15] Uma curta conclusão evoca sempre um Deus terrível que pune impiedosamente os pecados dos homens. Palavras simples, tais como "castigo", "desgraça", "impostura", "bru-

---

12 R. Picard, J. Lafond (dir.), *Nouvelles du XVIIe siècle*, op. cit., p. XXV-XXXIX, LIII.
13 R. Muchembled, *La Société policée*, op. cit.
14 Consulte J.-P. Camus, *Trente Nouvelles*, op. cit., observações introdutórias de R. Favret, p. 12-31.
15 J.-P. Camus, *Les Spectacles d'horreur*, op. cit., em particular p. XVIII-XIX, 27 e os referidos relatos.

talidade", "trágico", "lamentável", "execrável", "infame" resumem uma exortação a seguir um melhor caminho para evitar a danação. Esse sermão de conveniência do bispo Camus toma tanta importância para o leitor que ele sucede a uma descrição com imagens dos perigosos caminhos do vício, envolta em detalhes picantes.

Se o amigo de São Francisco de Sales não pode ser suspeito de tepidez apostólica, ele inova amplamente porque ele gosta de multiplicar as anedotas terrificantes. Suas cenas de horror visam a edificar, descrevendo com realismo exemplos de fúria destruidora. Nele se entrelaçam uma alta percepção dos ideais divinos e uma visão muito clara das extraordinárias torpezas de que são capazes os mortais. Sem dúvida era, então, a única maneira de atrair um leitorado amplo, insensibilizados pelas habituais perorações eclesiásticas? Bom conhecedor da psicologia dos seus contemporâneos, o antigo bispo de Belley lhes oferece a parte de insondável mistério de que eles precisam, fazendo do demônio o princípio explicativo fundamental da perversidade humana. A competência é um pouco simples, mas o talento do escritor permite decliná-lo ao infinito. E contribuir, assim, para enraizá-lo até os nossos dias, no mais profundo da explicação concernente à muito frequente, mas inaceitável, ruptura do tabu do sangue.

O diabo, de alguma maneira, é o inventor do "fait divers" (notícia corriqueira, policial...) Um novo modelo de impressos destinados a um público geralmente menos culto que o de Camus leva sua marca. A voga dos "tabloides" segue uma cronologia muito próxima à das histórias trágicas. Como elas, as curtas peças impressas respondem a um gosto "popular" muito forte pelo macabro e pelo sensacional, de que compartilham, aliás, alguns burgueses cultos, como o cronista Pierre de l'Estoile. Mal conservadas, difíceis de estudar, elas parecem, sobretudo, proliferar de 1600 a 1631. Quase três exemplos em cinco foram impressos em Paris, mais de um quarto em Lion.[16]

São histórias maravilhosas para mais de um terço, seguidas, à razão de um quinto dos títulos em cada caso, pelo relato de calamidades, de fenômenos celestes e de casos criminais. As últimas são relatadas com muitos detalhes mórbidos e muitas precisões concernentes à obsessão dos atores, sem esquecer evocações terríveis, por exemplo, quando uma jovem abusada faz seu amante comer o coração ou o fígado do seu filho. Milagres e sacrilégios têm um lugar importante. Raramente ausente, o diabo é o herói das narrativas de sortilégios, de feitiços, de aparições maléficas ou de execuções de bruxos. Frequentemente retocadas e reutilizadas, como as gravuras que ilustram sua capa, essas peças carregam uma lição de moral muito simples, ligando as desgraças humanas à cólera de Deus, desencadeada pela multiplicação dos pecados e das paixões proibidas, como a luxúria.[17]

Uma correlação direta existe com as obras de Rosset e de Camus, que tiram muitas anedotas desse conjunto composto de extratos da atualidade, de fatos corriqueiros sangrentos igualmente contados pelos jornais, como o *Mercure français*, e de

---

16   J.-P. Seguin, *L'Information en France avant le périodique*, op. cit., p. 14-15.
17   *Ibid.*, p. 21, 30, 38-45.

textos imaginários. Mas o tratamento literário propriamente dito se revela diferente, porque ele visa a um público de qualidade, o que obriga a colocar "esses violentos temperos ao gosto dos paladares mais delicados".[18] Os dois conjuntos oferecem a leitorados tidos como diferentes uma explicação simplificada das provas e das misérias enfrentadas nesse mundo. O mais ambicioso, ilustrado por Rosset e Camus, prepara o assunto pensando em uma moral do controle das paixões proposta paralelamente, de 1620 a 1640, pelo modelo do homem honesto urbano e polido dos manuais de civilidade.[19] Ele modela o imaginário coletivo das pessoas de bem, interpondo entre seu olhar e a realidade uma grade de interpretação dominada pela ideia de uma punição fatal para toda violação da Lei divina ou terrena.[20]

Se as histórias trágicas insistem sobre uma mensagem de obediência, elas oferecem também o prazer de uma transgressão sem risco grave. Elas habituam a frequentar um demônio de papel capturado pela língua do autor e prisioneiro do pensamento do leitor, o que contribui, provavelmente, para diminuir a angústia a seu respeito. A ruptura cultural dos anos de 1640 provém, talvez, em parte, de uma reação contra essa familiaridade muito intensa com o patético e com o diabólico no decorrer da centena de anos precedentes. Incentivada pelo questionamento do primado teológico originário das ideias novas, em especial do cartesianismo, ela traduz, também, uma repugnância crescente pelo sangue, o baixo e o trivial, entre as camadas superiores urbanas, que prepara o triunfo dos princípios harmoniosos do classicismo. Porque as histórias trágicas falam essencialmente de violência, de sexo e de lesa-majestade.[21] Elas ensinam que o menor falso passo pode conduzir ao precipício, no ambiente de uma moral eminentemente cumulativa. Os atos mais simples correm o risco de terminar no desastre absoluto porque o Maligno vigia para utilizá-los na perda do homem. A décima oitava novela do primeiro livro dos *Spectacles d'horreur*, de Camus, conta que dois rapazinhos, depois de ver seu pai degolar uma novilha o imitam matando seu irmãozinho, cujo cadáver escondem no forno. O redator quer simplesmente mostrar que se deve evitar fazer o mal diante das crianças, cera virgem sobre a qual tudo se imprime. *Les Morts entassées*, terceira narrativa do segundo livro da mesma coletânea, evocam um encadeamento fatal devido ao fato de que o diabo espreita obstinadamente sua presa. Um lavrador em cólera mata seu filho, sem verdadeira razão, depois, desesperado, se suicida, enquanto sua mulher, espantada diante da horrível cena, deixa cair seu bebê no fogo. O Mal está em toda parte. Ele não tem remédio e acompanha

---

18   Maurice Lever, "Da informação à novela: os "tabloides" e as "histórias trágicas" de François de Rosset", *Revue d'histoire littéraire de la France*, 1979, 79º ano, p. 577-593. Consulte, também, *id.*, *Canards sanglants, op. cit.*, p. 28-30 (sobre Rosset, Camus e os tabloides).
19   R. Muchembled, *La Société policée, op. cit.*, cap. III.
20   Anne de Vaucher Gravili, *Loi et transgression. Les histoires tragiques du XVIIe siècle.*, Lecce, Milella, 1982, p. 21. Consulte, também, S. Poli, *Histoire(s) tragique(s), op. cit.*, p. 167.
21   A. de Vaucher Gravili, *Loi et transgression, op. cit.*, p. 25-44; S. Poli, *Histoire(s) tragique(s), op. cit.*, p. 170.

cada ser, do berço à sepultura.[22] Entretanto, nada acontece sem a permissão de Deus, nem mesmo o pecado que coloca à prova, para puni-la, uma humanidade miserável, depravada e execrável.[23] O mecanismo mental gerado pelo medo da transgressão não poupa ninguém, mesmo os santos. Ele constitui um estrago de uma parábola sobre o desejo obrigatoriamente destrutivo, do qual cada um deve preservar-se, domando sua parte animal, isto é, suas pulsões violentas e sexuais.

A culpabilidade definida por Rosset e Camus não é, no entanto ainda bem interiorizada pelo sujeito pensante. O demônio onipresente exerce o papel de um acompanhante. Capaz de penetrar no corpo das vítimas, ele não fica perfeitamente colado à alma dos que ele tiraniza. Além disso, sua figura se deprecia junto ao público culto, à medida que o terror ligado à noção de pecado se encontra em concorrência com o gosto de fazer o bem, de falar bem numa língua depurada, em outros termos, pela polidez mundana, mais agradável de suportar que o medo do Maligno. Este se torna cada vez menos necessário como indicador do erro para os representantes da alta sociedade, engajados na suavidade da vida do século dos filósofos.

Do assassino sanguinário ao bandido bem-amado

Tabloides e narrativas trágicas são dois avatares, destinados a públicos diferentes, da literatura do patíbulo. Florescente desde o século XVI, esta transcreve em algumas páginas a carreira desastrosa de um condenado e o oferece às multidões, no decorrer da cerimônia fúnebre ou pouco depois dela. Os arquétipos descritos são, com efeito, rapidamente reutilizáveis, e as ilustrações que acompanham, intercambiáveis. A emoção sentida pelas boas pessoas é, assim, prolongada. O gênero lhe dá matéria para mais arrepio, com a descrição das espantosas façanhas dos criminosos, contadas com uma profusão de detalhes, mas, muitas vezes, desprezando a veracidade dos fatos. O fim do episódio é obrigatoriamente ajustado. Os autores anônimos só podem bordar alguns detalhes curiosos ou surpreendentes numa trama muito codificada. Raros são os prisioneiros soltos no último instante por um movimento conduzido por seus amigos, uma ordem real ou a descoberta de uma situação que exija suspender a execução – a revelação de uma gravidez, por exemplo. Diferentemente do que imaginam os romancistas populares do século XIX, desejosos de produzir um forte *suspense* quando eles evocam tais cenas, a morte está quase infalivelmente no fim do caminho. Além disso, a ritualização do espetáculo só permite variações marginais. A multidão os espreita, ainda mais que ela conhece com precisão o desenrolar sempre idêntico da implacável tragédia. Ela observa com atenção os gestos e a fisionomia do ser que assumiu um papel preparado para ele, durante o qual ele deve mostrar, ao mesmo tempo, coragem e arrependimento para servir de exemplo

---

22 A. de Vaucher Gravili, *Loi et transgression, op. cit.*, p. 54-55; S. Poli, *Histoire(s) tragique(s), op. cit.*, p. 509.
23 A. de Vaucher Gravili, *Loi et transgression, op. cit.*, p. 8-83.

edificante para todos. Nenhuma outra esperança lhe é possibilitada a não ser a da misericórdia divina, que depende da sinceridade da contrição que ela demonstra.

O patíbulo não serve somente para punir. Ele constitui, também, um poderoso instrumento pedagógico para o uso de todos os que olham terminar-se dramaticamente uma aventura humana. Para os oficiais encarregados de enquadrar esse momento solene, o mais difícil é de fazer colaborar aí o principal interessado, a fim de que ele não perturbe o consenso procurado entre a justiça e a massa de assistentes. Os confessores se aplicam com diligência e eficacidade. Os magistrados do parlamento de Paris acrescentam a isso um acompanhamento civil muito estrito das últimas horas do condenado. Suas intenções são sondadas pelos escrivães que vieram ler para ele o decreto da morte. Se eles detectam nele uma vontade de perturbar a harmonia do cerimonial, de clamar sua inocência, insultando seus carrascos ou de fazer revelações públicas perturbadoras, eles se resolvem obstinadamente a fazê-lo mudar de atitude. Consignados em documentos impropriamente denominados "testamentos de morte", seus esforços incessantes até o último minuto, sobre o cadafalso, mostram a importância atribuída à colaboração pelo menos aparente do condenado. Esta é da mesma forma também tentada na Inglaterra.[24] Espera-se que ele sublime finalmente suas más paixões para validar, aos olhos dos assistentes, a ideia segundo a qual o crime nunca compensa.

A lógica dualista dos documentos judiciários coloniza o conjunto das produções literárias e artísticas que descrevem crimes. O herói positivo não existe nesse domínio, porque o assassino ou o malfeitor é obrigatoriamente visto como um transgressor das leis divinas, um cúmplice do demônio, um agente do Mal. Ele não é, no entanto, alguém que todos os contemporâneos perfeitamente a tal abordagem. A literatura do patíbulo se faz, aliás, de tal modo insistente e se desenvolve tão fortemente no tempo da multiplicação dos suplícios, do fim do século XVI ao início do século XVIII, que a questão de suas funções na sociedade se expõe com acuidade. Seu sucesso "popular" incita a perguntar-se se ela não serve para modelar a opinião, inculcando-lhe noções fundamentais a propósito dos interditos cuja denegação conduz ao castigo supremo. Mas esse amplo sucesso faz, também, pensar que a vontade de educar não poderia sozinha explicar os grandes momentos do gênero. Deve-se, também, a ele uma fascinação do leitorado pelas narrativas sanguinárias divulgadas. Produtores e consumidores não buscam obrigatoriamente a mesma coisa entre as linhas do meio de divulgação cuja prosperidade eles garantem juntos.

Na Inglaterra, o fenômeno floresce de 1680 a 1740. Ele aparece sob três formas contrastadas, respectivamente produzidas pela administração, um capelão e jornalistas. Como na França, os resumos oficiais dos *Proceedings* são muito rapidamente vendidos ao público. Além da composição da corte, eles compreendem sistematica-

---

24   R. Muchembled, *Passions de femmes...*, op. cit., p. 224-226, e cap. V. Para a Inglaterra, consulte J. A. Sharpe, "Last dying speeches: religion ideology and public execution in seventeenth-century England", *op. cit.*

mente um resumo do caso e o veredicto. Cada vez mais precisos e vivos, para agradar aos amadores de detalhes concretos, eles passam de duas páginas, no fim do século XVII a uma média de 48, por volta de 1730. Quanto ao capelão de Newgate, ele dá sua própria versão no dia seguinte da execução. Se ele destaca o delinquente, é para realizar sua autobiografia espiritual sobre um modelo homogêneo, a fim de mostrar primeiramente sua queda, depois, colocar em valor seu arrependimento, que deve ser baseado no amor divino e não unicamente no medo, para permitir-lhe chegar à salvação. A imprensa, enfim, privilegia o sensacional e o sangue, completando o texto com gravuras estereotipadas onde os interessados falam em "balões". O jornalista se coloca geralmente do lado das vítimas, clama todo seu horror do culpado que sobe ao cadafalso e formula um julgamento moral. Coisa nova, mas rara, acontece-lhe de expressar admiração por alguns malfeitores dos mais célebres, tais como John Sheppard ou Mary Carleton.[25]

Com exceção dessa inovação limitada, os três gêneros de textos concorrem para a produção de uma imagem banalmente preocupante do criminoso, crapuloso, mediocre, pecador, do qual a sociedade se livra inexoravelmente. O conjunto do discurso lhe concede, no entanto, um lugar simbólico importante. Porque, proclamando ele próprio para o mundo a legitimidade de sua punição, ele permite à coletividade reforçar sua unidade e revalidar, a cada vez, suas regras. Mas sua individualidade desaparece, e, com ela, a razão profunda dos seus atos, em proveito da lição edificante oferecida a todos. Esta permite, além disso, ao leitor ou ao observador comprazer-se sem remorso com a narração detalhada de suas crueldades e com o espetáculo de sua agonia merecida. A emergência de uma admiração jornalística por bandidos excepcionais marca, entretanto, o enfraquecimento do processo. Ela supõe que uma parte do público passa por cima da visão normativa, para apreciar a sedução do transgressor, ou, simplesmente, para ousar experimentar sentimentos profundos distantes da ética dominante.

Um pouco mais tardio na França, onde uma imagem positiva mítica de Cartouche se forja, depois de sua execução, em 1721, o fenômeno se esboça desde os anos de 1710, na Inglaterra. As façanhas de Jack Sheppard, Blueskin Blake ou de Jonathan Wild chamam a atenção para o assunto e alimentam as colunas da imprensa, em especial as do *Original Weekly Journal*, de John Aplebee, com o qual Daniel Defoe (1660-1731) contribui de 1720 a 1724. A voga do tema dá, também, origem a inúmeras obras, dentre as quais várias coletâneas anônimas de processos: A *Compleat Collection of Remarkable Tryals*, em 1718, ou A *Compleat Collection of State Tryals*, em 1719. Inspirando-se em documentos oficiais, eles seguem um roteiro único que apresenta sucessivamente a origem e a juventude do celerado, os melhores episódios de sua deplorável existência, sua prisão, seu julgamento, enfim, sua execução. A estrutura binária moralizada, dos crimes ao castigo, é tradicional em toda a Europa

---

25 Françoise du Sorbier, "Da forca à biografia, ou os avatares do criminoso e de sua imagem na Inglaterra (1680-1740)", *Études anglaises*, 1979, 32º ano, p. 257-271 (*id., Récits de gueuserie et biographies criminelles de Head à Defoe*, Paris, Didier Érudition, 1984).

do tempo. Outras obras mais elaboradas e assinadas revelam um olhar diferente. O redator compila sempre informações retiradas dos documentos oficiais, mas se afasta, para compor histórias em parte imaginárias. Os modelos são ou heróis muito apreciados do povinho, tais como Robin Hood, Long Meg de Westminster ou Moll Cutpurse, ou delinquentes transformados em heróis portadores de valores distantes dos valores dos aristocratas e dos burgueses. Essas figuras subversivas lutam contra as autoridades e se dedicam a personagens temíveis pela gentinha, agiotas, privilegiados ou abastados despóticos.

Em 1714, o "capitão" Alexander Smith apresenta sob esse ângulo *The Lives and Histories of the Most Noted Highwaymen, Footpads, Shoplifts and Cheats, etc.*, depois, em 1726, as *Memoirs of the Life and Time of the Famous Jonathan Wild*. Em 1734, o "capitão" Charles Johnson reúne quase 200 malandros em *A General History of the Lives and Adventures of the Most Famous Highwaymen, Murderers, Street Robbers etc.*, completada, dois anos mais tarde, por uma galeria dos mais ilustres piratas, graças à pena de Daniel Defoe. No prefácio do livro de 1714, Smith justifica seu projeto pelo desejo "de instruir e de converter os indivíduos corrompidos e profanos dessa idade licenciosa". Ele não deixa de rechear seu discurso com ingredientes imaginados para agradar a um público amplo, com um pouco de violência, de pornografia ou de cômico e muita ação. Episódios ridículos, até grotescos, às vezes retomados sem modificação de diferentes vidas de malfeitores, devem instituir uma distância sadia em relação ao leitor, a fim de que ele não seja tentado seguir seu exemplo. A moral está salva, porque nenhum deles jamais escapa do suplício: os maldosos são sempre punidos. A ilustração muito teatral dos volumes de Smith bane, aliás, toda dimensão agradável, ao contrário do texto, para destacar pomposamente a preocupação de edificação.[26]

É difícil identificar com precisão os objetivos profundos de Smith ou de Johnson, em particular acreditar cegamente no último deles, quando afirma ter por único objetivo divertir. O sucesso de suas obras constitui a única certeza, de onde decorre a ideia de uma provável mutação das expectativas, nesse domínio, de um leitorado difícil de definir. Londrino, citadino, remediado e médio, mais do que realmente popular, sem dúvida, ele pode, contudo, ser abordado pelo conteúdo das obras. Com toda evidência, ele se cansa, então, das lengalengas sobre a exemplaridade dos criminosos, reclama heróis inflamados capazes de contestar os excessos dos poderes estabelecidos e parece temer, muito mais do que eles, sombras preocupantes estereotipadas. Presentes em número muito grande nas ruas da metrópole, elas são encarnadas pelo aprendiz que não dá certo e pela moça perdida, que caiu na prostituição e no roubo.

Ora, as mesmas obsessões são espalhadas em abundância pelos guias de comportamento, as peças morais e a grande literatura. Elas não parecem caracterizar as massas citadinas mais pobres, mas, antes, revelar as preocupações, reais ou imagi-

---

26 *Ibid.*, p. 266-271.

Capítulo VIII ⟡ Arrepios mortais e relatos negros (séculos XVI-XX)   251

nárias, dos notáveis, dos patrões suficientemente ricos para empregar criados e do universo dos artesãos, estreitamente dependente da mão de obra dos dois sexos para sua sobrevivência ou seu desenvolvimento. O grave perigo da desordem representado pelos adolescentes desviados e pelas moças que vivem fora dos elos sagrados do casamento constitui um clichê do tempo. Traduzido na literatura e na gravura, por Lillo, de *Barnwell*, e por Hogarth, em *Le Zèle et la Paresse*, ele mascara um medo surdo da massa dos mais jovens que resmunga, submetidos ao seu estado precário pelas leis implacáveis da economia. Ora, estas são promulgadas pelos adultos masculinos solidamente estabelecidos das gerações precedentes. Aprendizes rebeldes, viciosos ou preguiçosos e criadas dissolutas pertencem à realidade, mas são, também, metáforas do aumento de um incoercível perigo juvenil. Os interessados não correm o risco de, um dia, enfrentar em comum, a fim de desapossá-los, os que os mantêm rigorosamente sob tutela e que atrasam seu acesso a uma vida plena e completa?

Por volta de 1720, parece que a prática dos suplícios e das execuções capitais não basta mais para tranquilizar as pessoas honestas. Em Londres, como em todas as grandes cidades europeias, se manifesta um grande temor de subversão que se polariza principalmente nos rapazes solteiros sem qualificação, originários das camadas populares locais e de uma forte imigração, que se tornaram muito numerosos e turbulentos demais. Ela se orienta também, menos prioritariamente, para as jovens camponesas que chegam em fileiras cerradas para se tornar criadas, mas se encontram, muitas vezes, levadas à prostituição, para sobreviver. Face a essas obsessões, a reformulação da imagem do bandido assassino aparece, ao mesmo tempo, como a cristalização de uma angústia de desapossamento e como um meio de acalmá-la. Facilitada pela individualização dos sentimentos e pelo declínio da explicação demoníaca do crime, ela permite exorcizar pelo riso temíveis malfeitores, descritos de maneira ridícula. Ela atenua, igualmente, fortes frustrações, oferecendo um espírito de compensação aos que se identificam com o novo modelo imaginário do assassino com um coração grande, capaz de poupar os "pequenos" ou os inocentes, para reservar toda sua crueldade para os ricos e os piores exploradores. A diversificação das heranças da literatura de patíbulo abre lentamente o caminho para o "romance" negro, porque ela lhe prepara um leitorado citadino, nem muito rico nem muito pobre, nem poderoso nem miserável, de preferência adulto e macho desejoso de esquecer suas apreensões, afogando-as na tinta tranquilizadora de um contista de maravilhas. O tipo do intrépido degolador sedento de vingança social oferece especialmente às gerações passadas uma evasão onírica longe das pesadas obrigações e do congelamento dos comportamentos adolescentes impostos pela moral dominante.

Paradoxalmente, o século XVIII vê proliferar os bandos de assassinos, ao mesmo tempo em que a polícia e a justiça são realmente mais eficazes que antes e que os homicídios ou os golpes e ferimentos continuam a decrescer, inclusivo nos campos mais renitentes face à lei. A principal razão da emergência do fenômeno nos arquivos repressivos deve-se precisamente a um melhor controle pelas autoridades. Na França, a erradicação da malfeitoria organizada data dos anos de 1750, para o contrabando, do fim do século ou do Primeiro Império, para os grupos armados. Com a notável exceção das regiões mediterrâneas, estes terminam pouco depois de constituir uma grave ameaça para o resto do continente. Entretanto, a situação parece não ter jamais sido tão catastrófica aos olhos dos contemporâneos, saciados de notícias que circulam melhor e mais rapidamente que outrora. Eles se apaixonam pelas ferozes aventuras de bandos de malandros em torno dos quais nascem verdadeiras lendas.

Conduzidas por homens jovens, como Philippe Nivet, morto aos 33 anos, em 1729, Cartouche, executado em 1721, aos 28 anos, ou Mandrin, supliciado aos 31 anos, em Valença, em 1755, elas são principalmente compostas de jovens machos.[27] Culpados por incessantes violências, apesar de frequentes alegações contrárias, elas operam raramente em grande número, salvo nos países mediterrâneos, porque os Estados e as forças da ordem não o permitem. As fronteiras, as margens, as zonas pouco acessíveis constituem, por essa razão, seus espaços privilegiados, principalmente no decorrer das guerras ou após, quando a desmobilização devolve à vida civil muitos recrutas que não encontram como inserir-se e conservar o gosto pelo sangue. Sua reputação se deve à do seu chefe, encarnação de um herói "popular", temido e detestado pelos poderosos, amado pelos fracos.

Desmantelada de 1721 a 1728, durante um longo processo contra 742 indivíduos, o que dirige Cartouche sobrevive ao seu desaparecimento, tornando-se, durante séculos, um mito centrado sobre o gesto de um semideus juvenil, reparador de erros, rebelde social obrigado a fazer-se fora-da-lei, depois de ter sofrido exações por parte do regime e dos poderosos. Chamado a se entregar de múltiplas maneiras, o estereótipo não corresponde às realidades e não repousa sobre uma verdadeira cultura criminosa organizada, tal como o imaginavam os autores românticos ou alguns historiadores.[28] Ele provém de um imaginário coletivo urbano sensível a uma clivagem muito marcada entre os que dominam e os que suportam. Não se trata da contestação pelos mais pobres dos valores e dos princípios das classes dominantes, mas essencialmente de um descontentamento das camadas médias citadinas. Tentadas em se distinguir dos aristocratas ou dos ricos burgueses que os desprezam e dominam a vida da cidade, elas compõem essas figuras indomáveis de revoltados, negociando, assim, suas frustrações. Ao mesmo tempo, elas procuram exorcizar o medo da subversão ligado às gerações passadas, turbulentas e perigosas, dotando seu chefe mítico de uma generosidade frequentemente desmentida pelos fatos.

Em 1712, o caso dos *Mohocks* londrinos inicia o mecanismo. Pura invenção de um escritor, ela desencadeia, contudo, um verdadeiro pânico moral durante vários meses na capital inglesa, onde grupos misteriosos de jovens aristocratas devassos su-

---

27   J. R. Ruff, *Violence in Early Modern Europe*, op. cit., p. 219, 234, 236.
28   *Ibid.*, p. 217. A interpretação nesse sentido dada por Eric J. Hobsbawn, *Bandits*, ed. revisada, Nova Iorque, Pantheon Books, 1981, trad. francesa, *Les Bandits*, Paris, La Découverte, 1999, não é mais aceita.

postamente aterrorizam e ferem as pessoas honestas, à noite.[29] A longa crise revela, ao mesmo tempo, a poderosa reprovação dos cidadãos ordinários em face da sem-vergonhice das classes superiores e sua grande preocupação em relação à agressividade dos rapazes púberes, levados a todos os excessos, quando não são duramente enquadrados.

Cartouche encarna o arquétipo novo do bandido honorável, de origem humilde, mas que se comporta com mais nobreza que os próprios aristocratas. Uma semana após sua execução, em 1721, ele é representado no palco da Comédie-Française, em uma peça de Marc-Antoine Legrand, *Cartouche, ou l'Homme imprenable*. Negativa para as autoridades e em algumas "lamúrias" vendidas quando de seu suplício, que se ligam à literatura de patíbulo tradicional, sua aura é, ao contrário, muito positiva para muitos parisienses. Sua lenda desenvolve o tema do ser que não era francamente mau, mas que precisou roubar para sobrevier, com orgulho, ridicularizando constantemente as forças da ordem. Alguns autores da época fazem dele um "rei" dos bandidos mais justo que o verdadeiro soberano, mestre de uma sociedade invertida, o que lhe permite criticar as insuficiências e os desvarios da monarquia. Ativo nos campos dos arredores de Paris, onde ele ataca as fazendas, os albergues e as carruagens de malas postais, ele é considerado com tanta simpatia pelo povo miúdo da capital que triunfa sempre e zomba abertamente de uma polícia pouco apreciada, com a qual os habitantes do arrabalde de Santo Antonio, por exemplo, se chocam, às vezes, brutalmente, no início dos anos de 1720.[30]

Um outro malfeitor célebre, Schinderhannes, apresenta características idênticas. De 1798 a 1802, sua tropa pilha a região do Reno, cujo oeste pertence, então, à França, e o leste, a diversos Estados germânicos. Uma ação comum termina na prisão de 70 indivíduos, cujo julgamento dente de um tribunal especial francês, em Mayence, conduz à execução do comandante e de 19 de seus cúmplices, em 21 de novembro de 1803. Desde sua prisão, a lenda de Schinderhannes se implanta. Herói popular, bandido social, ele é famoso por roubar os ricos para ajudar os pobres, detestar a violência, personificar a revolta e o espírito de liberdade contra o inimigo francês e atacar particularmente os agiotas judeus detestados. Uma contrapropaganda ativa que insiste em sua brutalidade, inclusive com seus companheiros, não chega a inverter o estereótipo. Este triunfa no século XIX e se perpetua no seguinte, através de romances, novelas e dois filmes escritos a partir de uma peça de teatro de 1922. O primeiro, em 1927, faz dele mesmo um combatente romântico, um rebelde que odeia os franceses e os judeus. Em 1958, o segundo se adapta a valores novos, apagando essas duas características a partir de então suspeitas. Ele metamorfoseia o personagem, interpretado por Curd Jürgens, em campeão da luta contra todas as formas de opressão.[31]

---

29 Consulte o cap. VII, para os detalhes. Consulte, também, J. Hurl-Eamon, *Gender and Petty Violence in London*, op. cit., p. 32-33, 40-41, 46-47.
30 Florike Egmond, "The noble and the ignoble bandit. Changing literary representations of west--european robbers", *Ethnologia Europaea*, t. XVII, 1987, p. 14-142.
31 *Ibid.*, p. 144-145.

A heroicização dos malandros não é, no entanto, óbvia, no século XVIII. Pode-se perguntar por que muitos outros não atingem esse nível, e até mesmo viram monstros sedentos de sangue aos olhos da opinião, a exemplo de Lodewijk Bakelandt. Depois de ter pilhado os campos flamengos, entre 1798 e 1802, este é executado em novembro de 1803, com vários compadres. Exatamente paralela à de Schinderhannes, também conduzida como resistência ao poder francês, sua aventura é, no entanto, julgada de maneira inteiramente negativa na época, porque o acusam de crueldade, de devassidão e de ser inspirado pelo diabo. Se alguns escritores mais tardios tentam dar-lhe uma aura social, os julgamentos severos dominam nas reformulações de sua carreira. Um outro chefe flamengo, Jan de Lichte, cujas façanhas se desenrolam em 1747-1748, é supliciado vivo na roda, em 1748, com quatro de seus cúmplices, enquanto outros 18 são enforcados, e 55 banidos, depois de serem fustigados. Ele conhece, também, um esquecimento total até a publicação, em 1873, de uma novela onde é descrito como um animal bestial sem escrúpulos e um indivíduo ainda mais perigoso que Bakelandt. Só muito tardiamente ele se torna um campeão dos pobres e dos explorados, sob a pena de um autor de 1953.

A diferença é, no entanto, muitas vezes, mínima entre os atos dos "bons" e dos "maus" chefes de bandos. Ela se deve a um olhar apreciativo ou depreciativo dirigido, desde a origem, sobre eles e sobre a contrassociedade que eles governam, pelos citadinos estabelecidos, apaixonados pelo tema. Para estes, o herói deve encarnar uma ruptura da ordem à qual eles possam aderir. O protótipo do malfeitor, segundo seu coração, deve ser amável e alegre, inimigo da violência, desinteressado, "nobre" por natureza, enquanto tantos aristocratas se conduzem como tiranos. Bravo, ele deve, também, saber dirigir com pulso, mas sem dureza excessiva, uma comunidade bem estruturada e harmoniosa, liberada dos entraves ordinários, especialmente em matéria de sexo, o ideal sendo até que as mulheres estejam completamente ausentes ou se revelem muito etéreas. Cartouche e Schinderhannes são imediatamente reconstruídos sobre esse modelo. Ao contrário, Bakelandt e Jan de Lichte são brutalmente desprezados porque suas atitudes, embora estruturalmente idênticas à dos precedentes, são o objeto de um forte desgosto. Em seu caso, a ausência de regras se transforma em devassidão sexual e em excesso de bebida, a contrassociedade sonhada, em terrível tirania, a delinquência dada como necessária pela pressão das autoridades, em puro egoísmo, a preocupação de cuidar dos pobres, em crueldade cega.[32]

O essencial reside na percepção da violência por aqueles que redigem e consomem esses mitos. Os bandos de *chauffeurs* (malfeitores que queimavam os pés de suas vítimas para fazê-las falar) que aterrorizam os campos, atacando as fazendas isoladas e queimando os pés dos ocupantes para os fazer confessar onde estavam escondidas suas riquezas não constituem absolutamente uma novidade no século das Luzes. Eles continuam seus estragos, em menores grupos, em seguida. Mais bem protegidas por

---

32 Ibid., p. 145-153. Consulte, também, J. R. Ruff, *Violence in Early Modern Europe, op. cit.*, p. 220-223, 229.

suas muralhas e pelas forças de polícia, os citadinos podem permitir-se construir um imaginário desangustiante a respeito desse temível problema. Além disso, é preciso que os heróis sejam frequentáveis, próximos deles, em suma, civilizados, portanto, muito moderados em matéria de ação física. Real ou habilmente encenada, a repugnância do rebelde pelo sangue e pelos golpes é exigida pelo público para ter direito à sua rósea lenda. Ele deve, enfim, fazer esquecer o que ele tem de preocupante para ser admirado pelas multidões. Em 1798, Vulpius dá uma célebre síntese literária do assunto, criando seu bandido romântico, *Rinaldo Rinaldini*. Firmemente implantado na cultura ocidental, o modelo não deixa, a seguir, de se reatualizar e de se adaptar às mutações. Seu caráter principal é saber controlar sua agressividade. Senão, ele se acha rapidamente enviado para as chamas do inferno.

O protótipo do malfeitor social, o *betyár*, prospera, assim, na Hungria, no século XIX. De origem rural, solteiro, jovem, ele cometeu uma infração leve e precisou fugir da justiça, como Jóska Sobri, nascido Jószef Pap, em uma pequena aldeia do oeste, morto em 1837, no combate ou, talvez, se tenha suicidado. Sua epopeia se desenvolve segundo três versões diferentes. Ele é ora filho de pobre, ora aristocrata de nascença, ora tornou-se malfeitor depois de um caso de amor. Ele rouba evidentemente os ricos para dar aos necessitados. Herói nacional húngaro até 1867, converte-se aos ideais marxistas, em seguida. Parece reencarnar-se, entre 1993 e 1999, na pessoa de Attila Ambrus. Nascido em 1967, o "ladrão com uísque" se torna mais célebre que o presidente da república depois de ter atacado 27 bancos e ridicularizado as forças da ordem, incapazes de o prender. Evadido da prisão, vê sua glória se desvanecer bruscamente depois de uma nova tentativa contra um estabelecimento financeiro, porque a opinião pública não o perdoa por ter, pela primeira vez, ferido alguém nessa ocasião. Ligada a uma forte depreciação da polícia e dos banqueiros na Hungria pós-comunista, sua fama se desfaz sem indulgência quando ele quebra o tabu fundamental referente à não violência.[33]

No século XVIII, a idealização do bandido "nobre e honorável" constitui uma espécie de exorcismo coletivo da violência juvenil destruidora e perturbadora da ordem estabelecida. Enquanto os últimos grandes bandos de ladrões e de assassinos desaparecem da Europa ocidental, por volta de 1815, e que a pena de morte se aplica cada vez menos frequentemente por homicídio, as pessoas de bem sentem a necessidade de se tranquilizar, imaginando um tipo de liminaridade aceitável, um desvio sabiamente controlado, sobre o modelo reconstruído das façanhas de Cartouche. Porque é preciso, evidentemente que a juventude aconteça, mas sem muitos estragos para os adultos. As autoridades continuam a reprimir duramente os crimes cometidos por representantes das novas gerações, mas os citadinos instalados, os ricos como os mais humildes, descobrem o problema sob um ângulo menos repressivo.

---

[33] Mónika Màtay, György Csepeli, "The multiple lives of the hungarian highwayman", *in* Amy Gilman Srebnick, René Lévy (dir.), *Crime and culture. An Historical Perspective*, Aldershot, Ashgate, 2005, p. 183-197.

Eles deixam de aderir perfeitamente aos discursos normativos da literatura de patíbulo para admitir sua proximidade com os delinquentes que não manifestam nem egoísmo nem selvageria cruel. Talvez sintam mais claramente sua própria alienação, no tempo das ideias novas das Luzes? Em todo caso, veem com mais indulgência os adolescentes revoltados contra as injustiças, procurando controlar sua brutalidade.

O conflito geracional tradicional se atenua, ao que parece, porque as oposições sociais e políticas se intensificam, justiça e polícia sendo cada vez mais consideradas como os instrumentos de uma dominação tirânica. A figura do malfeitor bem-amado, jovem e esperançoso, ganha aí uma dimensão secretamente contestatória, especialmente na França, onde a Revolução se acha, aliás, em boa parte conduzida por atores com a idade de uns 20 ou 30 anos. A proliferação das tropas de malfeitores durante todo o século marca ainda mais a importância do tema. As gerações ascendentes se convidam, a partir de então, ao banquete coletivo que só lhes deixava antes um lugar muito limitado. Essa dimensão desconhecida deveria permitir melhor interpretar o fenômeno. Os grupos estruturados de fora-da-lei se instalam, com efeito, às margens geográficas e culturais das comunidades. De 1730 a 1774, em Limbourg, os "cavaleiros do bode", ou Bokkerijders, se organizam em sociedades secretas, cujos membros levam uma vida dupla. O mesmo acontece com revoltados da Guerra das Senhoritas, mascarados e vestidos como mulheres no momento de suas saídas, em Ariège, no século seguinte.[34] Não se trata, cada vez, de ressurgências, adaptadas a um tempo que se tornou hostil a tais comportamentos, dos reinos de juventude juvenis do século XVI, lugares de expressão da identidade adolescente e de uma violência física ritualizada?

A moral conformista da antiga literatura de patíbulo nem por isso cede totalmente o espaço. Na Inglaterra, grandes criadores se apoderam, aliás, do tema para alimentar peças de teatro, como *The Beggar's Opera*, de Gay, em 1728, ou *The London Merchant*, de Lillo, em 1731, e romances, a exemplo do célebre Fielding, que delimita a vida de um bandido famoso em *Jonathan Wild*, em 1743. O público citadino do tempo tem, também, um interesse crescente em histórias transgressivas mais complexas. Daniel Defoe se mostra literalmente fascinado pelo assunto, de que ele trata abundantemente, de uma maneira muito original.[35] Ao contrário das convenções admitidas, seus heróis, Moll Flander, Jack, Roxana ou Singleton ficam impunes. Protestante individualista, o escritor os apresenta em longas narrativas. Ele não pretende mostrar uma verdade intangível, porque os móbiles dos criminosos permanecem misteriosos ou distantes das normas que supostamente os definem. Ele convida, assim, o leitor a exercer sua liberdade de julgamento, propondo-lhe uma ficção. No prefácio de *The Fortunes and Misfortunes of the Famous Moll Flanders* (1722),

---

34 Anton Blok, *De Bokkerijders. Roversbenden en geheime genootschappen in de landen van Overmaas (1730-1774)*, Amsterdam, Prometheus, 1991.
35 Lincoln B. Faller, *Turned to Account. The Forms and Functions of Criminal Biography in Late Seventeenth- and Early Eighteenth-Century England*, Cambridge, Cambridge University Press, 1987, p. X-XI.

ele afirma sua ambição de "nos tornarmos mais presentes em nós mesmos".[36] *Colonel Jack* (1722) contém uma verdadeira definição do conceito muito inovador do indivíduo, através do uso do pronome pessoal pelo personagem. Tomado de remorso, este vem restituir o dinheiro roubado um ano antes de uma pobre viúva. Graças a um hábil procedimento narrativo, ele se dirige mentalmente à sua consciência, utilizando "eu" – o que convoca o registro da falência moral – mas fala à interessada, utilizando a terceira pessoa para designar o ladrão, isto é, ele próprio, a fim de destacar seu arrependimento e sua esperança de ser perdoado por Deus. Quanto a *Roxana* (1724), ela explica na mesma ordem de ideias que "o pecado e a vergonha se seguem um ao outro [...], como causa e consequência".[37]

Autor, em 1719, de *Robinson Crusoé*, que contém uma forte crítica contra a sociedade estabelecida, Defoe publica, também, em 1726, *The Political History of the Devil, As Well as Ancient and Modern*. Admitindo a existência de Satã, ele acha ridícula a crença nas penas do inferno que esperam os pecadores e pretende que o diabo age unicamente sobre os espíritos de suas vítimas. Sua abordagem dos malandros não é, então, mais tributária do princípio demoníaco simplista, explicando até aí seus crimes, o que lhe permite apresentar uma definição mais nuançada de sua conduta e de convidar seus leitores a meditar sobre a condição humana através do caso deles.

Se a idade de ouro inglesa das histórias de ladrões de grandes caminhos termina pouco depois, por volta de 1740, é provavelmente menos por causa de uma saturação do público, argumento comumente apresentado, que de uma mudança de seus gostos profundos. O declínio do gênero está ligado ao enfraquecimento de sua utilidade simbólica como produtor de consenso entre as autoridades e os espectadores dos suplícios. O mito do celerado arrependido, do pecador que se torna santo no instante de sua morte, não serve mais tanto quanto antes para reforçar a coesão social, demonstrando a derrota do Maligno que inspirou os condenados. Tanto quanto as multidões, lentamente trabalhadas pelo espírito das Luzes, suspeitam cada vez mais da fraude através da piedosa encenação. Elas acreditam menos facilmente na sinceridade do condenado, afirmando que sua execução constitui "o momento mais feliz de minha vida" ou duvidam da saúde mental daquele que se apresenta "feliz" e "sorridente" no cadafalso.[38] Em Londres, os curiosos têm, muitas vezes, a possibilidade de correr para ver em Tyburn enforcamentos cada vez menos edificantes, difíceis de mascarar, apesar de todas as precauções e das objurgações dos oficiais ou do capelão. O mesmo acontece em Paris e nas grandes cidades europeias.

Convocados no mesmo momento em que emerge a gesta idealizada de Cartouche, os heróis de Defoe abrem um capítulo novo na percepção dos delitos contra as pessoas. Com eles se instala a ficção romanceada. Ancestral da narrativa policial,

---

36 *Ibid.*, p. 201; id., *Crime and Defoe. A New Kind of Writing*, Cambridge, Cambridge University Press, 1993, p. 8, 70-71.
37 L. B. Faller, *Crime and Defoe*, op. cit., p. 211-215, 225.
38 *Ibid.*, p. 6-8.

ela transcreve fenômenos humanos complexos, histórias de amor e de ódio entre grupos de população, gerações e sexos. Espantosa para alguns, bálsamo cicatrizante em velhas feridas morais para outros, ela multiplica os assassinatos imaginários e faz correr abundantemente a tinta como contrapartida das ondas de sangue economizadas pelo controle incessantemente mais eficaz do homicídio e da violência na Europa ocidental.

Sangue de tinta

O principal papel da ficção centrada na figura do criminoso é de atenuar angústias coletivas, de afastar o medo do assassinato, explicando-o não de maneira racional, mas em função das crenças dominantes da época. O bandido de coração nobre fornece um tipo eminentemente plástico e sempre tranquilizador. Ele busca sua carga emocional em ideais antigos, traduzidos especialmente pelos discursos simples dos camponeses revoltados desde a Idade Média: quando Adão capinava e Eva fiava, a vida era bem mais harmoniosa que hoje! Encarnada pelo mito de Robin Hood, a revolta lícita contra uma ordem injusta colore igualmente o arquétipo do generoso chefe dos malfeitores lutando contra todas as tiranias para restabelecer um pouco de equilíbrio entre os miseráveis e os aproveitadores que os exploravam sem escrúpulo. A partir dos anos de 1720, junta-se aí uma reivindicação crescente do direito de não aceitar tutelas excessivas. Os escritores que forjam a lenda de Cartouche e de Schinderhannes reclamam para eles uma sacralidade nova ligada ao indivíduo, oposta à pesada lei comunitária. Dirigindo-se a um público sensível a tais inovações, mas frequentemente ainda encravado nos mecanismos globais de explicação do mundo, eles inventam modelos aparentemente muito singulares e, no entanto, com características genéricas do leitorado interessado.

Esses relatos garantem lentamente a transição entre o tempo dos dogmas impostos a todos e o da reflexão pessoal sobre si, do qual Rousseau é um dos primeiros representantes convictos nas *Confessions*. Eles tratam incansavelmente da gênese de um ser que recusa as golilhas impostas. Textos iniciáticos, eles tratam da abundância da juventude e da adolescência, sem concentrar a atenção sobre a questão, de tão banal que se torna em sua incessante reiteração. O tema primordial é o da adaptação sempre difícil ao universo dos adultos. A proliferação dos bandos de ladrões no século XVIII ilustra a dificuldade de tal inserção. Eles derivam diretamente do problema do empobrecimento galopante, que os governos são impotentes em reduzir. De 1768 a 1772, a cavalaria francesa, então com a reputação da melhor da Europa, procede à prisão de 71.760 mendigos.[39] Entre eles figuram muitos jovens rurais desenraizados sem esperança. Quanto aos seus semelhantes que recusam deixar-se encerrar nos hospitais gerais ou nos depósitos de mendicidade, juntam-se a grupos de malandros.

---

39   J. R. Ruff, *Violence in Early Modern Europe*, op. cit., p. 226.

A erradicação destes, desde 1815, orienta a violência juvenil para formas mais individuais ou por pequenas unidades. Dispersos na trama urbana, eles se reúnem de noite, ou em ocasiões favoráveis para "aprontar" algo. Na época industrial, a multiplicação das instâncias de enquadramento, exército, fábricas, internatos, escolas etc., contribui para reduzir a importância do tema, sem jamais fazê-lo desaparecer completamente. Instala-se a ilusão de uma brutalidade mortal excepcional, característica de indivíduos marginais ou pervertidos. Entretanto, a textura social encerra sempre espécies de abscessos permanentes, jovens mal integrados que se reúnem para existir e cuja violência coletiva emerge em certas circunstâncias, como continuam a mostrar, no início do século XXI, as noites de motins nos subúrbios franceses.

A fascinação pelo crime se impõe no século XIX. As descrições de atrocidades mortais invadem os fatos corriqueiros, em *Le Petit Parisien* ou *Le Petit Journal*. Criado em 1863, com um milhão de exemplares vendidos em 1890, o último acolhe, também, os relatos populares saturados de violência de Ponson du Terrail, Gaboriau ou Paul Féval. O sangue faz vender tinta e papel. Discreta na vida quotidiana, a brutalidade funesta apaixona as multidões. As pessoas se aglomeram nos corredores das cortes de justiça em momentos de casos sensacionais e assistem com espantoso deleite às execuções públicas. Alguns tentam até recolher a areia ensanguentada após a decapitação de um condenado. A *Gazette des tribunaux* ganha um grande sucesso com esse fascínio. E toca em frente a galera dos assassinos! A época espalha em todos os ventos milhares de páginas que relatam suas façanhas, romances baseados em fatos judiciários redigidos por Zola, Coppée ou Belot, canções e lamúrias, romances-novela cujos heróis encarnam o mal e a morte, como Ténébras, Zigomar ou Fantômas.[40]

O homicídio é o argumento central do romance policial, que se inspira, ele próprio, diretamente na crônica judiciária. Sua paternidade é atribuída ao americano Edgar Allan Poe. Leitor das *Mémoires*, de Vidocq, ele escreve em inglês "Duplo assassinato na rua Morgue", para o número de abril de 1841 de *The Graham's Lady's and Gentlemen's Magazine*. Encena um detetive francês excêntrico, protótipo de uma infinidade de detetives ulteriores, o cavaleiro Dupin, que desfaz um mistério relativo a um quarto fechado depois do terrível assassinato noturno, em sua casa parisiense, de uma velha senhora e de sua filha.[41] Como Victor Hugo ou Balzac, quando eles se arriscam no tema, ele se dirige às pessoas de qualidade para fazê-las tremer com espetáculos de horror, mas também oferecer-lhes a ajuda extremamente tranquilizadora de um investigador de talento para elucidar o segredo fatal.

---

40   F. Chauvaud, *De Pierre Rivière à Landru*, op. cit., em especial p. 206-227; Dominique Kalifa, *L'Encre et le Sang. Récits de crimes et société à la Belle Époque*, Paris, Fayard, 1995, p. 124.

41   Os esclarecimentos seguintes concernentes ao gênero policial são extraídos de Stefano Benvenuti, Gianni Rizzoni e Michel Lebrun, *Le Roman criminel. Histoire, auteurs, personnages*, prefácio de Jean-Patrick Manchette, Paris, L'Atalante, 1982, excelente obra descritiva, que não leva, no entanto, em conta a evolução do leitorado nem a relação entre o homicídio e a juventude.

Como em Londres, onde prospera paralelamente uma escola original no assunto, a capital francesa é, então, o lugar privilegiado do desenvolvimento de uma literatura do arrepio controlado, esperando a invasão da veia americana negra do século seguinte. As mais importantes metrópoles europeias do século XIX são, com efeito, penetradas pelo medo das "classes perigosas" produzidas pela industrialização. O argumento principal do gênero consiste em inventar um herói que evolui fora do sistema da autoridade estabelecida, que se revela o único capaz de resolver os enigmas mais incompreensíveis, enquanto a polícia não consegue isso. Como se um Cartouche idealizado se tornasse a fortaleza das pessoas honestas, perseguindo os vadios com a faca nos dentes que vagueiam de noite na cidade!

Tal é, aliás, o mito sustentado com habilidade por Vidocq, prisioneiro várias vezes fugitivo, espião, policial, depois criador da Segurança nacional. O extraordinário sucesso de suas *Mémoires*, publicadas em 1828, se deve a esse itinerário de redenção que faz, finalmente, dele um indispensável amparo social. Os analistas não levam suficientemente em conta, no entanto, o fato de que a acolhida muito positiva reservada à obra provém de sua estrutura de narrativa iniciática: à queda juvenil, originária da tentação de fazer correr sangue, sucede um resgate na idade madura e uma disponibilidade a serviço da coletividade, para combater os assassinos, que inspirou, também, Victor Hugo para o personagem de Jean Valjean. A angústia das gerações instaladas diante dos jovens matadores urbanos exasperados pela miséria é, no fundo, a trama fundamental oculta do romance policial em sua origem.

A invenção da imprensa popular transforma o fenômeno em literatura de massa. Ela se dirige, doravante, à gente pequena das grandes cidades, difundindo junto aos adultos das camadas trabalhadoras uma moral normativa baseada na ideia segundo a qual o crime não compensa. Os rapazes púberes de origem proletária podem igualmente achar aí uma compensação onírica, aprendendo a mesma lição e sendo convidados a identificar-se com o justiceiro sagaz mais do que com aqueles que ele persegue sem fracassar. Mas a fascinação juvenil por uma violência tradicionalmente fundadora da personalidade viril leva alguns autores a encenar gênios do mal, capazes de fascinar os adolescentes e de aumentar a tiragem das obras. Assim, os sucessos de livraria do período precedente a 1914 exibem temáticas às vezes muito ambíguas, até mesmo proclamações anarquistas contra os valores da sociedade estabelecida.

O romance-folhetim repleto de assassinatos e de vinganças ganha uma vida surpreendente sob a pena de Alexandre Dumas, de Eugène Sue, em *Les Mystères de Paris* (1842-1843), de Paul Féval (1817-1887), que produz mais de uma centena deles, do visconde Ponson du Terrail (1829-1871). Rocambole, criado por este, é um herói dos mais sulfurosos, um matador obsessivo e um terrível bandido que morre desfigurado pelo vitríolo, em 1859, em *Les Exploits de Rocambole*, mas que se converte em detetive dedicado à defesa do bem, em 1862, em *La Résurrection de Rocambole*. Não parece difícil ver aí o tema da crueldade humana inicial convertida pelas provações e a maturidade em busca da felicidade de todos.

Admirador de Poe, Émile Gaboriau (1832-1873), cuja juventude foi, aliás, bastante agitada, produz *L'Affaire Lerouge*, que recebe uma acolhida pouco entusiasta do público quando de sua primeira publicação em folhetim em *Le Pays*, em 1863, antes de conhecer um verdadeiro triunfo, dois anos mais tarde, em *Le Soleil*. Calcado sobre a rua Morgue, o enigma deve ser resolvido por três pessoas emblemáticas: o chefe da polícia, um jovem inspetor ambicioso, Lecoq, com o nome derivado do de Vidocq, e um diletante da terceira idade, o pai Tabaret. É este que aí chega, enquanto os representantes da ordem prenderam um inocente. Mas Lecoq se torna o herói principal dos romances seguintes, *Le Crime d'Orcival*, em 1867, *Monsieur Lecoq*, em 1869, *La corde au cou*, em 1873. Foi preciso para isso esperar que ele amadurecesse e domasse sua "mentalidade criminosa". Pelo menos esta lhe permite elucidar crimes perfeitos em vez de cometê-los. Ex-pequeno delinquente reconciliado com a justiça, ele encarna claramente o adolescente perigoso que entrou na ordem para se colocar a serviço da sociedade, depois de ter sido iniciado por um velho perspicaz.

Com a chegada da Grande Guerra, o romance negro desenvolve ainda mais o tema do conflito das gerações, uma das principais chaves de compreensão da época, insuficientemente levada em conta pelos historiadores. A idade de ouro do gênero vê a invenção de três grandes ciclos famosos que deixaram traços até nossos dias: Arsène Lupin (1905), Rouletabille (1907) e Fantômas (1911). Os três compõem juntos um retrato mítico e angustiante de filho perigoso face a pais espantados. Rouletabille encarna, aliás, sem equívoco o mito de Édipo. Seu criador, Gaston Leroux (1862-1927), o faz resolver, em 1907-1908, *Le Mystère de la chambre jaune*. Ele o apresenta como um jornalista muito jovem, de 18 anos, nascido de pais desconhecidos, apelidado Rouletabille por causa de sua cabecinha redonda, que se opõe ao esquivo patrão da polícia. Este acumula provas contra um falso culpado, mas ele é desmascarado por Rouletabille... que descobre que se trata de seu próprio pai, um antigo escroque assassino escondido sob essa identidade usurpada. Desaparecido no mar no fim do livro, o preocupante personagem volta em 1909 em *Le Parfum de la dame en noir*, cujas fragrâncias lembram ao filho a lembrança de sua misteriosa mãe, que veio, algumas vezes, vê-lo no colégio onde ela o tinha abandonado. Quanto ao pai, multiplica ignomínias e perseguições, antes de ser, finalmente, confundido e de se suicidar, liberando Rouletabille das frustrações de sua infância.

O início do século XX vê a preocupação aumentar sem parar face ao crime e aos que o cometem, transposição de um medo de desapossamento violento sentido pelos adultos abastados face à impaciência de uma juventude pobre estritamente mantida à margem. Maurice Leblanc (1864-1941) cria nessa encruzilhada eminentemente simbólica da transmissão dos bens um personagem prometido a uma extraordinária carreira no cinema, no teatro, na televisão e na história em quadrinhos: Arsène Lupin, o cavalheiro-arrombador. Sua primeira aventura aparece em 1905, em *Je sais tout*. Adolescente atrasado recusando estabelecer-se, que julgam ter nascido, em 1874, dos amores de um escroque e de uma nobre, ele não rouba para se enriquecer, mas para recuperar bens adquiridos ilegalmente por seres desonestos, criminosos ou muito ricos, como o imperador prussiano, uma de suas vítimas. Protetor dos fracos, cheio de delicadeza, ele não despoja um endividado nem Pierre Loti, quando descobre que está em ação na casa do célebre escritor.

Provavelmente inspirado na figura do anarquista Marius Jacob, que confessa 156 latrocínios, em seu processo, três meses antes da publicação da primeira façanha de Lupin, ele está mais perto ainda do arquétipo do bandido honorável e reparador dos erros da lenda de Cartouche. Tanto que lhe acontece de matar, por exemplo, uma bela traidora. Patriota, espião charmoso, ele se coloca a serviço da França em guerra. Ele compõe com uma grande elegância aristocrática um modelo de decifrador de enigmas fora-da-lei, incessantemente à margem das convenções, mas capaz de manter um lugar refinado no mundo.

Seus traços são conscientemente opostos aos de Sherlock Holmes, o detetive muito britânico inventado em 1887 por Arthur Conan Doyle (1859-1930), para conduzir *Un étude en rouge*, graças ao seu infalível senso de dedução, isto é, segundo o método positivista triunfante. Adaptado a um temperamento nacional diferente, o personagem é, ele também, um solteiro atrasado, com cerca de 33 anos, quando encontra o Doutor Watson e conduz com ele sua primeira investigação, seguida de inúmeras outras. Um imenso sucesso internacional o acompanha até os nossos dias em sua luta contra o mal absoluto encarnado pelo professor Moriarty. Exasperado ante esse "filho" invasor, Conan Doyle o faz morrer em *Le Dernier Problème*, mas deve se decidir sob a pressão popular a lhe dar vida para outras aventuras até 1927. curiosamente, Maurice Leblanc encontra igualmente Lupin muito inoportuno, mata-o e também deve ressuscitá-lo diante dos protestos dos fiéis. Parece até que pouco antes de sua própria morte, ele teria pedido proteção à polícia de Étretat "contra o Sr. Lupin".

Uma percepção muito mais negativa da natureza humana, sob um fundo de ida à guerra, transforma a estética do romance negro no decorrer dos anos de 1910. Gaston Leroux cria, em 1914, o personagem sulfuroso do presidiário Chéri-Bibi, feroz e odioso, que se torna, no entanto, o defensor dos oprimidos. Sem dúvida ele é inspirado pelo sucesso encontrado por duas epopeias maléficas propostas pouco antes. a primeira, publicada por Léon Sazie, de 1909 a 1910, conta a luta de Zigomar, um rei do crime, contra o policial Paulin Broquet. A segunda, atribuída a Pierre Souvestre (1874-1914) e Marcel Allain (1885-1969), encena Fantômas, o "gênio do mal", a partir de 1911. O editor, Arthème Fayard, orquestra a chegada do primeiro romance por uma campanha de cartazes onde a silhueta ameaçadora do malfeitor plana sobre Paris. Em 1913, *La fin de Fantômas* o vê desaparecer no mar com seus dois adversários principais, o policial Juve, seu gêmeo personificando o bem, e o jornalista Fandor. Trinta e dois relatos e uns 50 folhetins produzidos até a morte de Souvestre atestam um sucesso excepcional, reforçado por uma adaptação cinematográfica por Louis Feuillade, em 1913. Depois, Allain ressuscita os três personagens e continua suas aventuras até *Fantômas mène le bal*, em 1963. No conjunto da série, pôde-se contar 552 malefícios, dos quais dois terços são dirigidos contra humanos:

agressões e ferimentos descritos em detalhe, roubo e sequestros, homicídios cometidos por razões crapulosas, por vingança ou por orgulho...

O imaginário coletivo que garante o sucesso de um tema não é, evidentemente, monolítico. A admiração geral pela terrificante saga de Fantômas faz crer que o público dos anos que precedem a guerra se cansa dos fins tradicionais e felizes e não acredita mais na redenção dos criminosos. Prefere a exposição de uma crueldade evocada com o maior realismo, sem esperança de resgate do culpado. Ele se habitua inconscientemente à hecatombe próxima quando aprende a estremecer com um medo atroz diante do terrível anjo do mal que proclama: "Eu sou a Morte!"

Entretanto, outras produções da mesma época encontram também o favor de um amplo leitorado, colocando bálsamo sobre esse pessimismo ambiente, porque seus heróis juvenis e sanguinários afirmam em todas as direções que eles só matam por dever, segundo um código de honra exigente. Trata-se de ciclos, muito franceses, de capa e espada, destinados a uma grande difusão no cinema ou na televisão, até nossos dias. Os personagens perfuram alegremente um número incalculável de maldosos, distribuindo também pancadas sem contar. *Les Trois Mousquetaires* (1844), de Alexandre Dumas, o cavaleiro de Lagardère do *Bossu* (1858), de Paul Féval, e a imensa gesta heroica consagrada aos *Pardaillan*, por Michel Zévaco (1860-1918), "grande romance popular inédito" publicado em folhetim de 1902 a 1914, em *La Petite République*, depois em *Le Matin*, dependem todos de uma idêntica fascinação pela violência.

Seus hábeis autores descobriram, no entanto, uma receita eficaz, que consiste em legitimar as proezas mortais dos personagens, fazendo deles reparadores de erros, cavaleiros defensores dos fracos contra poderosos caricaturais. Jovens matadores implacáveis, tão hábeis são eles na esgrima, d'Artagnan ou Pardaillan diferem radicalmente de Fantômas, porque eles obtêm sem dificuldade do escritor e do leitor um privilégio de exterminação dos seres velhacos e cruéis com os quais eles se batem com espada. Sua generosidade, seu uso de um pudor rigoroso proibindo acabar com um vencido ou de praticar um combate desigual os aproximam das formulações idealizadas do bandido honorável encarnado por Cartouche. Eles exibem o orgulho inato dos fidalgos franceses e uma nobreza de alma que prolonga a de sua nascença. Espécie de ancestral imaginário de Arsène Lupin, tanto que Maurice Leblanc se inspirou, talvez no tipo, anterior em três anos à sua própria criatura romanesca, Jean de Pardaillan, cujas investidas se desenrolam de 1572 a 1614, é, além disso, dotado por seu criador de traços de ideologia anarquista que o faz desprezar os poderosos e as honras, em favor de uma modéstia que o aproxima do povo sofredor. Figuras híbridas, projetadas, em seguida, na cultura de massa pelas histórias em quadrinho, pelo cinema e pela televisão, esses espadachins de charme encarnam o instinto assassino juvenil, temperado e controlado de perto por uma elevada ideia de seu papel cavalheiresco de defensores dos oprimidos. Eles constituem, em suma, um extraordinário sucesso simbólico, reconciliando classes sociais muito diferentes e fornecendo uma imagem tranquilizadora da juventude, visto que eles só matam por necessidade, jamais por ódio ou de forma calculada. Eterno adolescente, que envelhece sem jamais se estabelecer nem se desviar dos seus ideais, Pardaillan é o próprio arquétipo do herói sem medo e sem censura, cujas façanhas tranquilizam as pessoas instaladas na capacidade de sua civilização de enquadrar os instintos agressivos e destruidores das gerações novas. Mas em 1926, quando aparecem suas últimas aventuras, redigidas em 1918, os leitores conhecem por cruel experiência o preço real da paz interna do continente, após uma hecatombe sem precedente que retirou seu mais pesado tributo das fileiras das juventudes europeias...

Pouco antes do cataclismo, o fato corriqueiro, a literatura policial, o romance de capa e espada contribuem para diluir as preocupações de subversão pela violência. Esses textos que enchem o imaginário, desviam, regulam, limitam os temores reais que se vão acumulando com a aproximação da Primeira Guerra Mundial.[42] Concentrando a atenção sobre o exército do crime que teria secretamente investido as camadas miseráveis da grande cidade, eles parecem desenvolver uma evidente metáfora a respeito das "classes perigosas", representativas de um universo operário considerado brutal, grosseiro e ávido de revanche face aos seus exploradores. Entretanto, a verdade profunda está em outra parte. A angústia em questão é acompanha de um intenso e surdo pavor relativo às classes de idade que ardem de impaciência, esperando tomar o lugar dos mais velhos. Enquanto, em Viena, Freud forja o complexo de Édipo, transferindo habilmente aos filhos a responsabilidade de um mal-estar geral na civilização ocidental de seu tempo, os pais sentem uma ansiedade crescente porque eles temem seu assassinato simbólico generalizado. Romances negros ou narrativas de capa e espada servem, ao mesmo tempo, para tranquilizar os últimos e oferecer aos primeiros uma evasão fora de um mundo muito enquadrado pelo poder dos antigos. No mesmo momento, os eruditos criminologistas dissertam sobre as causas da ferocidade homicida. Lombroso inventa o modelo do criminoso nato, incluindo entre eles, em especial, os anarquistas, o que tranquiliza os bons burgueses, já que se trata de exceções à norma humana. Dallemagne pretende até ajudar a identificar antecipadamente o perigo, descrevendo os traços específicos da fisionomia do delinquente.[43] O "delito de fácies" não é uma invenção recente...

E tem mais. O arrepio de horror literário ou científico transpõe uma terrível conturbação diante do aumento de um perigo jovem. Com certeza, as pessoas estabelecidas não ousam abordar tão francamente o assunto, o que seria propriamente intolerável em um universo que se pretende na ponta da modernidade no globo. Mas essa preocupação está presente em toda parte na cultura. Na virada do século XX, quando o mundo se torna muito cheio, as gerações bem providas encontram entonações sempre mais aflitivas para se preocupar com ele, em meias palavras, e tentar exorcizá-lo. Começa, então, em 1903, o "reinado do Apache". Como em relação aos *Mohocks* londrinos de 1712, trata-se, em boa parte, de um fantasma, respousando sobre realidades de detalhe costuradas ponta a ponta para produzir um grande medo

---

42 D. Kalifa, *L'Encre et le Sang*, op. cit., p. 270.
43 F. Chauvaud, *De Pierre Rivière à Landru*, op. cit., p. 213, 221.

salutar. Enquanto raros observadores os descrevem como vadios de coração grande, muitos outros pintam um quadro dos mais negros. Eles pretendem que hordas de proxenetas e bandidos invadem a capital. Impiedosas variações do cruel, brutal e sanguinário homem armado com faca, eles são acompanhados por suas "marmitas", suas companheiras prostitutas, que deixam viver com o suor do seu corpo e transmitem amplamente, sem importar, o perigo venéreo. Até a guerra, a moda apache está em plena ação, gerando uma psicose crescente. Os mais preocupados afirmam que quase cem mil desses terríveis recidivistas da justiça sem escrúpulos vivem em Paris. Acusam-nos de assustar os burgueses de muitas maneiras, de falar línguas codificadas, o javanês, o *loucherbem* (língua dos açougueiros) ou o *verlan* (com inversão das sílabas), de roubar, pilhar e matar. Os de La Chapelle, Grenelle ou La Villette são considerados os mais perigosos de todos. Originarios essencialmente das camadas populares, eles rejeitam o trabalho honesto na oficina, depois de ter fugido da escola. Vivem em bandos de "conscritos do crime", porque têm geralmente de 16 a 25 anos, como os 30 membros do bando de Neuilly, julgados em 1899 por roubos e assassinatos, cuja média de idade não chega a 20 anos. Jovens perigosos por excelência, resíduos da humanidade, para o doutor Lejeune, degenerados entravados por taras ignóbeis, para Barrès, têm a reputação de compor verdadeiras contrassociedades obstinadas em fazer o mal.

Ora, essas pretensas realidades procedem abundantemente da ficção. Os jornalistas inventam nomes pitorescos, exóticos ou selvagens para caracterizar os bandos: os Punhos Sangrentos de Saint-Ouen, os Salta-nas-patas da Glacière ou os Tatuados de Montmartre. O romance policial lhe atribui uma importância extraordinária, principalmente nos grandes ciclos populares de Zigomar e de Fantasma, cujos heróis são apresentados como os chefes desse "exército do crime". Mas as transcrições literárias apagam praticamente sempre a origem operária dos interessados, salvo para opor sua degradação à vida regrada dos proletários virtuosos e honestos. A exemplo dos anarquistas, outros bodes expiatórios dos jornais e dos bem-pensantes da época, eles encarnam uma potência de subversão, um universo marginal maciçamente juvenil, urbano e operário.[44] Entretanto, não se insistiu suficientemente na importância desses diversos traços acumulados. Eles manifestam uma vigorosa ressurgência, com um fundo de pressão demográfica, do medo da violência assassina dos meninos púberes. Jovem macho de origem humilde que prefere seguir o caminho de seus instintos mortais, o chefe de cada bando de Apaches figura a exata antítese do Cartouche idealizado de 1721. Irredutível, associal, ele reencontra a estrutura antiga dos reinos de juventude violentos para se opor ao mundo dos adultos, cujos ideais ele não reconhece. Trata-se, no entanto, menos de uma forte retomada da cultura viril do passado do que de uma denúncia alarmista, originária de um imaginário horrífico, visando a justificar novas medidas de enquadramento da adolescência plebeia indócil.

---

44   D. Kalifa, *L'Encre et le Sang, op. cit.*, p. 156-163.

Os fatos corriqueiros, dos quais são tão gulosos os contemporâneos, lembram sem cessar que o crime não compensa. A partir do mesmo princípio, a preocupação desencadeada pela descrição das exações dos Apaches permite reclamar sanções mais severas, denunciando o laxismo dos tribunais. Personalidades e jornais influentes o deploram de maneira repetitiva, a partir de 1902. Em Marselha, em Paris e em outros lugares, a questão da insegurança se torna crucial. Ainda mais que um pequeno aumento dos homicídios é observado pelas estatísticas judiciárias publicadas em 1906, ano em que Clemenceau apresenta um projeto de lei visando a suprimir a pena de morte, para substituí-la pela prisão perpétua. O elã securitário se intensifica. Marcado entre outros por uma campanha contra os Apaches no exército, em 1910, e pelo desenvolvimento de um debate sobre o reforço da repressão, ele se acha ainda agravado, em 1912, pelas façanhas do cruel "bando de Bonnot". Textos novos endurecem as penas. Em 1910, uma lei de "depuração moral" procura melhor separar a juventude sadia da "juventude mimada", reabilitando os Bat' d'Af[45] e criando seções especiais para os soldados que questionam o valor moral do seu grupo. Em 1911, a chamada "anti-Apache" prega uma maior severidade em caso de "vagabundagem especial" com uma arma, mesmo não fazendo uso dela.[46]

O novo conceito de "periculosidade" se aplica, então, a vadios que contestam as instituições e perturbam a tranquilidade das pessoas honestas. Ora, os que se encontram assim estigmatizados são maciçamente homens jovens originários do povo, que continuam a reagrupar-se à noite e nos dias de festa para relaxar, fazer a corte às moças, existir em conjunto diante do mundo frequentemente hostil dos adultos e dos representantes dos poderes. Sua rudeza e sua diferença, seus códigos específicos, os fazem assimilar-se à ladroagem. Alguns dentre eles usam, com certeza, a faca, para exibir sua virilidade. Mal integrados, contestatários das regras estabelecidas, eles se deixam, também, às vezes, levar á delinquência, ao roubo, aos confrontos físicos. Mas nem todos são assassinos nem criminosos endurecidos.

A passagem do tipo do bandido de coração grande ao cruel fanático de Fantasma é, em boa parte, uma produção onírica depreciativa, destinada a apoiar uma ofensiva securitária no momento em que os espíritos liberais pensam ser possível a ab-rogação da pena capital. Ela acontece porque as tensões geracionais atingem uma intensidade inaudita, às vésperas de 1914. Consumidos em massa, os contos negros orientam, então, a atenção para a necessidade de moralizar a juventude toda, cujas façanhas sugeridas aos Apaches dão uma visão muito negativa, desmoralizadora, já que ela alcança até o ferro de lança da nação, levando o germe da decadência ao seio de seu exército. O romance policial, o fato corriqueiro, a narrativa dita popular têm como principal função levar a uma melhor integração social. Formas de pedagogia,

---

45 Os batalhões de infantaria leve da África, ou "Bat' d'Af", não eram, para dizer propriamente, unidades disciplinares, mas acolhiam condenados civis e militares sancionados. Uma disciplina muito mais forte que no resto do exército aí era de regra.
46 Ibid., p. 238, 241, 248.

todos ensinam as normas e legitima as autoridades, fazendo do outro um objeto de terror. Que o homem com a faca entre os dentes se polarize, então, no rapaz de origem humilde significa muita coisa sobre o grau de tensão interna que reina nos Estados europeus e permite melhor compreender o gigantesco desastre coletivo que se prepara em 1914.

As coisas mudam profundamente depois da Grande Guerra. A literatura negra continua a adaptar-se à sua época. À imagem da sociedade ocidental, ela se torna complexa, enquanto exibia até aí um caractere maciçamente conservador, a serviço das pessoas instaladas, em particular dos dominantes masculinos. O fato corriqueiro monstruoso preocupa, mas a investigação sobre assassinatos conduzida por um policial perspicaz tranquiliza. Por um lado, porque ela oferece um sentimento de segurança reforçado, redobrando a proteção policial, permitindo, ao mesmo tempo, ridicularizar as insuficiências da instituição. Mais ainda porque os milhões de páginas dos jornais e dos romances "populares" enchem o imaginário de metáforas tranquilizantes: o jovem macho, perigoso por natureza, se encontra facilmente convertido na defesa do bem comum pelas provações da vida. Tal é o caso de Vidocq, Rouletabille ou Lecoq, dos Quatro Justos de Edgar Wallace, em 1905, e até de Arséne Lupin, que se tornou arrombador patriota durante a guerra, sem esquecer os heróis de capa e espada, como o cavaleiro de Pardaillan. Raros são os seres capazes de recusar definitivamente o modelo, à maneira de Fatasma, que daí tira seu sucesso sulfuroso. Mesmo Rocambole e Chéri-Bibi acabam por se acertar e defender as normas estabelecidas.

Em seguida, o modelo do vingador, reparador de erros e guardião da harmonia coletiva, mesmo se ele lança sobre a existência um olhar desabusado, continua amplamente a ser imitado. Ele se materializa, no entanto, em moldes muito variados, com Hercule Poirot, Miss Marple, o juíz chinês Ti, Fhilo Vance, Ellery Queen, o Gallois irmão Cadfael e todos os detetives americanos desabusados, tão desenvoltos quanto violentos, como Lemmy Caution, ou bem cínicos, inquietos, mas generosos, à imagem de Philip Marlowe. Apresentado como um ser, ao mesmo tempo, ordinário e excepcional, este encarna o princípio de redenção, a revolta contra a corrupção, mas também a inadaptação social e a falta de maturidade.[47] Como se não fosse indispensável não agregar-se definitivamente ao universo corrompido dos adultos para chegar a defender seus princípios fundadores. Todos são levados por um poderoso código da honra, próximo daquele que move os mosqueteiros de Alexandre Dumas ou os personagens cavalheirescos de Michel Zévaco. É também o caso dos *gangsters* de Auguste Le Breton, "homens verdadeiros", respeitosos da palavra dada e da amizade, diferentes dos "chacais" crapulosos. Para o autor anarquista, sua violência, induzida por uma sociedade tão injusta quanto hipócrita, não é cega porque eles sabem controlá-la eficazmente.

As metamorfoses de Robin Hood e de Cartouche se revelam infinitas no século XX. Elas colocam sempre a mesma questão do bem e do mal em relação ao homi-

---

47   S. Benvenuti, G. Rizzoni e M. Lebrun, *Le Roman criminel, op. cit.*, p. 131-136.

cídio e à maneira de conduzir as crianças à maturidade com o mínimo possível de prejuízos para os predecessores. As escolas de romances policiais se diversificam, no entanto, sem cessar, porque as relações humanas evoluem a um ritmo ofegante sob nossos olhos, em uma Europa ocidental poupada pela guerra intestina desde 1945, onde a duração média da existência aumente regularmente, o que torna ainda mais complexo que antes o delicado problema da transmissão dos bens e dos valores às novas gerações. Várias obras seriam necessárias para analisar esse enigma apaixonante, crucial para nossa civilização, através do prisma dos relatos negros reduzidos pelas mídias modernas. Alfred Hitchcock mereceria, por ele só, um estudo, para tentar desfazer as relações confusas que entretêm com uma sociedade cruelmente sufocante inúmeros dos seus heróis jovens e inocentes.

CAPÍTULO IX

A volta dos bandos
Adolescência e violência contemporâneas

Desde 1945, o tabu do sangue se impõe com um poder extraordinário na Europa ocidental. A lembrança das hecatombes do primeiro século XX contribui para reforçar um enorme desgosto do homicídio e da violência sanguinária, pacientemente incrustado em nossa cultura desde o século XVI. Ora, pela primeira vez em sua longa história, a civilização europeia se encontra liberada da pressão direta da guerra em seu chão, à exceção de algumas margens instáveis. Resulta daí uma mutação discreta mas decisiva da referência à lei antiga da força, que se traduz por uma verdadeira confusão dos equilíbrios entre as faixas etárias e dos sexos. Porque a recorrência dos conflitos armados tinha até então permitido impor sem discussão a potência masculina, única susceptível de responder às ameaças, conduzindo guerras "justas" para defender a pátria em perigo, estender o domínio nacional e colonizar o resto do mundo. A submissão exigida do sexo dito "frágil" decorria naturalmente desse estado de coisas. Técnicas formadoras mais sutis incitavam os homens jovens a um autocontrole crescente de sua agressividade, conservando a possibilidade de reativar vigorosamente esta em caso de necessidade, para fazer deles valentes soldados nos campos de batalha.

A partir do século das Luzes, esse mecanismo de sublimação das pulsões brutais viris é validada e reforçada por uma moral econômica que visa a poupar os fluidos vitais. Discursos e práticas vilipendiam toda experiência excessiva que conduz a desperdiçar os mais preciosos deles, o sangue e o esperma. Na Inglaterra, por volta de 1710, os médicos inventam o grande medo da masturbação. Até as últimas décadas do século XIX, muitos deles sustentam obstinadamente que o prazer solitário conduz a uma morte horrível em alguns meses, ou, no mais tardar, em alguns anos. Sem dúvida pouco eficaz no universo popular, essa propaganda não consegue culpabilizar muitos adolescentes das camadas superiores, como comprovam, entre outras, as confissões de Henri-Frédéric Amiel ou de William Gladstone.[1] A ética subjacente prega a acumulação consciente do capital vital de

---

1   R. Muchembled, *L'Orgasme et l'Occident, op. cit.*, 2005, p. 237-249.

cada indivíduo, na época da decolagem comercial, depois industrial, da Europa. A lição premente obriga os filhos a esperar a substituição dos pais sem impaciência, sem brutalidade, sem sexualidade, preservando-se até do perigoso vício solitário. Detentoras do poder, do dinheiro e do controle do acesso às mulheres, as gerações estabelecidas sonham com uma adolescência musculina ideal. No século XIX, elas a modelam, impondo-lhe a proibição do sangue, salvo pela "justa" defesa da coletividade nacional, e a do prazer sexual fora do casamento, à exceção da frequentação toleradas das prostitutas. Obrigado pela pressão moral e pela justiça de evitar o conflito com o Outro e de se vigiar de muito perto para evitar as temíveis consequências, complacentemente descritas, da masturbação e das doenças venéreas, o macho ocidental púbere jamais foi tão enquadrado quanto na época industrial, inclusive no meio operário, onde a pressão se choca, no entanto, frequentemente, com uma sutil indocilidade. O sistema registra, contudo, crises regulares, quando os rapazes se tornam particularmente numerosos, durante longos períodos de paz e de prosperidade, por exemplo, na França, sob a Terceira República, até 1914. As guerras, que retiram, principalmente, o mais pesado tributo em suas fileiras, das terríveis epidemias, uma duração média da existência, mais curta que nos nossos dias, figuram entre os mecanismos reguladores, sem impedir fortes confrontos com os detentores da autoridade. Estes se desenvolvem, às vezes, mascaradamente, sob formas simbólicas, como a fobia dos Apaches, nos anos de 1910.

A nova era que se abre em 1945 registra um desequilíbrio crescente do modelo, após a transformação acelerada das sociedades. Os solteiros, à espera de sua inserção, não são mais podados maciçamente pela guerra e pela doença, enquanto a esperança de vida aumenta, sem cessar, para alcançar, hoje, perto do dobro do que era há um século. O mundo do *baby-boom* se enche de aspirantes, mas também de velhos, que deixam cada vez menos rapidamente o lugar aos que chegam, em um universo, ao mesmo tempo, caracterizado pela abundância e por uma miséria tanto mais duramente ressentida pelos excluídos do sistema. Jamais antes tinham sido reunidas tais condições. Elas conduzem à redefinição dos papéis viris e femininos, com a emergência de um terceiro gênero sexuado até então proibido, assim como com uma profunda evolução das relações entre as faixas etárias.

O paradigma da violência sanguinária permite uma abordagem do assunto. Residuais, o homicídio e os ferimentos intencionais só produzem uma pequena fração das mortes brutais. Acidentes da estrada, suicídios e outras formas de autodestruição eliminam uma proporção bem superior de adolescentes. Os que ousam matar um outro ser humano, transgredindo a proibição suprema, são, doravante, muito raros, mas também cada vez mais jovens. Esses índices atraem a atenção para uma dificuldade crescente de inserção que toma a forma muito espetacular dos bandos juvenis, sempre ativos, renovados sem parar, dos anos de 1960 até as noites quentes atuais dos subúrbios urbanos europeus.

A morte nesse jardim

No início do século XXI, os riscos de homicídio são muito desiguais segundo as regiões do globo. Em 2000, o índice anual para 100 mil habitantes é de 60,8, na Colômbia, de 0,6, no Japão, de 0,7, na França ou na Inglaterra. As estatísticas propõem afinar a abordagem, levando, também, em conta suicídios e a mortalidade por acidente de trânsito, a fim de avaliar melhor a periculosidade de cada país. Aqueles onde o total acumulado das três causas não alcança 10% das mortes apresentam o risco global mais fraco[2]. Tal é o caso do Reino Unido (3%), da Alemanha e da Suécia (4%), dos Estados Unidos (6%), da França ou do Japão (8%), enquanto a Ucrânia exibe 10%, a Rússia, 18%, e a Colômbia, 24%.

Apesar da heterogeneidade dos dados, após definições e métodos de registro diferentes, as tendências fazem emergir das ilhas de segurança, o Japão, a Europa Ocidental e os Estados Unidos, num mundo muito mais perigoso. A importância relativa dos três tipos de mortes brutais varia, entretanto, muito amplamente. Na Colômbia, o homicídio é 19 vezes mais frequente que o suicídio e três vezes mais que o acidente de transporte. Na França, ao contrário, o suicídio registra vinte e cinco vezes mais de vidas, e a estrada, 18 vezes mais que o assassinato (17,5 e 12,9 contra 0,7 para 1.000.000). No Reino Unido, para uma população da mesma ordem e um nível de violência fatal exatamente idêntico, o trânsito causa 15 vezes mais mortes, a autodestruição, 10 vezes mais (0,7, 10,5 e 7,5). Os riscos são claramente mais equilibrados nos Estados Unidos, onde os índices variam somente do simples ao triplo: 6,2 para o assassinato, 16,5 para a estrada, e 11,3 para o suicídio.

Resultam daí percepções coletivas muito diferentes da morte brutal. O homicídio se refere principalmente a homens, jovens ou na flor da idade. Estes têm cerca de cem vezes mais chance de sofrer tal sorte funesta, na Colômbia, e 10 vezes mais, nos Estados Unidos, do que no Japão, na França ou no Reino Unido. O acidente provoca hecatombes mais indiferenciadas. Suas variações são menores, entre um máximo de 27,7 para a Letônia, quase o mesmo tanto para a Rússia, e um mínimo de 5,5 na Suécia, que parece difícil melhorar. O suicídio possui características singulares. Em 2000, ele oscila numa escala indo de 1 a 20, entre um pouco mais de 40 para 100 mil, na Letônia ou na Rússia, e 2 ou 3, no Kuwait, no México ou na Colômbia. Ele exprime, sem dúvida, tantos problemas coletivos quantos desesperos individuais. A Hungria, durante muito tempo, manteve o primeiro lugar da classificação, depois de 1956, em razão da crise moral ligada à ocupação soviética. O mundo eslavo e báltico pós-soviético ocupa atualmente os primeiros lugares, com um índice multiplicado por 10, para a Rússia, desde os anos de 1930, enquanto a França se situa no meio do quadro. Correlações existem com o movimento secular afetando o homicídio. Enquanto este recuou fortemente nos países ocidentais em

---

2 Jean-Claude Chesnais, "Les morts violentes dans le monde", *Population et Sociétés*, nº 395, novembro de 2003, p. 2-7.

curso de modernização e de industrialização, o suicídio teve tendência a progredir nos mesmos espaços. Raro nas regiões agrárias tradicionais, como a Rússia, por volta de 1850, ele já é claramente mais frequente na Alemanha e na França, onde atinge picos durante a primeira metade do século XX. Ora, com a única exceção da China, ele afeta sempre muito mais os homens do que as mulheres e aumenta com a idade. Na França, a curva masculino para o ano de 1999 começa na adolescência, atinge um primeiro pico entre 35 e 40 anos, conhece, em seguida, um longo patamar, depois registra uma progressão muito forte depois dos 70 anos. "Os índices de suicídio são amplamente ligados à história econômica e política das sociedades".[3]

Que a velhice seja considerada um naufrágio, principalmente se ela se acompanha de dificuldades materiais e de isolamento, é compreensível. É mais difícil interpretar a primeira grande onda autodestrutiva masculina, pouco antes dos 40. A crise não provém de um retorno doloroso sobre si, no espelho da derrota de uma existência? É possível perguntar-se se alguns desses indivíduos na força da idade não ressentem uma dolorosa frustração de ter aceitado controlar sua violência desde a puberdade e de se conformar às normas, quando eles descobrem que isso não produziu o sucesso social esperado. Matando-se, isto é, transgredindo espetacularmente o tabu do sangue, não liberam eles a agressividade que se lhes proibiu exibir para mandar uma mensagem de ódio e de rejeição a destino da coletividade?

Com essa hipótese, a relação existente entre o homicídio e o suicídio seria inversamente proporcional, o quase-desaparecimento do primeiro tendo como preço um forte aumento do segundo, na hora do balanço, quando da entrada na maturidade ou na velhice. A morte de si poderia assim revelar a recusa, distanciada no tempo, muito tempo depois da puberdade, do poder simbólico da proibição do assassinato do outro, que se tornou incontornável em nossa civilização. Na França, o índice de suicídio alcança 8,9 para 100.000 no meio do século XIX. Dá um salto ao seu máximo absoluto de 20,8 entre 1896 e 1905, num momento em que o número dos crimes contra as pessoas jamais foi tão baixo. Em 1897, Émile Durkheim consagra a esse problema, então quente, uma das suas obras mais célebres.[4] O contexto cultural é o de um insidioso mal-estar, de um forte aumento de angústia coletiva. Desmentido pelas estatísticas judiciárias, o medo da agressão física e do assassinato é distilado pelos romances populares e pela imprensa. Os primeiros inventam, em 1909 e em 1911, os terríveis personagens de Zigomar e de Fantasma. A segunda mantém prazerosamente o medo dos jovens Apaches mortíferos que se acredita infestarem a cidade.[5] Igualmente muito marcada na Alemanha, a vaga suicida da virada do século parece ser da mesma forma ligada aos procedimentos de enquadramento muito firme das pulsões viris violentas. Uma demonstração *a contrario* é fornecida pelo exemplo da Colômbia atual, que apresenta, ao mesmo tempo, um nível desigual de

---
3   Ibid., e figura 1, "Variations selon l'âge et le sexe en France en 1999".
4   É. Durkheim, *Le Suicide*, op. cit.
5   Consulte o cap. VIII.

homicídios e um dos mais fracos índices mundiais de suicídios. A interdependência dos dois fenômenos mereceria, certamente, estudos mais avançados.

Fato singular há séculos, a esmagadora maioria dos jovens europeus da segunda metade do século XX jamais suprimiu nem feriu um ser humano, assim como a guerra desapareceu do seio do continente. Entre a estreita minoria dos que causaram uma morte, a maior parte o fez involuntariamente, num acidente de estrada, ou abreviaram sua própria vida. Residual, a parte ínfima dos matadores é portadora de uma insistente verdade a propósito de nossa civilização e de um mistério perturbador. A própria noção de homicídio resulta de uma construção social e legal. Orientada em função do gênero sexual, da idade e da classe a que pertencem, ela atribui uma grande importância a fatores tais como a desigualdade econômica ou a privação material para explicar o gesto fatal. Ela não poderia, no entanto, predizer este último nem explicar por que um pequeno número dos seres definidos em função dos critérios precedentes passam ao ato, enquanto muitos outros não se decidem assim. O assassinato possui, assim, uma dimensão irredutível de enigma insondável.

No Reino Unido, um dos países do globo onde ele é mais raro, as estatísticas dão conta de uma longa fase praticamente estacionária de 1981 a 1999. A Inglaterra e o país de Gales registram juntos 500 a 600 casos por ano, infanticídios incluídos. Uma aceleração parece observar-se a partir de 2000. O número sobe a 700 em 2001. Mas uma parte do aumento provém da adjunção aos dados das vítimas de Harold Shipman, um *serial killer* ativo de 1978 a 1998, ao qual são atribuídos 215 assassinatos e de quem se suspeitam outros 45.

De maneira geral, o homicídio britânico é maciçamente um crime masculino que visa principalmente a vítimas do mesmo sexo. Nos dois casos, as idades mais representadas se situam entre 21 e 35 anos. Na Escócia, a maioria dos culpados são machos com a idade entre 16 e 29 anos.[6] Por toda parte, no Reino Unido, o risco de ser morto alcança seu máximo para os rapazes de 16 a 30 anos. Uma briga está na origem de quase a metade dos casos. A forma mais corrente de ferimento fatal é infligida com a ajuda de uma arma branca, em 28% dos casos, em 2003-2004. Os adversários utilizam, aliás, uma arma, e, na proporção de um terço, mostram estar "altos", na verdade, muito bêbados. A parte daqueles que se conhecem atinge 40%, mas 37% são puros estrangeiros. Jovens negros e asiáticos são mais representados na amostra do que na população. O assassinato ligado a um outro crime é raro, e a parte das gangues não atinge 1%. A defesa da virilidade mostra-se essencial como causa do ato, e os pesquisadores britânicos forjaram o conceito de "masculinidade hegemônica" para dar conta disso. Segundo eles, a construção da identidade sexuada, levada ao paroxismo nos confrontos entre homens jovens, motiva 22% das mortes, depois de um duelo altamente simbólico.

---

6   Fiona Brookman, *Understanding Homicide, op. cit.*, p. 31, 34-35, 309-310.

No lado oposto, as assassinas são de tal forma menos numerosas, porque a aprendizagem do papel feminino proíbe a violência sanguinária. Além disso, suas motivações são veladas por frequentes explicações relativas à loucura ou à sua qualidade anormal de mulheres "malvadas". As vítimas femininas se distinguem também muito claramente, porque 60% são mortas por seu parceiro ou ex-parceiro. O método mais utilizado, em 19% dos casos, é o estrangulamento ou a sufocação. Na mesma ordem de ideias, a definição imperiosa da inocência infantil pela civilização ocidental chega a considerar o menino ou a menina que mata como demoníaco ou possuído pelo mal.[7]

O exemplo inglês não concorda com algumas constatações alarmistas a propósito de um preocupante aumento dos crimes de sangue em todos os países industrializados desde os anos de 1960. Os índices de delinquência triplicaram, com efeito, em 20 anos, nos Estados Unidos, para atingir seu recorde no início da década de 1980, tanto no domínio dos roubos e ataques à propriedade quanto nos da droga ou dos excessos físicos. Entre as explicações são evocadas importantes confusões sociais que conduzem ao enfraquecimento dos procedimentos informais de controle pela família, pela vizinhança, pela escola etc. Nesse quadro largado, a chegada à puberdade das gerações do *baby-boom* teria desencadeado a escalada. Mais móveis que antes, menos enquadrados pelos pais e pelo trabalho, os jovens machos educados numa cultura comercial universal teriam visto desenvolver-se seus desejos e mais frequentemente escolhido o caminho da criminalidade para chegar a gozos imediatos. A constatação não é completamente falsa, mas veicula também sutilmente um olhar muito pejorativo sobre essa faixa etária, que seria "a mais levada ao temperamento criminoso".[8] Ora, a imensa maioria de seus membros não transgride a lei. Mesmo se eles são 10 a 20 vezes mais numerosos que na Europa, segundo os momentos, num ambiente onde as armas são muito difundidas, os que suprimem um ser humano só representam uma fração muito ínfima dos seus semelhantes. O discurso culpabilizante visando ao conjunto destes parece, então, pelo menos, suspeito. Ele funciona, na realidade, como um sistema de designação de um bode expiatório. A parte que define o todo, os rapazes púberes se acham suspeitos por princípio de uma aptidão particular para as transgressões mais graves, em particular para a violência. Especialistas e adultos comungam, assim, de uma denúncia de sua periculosidade intrínseca. O que traduz simplesmente uma grande desconfiança a seu respeito, no momento em que sua multiplicação perturba os equilíbrios estabelecidos, como o foi igualmente o caso na França, por volta de 1900-1910, ou cada vez que a onda dos recém-chegados preocupou as gerações instaladas.

O nítido agravamento recente do problema criminal nas sociedades pós-modernas não está absolutamente provado. As altas poderiam, ao mesmo tempo, provir de

---

7 Shani D'Cruze, Sandra Walklate, Samantha Pegg, *Murder*, op. cit., p. 15-17, 41, 79, 149, 157-158.
8 David Garland, *The Culture of Control. Crime and Social Order in Contemporary society*, Chicago, The University of Chicago Press, 2001, p. 90-91.

uma repressão aumentada e de fenômenos conjunturais, tal como a descoberta das façanhas espantosas de um matador em série na Inglaterra ou uma acentuação passageira da pressão juvenil. Contrariamente a uma ideia corrente, os homicídios recuaram consideravelmente nos Estados Unidos, desde 1990. Muitos analistas imputam o fato à eficacidade punitiva a partir do estabelecimento do conceito de tolerância zero, sem se perguntar suficientemente se os adolescentes da virada do século XXI não são simplesmente menos transgressivos que os da época da Guerra do Vietnã. É verdade que é ao preço de explosões de selvageria, raros, mas muitos mortais e espetaculares, da parte de *serial killers*, em especial nas escolas ou universidades, e de um tributo mais pesado pago à morte brutal pelas minorias do país. Além disso, as últimas décadas viram desenvolver-se, como na Europa, aliás, um medo coletivo crescente dos ataques às pessoas, dramatizado por mídias ávidas de sensacional.[9] Essa sensibilidade securitária reinjetou a questão no seio das preocupações quotidianas dos cidadãos e nutriu um áspero debate sobre os meios de remediar a isso. Perscrutados de muito perto, abundantemente criticados, os resultados da polícia e da justiça nesse domínio deram lugar a publicações contraditórias que ensinam a não buscar uma verdade absoluta nas estatísticas, mas antes a interpretá-las no contexto geral de sua produção.

Tal ótica permite relativizar as constatações a respeito da juventude crescente dos assassinos no mundo ocidental, traço bem conhecido dos criminologistas. Para a França de 1897, Émile Durkheim situava o pico do homicídio masculino entre 25 e 30 anos. Na Filadélfia, de 1948 a 1952, ele se estabelece entre 20 e 24 anos, sobre um traçado sem picos espetaculares. Em Nova Iorque, de 1976 a 1995, ele se situa nos 20 anos e aparece sob a forma de um sino muito marcado, numa curva que se dobra no decorrer da terceira década da existência, depois adota uma inclinação muito suave. Os culpados-tipo são, então, cada vez mais precoces desde o século XIX.[10] A constatação vale para o conjunto dos Estados Unidos. O número de rapazes de menos de 18 anos presos por assassinato e por golpes e ferimentos dobrou de 1952 a 1987, para alcançar, respectivamente, 16% e 19,5% do total. Paralelamente, o pico de vitimização passou dos 25-29 anos para os 20-24 anos, em relação provável com o rebaixamento da idade do casamento, porque o fenômeno implica constantemente uma grande propensão a matar ou a ferir entre adolescentes e solteiros da mesma geração.

O problema ultrapassa amplamente a análise criminológica. Os atuais culpados de homicídio muito jovens só constituem uma minoria, mas seu caso é extraordinariamente mediatizado, o que contribui a modela a percepção da delinquência juvenil pelo público, ligando-a diretamente à violência letal.[11] Realidades e fantasmas se alimentam mutuamente para chamar a atenção sobre o perigo potencial representado

---

9   *Ibid.*, p. X-XI, 10.
10 E. H. Monkkonen, *Crime, Justice, History, op. cit.*, quadro 10.1 e figura 10.2, síntese de suas pesquisas publicadas *in* Murder in New York City, Berkeley, University of California Press, 2001.
11 David F. Greenberg, "The historical variability of the age-crime relationship", *Journal of Quantitative Criminology*, vol. X, 1994, p. 370 (nota 13), 372.

pelo *teenager* macho, profundamente agressivo. A origem étnica não branca e o meio desfavorecido acrescentam suplementos de periculosidade potencial à verdadeira construção sistemática de um perfil de matador.

Esta é claramente revelada pelos trabalhos de um especialista de Nova Iorque. Suas pesquisas sobre os séculos XIX e XX mostram que cerca da metade dos assassinos são presos. Entre eles, menos de um em dois é julgado. Nesse contingente, quase a metade é condenada. A maior parte, cerca de três em quatro, recebe no máximo uma sentença de cinco anos de prisão e muitos deles obtêm finalmente seu perdão. Os jurados simpatizam normalmente com os comparecentes, índice suplementar de uma tolerância muito grande em relação à violência num país novo, onde o uso das armas é banal e constitucional em caso de legítima defesa.[12] A orientação recente de todos os olhares para os matadores muito precoces faz pensar que uma preocupação mais geral é sua causa. Ainda que eles não representem senão uma ínfima proporção de sua faixa etária, eles chama dramaticamente a atenção sobre o conjunto desta. Amplamente orquestrada pela televisão e pela imprensa, sua inaceitável transgressão incita a reforçar as regras colocadas em risco. Provavelmente se trate menos da questão do homicídio, sempre muito mais tolerada que na Europa, do que do dogma da inocência infantil. A obsessiva insistência sobre essas figuras não traduziria uma fascinação preocupada para transpor a barreira do mal no início da adolescência? Talvez se trate igualmente de proteger os impúberes de uma possível suspeita, levando em conta o rejuvenescimento espetacular da estranha seita dos assassinos?

O penal, como é sabido, não é um fenômeno isolado. Ele se liga estritamente à vida das sociedades e se modula em função dos grupos que estas compõem. A propósito de crimes visando às pessoas, roubos, delitos contra os costumes e ataques à ordem pública, as sanções são, habitualmente, constituídas por penas de prisão. Na França, elas se aplicam particularmente a marginais e a membros das faixas mais frágeis da população operária, principalmente a jovens e a estrangeiros.[13] A conformação das "classes perigosas" constituiu o essencial do esforço das autoridades desde o século XIX. Entre estas, os adolescentes indóceis e violentos foram particularmente enquadrados, a fim de lhes retirar o gosto da brutalidade viril com consequências frequentemente fatais. A Europa praticamente erradicou o problema desde o meio do século XX, e os Estados Unidos o eliminaram espetacularmente nos anos de 1980.

Os recentes aumentos registrados em matéria de homicídio e de agressões físicas são, talvez, somente flutuações conjunturais em uma curva que permanece muito baixa a longo termo. Mas eles assumem também caracteres novos, preocupantes para a coesão coletiva, ligando-se cada vez mais a rapazes que saíram apenas da infância assim como a uma ínfima proporção de meninas da mesma idade. Os mais

---

12   E. H. Monkkonen, *Crime, Justice, History*, op. cit., conclusão de "The origins of american and european violence differences".
13   Philippe Robert, *Les Comptes du crime. Les délinquances en France et leurs mesures*, Paris, Le Sycomore, 1985, p. 134.

pessimistas podem ver aí a consequência de um aumento do controle social para espaços privados e categorias até aí abandonadas para fazer face ao mais premente. A verdade se situa, sem dúvida, entre os dois. O exemplo americano indica uma preocupação crescente face às dificuldades causadas pelos machos que atingem a puberdade. Essa etapa intermediária que garante mais ou menos facilmente a passagem da família e da escola para o trabalho ou para o desemprego é, atualmente, das mais difíceis nos meios fragilizados de origem popular ou imigrada de data recente. Ela abre uma idade perigosa, sensível a todas as derivas e à delinquência, de que se distanciam lentamente os "grandes irmãos", um pouco mais bem inseridos ou totalmente desabusados.

Os bandos de jovens se enraízam nesse terreno fértil. Heranças longínquas dos reinos juvenis do século XVI, elas apresentam, no entanto, características novas, perfeitamente adaptadas ao seu tempo. A principal hipótese explicativa para compreender seu reforço na Europa desde a metade do século XX é que elas constituem a forma moderna da expressão de um forte descontentamento juvenil face ao mundo adulto e à sociedade estabelecida. Destacada por comportamentos muito ameaçadores, sua intensa violência simbólica não impede, entretanto, a aceitação generalizada do interdito do assassinato pela maior parte de seus membros. Os adolescentes que continuam a matar, no mais das vezes um semelhante, durante um duelo viril, são cada vez menos numerosos.

Na Finlândia, de 1998 a 2000, a faca é utilizada em quase 45% desses desafios funestos, a arma de fogo, duas vezes menos, com 23%. Bastante uniforme desde 1970, em torno de três para 100 mil, o índice nacional de homicídios continua alto para a Europa, mas não atinge a metade do dos Estados Unidos. Uma das mais interessantes conclusões provém de uma análise a termo muito longo, porque as estatísticas existem desde 1754. A dinâmica da evolução depende de dois fatores precisos: a periculosidade dos rapazes de 15 a 29 anos e a dos homens de idade média originários das camadas inferiores, alcoólatras, normalmente sem emprego. Ora, a última fica bastante estável há dois séculos e meio, com uma leve tendência ao aumento a partir de 1950, enquanto a primeira registra uma queda constante, para alcançar atualmente seu mais baixo nível histórico. Às vezes marcadas, as flutuações a curto termo da curva global são, entretanto, principalmente devidas a aumentos de jovens. Segundo o pesquisador, estes chamam, então, a atenção sobre um questionamento da legitimidade da ordem social estabelecida por uma parte das novas gerações.[14]

Em outros termos, se os adolescentes matadores se revelam cada vez mais raros no decorrer dos séculos, os picos mortais que lhes são imputáveis constituem cada vez um índice de degradação acentuada das relações com os homens maduros estabelecidos. Mesmo se a agressividade é em parte destiada, porque os enfrentamentos acontecem

---

14 Martti Lehti, "Long-term trends in homicidal crime in Finland in 1750-2000", congresso "Violence in history..."; consulte, também, H. Ylikangas, P. Karonen e M. Lehti (dir.), *Five Centuries of Violence in Finland and the Baltic Area*, op. cit.

sobretudo entre pares, a transgressão do tabu do sangue revela uma sutil contestação das regras impostas pela coletividade. Tal é, igualmente, a mensagem deixada pelas sevícias sem consequências mortais. Muito mais frequentes que o homicídio, de tão poderoso que é o valor atribuído à vida humana em nossa civilização, eles traduzem da mesma forma a amplidão dos mal-estares juvenis. Únicos refúgios dos interessados, os bandos, que se metamorfoseiam sem parar desde a Segunda Guerra Mundial, contam à sua maneira a história das relações tumultuosas entre as gerações.

Da delinquência juvenil

Há lustros, a definição dos papéis sociais no Ocidente é organizada em torno de um poder paterno fortemente valorizado. Nos séculos XVI e XVII, a juventude, que designa, então, a adolescência, é considerada de maneira muito ambígua. Ela passa, ao mesmo tempo, por um tempo portador de grandes promessas e como uma "idade negra e licenciosa", a pior e mais perigosa de todas segundo alguns autores. Os moralistas ingleses estigmatizam, assim, continuamente, os pecados de que se tornam mais particularmente culpados os rapazes grandes, em especial os costumes corrompidos. Em Winter's Tlae, Shakespeare faz eco da opinião comum quando denuncia pela boca de um velho pastor o período compreendido entre 10 e 23 anos, durante o qual os interessados só correm atrás das meninas, enganam os velhos, roupam e se batem. Eles se conduzem como cavalos selvagens, sem refletir, levados por seus apetites sensuais ardentes, insistem muitos outros pensadores. Canções, baladas e livros de camelô difundem essa imagem negativa, opondo-lhe a do aprendiz corajoso, virtuoso e piedoso, obedecendo ao seu patrão, cujos méritos lhe valem o fato de elevar-se até o cargo invejado de Lord prefeito de Londres.[15]

Tal discurso define o medo dos responsáveis de não poder controlar os ardores da juventude. O modelo positivo enunciado repousa sobre uma percepção cristã. Segundo ela, todo homem é pecador, principalmente num estágio precoce, quando falta o discernimento, mas ele pode e deve resistir às tentações para atingir a salvação. Nesse quadro mais quotidiano, a moral dominante tenta incitar os "filhos por casar" a colocar inteiramente sua força e sua vitalidade a serviço da ordem estabelecida, a fim de passar sem muitas dificuldades esse cabo delicado, com a promessa de aceder a uma existência adulta completa, agradável e prestigiosa. As convulsões sociais, econômicas e culturais que conhece a Europa no tempo das Luzes transformam essa visão dualista. Na virada do século XVIII e do século XIX, a delinquência juvenil se torna um importante problema. A noção cria, no entanto, debate entre os historiadores, porque ela parece indicar uma brusca emergência do fenômeno, no momento em que aparece precisamente a noção de adolescência, enquanto se falava até aí vagamente de "homens jovens por casar".[16] A discussão merece ser retomada

---

15 Paul Griffiths, *Youth and Authority. Formative Experiences in England, 1560-1640*, Oxford, Clarendon Press, 1996, p. 34-37.
16 *Ibid.*, p. 128-129, a respeito das controvérsias entre historiadores anglo-saxões sobre o assunto.

num quadro muito mais amplo. O processo de controle da violência mortal e dos costumes dissolutos dessa faixa etária registrou importantes sucessos no século XVII e, principalmente, no século XVIII. Ele atingiu principalmente os meios favorecidos e continuou, em seguida, mais dificilmente seu curso entre as camadas populares.[17] O conceito de delinquência juvenil traduz essencialmente a percepção irritada de tais diferenças. Separador social, ele permite distinguir o trigo do joio residual, a juventude dourada simplesmente turbulenta dos filhos do povo mais irredutíveis que continuam a bater-se com faca com uma raiva qualificada de vulgar e selvagem.

O uso de um vocabulário penal inédito destaca uma modificação em profundidade do olhar coletivo sobre a infância e o período de transição para o estado adulto. Destacada entre outras pelo declínio das curvas do homicídio, a entrada dócil nas fileiras dos conformistas de uma onda crescente de rapazes púberes suaviza lentamente a brutalidade excessiva imputada antes a todos seus semelhantes. Um novo discurso se estabelece pouco a pouco, para diferenciar a massa dos "normais" do pequeno número daqueles que não o são, porque eles se deixam levar aos golpes e ferimentos. Ele se apoia numa percepção romântica da inocência infantil, de Jean-Jacques Rousseau se faz o chantre, depois que ganha lentamente terreno, para terminar por impor-se em nossos dias. Desde o início do século XIX, na França, o criminoso muito jovem é definido por contraste com seu semelhante normal. Em seguida, a prática judiciária se encarrega de conotações pejorativas decididas opondo muito claramente o rapazinho corrompido originário da massa operária àquele, inocente e puro, pertencente às camadas médias ou superiores. O mesmo acontece com os adolescentes, quando se trata de explicar sua propensão à delinquência. A partir da metade do século XIX, esta se encontra oficialmente qualificada de "juvenil" pelo Estado, quando ele decide assumir a carga do problema. A Inglaterra abre a marcha com *The Juvenile Offenders Act*, de 1847. Seguem a Noruega, em 1896, a Suécia, em 1902, a França, que instaura os tribunais para crianças e adolescentes, em 1912, a Bélgica, no mesmo ano. A evolução ulterior do repressivo para os cuidados e a reeducação denota o triunfo crescente da noção de inocência ligada a esses estágios da existência. Na Alemanha, depois da derrota de 1918, a delinquência juvenil é cada vez mais frequentemente assimilada a uma doença, sobretudo porque se desenvolve a ideia segundo a qual a juventude se encontrou severamente perturbada fisicamente e moralmente pela guerra. Na França, uma lei de 1935 descriminaliza a errância dos menores. O forte aumento dos malefícios que lhes são imputados leva a reconsiderar a questão de perto, em 1941. A lei de 2 de fevereiro de 1945 os torna irresponsáveis penalmente até os 16 anos e cria a função de juiz da infância, inaugurando, assim, uma virada decisiva do punitivo ao terapêutico.[18]

---

17 Consulte, em especial, o cap. VII.
18 Pamela Cox, Heather Shore (dir.), *Becoming Delinquent. Britisch and European Youth, 1650-1950*, Aldershot, Ashgate, 2002, p. 8-10, 153-154.

Nesse ambiente, a figura da menina criminosa fica praticamente ausente. Desde o início do século XIX, na Inglaterra, a percepção do problema se polariza sobre os meninos. Às vezes qualificados de bandidos rudes e brutais, em particular quando eles são culpados de violências físicas, eles são muito mais frequentemente definidos como ladrões inteligentes, espertos, corajosos e determinados, sobre o modelo literário de *Artful Dodger*, de Dickens, em *Oliver Twist* (1838). O estereótipo feminino é construído em torno da imoralidade sexual, enquanto os jovens do gênero oposto são mais raramente acusados de prostituição ou de homossexualidade, antes de 1871. Essa dupla definição dos papéis, que determina a ação da polícia e da justiça, provém de um discurso que assimila maciçamente os transgressores masculinos a adultos, por causa de sua forte expressão de virilidade, de seus conhecimentos sexuais, de sua linguagem rude e de seus passatempos. O que inquieta os bem-pensantes e as autoridades, é que eles são, muitas vezes, "ladrões de berço", homenzinhos já completos, animados por uma recusa de qualquer regra.[19]

A concentração dos temores sociais sobre os adolescentes dos meios populares parece desenvolver-se por toda parte na Europa, na segunda metade do século XIX. O medo dos Apaches parisienses por volta de 1900 não é um caso isolado.[20] Ela é, igualmente, muito forte na Inglaterra, no fim dos anos de 1890. O "hooliganismo" interessa, então, enormemente os jornalistas e os autores de literatura popular. Canções de *music-hall* celebram até as façanhas dos membros de "gangues" de jovens, dos quais historiadores anglo-saxões analisaram de perto a dimensão sexuada.[21] A atenção dos contemporâneos se orienta essencialmente para os machos. Ela revela um medo crescente da violência de rua por parte dos representantes das classes médias das grandes cidades, Londres, Manchester, Liverpool, Birmingham ou Glasgow. As meninas não interessam aos comentadores, salvo em sua dimensão carnal de *molls*, isto é, de propriedades consentintes de rapazes brutais. Fortemente denunciadas como "degradadas", tanto pela imprensa quanto pelos magistrados, elas são portadoras de caracteres antifemininos aos olhos de todos.

Em Manchester, de 1870 a 1900, quase 94% dos 717 adolescentes acusados de violência em bando são efetivamente meninos. Majoritariamente na idade de 14 a 19 anos, esses *scuttlers* exercem profissões manuais, vivem, normalmente, com seus pais, mas dispõem de uma grande independência em matéria de lazeres, porque eles ganham sua vida. Eles se distinguem dos outros jovens do mesmo meio, exibindo uniformes destinados a afirmar sua virilidade e a fazer ver que eles aceitam as batalhas de rua. A encenação chama principalmente a atenção sobre os calçados

---

19 Heather Shore, "The trouble vith boys: gender and the "invention" of the juvenile offender in early-neineteenth-century Britain", *in* Margaret L. Arnot, Corneli Usborne (dir.), *Gender and Crime in Modern Europe*, Londres, UCL Press, 1999, p. 75-92.
20 Consulte o cap. VIII.
21 Consulte em especial Andrew Davies, "Youth gangs, gender and violence, 1870-1900", *in* Shani D'Cruze (dir.), *Everyday Violence in Britain. 1850-1950, op. cit.*, p. 70-84.

e a cabeça. Eles usam cabelos longos, separados em longas mechas jogadas na testa, que a casquete inclinada para a esquerda deixa visíveis. As meninas de cada unidade tentam vestir-se da maneira mais parecida possível. Os combates são raramente mortais, porque cinco homicídios somente são indicados durante o período, mas eles se revelam brutais e causam muitos ferimentos. Conduzidos por "capitães" ou "reis", a confiar nos jornalistas, os interessados se batem contra organizações rivais ou agridem indivíduos isolados com tijolos, pedras, facas, cintos com largos anéis metálicos. Habituados às sevícias ou ao seu espetáculo desde a infância em sua família, esses rebentos das classes laboriosas aprendem a defender-se para sobreviver e para exibir sua honra viril, valor essencial na cultura operária do tempo. Eles devem demonstrar que são "duros" e que sabem fazer-se respeitar.

Meninas da mesma idade juntam-se às rodas de *scuttlers*. Solteiras, elas são, no mais das vezes, salariadas das usinas, o que lhes garante sua independência. Elas se reúnem, também, entre elas, de maneira informal, nas esquinas, passeiam juntas à noite, e, nos dias de festa, frequentam em grupo os lugares de diversão ou se misturam com os meninos. São ativas e, às vezes, tão cruéis quanto estes durante os confrontos coletivos. As fontes sublinham, entretanto, muito pouca participação delas em rivalidades desse tipo ou em brigas com a polícia. Elas são mais frequentemente implicadas na intimidação das testemunhas. Qualificadas de "viragos", de "amazonas", até de "estripadoras" (*rippers*), eco da sinistra reputação de Jack o Estripador, desde 1888, elas geram um mal-estar entre as autoridades e os bons cidadãos que as consideram como mais anormais ainda que os jovens machos.[22]

A estigmatização do comportamento belicoso destes visa, mais geralmente, à exaltação de uma rude masculinidade operária, de que ela constitui a aprendizagem. Porque as gangues de *scuttlers* oferecem aos seus membros um espaço de sociabilidade específica onde eles adquirem os valores dominantes do seu meio. Seus anos de violência fazem o papel de longo rito de passagem da adolescência à maturidade e ao casamento, para terminar por adquirir os traços da brutal virilidade com a qual eles conduzirão o resto de sua existência. A polícia e os bons burgueses os consideram como perigosos revoltados, enquanto eles são, ao contrário, muito conservadores das normas de sua classe de origem. Herdeiros sem o saber dos costumes rurais de construção da identidade, eles se forjam uma personalidade tradicional, utilizando a força como um revelador de sua honra. A julgarmos pelo número reduzido dos incidentes relatados em 30 anos no conjunto muito populoso da conurbação de Manchester, nem todos os filhos de operários se juntam a esses grupos, muito ao contrário. A definição pejorativa agregada a esses grupos dissuade, provavelmente, muitos deles de o fazer. Alguns preferem até ser renegados por seus pares do bairro a participar de expedições punitivas. Um personagem que conheceu essa situação conta, mais tarde, que os livros lhe abriram um universo novo, mas que ele foi considerado com desprezo pelos outros como um esnobe que lê muito.[23]

---

22   *Ibid.*, p. 78-82.
23   *Ibid.*, p. 78.

No século XIX, o conceito de delinquência juvenil se impõe para caracterizar a fidelidade a tradições populares de agressividade por uma minoria de meninos das grandes cidades industriais. Fato novo, porque os reinos de juventude do passado eram exclusivamente compostos de machos, um pequeno número de meninas se junta a eles. Elas se recrutam entre as que exercem um ofício e daí tiram uma grande liberdade de costumes, enquanto espera o casamento. Para se fazerem aceitar, elas devem, no entanto, exibir atitudes e valores essencialmente masculinos. Vestidas com uma espécie de virilidade no feminino, mas sexualmente dominadas e acusadas das piores devassidões, elas induzem um verdadeiro mal-estar entre os policiais e os observadores, de tanto que se distanciam das normas estabelecidas relativas ao sexo dito frágil. Hannah Robin, a namorada de William Willan, um *scuttler* de 16 anos condenado à morte em 20 de maio de 1892 pelo assassinato de um rival, é presa com três companheiras, uma semana mais tarde, durante uma briga no centro de Manchester. Bêbada, carregando um temível cinto com uma grande fivela metálica, ela se fez tatuar no braço direito uma proclamação de amor, em lembrança de William.[24]

Com exceção de casos puramente crapulosos, as continuidades observáveis desde séculos em matéria de violência e de homicídio referem-se à proclamação da hegemonia masculina. Na Suécia, por exemplo, combates e assassinatos conservam características idênticas do século XVI no século XX. Eles seguem frequentemente a uma cólera, depois de uma briga ou de uma provocação referente a uma questão de honra ou de dívidas, agravada pelo álcool. Os protagonistas pertencem, principalmente, às camadas inferiores da população. Seu número diminui, no entanto, muito fortemente no decorrer do período. As classes médias se acalmam primeiro, provavelmente porque seus membros encontram outros métodos para afirmar sua virilidade. A rua deixa de ser o teatro principal dos confrontos, enquanto as ocasiões de conflitos no espaço privado resistem muito melhor à erosão, o que aumenta mecanicamente sua parte estatística.[25]

Diminuída, a violência física tornou-se residual no século XX, na Europa ocidental. Apesar dos indicadores em ligeira alta no início do século XXI e preocupações crescentes com a segurança, ela foi maciçamente erradicada. A constatação dá a pensar que as pulsões brutais do homem evocadas por algumas teorias biológicas podem, pelo menos, ser espetacularmente controladas pela cultura. Diferentemente dos filhos de camponeses do século XVI ou dos duelistas nobres dos séculos XVI e XVII, a maior parte dos adolescentes de hoje não suprime nem fere jamais um semelhante ou um outro ser humano. Eles sabem, habitualmente, controlar sua agressividade, desviá-la para confrontos simbólicos, em particular através do esporte ou da sublimação intelectual e artística. Os assassinos muito raros que transgridem esses

---

24 Ibid., p. 79.
25 Maria Kaspersson, "'The great murder mystery' or explaining declining homicide rates", *in* Barry S. Godfrey, Clive Emsley, Graeme Dunstall (dir.), *Comparative Histories of Crime*, Cullompton, Willan Publishing, 2003, p. 72-88.

pesados interditos são frequentemente originários de meios pouco favorecidos, onde a honra e a força permanecem valores essenciais. A constante diminuição do contingente, inclusive nos Estados Unidos, onde a tendência está com uma forte queda há algumas décadas, indica uma espetacular regressão das tradições "machistas".

Domesticada, a violência se encontra colocada a serviço da sociedade. Alguns psicanalistas veem aí o meio de produzir na criança um efeito de geração desconhecido dos animais. Porque o desejo de matar simbolicamente o pai, afirmam eles, tem como consequência reconhecer a posição que ele ocupa e dar-se, assim, a possibilidade de substituí-lo um dia.[26] Mais geralmente, o uso atual da violência pelos bandos de jovens não teria a ver com uma necessidade similar de reivindicar um lugar ao sol face aos adultos que aproveitam amplamente dos frutos de um paraíso pouco acessível aos interessados? Exteriorizando vigorosamente os valores viris que a modernidade condena, os atores não recusam continuar a aceitar as auto-obrigações da "civilização dos costumes" porque eles não tiram dela benefícios imediatos suficientes?

O "furor de viver" ou o eterno retorno

Os bandos de "quebra-quebra" dos subúrbios franceses do outono de 2005 surpreenderam e angustiaram a opinião internacional. O fenômeno não é, no entanto, tão novo. Ele reaparece sem parar na história ocidental, como um canto de revolta juvenil contra grilhões muito pesados. Entoado a cada vez em um tom diferente, ele revela, entretanto, sempre o mesmo aumento de frustrações coletivas em uma parte da faixa etária e a escolha de violências, ao mesmo tempo, bem reais, mas também profundamente simbólicas para interpelar os adultos cegos aos sofrimentos dos indivíduos interessados.

Os longos períodos de desenvolvimento demográfico e econômico são mais propícios a esse aumento dos surdos descontentamentos geracionais que os tempos de grandes perturbações e de guerras. Depois dos Apaches franceses e dos *scuttlers* ingleses do início do século XX, a primeira manifestação maciça de uma rebelião juvenil aparece a partir dos anos de 1950, quando as crianças do *baby-boom* se tornam adolescentes, em uma Europa em paz e em plena reconstrução depois da Segunda Guerra Mundial. A maior parte dos países do globo parecem atingidos pelo problema, em graus variáveis, levando em conta os relatórios do II Congresso das Nações Unidas para a prevenção do crime e o tratamento dos delinquentes, ou as discussões durante a sessão consagrada ao mesmo tema, em 1961, pela União internacional de proteção da infância.[27] Mas é possível que a visão tenha sido sub-repticiamente contaminada pelas fortes preocupações europeias. Falta uma sólida análise comparativa para associar os casos africanos, japoneses ou chineses, por exemplo, ao que aconte-

---

26 François Marty (dir.), *L'Illégitime Violence. La violence et son dépassement à l'adolescence*, Paris, Érès, 1997, p. 17, 100.
27 Michel Fize, *Les Bandes. L'"entre-soi" adolescent*, Paris, Desclée de Brouwer, 1993, p. 28-29.

ce, então, no Velho Continente. "Rebeldes sem causa", trapaceiros, paqueradores, violentes aparecem aí, tanto nos países capitalistas quanto nos Estados socialistas: *teddy boys* (ou *girls*) ingleses, *vitelloni* italianos, *nozems* holandeses ou belgas, *stiliagues* soviéticos, *skinn knuttar* suecos, *blousons noirs* franceses... Diferentemente dos *hooligans* poloneses, constituídos de maneira muito hierárquica em torno de um chefe e de seu Estado-maior sobre o modelo das gangues americanas, os bandos europeus são fracamente estruturados. Eles não são recrutados somente nos meios populares, porque os filhos de famílias remediadas compõem, eles também, grupos homogêneos de *blousons dorés*, na França, de *vitelloni*, na Itália.

O cinema se apossa do tema, que ele prefere romancear para interessar o público. Em 1953, nos Estados Unidos, em *The Wild One* (A Aventura selvagem) de Laslo Benedek, Marlon Brando encarna o chefe de um grupo de motoqueiros com blusões cravejados que espalham o pânico em uma cidadezinha de interior, antes de enfrentar um clã rival e de deixar um morto no terreno. *La Fureur de vivre*, de Nicholas Ray, em 1955, cujo título original é *Rebel without a Cause*, oferece a James Dean o papel de um rapazola mimado que chega a uma cidade universitária. Ele descobre o amor de Natalie Wood, o ódio do grupinho de que ela é a inspiradora e a amizade de um rapaz de família muito rico, muito angustiado, que gosta de manipular um revólver, depois acaba abatido pela polícia. A metáfora iniciática, mais banal, incita cada um a entrar na ordem, controlando sua violência adolescente. A obra criou, no entanto, um verdadeiro mito, sobretudo porque o ator que é seu herói, apaixonado por velocidade, se matou na estrada, em 1956. Parece, principalmente, que a ambiguidade fundamental do tratamento do assunto, marcado pelo destino trágico do companheiro incapaz de vestir as roupas do adulto, tenha, também, garantido seu sucesso junto àqueles que temiam os excessos juvenis. Em 1958, *Les Tricheurs*, de Marcel Carné, descrevem uma juventude parisiense afortunada, que brinca inconscientemente com a vida. Os "bezerrões" próximos dos 30 dos *Vitelloni* de Federico Fellini, em 1953, também não são proletários. Eles passeiam sua lassidão ociosa em uma pequena estação balneária italiana, recusando-se a abandonar a infância e a proteção da família. É verdade que o peso desta e das instituições de socialização, liceus e universidades em especial, dissuade muito mais os herdeiros de origem burguesa de constituir bandos do que seus congêneres originários do povo. Na França, estes desprezar ordinariamente os primeiros e os qualificam de "trapaceiros", depois do sucesso do filme em questão, ainda que os interessados sejam, efetivamente, culpados de delitos muito divulgados pela imprensa, em especial de roubos de carros.[28]

Longe da curiosidade das mídias, muito orientada para as torpidades reais ou supostas dos rebentos das classes médias e superiores, os verdadeiros bandos possuem caracteres próximos dos reinos de juventude do século XVI. A principal diferença é que eles evoluem a partir de então em um ambiente citadino dominante, depois de

---

28 *Ibid.*, p. 32-33.

uma onda de urbanização sem igual. No meio do século XX, eles se compõem de rapazes do mesmo meio de origem, operários ou aprendizes, no mais das vezes, entre 14 e 18 anos. Meninas são excepcionalmente aceitas "como comparsas ocasionais ou como instrumentos de prazer", muito raramente como chefe do grupo. Traços vestimentares e símbolos comuns reforçam a coesão do mesmo. Seus membros têm, principalmente, por objetivo divertir-se, passar o tempo, entre o fim da escola primária, obrigatória até os 14 anos, na França, e a inserção no mundo adulto. Eles perambulam, de noite, pelas ruas, conversam nas esquinas, sentam-se nos bares e nos cafés, frequentam os bailes e os *dancings*. As reuniões ficam habitualmente fluidas, em função das oportunidades. A polícia e os guardas dos anos de 1960 os distinguem bem das gangues. Os males cometidos resultam menos de intenções iniciais do que de ocasiões que fazem os ladrões. Uma festa pode, assim, terminar em sexo ou em empréstimo de veículos. A preocupação da opinião é tão grande que o repentino e a brutalidade da passagem ao ato delitual parece sem causa, como em *La Fureur de vivre*. Os especialistas do tempo, médico, historiadores ou jornalistas, encontram, no entanto, inúmeras. Eles denunciam, sem descanso, o abandono da família, a escola que exclui, o trabalho que aborrece, a sociedade de consumo e seu ritmo desenfreado, o *habitat* concentracionário, a ausência de lazeres baratos, sem esquecer a crise da adolescência...[29]

O essencial está em outra parte. Os bandos oferecem aos jovens uma socialização pelos pares, que se substitui a uma educação pelos pais, que se tornou insuficiente, falha ou desastrada. Os analistas da época observam a grande necessidade afetiva daqueles se se envolvem assim, para encontrar segurança e auxílio mútuo junto aos seus semelhantes, a fim de sentir-se melhor na vida. Entretanto, acentuam muito a dureza crescente de um universo de concorrência e de solidão como fator explicativo. Tais dados não são novos. A dificuldade de inserir-se entre as pessoas estabelecidas foi até muito maior em épocas anteriores. Tal era o caso nas coletividades camponesas do século XVII, que contavam com cerca de 80% da população. A miséria causava centenas de milhares de mortos, e a transmissão das terras aos mais jovens se efetuava de maneira muito atrasada. Na França, a idade média para o casamento ia, então, além dos 25 anos, o que obrigava não somente os rapazes a trabalhar até lá para seu pai, mas a sofrer, sem a quem recorrer, sua pesada tutela. O calor das relações entre iguais nos reinos juvenis lhes servia de exutório. Autoridades e pais admitiam, aliás, com facilidade, sua violência, frequentemente mortal, porque ela desviava uma boa parte de sua agressividade para outros solteiros, mais do que visava aos seus genitores.[30]

Mais sutil, o mecanismo das relações entre as gerações se orienta, em seguida, para uma espécie de frente comum dos abastados ante as hordas de reputação selvagem dos adolescentes brutais sem verdadeiro motivo. Inaugurado no início da era industrial, bem visível a propósito dos Apaches dos anos de 1910, ele se aperfeiçoa

---

29   *Ibid.*, p. 36-41.
30   Consulte o cap. III.

ainda na segunda metade do século XX. Ele se torna, então, um poderoso mito, que permite juntar os adultos contra os blusões negros. Imprensa e cinema o forjam, amalgamando o medo dos bandos, parte emergente do temor das classes populares "perigosas" de onde saíram, à parte dos jovens criminosos isolados ou de *gangsters* cujas façanhas, habitualmente ampliadas, são distiladas com insistência. Amplamente artificial, o fantasma constitui "um *discurso* sobre jovens". Ele exprime um termor dos homens maduros de serem submersos por sua maré alta. Em 1963, um responsável esportivo francês reclama, assim, meios urgentes, esclarecendo que o efetivo dos 15-19 anos deveria passar de 2,8 milhões, dois anos antes a 3,8 milhões, em 1965.[31]

Os bandos de jovens machos não constituem nem uma anomalia nem uma patologia. Originário de tradições muito antigas, seu modelo se encontra estreitamente impresso na trama da cultura ocidental, para apoiar os interessados no momento do difícil rito de passagem da infância à maturidade. Grupos mais ou menos efêmeros de alguns indivíduos próximos pela origem social, o lugar de habitação e as simpatias, tais organizações permitem ainda um aprendizado da vida coletiva, na metade do século XX. Enquanto os filhos mais favorecidos recebem as lições necessárias em família e em instituições especializadas, cada participante explora sua personalidade nesse ambiente. Ele a coloca em ação sob os olhos de semelhantes, exercendo um papel genérico, prestigioso, útil ou desprezado pela comunidade circunvizinha, como chefe, tenente, simples membro, louco, palhaço, cômico dominado pelo líder, desequilibrado, bode expiatório... Os bandos se fazem cada vez tão mais discretos em tempo ordinário, que os homens maduros ou mais velhos não se interessam mais por eles, muito felizes por esquecer as horas aborrecedoras ou atormentadas de sua adolescência. Antes de 1914, ou no decorrer dos anos de 1950, sua brusca aparição sob as luzes dos projetores mediáticos constitui o sinal de uma tensão agravada entre as gerações. Geralmente causada de maneira bastante mecânica por um inchaço dos efetivos referidos, ela se torna a ocasião de um confronto simbólico que se reduz, em seguida, lentamente, à medida que os contestadores envelhecem e entram na ordem. Dois anos antes da explosão de maio de 68, os trabalhadores sociais, a polícia e a imprensa não anunciam muito seriamente o apagamento do fenômeno na França?

Nada é mais errado. Só o interesse mediático cai fortemente, antes de retomar rapidamente fôlego, quando novos jovens invadem o imaginário e a realidade. O cineasta americano Stanley Kubrick alimente a luta das faixas etárias em 1971, em *Laranja mecânica*. Ele conta a história do feroz Alex e de seus *droogs*, que aterrorizam a Inglaterra, multiplicando sevícias, estupros e roubos. Encarcerado depois de um assassinato, Alex serve de cobaia para um método de volta da violência contra si mesmo. "Curado", libertado, ele se encontra, por sua vez, perseguido por suas antigas vítimas, frustra seu suicídio, depois volta a ser o que era, mas colocando, a partir de então, sua agressividade a serviço do Estado. A parábola do controle final vitorioso

---

31   M. Fize, *Les Bandes, op. cit.*, p. 50-51, 63.

das pulsões individuais brutais pela sociedade organizada ilustra maravilhosamente a teoria da "civilização dos costumes", de Norbert Elias.[32] Pouco depois, em 1973, George Lucas propõe uma visão muito mais hollywoodiana dos grupos de adolescentes em *American Graffiti*. Situado num tempo apaziguado, por volta de 1960, antes dos dramas da Guerra do Vietnã, a narrativa apresenta personagens apaixonados por música e liberdade, que se encontram à noite, na rua principal de uma pequena cidade da Califórnia. O tom é menos idílico em *Un monde sans pitié*, do francês Éric Rochant, em 1989, quadro de uma geração desencantada, sem modelo, sem ambição, sem desejo de conquista nem vontade de combater. Mais negro ainda, *La Haine*, de Mathieu Kassovitz, em 1995, descreve o dia de um pequeno clã de subúrbio, através da história de três companheiros que "ficaram com ódio" depois da morte de um amigo morto durante uma desastrada ação da polícia.

O tempo dos subúrbios se abre a partir dos anos de 1970. Os *loubards* (marginais de subúrbio) sucedem aos *blousons noirs*. Brancos ou de cor, franceses ou estrangeiros, não escolarizados, frequentemente desempregados, eles vadiam pela "zona". A volta dos bandos é, em boa parte, a do medo, alimentada pelos suportes de informação, de uma juventude desfavorecida, fixada em guetos, na periferia das grandes cidades, da qual se teme a violência. Como seus predecessores, os cúmplices se reúnem, muitas vezes, espontaneamente, no bairro, perto de um prédio, nas ruas e nos lugares de prazer. Tanto quanto eles, encontram junto aos seus semelhantes um "refúgio contra a hostilidade, a incompreensão ou a exclusão". Levados à rudeza e muito briguentos, eles não são, em geral, delinquentes experientes, mas se situam à margem da legalidade e podem facilmente passar ao motim, em especial contra policiais, quando sentem uma injustiça. Segundo os comentadores, a principal novidade que lhes diz respeito seria não somente a ausência de referências, mas também a do pai. Mesmo quando ele existe, este seria totalmente ultrapassado, sem autoridade nem prestígio. A explicação é plausível. Ela não poderia, no entanto, bastar, porque os reinos juvenis de outrora já colocavam em ação a transgressão da autoridade paterna, em um espaço noturno e festivo propício a todas as desforras.

A agressividade espetacular, às vezes muito organizada, dos "provocadores de quebra-quebra", reunidos ou não segundo critérios étnicos, constitui, certamente, uma linguagem de intimidação dirigida contra os adultos estabelecidos. Ela se origina, no entanto, também de uma formulação fantasmática da parte destes e das mídias, o exagero dos perigos permitindo apaziguar as angústias e justificar uma política de segurança reforçada. Por volta de 1990, as Informações gerais francesas detectam uma centena ou mais de bandos especializados em estupros coletivos, agressões nos transportes em comum, acertos de contas sangrentos e roubos. Os mais duros são compostos de Negros, "Black Dragons", "Tubarões viciosos" e outros "Últimos velhacos". Seus adeptos exibem uma cultura imitada da dos jovens criminosos ameri-

---

32 Norbert Elias, *La Civilisation des mœurs, op. cit.*

canos, usando, em especial, roupas inspiradas nos uniformes dos prisioneiros, assim como um gosto pelas séries B ou pelos videoclipes. Patrulham em Paris, reúnem-se nos Halles ou em La Défense (bairros de Paris). Muito ostentatória, sua conduta belicosa expressa as frustrações dos "deixados-por-conta" da sociedade de consumo, que querem não somente compensar-se, mas também apropriar-se de todos os sinais do poder e da riqueza. Longe de querer fazer uma revolução, eles reclamam sua parte do bolo do crescimento e dela se apropriam pela força. A grande curiosidade dos jornalistas só ajuda a desenvolver sua importância aos seus próprios olhos, provocando uma espiral de superestimação do problema: "Fala-se de *zoulous* na imprensa, então, eles se sentem *zoulous*. Ao contrário, os bandos parecem desaparecer na paisagem urbana, assim que o interesse dos comentadores e da televisão enfraquece, depois de 1991, por exemplo.[33] Eles não desaparecem por isso, porque são indispensáveis refúgios contra uma dupla hostilidade, a do universo exterior representado pelas autoridades policiais e a dos vizinhos, cuja vida, já difícil, eles perturbam.

Sintomas da dificuldade particular de inserção dos jovens originários das categorias desfavorecidas, eles são, muito frequentemente, assimilados a gangues organizadas. Extorsão, tráfico, roubo e estupro (*racket*, *deal*, *dépouille* et *viol*) só caracterizam, no entanto, uma minoria dentre eles, estruturados em referência a um código americano *black* de extrema violência e de contestação sistemática dos valores ou das normas de comportamento normais. Ainda, as armas de fogo são muito raramente exibidas por seus membros, diferentemente dos Estados Unidos, inclusive nos motins franceses de novembro de 2005, o que limita os estragos. Menos conhecidos, mais discretos, os grupos informais de companheiros que se aborrecem, à noite e nos dias de festa, nos subúrbios, compõem a esmagadora maioria do fenômeno. Sua sociabilidade reproduz tradições juvenis antigas, adaptando-as ao mundo moderno pouco acolhedor das cidades suburbanas. Sem objetivo revolucionário, nem mesmo o desejo de transformação do sistema, eles esperam alcançar as fileiras dos que levam uma existência mais agradável, cercada pelos sinais do sucesso material. Queimando carros, à noite, eles marcam o extremo valor, aos seus olhos, desses bens que lhes faltam, e imaginam com deleite, a que ponto eles se vingam dos que os possuem. Entre esses dois estereótipos contrastados se desenvolvem formas mistas de funcionamento gregário. Espécies de enxertos americanos no velho tronco europeu de sinais de contestação popularizados pela cultura de massa audiovisual, eles contribuem com a atualização de práticas de reunião espontânea dos jovens machos, para resistir melhor às exigências autoritárias das gerações estabelecidas.

Território e sexualidade constituem os principais pontos identitários. Qualquer que seja o tipo de bando, o espaço vivido coletivamente possui uma importância extraordinária. O clã impõe sua marca por onde passa, através de posturas numa praça ou num lugar, pichações, confrontos com rivais ou estrangeiros, em fronteiras

---

33   M. Fize, *Les Bandes*, *op. cit.*, p. 69, 78-79, 85, 114-115.

muito disputadas. Os jovens camponeses de outrora combatiam, também, os campeões de uma outra aldeia, nos limites dos dois territórios. Muito mais móveis, graças à rapidez dos transportes atuais, os *loubards* de subúrbio transportam seu território para longe, na sola dos sapatos cuidadosamente escolhidos. Eles gostam de instalá-la no centro de Paris, nos Halles, em La Défense ou na gare do Norte, depois, proibir vigorosamente seu acesso a competidores.

Às vezes originárias de comunas diferentes, coisa rara no passado, eles colaboram estreitamente para defender uma "dimensão oculta" que eles julgam pertencer-lhes: o direito sobre as meninas que passam por esse setor. Este era já o principal objeto das atividades dos reinos de juventude, há vários séculos. Apesar da evolução dos costumes e das mudanças de grande amplitude registradas em nossa civilização, as solidariedades adolescentes continuam a ser o lugar de expressão fundamental da sexualidade. Esse aspecto é propriamente crucial porque cada um deve fornecer aos outros as provas de suas capacidades para demonstrar sua virilidade. O vocabulário usado dá conta de uma visão muito machista diretamente originária das tradições operárias, elas próprias alimentadas por costumes camponeses muito antigos. As meninas só podem ser "sujas" que aceitam as relações carnais ou "virgens" que as recusam. Ter um máximo de namoradinhas, ou, pelo menos, se vangloriar, é necessário para ter a admiração dos outros. Assim como os rurais solteiros acompanhavam ativamente a corte amorosa de um dos seus, o grupo estimula seus membros e lhes pede conta. Gabar-se de suas boas ocasiões, brincar rudemente, passar de uma conquista à outra é bem visto, enquanto as relações estáveis o são pouco, porque elas enfraquecem a coesão do conjunto. Os pares se definem como "irmãos", iguais. Mesmo se a cor da pele é outra, a amizade os une.

As conclusões de alguns sociólogos que veem aí uma "autossocialização" muito moderna, uma resposta original e inovadora dos jovens à crise dos modelos autoritários e das práticas de inserção de que sofre nossa sociedade, devem, no entanto, ser vistas com prudência.[34] O retiro longe do poder dos pais, em associações específicas seguras, destinadas a finalizar a aprendizagem da vida entre semelhantes, existe há séculos na Europa. Mas ele não resulta simplesmente de uma livre decisão dos interessados. Ele provém muito mais de uma necessidade que lhes é imposta, porque os genitores guardam suas distâncias em relação a adolescentes turbulentos considerados como perturbadores do equilíbrio existente, e porque as meninas, temendo por sua virtude, se distanciam igualmente deles. Na época industrial, a desconfiança geral se reforça até amplamente contra os meninos das camadas proletárias, apesar do "treinamento" que eles recebem durante o serviço militar obrigatório. Seja na aldeia, há meio milênio, ou nos subúrbios de hoje, o fosso entre as gerações se aprofunda, então, menos pela vontade dos meninos teimosos ou agressivos do que pela dos pais, que querem impor-lhes um longo rito de passagem, antes de chegar à plenitude da existência. Há séculos, o

---

34   *Ibid.*, p. 128-129, 138-139, 146.

bando, herdeiro dos reinos de juventude, depois, dos grupos conscritos, serve de refúgio afetivo e de lugar de socialização para os mais marginalizados. Ele permite atenuar suas frustrações durante a interminável espera imposta a toda faixa etária, que se revela enormemente mais penosa para os rebentos das famílias pobres ou excluídas do que para os descendentes das pessoas ricas e poderosas.

Depois dos blusões negros dos anos de 1950 e dos *loubards* da década de 1970, os bandos violentos de 1990-1991, deixaram, por sua vez, a dianteira do palco. Mais exatamente, as grandes mídias se desviaram deles para não cansar leitores e ouvintes, abandonando os "bairros sensíveis" com os seus problemas quotidianos e com a política da cidade. As mesmas causas que produzem, no entanto, efeitos similares e o interesse do público que depende da intensidade da angústia que o cerca, os furiosos motins urbanos franceses de novembro de 2005 forneceram a ocasião de uma redescoberta muito espetacular do assunto. Nada tinha, no entanto, mudado fundamentalmente nas maneiras de viver dos adolescentes de subúrbio no decorrer dos 15 anos precedentes, salvo para pior, por causa do agravamento do desemprego e da multiplicação de insucessos escolares. Os bandos tinham continuado a formar-se e a desfazer-se. Alguns, pouco numerosos, mas radicais, tinham perseverado na delinquência e na brutalidade, construindo-se pequenos impérios praticamente inacessíveis às forças de polícia para melhor conduzir aí seu lucrativo negócio centrado sobre a extorsão e a droga. Nenhum responsável em contato com o terreno imaginava, aliás, assistir a um verdadeiro eclipse do fenômeno. Nem os de hoje ignoram a incessante repetição das desordens e o grande número de carros queimados, em particular por ocasião de festas, como a de São Silvestre.

A geração "escória", segundo uma expressão desviada, reivindicada como um desafio pelos interessados, é composta de indivíduos nascidos durante a década de 1990. Ela substitui a dos "grandes irmãos" turbulentos da época, enquanto eles atingem, eles próprios, a maturidade. O efeito de moda de um discurso securitário muito insistente se encontra fortemente ampliado por essa passagem da testemunha, sobre um fundo de dificuldades crescentes nos conjuntos residenciais. Como sempre, o quadro é menos simples do que parece. Para ter a medida dele, é preciso tentar ir além das convicções políticas extremamente apaixonadas que profetizam o início de uma revolução proletária ou denunciam a expressão de uma selvageria propriamente desumana. Nos dois casos, as opiniões formuladas refletem uma percepção das "novas classes perigosas". Uns as chamam ao combate contra as injustiças, os outros os temem como a peste. Ora, o amálgama inicial não se revela pertinente. Com certeza originários das margens pauperizadas afastadas para a periferia da sociedade de abundância e do consumo, esses jovens de subúrbio não são todos excluídos nem obrigatoriamente frustrados ou violentos. Somente uma minoria deles faz "esquentar o asfalto", enquanto os outros continuam invisíveis, porque sua existência se passa principalmente no lar, na escola ou num lugar de trabalho. Nessa cidade estudada de perto, os primeiros representam, no máximo, uma centena dos 800 homens de 18 a 30 anos recenseados.

Importantes clivagens existem, por outro lado, entre os bandos, em função dos meios financeiros, da idade e da origem étnica dos seus membros. A uniformidade sugerida pelos observadores externos, a propósito da linguagem, das roupas e das atitudes, não corresponde às realidades. Enfim, os comportamentos exibidos pelos mais "quentes", os chefes, colocam em valor a força física, o discurso, o vício, mas também a exibição ostentatória de riquezas cobiçadas, carros de luxo, roupas de marca, celulares e aparelhos de MP3 novos... Mesmo se eles conseguem esses produtos emblemáticos pelo "negócio", pelo tráfico, eles se apresentam deliberadamente como consumidores avisados que dispõem de um "capital guerreiro" suficiente para proteger seus comparsas e seu bairro. Muitos terminam, aliás, por se "organizar", depois de ter fundado uma família, deixando o espaço a "quentes" mais jovens.[35]

A cultura de rua parece mudar com grande velocidade, tanto que se adapta comodamente a todas as novidades tecnológicas e inventa sem parar modas efêmeras. Mas seus códigos internos permanecem idênticos há séculos. Eles repousam sobre uma exaltação da virilidade que culmina numa instrumentalização das meninas e sobre um recurso, sem grande senso de culpabilidade, a estupros coletivos durantes espantosos "cercos", dos quais inúmeros casos são atestados desde o fim da Idade Média, em Dijon e nas cidades do sudeste da França.[36] A distância se acentua ainda mais com os valores de tolerância aceitos pela maioria da população, à imagem do resto da Europa, em especial a propósito dos direitos das mulheres ou dos homossexuais. Também os jovens das aglomerações atuais são muito mais do que se pensa os herdeiros diretos dos *loubards* e dos bandos juvenis anteriores. Hoje definidos por sua origem étnica e religiosa, eles são, no entanto, desempregados ou temporários, enquanto seus predecessores trabalhavam geralmente como operários ou aprendizes, em uma época de pleno emprego. Mas, como eles, são rejeitados para as margens depois de insucessos ou de mau êxito escolar e, a exemplo deles, tentam, essencialmente, valorizar-se, desenvolvendo uma masculinidade triunfante. Ora esta constitui um poderoso marcador das diferenças sociais, desde o abandono, pelas camadas superiores, da violência viril em proveito da sublimação e da polidez. Procurando, assim, integrar o modelo francês por baixo, por não poder chegar por cima, eles criam um mal-estar crescente entre os bem-pensantes. Conscientes da coisa, eles multiplicam conscientemente as "incivilidades" – em outros termos, as formas de comunicação tidas como impolidas –, ao mesmo tempo, por vingança e por um gosto divertido de provocação. Sua situação se revela, no entanto, muito desconfortável, em um espaço onde se desenvolvem todas as tensões coletivas imagináveis, ao mesmo tempo em que eles experimentam enormes frustrações. Um incidente pode facilmente conduzir à catástrofe, quando ele desencadeia um irreprimível sentimento de injustiça.

---

35 Thomas Sauvadet, *Le Capital guerrier. Concurrence et solidarité entre jeunes de cités*, Paris, Armand Colin, 2006.
36 Consulte o cap. IV.

Tal é o caso em novembro de 2005, quando uma reação policial considerada excessiva acaba na morte de dois jovens em Clichy-sous-Bois. A França dos subúrbios se esbraseia de tempo em tempo. O gigantesco protesto selvagem não é, no entanto, uma rebelião deliberada ou apoiada por ideias definidas. "Protopolítico", segundo a expressão de um autor, ele se situa fora de todo quadro estabelecido.[37] Lembra, antes, as "emoções" populares do século XVII, brutais e sangrentas, mas sem programa, sempre destinados a uma cruel repressão. Qualificá-lo de "gratuito" seria desconhecer sua dimensão de revolta contra a humilhação quotidiana, sentimento forte que animava, também, os camponeses revoltados contra os excessos fiscais. O paralelo pode ser levado mais longe, porque estes partiam para o combate com entusiasmo. Recusando admitir que iriam ser irremediavelmente vencidos, faziam a festa, bebiam abundantemente e se divertiam sem comedimento, em detrimento dos inimigos capturados. De maneira idêntica, os jovens amotinados de novembro de 2005 colocam o mundo às avessas, numa alegre exuberância que parece com "uma espécie de carnaval, onde as regras sociais são suspensas". Os riscos nos confrontos e suas consequências judiciárias são assumidos. "O prazer da ação é mais importante que a vitória."[38] O protesto, em outros termos, encontra sua razão de ser nele mesmo. O novo poder dos meios de informação lhe dá, no entanto, uma força de provocação extraordinária que faltava aos amotinados do passado. Causas involuntárias de um esbraseamento por emulação no conjunto do país, os apresentadores dos telejornais descobrem, com espanto, sua temível eficacidade nesse domínio.

Acrescidos às mensagens da telefonia, os *blogs* e os vídeos difundidos na Internet podem ainda acentuar o fenômeno. O prazer encontrado na violência, conquistou, além disso, novos espaços, invadindo o domínio esportivo. Para grande desconcerto dos responsáveis, as competições de alto nível deixam de canalizar estritamente a agressividade, segundo um modelo tradicional inventado no século XIX. Elas produzem, doravante, muitos confrontos virulentos entre os jovens torcedores dos grandes clubes de futebol europeus. Essa volta do "bastão" é tão preocupante quanto a brutalidade dos bandos de subúrbio. Porque a ação se pratica em grupos estruturados, cujos membros estão à procura de emoções fortes. Se levarmos em conta a imprensa, que se interessa, desde então, de perto pela questão, o choque irresistível é programado por pequenos clãs muito organizados.

A curva Boulogne das tribunas do Parc des Princes, em Paris, acolhe os mais determinados, entre a dezena de pequenos grupos perigosos, qualificados de "independentes", que acompanham as partidas do Paris Saint-Germain. Estes teriam contado ao todo 150 a 200 adeptos no outono de 2006, segundo as Informações gerais. Titulares de um nível de estudos elevado, bem integrados socialmente, os interessados

---

37 Gérard Mauger, *L'Émeute de novembre 2005. Une révolte protopolitique*, Bellecombe-em-Bauges, Éditions du Croquant, 2006; *id.*, *Les Bandes, le Milieu et la Bohème populaire. Étude de sociologie de la déviance des jeunes des classes populaire*, Paris, Belin, 2006.
38 Sébastien Roché, *Le Frisson de l'émeute. Violences urbaines et banlieues*, Paris, Seuil, 2006.

não exibem sinais distintivos a fim de não serem encontrados pela polícia, mas uma roupa clássica. Supostamente procuram a "ação com armas", seja organizada antecipadamente com os adversários sob forma de *free fight*, seja por surpresa, invadindo uma tribuna inimiga. Segundo as declarações de alguns dentre eles, confrontar-se-iam unicamente usando os pés e os punhos, sem se obstinar sobre um homem caído ao chão, nem atacar em grande número um indivíduo isolado, sendo o objetivo não de matar, mas de "dominar" o adversário[39]. Reconhece-se aí o princípio do *fair fight* britânico do século XIX, que tinha permitido moderar o ardor dos protagonistas, proibindo o uso de armas brancas e impondo regras estritas. Sua transcrição no domínio esportivo indica, talvez, que a pacificação dos costumes à ocidental está por atingir um limiar abaixo do qual será difícil descer, em uma sociedade onde a forte concorrência econômica e profissional exige, aliás, saber mostrar agressividade para vencer. A glorificação da virilidade combativa pelos "independentes" poderia, além disso, resultar de uma forte insistência recente da necessidade identitária. Às vezes ligada a ideologias nacionalistas ou racistas, ela parece mais geralmente proceder do desejo de testar seu poder físico diante dos pares, atitude formalmente proibida aos espectadores de competições pelos códigos de polidez que substituíram os ritos de passagem brutais para a idade adulta.

O retorno dos bandos é também o do recalcado. A brusca emergência da questão com intervalos mais ou menos regulares, quando um número importante de adolescentes chega às portas da maturidade e se choca com dificuldades muito grandes de integração, indica, cada vez, um desregramento do pacto tácito que rege a transmissão dos bens, dos poderes e dos valores de uma geração à seguinte. Às frustrações dos recém-chegados corresponde uma angústia de desapossamento acentuado dos antigos. Os longos períodos de paz e de prosperidade são mais propícios a esse endurecimento das concorrências que os de crises e de guerras. As partes mais frágeis da juventude, originárias das camadas menos favorecidas, são, então, particularmente atingidas. Na Europa, o mal-estar assumiu, no entanto, formas mais agudas na era do desemprego maciço. Os blusões negros da década de 1960 representavam uma fração dos rapazes de origem proletária que se recusavam a ver desaparecer a velha tradição popular da virilidade triunfante. No mais das vezes assalariados, depois de uma escolaridade fraca ou medíocre, eles ressentiam principalmente uma marginalização cultural. Rejeitados em conjuntos habitacionais, nas periferias das grandes cidades, eles precisavam de uma moto possante, ao mesmo tempo para fugir e para expressar plenamente sua masculinidade combativa. Os *loubards* dos anos de 1970 provinham dos mesmos grupos de população, mas o mundo operário declinava e o desemprego se desenvolvia, dando-lhes uma febre suplementar, o que não deixava de alimentar a preocupação crescente dos bons burgueses diante desses representantes das "classes perigosas". O fim do século XX e o início do seguinte viram a paisagem

---

[39] Luc Bronner, "Le témoignage d'un 'hooligan pur', violent pour le plaisir", *Le Monde*, 29 de novembro de 2006, p. 12.

modificar-se muito mais profundamente. A ausência frequente de emprego dos atores referidos, o "ódio" contra as instituições de enquadramento tendo acompanhado seu insucesso, em particular a escola, a vida de subúrbio sentida como um exílio longe dos paraísos de consumo, os conflitos étnicos e religiosos transformam o problema em temível abscesso. Instalado permanentemente no corpo social, ele explode a partir de então com a menor irritação.

Os jovens que quebram o tabu do homicídio são, no entanto, muito pouco numerosos. A esmagadora maioria deles respeita os interditos mais poderosos. Quanto aos que utilizam a força ou a intimidação para chegar aos seus fins, não procuram nem destruir a sociedade nem contestar seus princípios fundadores, mas denunciar o bloqueio cujos efeitos eles ressentem. Mesmo se eles exibem seu "ódio" com incivilidades, provocações e degradações, eles querem essencialmente encontrar um lugar ao sol ou melhorar sua sorte em um universo de consumo perfeitamente assumido. Roubos, tráficos e brutalidades visam tanto a apoderar-se de bens materiais inacessíveis extremamente valorizados quanto a expressar simbolicamente um protesto muito forte. Os *casseurs* (provocadores de tumultos) de subúrbio que queimam carros atribuem uma importância primordial a esse sinal de sucesso e de poder. Eles gostam de proclamar seu triunfo ao volante de um prestigioso modelo. Eles pilham para dotar-se dos produtos mais procurados e tirar deles grandes benefícios, com uma revenda a semelhantes desejosos de exibi-los para valer mais aos olhos dos outros.

Suas práticas resultam hoje de uma surpreendente mestiçagem. Elas provêm, na base, de uma aceitação por todos os interessados, qualquer que seja sua cor e sua história familiar, das tradições machistas vindas dos mundos populares europeus, camponeses, depois operários. O enxerto tem, às vezes, tanto êxito que ele corresponde a valores viris igualmente desenvolvidos nas civilizações de origem de certos imigrados. Acrescentam-se a isso aportes da cultura de massa americana, casquetes, roupas, gestos, injúrias... O todo se funde no cadinho dos subúrbios para produzir um estilo juvenil aparentemente harmonizado, mas muito diverso no detalhe. Ainda que ela seja frequentemente exagerada pelas mídias, produtoras de preocupantes fantasmas, e que ela tenha regredido muito há vários séculos, a violência que resulta daí angustia profundamente os adultos. Uma constatação unânime a liga atualmente a graves dificuldades sociais e a formas de exclusão. Será que bastaria, enfim, criar remédios apropriados para vê-la desaparecer definitivamente?

O fim da violência é possível?

O homicídio conserva uma característica sociológica quase imutável do século XIII aos nossos dias: ele é maciçamente cometido por machos adolescentes ou recém-casados, cujas vítimas são, no mais das vezes, pares. Ele conhece, no entanto, um espetacular declínio em toda a Europa, primeiro no início do século XVII, depois, no decorrer do século XIX. Esse movimento está ligado à clara diminuição dos confrontos masculinos com arma branca, que afeta, em primeiro lugar, os aristocratas, antes de se difundir lenta e desigualmente no seio das camadas populares. Nos dois casos, um pequeno número de jovens recusam a pacificação dos costumes e o desarmamento individual que as monarquias, apoiadas pelas Igrejas, tentam generalizar no continente. A espada, para uns, a faca para outros, permanecem emblemas de sua honra na praça pública. Seu número se reduz, entretanto, drasticamente, para tornar-se residual a partir da segunda metade do século XX. A Europa ocidental atual, que controla de muito perto a posse de armas de fogo, registra, em média, um assassinato para 100 mil habitantes, cem vezes menos que há sete séculos, seis vezes menos que hoje nos Estados Unidos, no entanto afetados há algumas décadas por uma queda notável na matéria.

A violência física sem consequências fatais também diminuiu consideravelmente em nosso universo. O recurso à força para acertar querelas se encontra literalmente invalidado, ao mesmo tempo pelo estado de direito e pelo desenvolvimento, desde o século XVII, de poderosas auto-obrigações que regulam as relações com o outro. A ruptura das normas aparece principalmente por ocasião de brutalidades colaterais, durante roubos e arrombamentos, ou sob a forma de incivilidades que constituem uma verdadeira linguagem simbólica de questionamento dos valores estabelecidos. Essa situação resulta do desenvolvimento, geração após geração, de um vigoroso processo de gestão da agressividade viril. Inicialmente imposto pelas autoridades para moderar as relações humanas nos lugares abertos muito frequentados e as tabernas, generalizou-se pouco a pouco. As instituições de socialização, como a Igreja, a escola, ou o exército, contribuíram para instalá-lo progressivamente no seio do lar familiar. Depois das elites, muito cedo fechadas numa densa rede de códigos de pacificação e de polidez, as camadas inferiores o aceitaram gradualmente, os citadinos abrindo caminho, seguidos pelos camponeses, enfim, pelas "classes perigosas" operárias da época industrial. Ora, essa progressão da "civilização dos costumes" atinge com prioridade os rapazes e os homens jovens, o que não foi suficientemente destacado. Por volta de 1530, eles já são o alvo primordial das prescrições contidas nas duas obras fundadoras dos novos princípios: *La Civilité puérile*, de Erasmo, e *Le Courtisan*, de Castiglione. Em Versalhes, sob Luís XIV, a "curialização dos guerreiros" – em outros termos, a obrigação de reprimir todo ardor belicoso na presença de outros cortesãos para reservá-la aos campos de batalha estrangeiros – se aplica mais a eles. Porque, diferentemente dos mais antigos, sua impulsividade não é domesticada pela longa frequentação de um universo impiedoso, onde é preciso evitar, permanentemente, exibir suas emoções para vencer.[1]

Nas sociedades medievais, a brutalidade juvenil era, no entanto, considerada normal, e até mesmo incentivada. Ela permitia formar indivíduos capazes de se defender em um ambiente material e humano hostil. Ela os ajudava, também, a suportar uma espera muito longa durante o longo rito de passagem prévio à obtenção dos direitos completos do adulto casado. Nesse quadro, sua agressividade, que poderia ter-se dirigido contra pais rudes e exigentes, se encontrava desviada para pares locais e, mais ainda, para rivais, membros dos bandos juvenis dos territórios vizinhos. Ela foi, entretanto, pouco a pouco objeto de um interdito maior, transmitido pela religião, pela moral, pela educação e pela justiça criminal. A cultura da violência se apagou lentamente, mais dificilmente em algumas regiões ou categorias da população que em outras, para acabar por canalizar a potência física masculina e colocá-la a serviço exclusivo do Estado. Não sem deixar subsistir vestígios vivos das práticas anteriores, como comprovam, em especial, o duelo ou a vingança clânica.

Essa longa progressão ocidental coloca um grande enigma no que diz respeito à violência de nossa espécie: por que ela se revela mais cruel e mais devastadora que a dos animais, como o mostraram as duas guerras mundiais? Pensadores especialistas de etologia, como Konrad Lorenz, ou de psicanálise, como Erich Fromm, não hesitam em fazer dela o próprio do homem. O primeiro fala de uma paixão inata ligada à sua natureza animal; o segundo, de um instinto de destruição enraizado nele. Freud o imagina movido, ao mesmo tempo, por uma pulsão de vida e por uma pulsão de morte, a última ganhando, finalmente, já que Thanatos acaba por vencer Eros. Inúmerasoutras interpretações tentam dar conta da complexidade do problema. A Unesco dá a primazia à que advoga pela ausência de pulsões destrutivas inatas e que atribui os deslizes às circunstâncias, assim como a uma má educação susceptível de distanciar o adolescente de um comportamento pacífico.[2] A explicação tem um caráter tautológico, porque ela retoma o conjunto da experiência ocidental, centrada há

---

1 Norbert Elias, *La Civilisation des moeurs*, op. cit.; *La Société de Cour*, op. cit.
2 Adnan Houbballah, Roland Gori, Christian Hoffmann (dir.), *Pourquoi la violence des adolescents? Voix croisées entre Occident et Orient*, Paris, Érès, 2001, p. 32-33.

vários séculos na sublimação necessária das emoções e dos desejos excessivos, para tirar daí uma verdade teorizada. Pelo menos, pode-se reter a ideia de uma construção cultural possível do tabu do assassinato.

Se o historiador não está em condições de decidir a respeito da origem inata ou adquirida das condutas belicosas, ele deve destacar a plasticidade muito grande das civilizações. Algumas podem escolher limitar estreitamente a violência, à maneira dos índios Tarahumaras do Norte do México, no início do século XX. Sem organização estatal imperativa, eles se ajudam coletivamente para o trabalho dos campos, têm relações mais afetuosas, pouco autoritárias, entre si, fazem reuniões festivas mistas, onde reina uma relativa liberdade sexual sob a influência da bebida. Os indivíduos briguentos, susceptíveis de criar ocasiões de rixas, não são convidados a essas diversões. A exclusão da troca social dos que manifestam uma propensão guerreira tem, no entanto, consequências negativas, porque quando os Apaches atacam a aldeia, os habitantes só têm o recurso de fugir. A proscrição da agressividade une o grupo, mas o torna muito frágil diante dos predadores externos que professam virtudes inversas.[3]

Quanto aos europeus da Idade Média, eles não vivem numa sociedade sem Estado. Eles cultivam uma forte combatividade que lhes permite, ao mesmo tempo, rivalizar militarmente com o mundo muçulmano e apoiar inúmeros conflitos em diversos níveis. O melhor meio de mantê-la reside, então, na lei da vingança, para sancionar pela morte do culpado um grave ataque à honra do grupo. Defendido pelos machos a partir da puberdade, esse princípio fundamental se encontra diretamente ligado à pureza das mulheres – da qual um dos deveres essenciais consiste em evitar atrair a vergonha para o conjunto de seus parentes. Os homens têm a imperiosa obrigação de exibi-la permanentemente. Ora, "não é nada mais do que o domínio do pênis e da faca".[4] Se eles desejam verdadeiramente existir aos olhos de seus semelhantes, eles têm que provar que possuem a potência sexual necessária para se reproduzir, a fim de garantir a perenidade de seu sangue e de seu nome, mas também a força e a coragem necessárias à defesa de seus próximos ou à conservação da comunidade. Tudo se concentra simbolicamente em sua aptidão em usar a ponta da arma branca. Assim, cruéis represálias constituem um imperativo absoluto em caso de questionamento da honra, senão o insultado se acha, de alguma maneira, desmasculinizado e se torna um objeto de desprezo. Esse mecanismo não desapareceu de corpo e alma, na época contemporânea. Ele se perpetuou no recôndito das sociedades. Na Córsega, no século XIX, basta que um homem leve a mão ao cabelo ou ao rosto de uma mulher para que essa tomada de posse figurada provoque uma *vendetta* mortal. Na Calábria, hoje, o que não repara uma afronta idêntica é desonrado. Para evitar a exclusão, ele deve "livrar-se do ódio", isto é, vingar-se para reparar

---

3   N. Zagnoli, "S'arracher la haine", *op. cit.*, p. 120. Ver, também, Antonin Artaud, *Les Tarahumaras*, Paris, Gallimard, 1987 (redigido depois de uma investigação no local, em 1936)
4   N. Zagnoli, "S'arracher la haine", *op. cit.*, p. 119, a respeito da Calábria atual.

a infâmia, a fim de retirar de seu sangue o veneno que o envenena, expressão metafórica de sua desvirilização.[5]

A monopolização da violência pelo Estado, desde os últimos séculos da Idade Média, consistiu em substituir o sistema vingativo, muito custoso em vidas humanas, pela justiça. Esta inflige penas proporcionais aos delitos e repara a honra com um preço menor para a coletividade, eliminando ou intimidando os transgressores que perturbam a paz interna. O mecanismo funcionou cada vez melhor com o assentimento de um número crescente de adultos satisfeitos de ver estabelecer-se uma pacificação dos comportamentos. Comprova isso o perfil incessantemente declinante das estatísticas do homicídio até a metade do século XX. Nossa civilização evitou, no entanto, reencontrar-se na posição de fraqueza dos Tarahumarasante os seus inimigos, inventando a noção de guerra justa, única circunstância em que matar se torna lícito, até necessário. Para poder apelar, em caso de necessidade, para um grande número de defensores da pátria em perigo, os Estados procuraram menos apagar a chama mortal do que desviar seu brilho para objetivos sublimes, sob seu controle muito rígido.

Ora, a Europa não conhece mais importante conflagração militar em seu solo desde 1945. A brutalidade dos jovens ocidentais nem por isso continua a ser sistematicamente rejeitada para fora do espaço público. Provavelmente, ela própria é muito mais fortemente inibida que outrora no seio do lar familiar. Traduzida pela ab-rogação do serviço militar obrigatório em muitos países, entre eles a França, em 1997, o desaparecimento do conflito patriótico legítimo suprime o único exutório maciço considerado tolerável por nossa cultura para uma combatividade juvenil que ela não quis jamais erradicar totalmente. Esse desequilíbrio recente, cada vez mais marcado, é provavelmente uma das principais causas, com o desemprego, de um aumento de exasperação bem visível entre os adolescentes. A ausência de grande ameaça de destruição serve como tela de fundo para uma volta do recalcado nos setores mais desfavorecidos das sociedades do Velho Continente. A lei da vingança e o culto da virilidade não tinha desaparecido completamente. Eles encontram um terreno de experiência mais amplo à medida que se intensifica uma agressividade cada vez mais voltada para o interior da coletividade, por não poder se desdobrar contra um perigo externo premente. O mecanismo faz o esporte perder uma parte da eficacidade catártica que o caracterizava desde o século XIX. A onda selvagem de confrontos de torcedores em fúria exprime uma feroz exaltação de sua masculinidade, assim como a busca de uma compensação sobre as autoridades e os códigos que os obrigam a exibi-la ordinariamente com uma polidez reservada.

Chegamos a uma encruzilhada? Nossa civilização globalmente pacificada, rica e hedonista poderá sublimar mais as pulsões juvenis brutais, que ela continuava a manter até pouco tempo, reservando-as para os confrontos guerreiros, para evitar que elas saturem as margens deserdadas das grandes metrópoles ou os estádios, e produzam explosões em cadeia?

---

5   *Ibid.*, p. 19, 124.

Bibliografia escolhida

ABBIATECI, André (*et al.*), *Crimes et criminalité em France, XVIIe-XVIIIe siècles*, Paris, Armand Colin, 1971.
ALLARD, Albéric, *Historie de la justice criminelle au XVIe siècle*, Gand, 1868; rééd., Aalen, Scienta Verlag, 1970.
ANGLO, Sydney, *The Martial Arts of Renaissance Europe*, Yale, Yale University Press, 2000.
ANTOINE, Michel (*et al.*), *Guide des recherches dans les fonds judiciaries de l'Ancien Régime*, Paris, Imprimerie nationale, 1958.
ARIÈS, Philippe, *L'Enfant etla Vie familiale sous l'Ancien Régime*, Paris, Plon, 1960.
ARIÈS, Philippe, et Duby, Georges (dir.), *Histoire de la vie privée*, t. II et III, Paris, Seuil, 1985-19787.
ARNOT, Margaret L., et Usborne, Cornelie (dir.), *Gender and Crime in Modern Europe*, Londres, UCL Press, 1999.
ARTAUD, Antonin, *Les Tarahumaras*, Paris, Gallimard, 1987.
ASTARITA, Tommaso, *Village Justice. Community, Familym and Popular Culture in Early Modern Italy*, Baltimore, The Johns Hopkins University Press, 1999.
BAIRD, Bruce, "The social origins of dueling in Virginia", in Michael A. Bellesiles (dir.), *The Lethal Imagination. Violence and Brutality in American Hitory*, New York, New York University Press, 1999, p. 87-112.
BAKHTINE, Mikhaïl, *L'Œuvre de François Rabelais et la Culture populaire au Moyen Âge et sous la Renaissance*, Paris, Gallimard, 1970.
BARKER-BENFIELD, Graham J., *The Culture of Sensibility. Sex and Socierty in Eighteenth-Century Britain*, Chicago, The University of Chicago Press, 1992.
BASTIEN, Pascal, *L'Exécution publique à Paris au XVIIIe siècle. Une histoire des rituels judiciaires*, Seyssel, Champ Vallon, 2006.
BAUER, Alain, *Géographie de la France criminelle*, Paris, Odile Jacob, 2006.
BEATTIE, John M., *Crime and the Courts in England, 1660-1800*, Princeton, Princeton University Press, 1986.
BÉGUIN, Katia, *Les Princes de Condé. Rebelles, courtisans et mécènes dans la France du Grand Sièle*, Seyssel, Champ Vallon, 1999.
BEIER, Alexander L., "Vagrants and the social order in elizabethan England", *Past and Present*, t. 64, 1974, p. 3-29.
BEIK, William, *Urban Protest in Seventeenth-Century France. The Culture of Retribution*, Cambridge, Cambridge University Press, 1997.

BENVENUTI, Stefano; Rizzoni, Gienni; Lebrun, Michel, *Le Roman criminel. Histoire, auteurs, personages*, Paris, L'Atalante, 1982, preface de Jean-Patrick Manchette.

BERCÉ, Yves-Marie, *Croquants et Nu-pieds. Les soulèvements paysans en France du XVIe au XIXe siècle*, Paris, Gallimard/Julliard, 1974.

_____. *Fête et révolte. Des mentalités populaires du XVIe au XVIIIe siècle*, Paris, Hachette, 1976; rééd., Hachette, "Pluriel", 1994.

BERCÉ, Yves-Marie; Castan, Yves (dir.), Les *Archives du délit. Empreintes de société*, Toulouse, Éditions universitaires du Sud, 1990.

BERKOWITZ, Alan D., *The Social Norms Approach to Violence Prevention*, article sur le site Internet de l'auteur: www.alanberkowitz.com.

BERRIOT-SALVADORE, Évelyne, *Les Femmes dans la société française de la Renaissance*, Genève, Droz, 1990.

_____. *Un corps, un destin. La femme dans la médecine de la Renaissance*, Paris, Champion, 1993.

BIET, Christian (dir.), *Théâtre de la cruauté et récits sanglants en France (XVIe-XVIIe siècles)*, Paris, Robert Laffont, 2006.

BILLACOIS, François, *Le Duel dans la société française des XVIe-XVIIe siècles. Essai de psychologie historique*, Paris, EHESS, 1986.

BILLACOIS, François; Neveux, Hugues (dir.), "Porter plainte. Stratégies villageoises et justice en Île-de-France", *Droit et culture*, n° 19, 1990, p. 5-148.

_____. "Duel", in Lucien Bély (dir.), *Dictionnaire de l'Ancien Régime*, Paris, PUF, 1996.

BIMBENET-PRIVAT, Michèle, *Écrous de la justice de Saint-Germain-des-Prés au XVIe siècle.Inventaire analytique des registres Z²3393, 3318, 3394, 3395 (années 1537 à 1579)*, Paris, Archives nationales, 1995.

BLASTENBREI, Peter, *Kriminalität in Rom, 1560-1585*, Tübingen, Niemeyer, 1995.

BLICKLE, Peter, *The Revolution of 1525. The German Peasant's War from a New Perspective*, Baltimore, The Johns Hopkins University Press, 1981.

_____. *Resistance, Representation, and Community*, Oxford, Oxford University Press, 1997.

BLOK, Anton, *De Bokkerijders. Roversbenden en geheime genootschappen in de landen van Overmaas (1730-1774)*, Amsterdam, Prometheus, 1991.

BOAISTUAU, Pierre, *Histoires tragiques extraictes des æuvres italiennes de Bandel, et mises en nostre langue françoise par P. Boaistuau, surnommé Launay, natif de Bretaigne*, Paris, Sertenas, 1559.

_____. *Histoires tragiques*, éd. Richard A. Carr, Paris, Honoré Champion, 1977.

_____. *Le Théâtre du Monde (1558)*, éd. Michel Simonin, Genève, Droz, 1981.

BOONE, Marc, "'Le tres fort, villain et detestable criesme et pechié de zodomie': homosexualité et répression à Bruges pendant la période bourguignonne (fin XIVe-début XVIe siècle)", in Hugo Soly et René Vermeir (dir.), *Beleid en bestuur in de oude Nederlanden. Liber Amicorum Prof. Dr. M. Baelde*, Gand, Vakgroep Nieuwe Geschiedenis UG, 1993,p. 2-17.

BOSCHI, Daniele, "Homicide and knife fighting in Rome, 1845-1914", in Pieter Spierenburg (dir.), *Men and Violence.Gender, Honor, and Rituals in Modern Europe and America*, Columbus Ohio State University Press, 1998.

BOULET, Bernadette, "Étude par sondage de la criminalité dans le bailliage de Pont-de-l'Arche (XVIIe-XVIIIe siècle): de la violence au vol, en marche vers l'escroquerie", *Annales de Normandie*, t. XII, 1962, p. 235-262.

BRAITHWAITE, John, *Crime, Shame, and Reintegration*, Cambridge, Cambridge University Press, 1989.

BRAKENSIEK, Stefan, "Peut-on parler d'absolutisme dans l'Allemagne modern? Une domination désireuse d'être acceptée (*Akzeptanzrientierte Herrschaft*)", *Bulletin d'information de la Mission historique française en Allemagne*, n° 42, 2006, p. 249-263.

BRETSCHNEIDER, Falk, "Toujours une histoire à part? L'état actuel de l'historiograpfie allemande sur l'enfermement aux XVIIIe et XIXe siècles", *Crime, Histoire et Sociétés. Crime, History and Societies*, vol. 8, n° 2, 2004, p. 141-162.

BRIGGS, Robin, *Communities of Belief. Cultural and Social Tensions in Early Modern France*, Oxford, Clarendon Press, 1989.

_____. *Witches and Neighbours.The Social and Cultural Context of European Witchcraft*, Londres, Harper Collins, 1996.

BRIHAT, Delphine, "La criminalité pardonnée dans le resort du Parlement de Paris en 1525", mémoire de maîtrise sous la direction de Robert Muchembled, université Paris-Nord, 1999.

BRIOIST, Pascal, Drévillon, Hervé, et Serna, Pierre, *Croiser le fer. Violenceet culture de l'épée dans la France modern, XVIe-XVIIIe siècle*, Seyssel, Champ Vallon, 2002.

BRONNER, Luc, "Le témoignage d'un 'hooligan pur', violent pour le plaisir", *Le Monde*, 29 novembre 2006, p. 12.

BROOKMAN, Fiona, *Understanding Homicide*, Londres, Sage Publications, 2005.

BROOMHALL, Susan, "Poverty, gender and incarceration in sixteenth-century Paris", *French History*, vol. 18, 2004, p. 1-24.

BURKE, Peter, *Popular Culture in Early Modern Europe*, New York, New York University Press, 1978.

CAMERON, Iain, *Crime and Repression in the Auvergne and the Guyenne, 1720-1790*, Cambridge, Cambridge University Press, 1981.

CAMUS, Jean-Pierre, *Les Spectacles d'horreur*, Genève, Slatkine Reprint, 1973 [éd. de 1630], introduction de René Godenne.

_____. *Trente Nouvelles*, éd. René Favret, Paris, Vrin, 1977.

CARDINI, Franco, *La Culture de la guerre, Xe-XVIIIe siècle*, Paris, Gallimard, 1992.

CARDOSO, Adeline, "Criminalité et stratégies judiciaires à Gonesse (1720-1789)", mémoire de master 1 sous la direction de Robert Muchembled, unvesité Paris-Nord, 2007.

CARROLL, Stuart, *Blood and Violence in Early Modern France*, Oxford, Oxford University Press, 2006.

CASTAN, Nicole, *Justice et répression en Languedoc à l'époque des Lumières*, Paris, Flammarion, 1980.

CASTAN, Yves; Castan, Yves, *Vivre ensemble. Ordre et désordre en Languedoc (XVIIe-XVIIIe siècles)*, Paris, Gallimard/Julliard, 1981.

CÉARD, Jean, *La Nature et les Prodiges. L'insolite au XVIe siècle en France*, Genève, Droz, 1977.

CHARTIER, Roger, Compère, Marie-Madeleine, et Julia, Dominique, *L'Éducation en France du XVIe au XVIIIe siècle*, Paris, SEDES, 1976.

CHAUCHADIS, Claude, *La Loi du duel.Le code du point d'honneur dans l'Espagne des XVIe-XVIIe siècles*, Toulouse, Presses Universitaires du Mirail, 1997.

CHAULET, Rudy, "La violence en Castille au XVIIe siècle d'après les *Indultos de Viernes Santo* (1623-1699)", *Crime, Histoire et Sociétés. Crime, History and Societes*, vol. 1, n° 2, 1997, p. 5-27.

CHAUVAUD, Frédéric, *De Pierre Rivière à Landru. La violence apprivoisée au XIXe siècle*, Turnhout, Brepols, 1991.

CHESNAIS, Jean-Claude, *Histoire de la violence en Occident de 1800 à nos jours*, éd.revue et augmentée, Paris, Hachette, 1982.

_____. "Les morts violentes dans le monde", *Population et Sociétés*, n° 395, 2003, p. 2-7.

CHEVALIER, Bernard, *Les Bonnes Villes de France du XIVe au XVIe siècle*, Paris, Aubier, 1982.

CHEVALIER, Louis, *Classes laborieuse et classes dangereuses à Paris pendant la première moitié du XIXe siècle*, Paris, Plon, 1958.

CLARK, Anna, *Women's Silence, Men's Violence. Sexual Assault in England 1770-1845*, Londres, Pandora, 1987.

CLAVERIE, Élisabeth, et Lamaison, Pierre, L'Impossible Mariage. Violence et parenté en Gévaudan, XVIIe, XVIIIe, XIXe siècles, Paris, Hachette, 1982.

CLÉMENT, Pierre, La Police de Louis XIV, Paris, Didier et Cie, 1866 (2e éd.).

COCKBURN, James S., "Patterns of violence in english society: homicide in Kent, 1560-1985", Past and Present, n° 130, 1991, p.70-106.

COHEN, Esther, "To die a criminal for the public good": the execution ritual in late medieval Paris", in Bernard S. Bachrach et David Nicholas (dir.), Law, Custom, and the Social Fabric in Medieval Europe. Essays in Honor of Bryce Lyon, Kalamazoo, Western Michigan University, 1990, p. 285-304.

COMPÈRE, Marie-Madeleine, Du collège au lycée (1500-1850), Paris, Gallimard/Julliard, 1985.

COUSSEMAKER, Ignace de, Cartulaire de l'abbaye de Cysoing et de sés dépendances, Lille, Imprimerie Saint-Augustin, 1884.

COUSTARD de Massy, Histoire du duel en France, Londres, Elmsly, 1768.

COX, Pamela, et Shore, Heather (dir.), Becoming Delinquent. British and European Youth, 1650-1950, Aldershot, Ashgate, 2002.

CROUZET, Denis, Les Guerriers de Dieu. La violence au temps des troubles de religion, vers1525-vers 1610, Seyssel, Champ Vallon, 1990.

CUÉNIN, Micheline, Le Duel sous l'Ancien Régime, Paris, Presses de la Renaissance, 1982.

CYRULNIK, Boris, Mémoire de singe et parole d'homme, Paris, Hachette, 1983.

_____. La Naissance du sens, Paris, Hachette, 1995.

D'CRUZE, Shani (dir.), Everyday Violence in Britain 1850-1950, Londres, Longman, 2000.

D'CRUZE, Shani; Walklate, Sandra; Pegg, Samantha, Murder. Social and Historical Approaches to Understanding Murder and Murderers, Cullompton, Willan, 2006.

D'HOLLANDER, Paul (dir.), Violences en Limousin à travers les siècles, Limoges, PULIM, 1998.

DAUPHIN, Cécile, et Farge, Arlette (dir.), De la violence et des femmes, Paris, Pocket, 1999.

DAVIES, Andrew, "Youth gangs, gender and violence, 1870-1900", in Shani D'Cruze (dir.), EverydayViolence in Britain 1850-1950, Londres, Longman, 2000, p. 70-84.

DAVIS, Natalie Zemon, Les Cultures du people. Rituels, saviors et résistances au XVIe siècle, Paris, Aubier, 1979.

_____. Pour sauver sa vie. Les récits de pardonau XVIe siècle, Paris, Seuil, 1988.

DAVIS, Robert C., The War of the Fists. Popular Culture and Public Violence in Late Renaissance Venice, Oxford, Oxford University Press, 1994.

DEAN, Trevor, et Lowe, K.J.P. (dir.), Crime, Society, and the Law in Renaissance Italy, Cambridge, Cambridge University Press, 1994.

DEHAISNES, C. (abbé), Inventaire sommaire des archives départementales antérieures à 1789. Nord. Archives civiles, série B. Chambre des comptes de Lille, n° 1681 à 1841, t. III, Lille, Danel, 1877.

DELAY, Valérie, "Les fêtes à Lille au XVIe siècle", mémoire de maîtrise sous la direction de Robert Muchembled, université de Lille III, 1984.

DESCRAINS, Jean, La Culture d'um évêque humaniste. Jean-Pierre Camus et sés"Diversités", Paris, Nizet, 1985.

_____. Essais sur Jean-Pierre Camus, Paris, Klincksieck, 1992.

DEVYVER, André, Le Sang épuré.Les préjugés de race chez les gentilshommes français de l'Ancien Régime, 1570-1720, Bruxelles, Éditions de l'Université de Bruxelles, 1973.

DEYON, Pierre, Le Temps des prisons. Essai sur l'histoire de la délinquance et les originesdu système pénitentiaire, Lille, Presses universitaires de Lille, 1975.

DIEDERIKS, Herman, "Patterns of criminality and law enforcement during the Ancien Regime: the dutch case", Criminal Justice History, t. I, 1980, p. 157-174.

_____. "Criminality and its repression in the past: quantitative approaches: a survey ", *Economic and Social History in the Nerthelands*, t. I, 1989, p. 67-86.

_____. "Quality and quantity in historical research in criminality and criminal justice. The case of Leiden in the 17th and 18th centuries", *Historical Social Reserch*, t. 16, 1990, p. 57-76.

DOLAN, Frances E., *Dangerous Familiars. Representations of Domestic Crime in England, 1550-1700*, Ithaca, Cornell University Press, 1994.

DU TILLIOT, Jean-Baptiste Lucotte, *Mémoires pours servir à l'histoire de la fête des foux...*, Lausanne et Genève, 1751.

DUBY, Georges, et Perrot, Michelle (dir.), *Histoire des femmes en Occident*, t. III: Davis, Natalie Zemon, et Farge, Arlette (dir.), *XVIe-XVIIIe siècle*, Paris, Plon, 1991.

DÜLMEN, Richard van, *Theatre of Horror. Crime and Punishment in Early Modern Germany*, Cambridge, Polity Press, 1990.

DUPÂQUIER, Jacques (dir.), *Histoire de la population française*, t. II: *Dela Renaissance à 1789*, Paris, PUF, 1988.

DURKEIM, Émile, *Le Suicide. Étude de sociologie*, Paris, Félix Alcan, 1897.

_____. "Deux lois de l'évolution pénale", *Année sociologique*, t. IV, 1901, p. 65-95.

_____. *Leçons de sociologie*, Paris, PUF, 1950.

ECKBERG, Douglas Lee, "Estimates of early twentieth-century U.S. homicide rates: an econometric forecasting approach", *Demography*, t. XXXII, 1995, p. 1-16.

EGMOND, Florike, "The noble and the ignoble bandit.Changing literary representations of westeuropean robbers", *Ethnologia Europaea*, t. XVII, 1987, p. 139-156.

_____. *Underworlds.Organized crime in the Netherlands, 1659-1800*, Cambridge, Polity Press, 1993.

EISNER, Manuel, "Modernization, self-control, and lethal violence: the long-term dynamics of european homicide rates in theoretical perspective", *British Journal of Criminology*, t. XLI, 2001, p. 618-638.

_____. "Crime, problem drinking, and drug use: patterns of problem behavior in cross-national perpective", *Annals of the American Academy of Political and Social Science*, t. DLXXX, 2002, p. 201-225.

_____. "Long-term historical trends in violent crime", *Crime and Justice. A Review of Research*, vol. XXX, 2003, p. 83-142.

EL KENZ, David, *Les Bûchers du roi. La culture protestante des martyrs (1523-1572)*, Seyssel, Champ Vallon, 1997.

ELIAS, Norbert, *La Civilisation des mœurs*, Paris, Calmann-Lévy, 1974.

_____. *La Dynamique de l'Occident*, Paris, Calmann-Lévy, 1975.

_____. *La Société de Cour*, Paris, Flammarion, 1976.

ELLIOT, J. H., *The Revolto of the Catalans. A Study in the Decline of Spain (1598-1640)*, Cambridge, Cambridge University Press, 1963.

EMSLEY, Clive, *Crime and Society in England, 1750-1900*, Londres, Longman, 1996 (2e éd.).

_____. *Hard Men. The English and Violence since 1750*, Londres, Palgrave Macmillan, 2005.

ÉRASME, Didier, *La Civilité puérile*, éd. Philippe Ariès, Paris, Ramsay, 1977.

ESMEIN, Adhémar, *Histoire de la procédure criminelle en France*, Paris, Larose et Farcel, 1882.

ESPINAS, Georges, *Recueil de documents relatifs à l'histoire du droit municipal en France des origines à la Révolution. Artois*, Paris, recueil Sirey, t. I, 1934.

ESTOILE, Pierre de l', *Journal de Henri IV*, t. VII (*1595-1601*), Paris, Alphonse Lemerre, 1876.

_____. *Registre-journal du règne de Henri III*, t. V, (*1585-1587*), éd. Madeleine Lazard et Gilbert Schrenck, Genève, Droz, 2001.

EVANS, Richard, *Rituals of Retribution. Capital Punishment in Germany, 1600-1987*, Oxford, Oxford University Press, 1996.

FALLER, Lincoln B., *Turned to Account. The Forms and Functions of Criminal Biography in Late Seventeenth- and Early Eighteenth-Century England*, Cambridge, Cambridge University Press, 1987.

_____. *Crime and Defoe. A New Kind of Writing*, Cambridge, Cambridge University Press, 1993.

FARGE, Arlette, *Vivre dans la rue à Paris au XVIIIe siècle*, Paris, Gallimard/Julliard, 1979.

_____. *La Vie fragile.Violence, pouvoirs et solidarités à Paris au XVIIIe siècle*, Paris, Seuil, 1986.

FARGE, Arlette; Zysberg, André, "Les théâtres de la violence à Paris au XVIIIe siècle", *Annales ESC*, t. XXXIV, 1979, p. 984-1015.

FARGE, Arlette; Revel, Jacques, *Logiques de la foule. L'affaire des enlèvements d'enfants. Paris 1750*, Paris, Hachette, 1988.

FARR, James R., *Authority and Sexuality in Early Modern Burgundy (1550-1730)*, Oxford, Oxford University Press, 1995.

_____. *A Tale of Two Murders.Passion and Power in Seventeenth-Century France*, Durham, Duke University Press, 2005.

La Faute, la Répression et le pardon, actes du 107e congrès national des Sociétés savants, Vrest, 1982, section de philogie et d'histoire jusqu'à 1610, t. I, Paris, CTHS, 1984.

FIZE, Michel, *Les Bandes. L' "entre-soi" adolescent*, Paris, Desclée de Brouwer, 1993.

FLANDRIN, Jean-Louis, *Les Amours paysannes (XVIe-XIXe siècle)*, Paris, Gallimard/Julliard, 1975.

_____. *Familles. Parenté, maison, sexualité dans l'ancienne France*, Paris, Hachette, 1976.

FLETCHER, Jonathan, *Violence and Civilization.An Introduction to the Work of Norbert Elias*, Cambridge, Polity Press, 1997.

FOUCAULT, Michel, *Surveiller et punir. Naissance de la prison*, Paris, Gallimard, 1975.

FOUILLÉE, Alfred, *Psychologie du people français*, Paris, Félix Alcan, 1898.

FREUD, Sigmund, *Malaise dans la civilisation*, Paris, PUF, 1971.

FREVERT, Ute, *Das Duell in der bürgerlichen Gesellschaft*, Munich, Beck, 1996.

FRÓIS, voir *Traité de Luis Fróis*.

FROMM, Erich, *La Passion de détruire*, Paris, Robert Laffont, 1975.

_____. *Le Cœur de l'homme.Sa propension au bien et au mal*, Paris, Payot, 1979.

FURET, François, et Ozouf, Jacques, *Lire et écrire. L'alphabétisation des Français de Calvin à Jules Ferry*, Paris, Minuit, 1977.

GARAPON, Antoine, *L'Âne portant des reliques. Essai sur le rituel judiciaire*, Paris, Le Centurion, 1985.

_____. Gros, Frédéric, et Pech, Rémy, *Et ce sera justice. Punir en démocratie*, Paris, Odile Jacob, 2001.

GARIN, Eugenio (dir.), *L'Homme de la Renaissance*, Paris, Seuil, 1990.

GARLAND, David, *The Culture of Control. Crime and social Order in Contemporary Society*, Chicago, The University of Chicago Press, 2001.

GARNOT, Benoît, *La Justice en France de l'An Mil à 1914*, Paris, Nathan, 1993.

_____. *Un crime conjugal au XVIIIe siècle. L'affaire Boiveau*, Paris, Imago, 1993.

_____. *Vivre en prison au XVIIIe siècle. Lettres de Pantaléon Gougis, vigneron chartrain (1758-1762)*, Paris, Publisud, 1994.

_____. *Le Diable au couvent.Les possédées d'Auxonne (1558-1663)*, Paris, Imago, 1995.

_____. *Justice et société en France aux XVIe, XVIIe, et XVIIIe siècles*, Paris, Ophrys, 2000.

_____. *Crime et justice aux XVIIe et XVIIIe siècle*, Paris, Imago, 2000.

_____. *Intime conviction et erreur judiciaire? Um magistrat assassin au XVIIe siècle*, Dijon, Éditions universitaires de Dijon, 2004.

_____. *Questions de justice. 1667-1789*, Paris, Belin, 2006.

_____ (dir.), *Histoire et criminalité de l'Antiquité au XXe siècle. Nouvelles approches*, Dijon, Éditions universitaires de Dijon, 1992.

_____ (dir.), *Ordre moral et délinquance de l'Antiquité au XXe siècle*, Dijon, Éditions universitaires de Dijon, 1994.

_____ (dir.), *Le Clergé délinquant (XIIIe-XVIIIe siècle)*, Dijon, Éditions universitaires de Dijon, 1995.

_____ (dir.), *L'Infrajudiciaire du Mooyen Âge à l'époque contemporaine*, Dijon, Éditions universitaires de Dijon, 1996.

_____ (dir.), *Juges, notaires et policiers délinquants. XIVe-XXe siècle*, Dijon, Éditions universitaires de Dijon, 1997.

_____ (dir.), *La Petite Délinquance du Moyen Âge à l'époque contemporaine*, Dijon, Éditions universitaires de Dijon, 1998.

_____ (dir.), *De la déviance à la délinquance. XVe-XXe siècle*, Dijon, Éditions universitaires de Dijon, 1999.

_____ (dir.), *Les Victimes, des oubliées de l'histoire?*, Rennes, Presses universitaires de Rennes, 2000.

_____ (dir.), *Les Témoins devant la justice. Une histoire des statuts et des comportements*, Rennes, Presses universitaires de Rennes, 2003.

_____ (dir.), *L'Erreur judiciaire. De Jeanne d'Arc à Roland Agret*, Paris, Imago, 2004.

_____ (dir.), *Justice et argent. Les crimes et les peines pécuniaires du XIIIe au XXIe siècle*, Dijon, Éditions universitaires de Dijon, 2005.

_____ (dir.), *Les Juristes et l'Argent. Le coût de la justice et l'argent des juges du XIVe au XIXe siècle*, Dijon, Éditions universitaires de Dijon, 2005.

_____ (dir.), *La Justice et l'Histoire. Sources judiciaires à l'époque moderne (XVIe, XVIIIe siècles)*, Paris, Bréal, 2006.

GATRELL, Vic (V.A.C.), *The Hanging Tree. Execution and the English People, 1770-1868*, Oxford, Oxford University Press, 1994.

_____. Lenman, Bruce, et Parker, Geoffrey (dir.), *Crime and the Law. The Social History of Crime in Western Europe since 1500*, Londres, Europa Publications, 1980.

GAUVARD, Claude, *"De grace especial". Crime, État et société en France à la fin du Moyen Âge*, Paris, Publications de la Sorbonne, 1991.

GEERTZ, Clifford, *The Interpretation of Culture. Selected Essays*, New York, Basic Books, 1973.

GEREMEK, Bronislaw, "Criminalité, vagabondage, paupérisme: la marginalité à l'aube des temps modernes", *Revue d'histoire moderne et contemporaine*, t. XXI, 1974, p. 337-375.

_____. *Les Marginaux parisiens aux XIVe et XVe siècles*, Paris, Flammarion, 1976.

_____. *Truandset misérables dans l'Europe moderne (1350-1600)*, Paris, Gallimard/Julliard, 1980.

GILLIS, A. R., "So long as they both shall live: marital dissolution and the decline of domestic homicide in France, 1852-1909", *American Journal of Sociology*, t. CI, 1996, p. 1.273-1.305.

GIRARD, René, *La Violence et le Sacré*, Paris, Grasset, 1972.

GIVEN, James Buchanan, *Society and Homicide in Thirteenth-Century England*, Stanford University Press, 1977.

GODFREY, Barry S., Emsley, Clive, et Dunstall, Graeme (dir.), *Comparative Histories of Crime*, Cullompton, Willan Publishing, 2003.

GODINS DE SOUHESMES, Raymond des, *Étude sur la criminalité en Lorraine d'après les lettres de rémission*, Paris, Berger-Levrault, 1903.

GOFFMAN, Erving, *La Mise en scène de la vie quotidienne*, Paris, Minuit, 1973.

GOLDSTEIN, Robert J., *Political Repression in Nineteenth Century Europe*, Londres, Croom Helm, 1983.

GONTHIER, Nicole, "Délinquance, justice et société en Lyonnais (fin XIIIe siècle-début XVIe siècle)", Thèse d'État, Université de Lyon, 1988.

_____. *Cris de haine et rites d'unité. La violence dans les villes, XIIIe-XVIe siècle*, Turnhout, Brepols, 1992.

GORIS, J. A., "Zeden en criminaliteit te Antwerpen in de tweede helf van de XIVe eeuw, naar de rekeningen der schouten van 1358 tot 1387", *Revue belge de philology et d'histoire*, t. V, 1926, p. 871-886; t. VI, 1927, p. 181-205.

GOWING, Laura, *Domestic Dangers. Women, Words, and Sex in Early Modern London*, Oxford, Oxford University Press, 1996.

GREEN, Nancy L., "La construction de la délinquance feminine", in Cécile Dauphin et Arlette Farge (dir.), *De la violence et des femmes*, Paris, Pocket, 1999.

GREENBERG, David F., "The historical variability of the age-crime relationship", *Journal of Quantitative Criminology*, vol. X, 1994, p. 361-373.

GREENSHIELDS, Malcolm, *An Economy of Violence in Early Modern France: Crime and Justice in the Haute Auvergne, 1587-1664*, University Park, Penn State University Press, 1994.

GRIFFITHS, Paul, *Youth and Authority. Formative Experiences in England, 1560-1640*, Oxford, Clarendon Press, 1996.

GRUEL, Louis, *Pardons et châtiments. Les jurés français face aux violences criminelles*, Paris, Nathan, 1991.

GUENÉE, Bernard, *Tribunaux et gens de justice dans le bailliage de Senlis à la fin du Moyen Âge (vers 1380-vers 1550)*, Strasbourg, Publications de la faculte des Lettres, 1963.

GURR, Ted Robert, "Historical trends in violent crime: a critical review of the evidence", in Michael Tonry et Norval Morris (dir.), *Crime and Justice. An Annual Review of Research*, t. III, Chicago, University of Chicago Press, 1981, p. 295-353.

GUTTON, Jean-Pierre, *La Société et les Pauvres en Europe (XVIe-XVIIIe siècle)*, Paris, PUF, 1974.

HALL, Edward T., *La Dimension cachée*, Paris, Seuil, 1971, rééd., 1978.

HAMMER, C. I., Jr., "Patterns of homicide in a medieval university town: fourteenth-century Oxford", *Past and Present*, t. LXXVIII, 1978, p. 3-23.

HANAWALT, Barbara A., *Crime and Conflict in English Communities, 1300-1348*, Cambridge, Harvard University Press, 1979.

HANDMAN, Marie-Élisabeth, "L'Enfer et le Paradis? Violence et tyrannie douce en Grèce contemporaine", in Cécile Dauphin et Arlette Farge (dir.), *De la violence et des femmes*, Paris, Pocket, 1999, p. 120-142.

HANLON, Gregory, "Les rituels de l'agression en Aquitaine au XVIIe siècle", *Annales Économies, Sociétés, Civilisations*, t. XL, 1985, p. 244-268.

HAY, Douglas; Linebaugh, Peter; Rule, John G.; Thompson, E. P.; Winslow, Carl, *Albions's Fatal Tree: Crime and Society in Eighteenth-Century England*, Londres, Allen Lane, 1975; rééd., Harmondsworth, Penguin, 1977.

HEERS, Jacques, *Fêtes, jeux et joutes dans les societies d'Occident à la fin du Moyen Âge*, Paris-Montréal, Conférences Albert le Grand, 1971.

HENTY, Philippe, *Crime, justice et société dans la principauté de Neuchâtel au XVIIIe siècle (1707-1806)*, Neuchâtel, Éditions de la Baconnière, 1984.

HINDLE, Steve, *The State and Social Change in Early Modern England, c. 1550-1640*, Basingstoke, Palgrave, 2000.

HOBSBAWN, Eric J., *Bandits*, New York, Pantheon Books, 1981, éd. révisée; trad. fr., *Les Bandits*, Paris, La Découverte, 1999.

HOFFER, Peter C.; Hull, N. E. H., *Murdering Mothers. Infanticide in England and New England, 1558-1803*, New York, New York University Press, 1981.

HOGARTH, William, *Catalogue de l'exposition du Louvre*, Paris, Hazan/Musée du Louvre Éditions, 2006.
HOLLON, W. Eugene, *Frontier Violence. Another Look*, New York, Oxford University Press, 1974.
HOUBBALLAH, Adnan, Gori, Roland, et Hoffmann, Christian (dir.), *Pourquoi la violence des adolescents? Voix croisées entre Occident et Orient*, Paris, Érès, 2001.
HUMPHRIES, Stephen, *Hooligans or Rebels? An Oral History of Working-Class Childhood and Youth 1889-1939*, Oxford, Basil Blackwell, 1983.
HURL-EAMON, Jennine, *Gender and Petty Violence in London, 1680-1720*, Columbus, Ohio State University Press, 2005.
JACKSON, Louise A., *Child Sexual Abuse in Victorian England*, Londre, Routledge, 2000.
JACKSON, Mark, *New-Born Child Murder. Women, Illegitimacy and the Courts in Eighteenth-Century England*, Manchester, Manchester University Press, 1996.
JANSSON, Arne, *From Swords to Sorrow. Homicide and Suicide in Early Modern Stockholm*, Stockholm, Almqvist and Wiksell, 1998.
JEANNENEY, Jean-Noël, *Le Duel. Une passion française (1789-1914)*, Paris, Seuil, 2004.
JOHANSEN, Jens Chr. V., et Stevnsborg, Henrik, "Hasard ou myopie. Réflexions autour de deux theories de l'histoire du droit", *Annales Économies, Sociétés, Civilisations*, t. XLI, 1986, p. 601-624.
JONSON, Eric A., *Urbanization and Crime. Germany, 1871-1914*, Cambridge, Cambridge University Press, 1995.
JONSON, Eric A.; Monkkonen, Eric H. (dir.), *The Civilization of Crime. Violence in Town and Country since the Middle Ages*, Urbana, University of Illinois Press, 1996.
JOUANNA, Arlette, *Le Devoir de révolte. La noblesse française et la gestation de l'État moderne, 1559-1661*, Paris, Fayard, 1989.
JOUNEAUX, Olivier, "Villageois et autorités", in François Billacois et Hugues Neveux (dir.), "Porter plainte. Stratégies villageoises et justice en Île-de-France", *Droit et culture*, n° 19, 1990, p. 101-118.
JUGNOT, Gérard, "Les pèlerinages expiatoires et judiciaires au Moyen Âge", in *La Faute, la Répression et le Pardon*, actes du 107e congrès national des sociétés savantes, Brest, 1982, Section de philologie et d'histoire jusqu'à 1610, t. I, Paris, CTHS, 1984, p. 413-420.
KAEUPER, Richard W., *Chivalry and Violence in Medieval Europe*, Oxford, Oxford University Press, 1999.
KALIFA, Dominique, *L'Encre et le Sang. Récits de crimes et société à la Belle Époque*, Paris, Fayard, 1995.
KARONEN, Petri, "A life for a life versus christian reconciliation: violence and the processof civilization in the kingdom of Sweden, 1540-1700", in Ylikangas, Heikki, Karonen, Petri, et Lehti, Martti (dir.), *Five Centuries of Violence in Finland and the Baltic Area*, Columbus, Ohio State University Press, 2001, p. 85-132.
KASPERSSON, Maria, "'The great murder mystery' or explaining declining homicide rates", in Godfrey, Barry S., Emsley, Clive, et Dunstall, Graeme (dir.), *Comparative Histories of Crime*, Cullompton, Willan Publishing, 2003, p. 72-88.
KIERNAN, Victor Gordon, *The Duel in European History. Honour and the Reign of Aristocracy*, Oxford, Oxford University Press, 1988.
KING, Peter, *Crime, Justice, and Discretion in England, 1740-1820*, Oxford, Oxford University Press, 2000.
LABORIT, Henri, *L'Agressivité détournée. Introduction à une biologie du comportement social*, Paris, UGE, 1970.
LANGBEIN, John H., *Torture and the Law of Proof. Europe and England in the Ancien Regime*, Chicago, The University of Chicago Press, 1977.
LANHERS, Yvonne, "Crimes et criminels au XIVe siècle", *Revue historique*, t. CCXL, 92e année, 1968, p. 325-338.
LAPALUS, Sylvie, *La Mort du vieux? Le parricide au XIXe siècle*, Paris, Tallandier, 2004.

LAPPALAINEN, Mirkka, et Hirvonen, Pekka (dir.), *Crime and control in Europe from the Past to the Present*, Helsinki, Hakapaiano, 1999.
LAUWAERT, Françoise, *Le Meurtre en famille. Parricide et infanticide en Chine (XVIIIe-XIXe siècles)*, Paris, Odile Jacob, 1999.
LE BON, Gustave, *Psychologie des foules*, Paris, Félix Alcan, 1895.
LE BRUN DE LA ROCHETTE, Claude, *Le Procès civil et criminel*, Lyon, 1609; rééd., Rouen, François Vaultier, 1661.
LE GOAZIOU, Véronique, *La Violence*, Paris, Le Cavalier Bleu, 2004.
LE ROY LADURIE, Emmanuel, *Le Carnaval de Romans. De la Chandeleur au mercredi des Cendres, 1579-1580*, Paris, Gallimard, 1979.
LEBIGRE, Arlette, *Les Grands Jours d'Auvergne. Désordres et répression au XVIIe siècle*, Paris, Hachette, 1976.
LEBRUN, François, *La Vie conjugale sous l'Ancien Régime*, Paris, Armand Colin, 1975.
LEE, James, "Homicide et peine capital en Chine à la fin de l'Empire. Analyse statistique préliminaire des données", *Études chinoises*, vol. X, n° 1-2, 1991, p. 113-133.
LEHTI, Martti, "Long-term trends in homicidal crime in Finland in 1750-2000", congrès "Violence in history: long-term trends and the role of wars", Bruxelles, 3-4 décembre 2004.
LEVER, Maurice, "De l'information à la nouvelle: les 'canards' et les 'histoires tragiques' de François de Rosset", *Revue d'histoire littéraire de la France*, 79e année, 1979, p. 577-593.
_____. *Canards sanglants. Naissance du fait divers*, Paris, Fayard, 1993.
LIBERT, Christelle, "Les appels au Parlement de Paris à la fin du XVIe siècle", mémoire de DEA sous la direction de Robert Muchembled, université Paris-Nord, 1995.
LINDSTRÖM, Dag, "Interpersonal violence in Scandinavia: interpretation of long-term trends", congrés "Violence in history: long-term trends and the role of wars", Bruxelles, 3-4 décembre 2005.
LIZET, Pierre, *Pratique judiciaire pour l'instruction et decision des causes criminelles et civiles*, augmentée par L. Charondas Le Caron, Paris, Veuve Claude de Monstr'œil, 1613 (1^{re}éd., 1557).
LOGETTE, Aline, "La peine capital devant la Cour souveraine de Lorraine et Barrois à la fin du règne de Louis XIV", *XVIIe siècle*, n° 126, 1980, 32e année, p. 7-19.
LORENZ, Konrad, *L'Agression. Une histoire naturelle du mal*, Paris, Flammarion, 1969.
MAC LYNN, Frank, *Crime and Punishment in Eighteenth-Century England*, Oxford, Oxford University Press, 1991.
MANDROU, Robert, "Le baroque européen: mentalité pathétique et révolution sociale", *Annales Économies, Sociétés, Civilisations*, t. XV, 1960, p. 898-914.
_____. *Introduction à la France moderne. Essai de psychologie historique, 1500-1640*, Paris, Albin Michel, 1961.
_____. *Classes et luttes de classes en France au début du XVIIe siècle*, Messine/Florence, D'Anna, 1965.
_____. *Magistrats et sorciers en France au XVIIe siècle. Une analyse de psychologie historique*, Paris, Plon, 1968.
_____. "Vingt ans après... les revoltes populaires en France au XVIIe siècle", *Revue historique*, t. CCXLII, 1969, p. 29-40.
_____. *Possession et sorcellerie au XVIIe siècle. Textes inédits*, Paris, Fayard, 1979.
MANTECÓN, Tomas A., "Long-term trend of crime in early modern Castile ", congrès "Violence in history: long-term trends and the role of war", Bruxelles, 3-4 décembre 2004.
MARTIN, Benjamin F., *Crime and Criminal Justice under the Third Republic. The Shame of Marianne*, Baton Rouge, Louisiana State University Press, 1990.
MARTY, François (dir.), *L'Illégitime Violence. La violence et son dépassement à l'adolescence*, Paris, Érès, 1997.

MÀTAY, Mónika, et Csepeli, György, "The multiple lives of the hungarian highwayman", in Amy Gilman Srebnick et René Lévy (dir.), *Crime and Culture. An Historical Perspective*, Aldershot, Ashgate, 2005.

MATTHEWS GRIECO, Sara F., *Ange ou diablesse. La représentation de la femme au XVIe siècle*, Paris, Flammarion, 1991.

MAUGER, Gérard, *L'Émeute de novembre 2005. Une révolte protopolitique*, Bellecombe-en-Bauges, Éditions du Croquant, 2006.

_____. *Les Bandes, le Milieu et la Bohème populaire. Étude de sociologie de la déviance des jeunes des classes populaires, 1975-2005*, Paris, Belin, 2006.

MAYET, Fanny, "Violence et société à Gonesse, 1620-1700", mémoire de maîtrise sous la direction de Robert Muchembled, université Paris-Nord, 1999.

McMAHON, Vanessa, *Murder in Shakespeare's England*, Hambledon, Palgrave Macmillan, 2004.

MEDICK, Hans, et Sabean, David (dir.), *Interest and Emotion. Essays on the Study of Family and Kinship*, Cambridge, Cambridge University Press, 1984.

MICHAUD, Yves, *La Violence*, Paris, PUF, 1986.

_____. *Changements dans la violence. Essai sur la bienveillance universelle et la peur*, Paris, Odile Jacob, 2002.

MITCHELL, Timothy, *Blood Sport. A Social History of Spanish Bullfighting*, Philadelphie, University of Pennsylvania Press, 1991.

MOLLAT DU JOURDIN, Michel, et Wolff, Philippe, *Ongles bleus, Jacques et Ciompi. Les révolutions populaires en Europe aux XIVe et XVe siècles*, Paris, Calmann-Lévy, 1970.

MONKKONEN, Eric H., *Murder in New York City*, Berkeley, University of California Press, 2001.

_____. "New standards for historical homicide research", *Crime, Histoire et Sociétés. Crime, History, and Societies*, vol. 5, n° 2, 2001, p. 7-26.

_____. *Crime, Justice, History*, Columbus, Ohio State University Press, 2002.

MONTER, E. William, *Judging the French Reformation. Heresy Trials in Sixteenth-Century Parliaments*, Cambridge, Harvard University Press, 1999.

MORRIS, Desmond, *The Human Sexes. A natural History of Man and Woman*, Londres, Network Books, 1997.

MOTLEY, Mark, *Becoming a French Aristocrat. The Education of the Court Nobility, 1580-1715*, Princeton, Princeton University Press, 1990.

MOUSNIER, Roland, *Fureurs paysannes. Les paysans dans les révoltes du XVIIe siècle (France, Russie, Chine)*, Paris, Calmann-Lévy, 1967.

MOXEY, Keith, *Peasants, Warriors, and Wives. Popular Imagery in the Reformation*, Chicago, The University of Chicago Press, 1989.

MUCCHIELLI, Laurent, *Violences et insécurité*, Paris, La Découverte, 2001.

MUCHEMBLED, Robert, *Culture populaire et culture des élites dans la France modern (XVe-XVIIIe siècle). Essai*, Paris, Flammarion, 1978, rééd., 1991, préface inédite.

_____. *La Sorcière au village (XVe-XVIIIe siècle)*. Paris, Gallimard/Julliard, 1979, rééd., 1991.

_____. *Les Derniers Bûchers. Un village de Flandre et ses sorcières sous Louis XIV*, Paris, Ramsay, 1981.

_____. "Crime et société urbaine: Arras au temps de Charles Quint (1528-1549)", in *La France d'Ancien Régime. Études réunies em l'honneur de Pierre Goubert*, Tolouse, Privat, 1984, t. II, p. 481-490.

_____. "Violence et société: comportements et mentalités populaires en Artois, 1400-1660", thèse de doctorat d'État sous la direction de Pierre Goubert, 1985, 3 vol. (exemplaire consultable à la bibiothèque de la Sorbonne).

_____. "Anthropologie de la violence dans la France moderne (XVe-XVIIIe siècle) ", *Revue de synthèse*, t. CVIII, série générale, 1987, p. 31-55.

_____. *Sorcières, justice et société aux XVIe et XVIIe siècles*, Paris, Imago, 1987.

_____. *La Violence au village (XVe-XVIIe siècle). Comportements populaires et mentalités en Artois*, Turnhout, Brepols, 1989.

_____. *Le Temps des supplices. De l'obéissance sous les rois absolus, XVe-XVIIIe siècle*, Paris, Armand Colin, 1992, rééd., Paris, Agora, 2006.

_____. *Le Roi et la Sorcière. L'Europe des bûchers, XVe-XVIIIe siècle*, Paris, Desclée, 1993.

_____. *L'Invention de l'homme moderne. Culture et sensibilités en France du XVe au XVIIIe siècle*, Paris, Hachette, 1994.

_____. *Société, cultures et mentalités dans la France moderne, XIVe-XVIIIe siècle*, Paris, Armand Colin, 1994, éd. revue et corrigée, 2001.

_____. *La Société policée. Politique et politesse en France du XVIe au XXe siècle*, Paris, Seuil, 1998.

_____. "Les théâtres du crime. Villes et campagnes face à la justice (XVIe-XVIIIe siècle)", in Paul d'Hollander (dir.), *Violences en Limousin à travers les siècles*, Limoges, PULIM, 1998, p. 91-111.

_____. *Une histoire du diable, XIIe-XXe siècle*, Paris, Seuil, 2000.

_____. *Passions de femmes au temps de la reine Margot, 1553-1615*, Paris, Seuil, 2003.

_____. *L'Orgasme et l'Occident. Une histoire du plaisir du XVIe siècle à nos jours*, Paris, Seuil, 2005.

_____. "Fils de Caïn, enfants de Médée. Homicide et infanticide devant le parlement de Paris (1575-1604)", *Annales Histoire, Sciences Sociales*, t. LXII, 2007, p. 1063-1094.

_____, et Sivery, Gérard (dir.), *Nos ancêtres les paysans. Aspects du monde rural dans le Nord-Pas-de-Calais des origines à nos jours*, Lille, CRDP, 1983.

_____ (dir.), *Magie et sorcellerie en Europe du Moyen Age à nos jours*, Paris, Armand Colin, 1994.

_____ (dir.), *Cultural Exchange in Early Modern Europe*, Cambridge, Cambridge University Press, 4 vol., t. I: *Religion*; t. II: *Cities*; t. III: *Correspondence*; t. IV: *Forging European Identities*, 2007.

MUIR, Edward, *Mad Blood Stirring. Vendetta and Factions in Friuli During the Renaissance*, Baltimore, The Johns Hopkins University Press, 1993.

_____. *Ritual in Early Modern Europe*, Cambridge, Cambridge University Press, 1997.

MULLETT, Michael, *Popular Culture and Popular Protest in Late Medieval and Early Modern Europe*, Londres, Cromm Helm, 1987.

NEWMAN, Graeme (dir.), *Global Report on Crime and Justice. United Nations.Office for Drug Control and Crime Prevention. Centre for International Crime Prevention*, New York, Oxford University Press, 1999.

NICHOLAS, David M., "Crime and punishment in fourteenth-century Ghent", *Revue belge de philologie et d'histoire*, t. XLVIII, 1970, p. 289-334 et 1141-1176.

NICOLAS, Jean, *La Rébellion française. Mouvements populaires et conscience sociale, 1661-1789*, Paris, Seuil, 2002.

NYE, Robert A., *Masculinity and Male Codes of Honor in Modern France*, Oxford, Oxford University Press, 1993.

O'DONNELL, Ian, "Lethal violence in Ireland, 1841-2003: famine, celibacy, and parental pacification", *The British Journal of Criminology*, t. XLV, 2006, p. 671-695.

OBERT, Franck, "160 querelles d'honneur devant le tribunal des Maréchaux de France (1774-1789)", mémoire de maîtrise sous la direction de Robert Muchembled, université Paris-Nord, 1998.

OESTREICH, Gerhard, *Neostoicism and the Early Modern State*, Cambridge, Cambridge University Press, 1982.

ÖSTERBERG, Eva, "Criminality, social control, and the early modern state: evidence and interpretations in Scandinavian historiography", *Social Science History*, t. XVI, 1992, p. 67-98, repris in Eric A.

Johnson et Eric H. Monkkonen (dir.), *The Civilization of Crime. Violence in Town and Country since the Middle Ages*, Urbana, University of Illinois Press, 1996, p. 35-62.

ÖSTERBERG, Eva; Lindström, Dag, *Crime and Social Control in Medieval and Early Modern Swedish Towns*, Uppsala, Academia Upsaliensis, 1988.

PARESYS, Isabelle, *Aux marges du royaume. Vilence, justice et société en Picardie sous François Ier*, Paris, Publications de la Sorbonne, 1998.

PARKER, Geoffrey, *La Révolution militaire.La guerre et l'essor de l'Occident, 1500-1800*, Paris, Gallimard, 1993 (1re éd. américaine, 1988).

PARRELLA, Anne, "Violence in northern France. A social historical analysis of murder, 1815-1909", Ph.D. Thesis, University of Virginia, 1983.

_____. "Industrialization and murder: northern France, 1815-1904", *Journal of Interdisciplinary History*, t. XXII, 1992, p. 627-654.

PELLEGRIN, Nicole, *Les Bachelleries. Organisations et fêtes de la jeunesse dans le Centre-Ouest, XVe-XVIIIe siècle*, Poitiers, Mémoires de la société des Antiquaires de l'Ouest, 1982.

PERISTIANY, Jean G. (dir.), *Honour and Shame.The Values of Mediterranean Society*, Londres, Weidenfeld and Nicolson, 1965.

PERRY, Mary Elizabeth, *Crime and Society in Early Modern Seville*, Hanover, University Press of New England, 1980.

_____. *Gender and Disorder in Early Modern Seville*, Princeton, Princeton Univeersity Press, 1990.

PETERSON DEL MAR, David, *Beaten Down. A History of Interpersonal Violence in the West*, Seattle, University of Washington Press, 2002.

PETIT, Jacques-Guy (dir.), *Histoire des galères, bagnes et prisons*, Toulouse, Privat, 1991.

PETIT-DUTAILLIS, Charles, *Documents nouveaux sur les mœurs populaires et le droit de vengeance dans les Pays-Bas au XVe siècle. Lettres de rémission de Philippe le Bon*, Paris, Champion, 1908.

PETKOV, Kiril, *TheKiss of Peace. Ritual, Self and Society in the High and Late Medieval West*, Leyde, Brill, 2003.

PETROVICH, Porphyres, "Recherches sur la criminalité à Paris dans la seconde moitié du XVIIIe siècle", in André Abbiateci et al., *Crimes et criminalité en France, XVIIe-XVIIIe siècle*, Paris, Armand Colin, 1971, p. 187-261.

PHILIPS, David, *Crime and Authority in Victorian England. The Black Country 1835-1860*, Londres, Croom Helm, 1977.

PICARD, Raymond, et Lafond, Jean (dir.), *Nouvelles du XVIIe siècle*, Paris, Gallimard, 1997.

PIERQUIN, Hubert, *La Juridiction du pont d'honneur sous l'Ancien Régime*, Paris, Picard, 1904.

PLOUX, François, *Guerres paysannes en Quercy. Violences, conciliations et répression pénale das les campagnes du Lot (1810-1860)*, Paris, Boutique de l'Histoire, 2002.

POLI, Sergio, *Hisotoire(s) Tragiqye(s). Anthologie/Typologie d'un genre littéraire*, Bari/Paris, Schena/Nizet, 1991.

PORCHNEV, Boris, *Les Soulèvements populaires en France de 1632 à 1648*, Paris, SEVPEN, 1963, rééd., Flammarion, 1972.

QUAIFE, Geoffrey Robert, *Wanton Wenches and Wayward Wives. Peasants and Illicit Sex in Early Seventeenth-Century England*, Londres, Croom Helm, 1979.

RAUCH, André, *Boxe, violence au XXe siècle*, Paris, Aubier, 1992.

RAWLINGS, Philip, *Policing.A short history*, Londres, Willan Publishing, 2002.

REINHARDT, Steven G., *Justice in the Sarladais, 1770-1790*, Baton Rouge, Louisiana State University Press, 1991.

REY, Roselyne, *Histoire de la douleur*, Paris, La Découverte, 1993.

REYNOLDS, Bryan, *Becoming Criminal. Transversal Perfomance and Cultural Dissidence in Early Modern England*, Cambridge, Cambridge University Press, 2002.
REYNOLDS, Elaine, *Before the Bobbies. The Night Watch and Police Reform in Metropolitan London, 1720-1830*, Stanford, Stanford University Press, 1988.
RICHES, David, *The Anthropology of Violence*, Oxford, Blackwell, 1986.
ROBERT, Philippe, *Les Comptes du crime. Les délinquances en France etleurs mensures*, Paris, Le Sycomore, 1985.
ROCHÉ, Sébastian, *Le Frisson de l'émeute. Violences urbaines etbanlieues*, Paris, Seuil, 2006.
ROCHELANDET, Brigitte, *Sorcières, diables et bûchers en Franche-Comté aux XVIe et XVIIe siècles*, Besançon, Cêtre, 1997.
ROECKE, Michel, *Forbidden Frindships. Homosexuality and Male Culture in Renaissance Florence*, Oxford, Oxford University Press, 1996.
ROMAGNOLI, Daniela (dir.), *La Ville et la Cour. Des bonnes et des mauvaises manières*, Paris, Fayard, 1995.
ROSSET, François de, *Les Histoires tragiques de notre temps*, Genève, Slatkine Reprints, 1980, préface de René Godenne.
ROSSIAUD, Jacques, "Fraternités de jeunesse et niveaux de culture dans lês villes du Sud-Est à la fin du Moyen Âge", *Cahirs d'histoire*, t. XXI, 1976, p. 67-102.
_____. *La Prostitution médiévale*, Paris, Flammarion, 1988.
ROTH, Randolph, "Spousal murder in Northern New England, 1776-1865", in C. Daniels et M.V. Kennedy (dir.), *Over the Threshold. Intimate Violence in Early America*, New York, Routledge, 1999, p. 65-93.
_____. "Child murder in New England", *Social Science History*, t. XXV, 2001, p. 100-147.
_____. "Homicide in early modern England, 1549-1800: the need for a quantitative synthesis", *Crime, Histoire et Sociétés. Crime, History, and Societies*, vol. 5, n° 2, 2001, p. 33-67.
_____. "Guns, gun culture, and homicide: the relationship between firearms, the uses of firearms, and interpersonal violence", *William and Mary Quarterly*, 3e série, t. XLIX,2002, p. 223-240.
_____. "Twin evils: the relationship between slavery and homicide in New England, the Chesapeake, and the Shenandoah Valley, 1677-1800", in S. Mintz et J. Srauffer (dir.), *The Problem of Evil. Slavery, Freedom, and the Ambiguities of American Reform*, Amherst, University of Massachusetts Press, 2006.
ROUSSEAUX, Xavier, "Ordre et violence: criminalité et répression dans une ville brabançonne, Nivelles (1646-1695)", *Revue de droit penal et de criminologie*, t. LXVI, 1986, p. 649-692.
_____. "Taxer ou chattier?L'émergence du pénal. Enquête sur la justice nivelloise (1400-1660)", thèse, université de Louvain-la-Neuve, 1990.
_____. "La répression de l'homicide en Europe occidentale (Moyen Âge et Temps moderns)", *Genèses. Sciences socials et histoire*, n° 19, avril 1995, p. 122-147.
_____. "From case to crime: homicide regulation in medieval and modern Europe", in Dietmar Willoweit (dir.), *Die Entstehung des öffentliche Strafrechts. Bestandsaufnahme eines europäischen Forschungsproblem*, Cologne, Böhlau, 1999.
_____. Vesentini, Frédéric, er Vritns, Antoon, "Statistics of homicide in Belgium: a preliminary analysis", congrès "Violence in history: long-term trends and the role of wars", Bruxelles, 3-4 décembre 2004.
RUBLACK, Ulinka, *The Crimes of Women in Early Modern Germany*, Oxford, Oxford University Press, 1999.
RUDÉ, George, *The Crowd in Hisory. A study of Popular Disturbance in France and England, 1730-1848*, New York, John Wiley and Sons, 1964.

RUFF, Julius R., *Crime, Justice, and Public Order in Old Regime France. The Sénéchaussée of Libourne and Bazas, 1696-1789*, Londres, Croom Helm, 1984.

_____. *Violence in Early Modern Europe, 1500-1800*, Cambridge, Cambridge University Press, 2001.

RUGGIERO, Guido, *Violence in Early Renaissance Venice*, New Brunswick, Rutgers University Press, 1980.

_____. *The Boudaries of Eros.Sex Crime and Sexuality in Renaissance Venice*, Oxford, Oxford University Press, 1985.

SOUVADET, Thomas, *Le Capital guerrier. Concurrence et solidarité entre jeunes de cités*, Paris, Armand Colin, 2006.

SCHALK, Ellery, *L'Épée et le Sang. Une histoire du concept de noblesse (vers 1500-vers 1650)*, Seysell, Champ Vallon, 1996 (1re éd. américaine, 1986).

SCHILLING, Heinz, *Religion, Political Culture and the Emergence of Early Modern Society*, Leyde, E. J. Brill, 1992.

SCHNAPPER, Bernard, *Les Peines arbitraries du XIIIe au XVIIIe siècle (Doctrines savantes et usages français)*, Paris, LGDJ, 1974.

_____. *Voies nouvelles en histoire du droit. La justice, la famille, la répression pénale (XVIe-XXe siècle)*, Paris, PUF, 1991, notamment "La répression pénale au XVIe siècle. L'exemple du parlement de Bordeaux (1510-1565)", p. 53-105 ;"La justice criminelle rendue par le Parlement de Paris sous le règne de François Ier", p. 108-133; "À propôs de la procédure criminelle du Parlement de Paris au temps de François Ier", p. 135-144.

SCHUSTER, Peter, *Eine Stadt vor Gericht: Recht und Alltag im spättmittelalterlichen Konstanz*, Paderborn, Shöning, 2000.

SCHWERHOFF, Gerd, *Köln im Kreuzverhör. Kriminalität, Herssschatf und Gesellschaft in einer frühhneuzeitlichen Stadt*, Bonn, Bouvier, 1991.

_____. "Criminalized violence and the civilizing process: a reapprisal", *Crime, Histoire et Sociétés. Crime, History and Societies*, vol. 6, 2002, p. 103-126.

_____. "Justice et honneur.Interpréter la violence à Cologne (XVe-XVIIIe siècle) ", *Annales Histoire, Sciences Sociales*, t. LXII, 2007, p. 1031-1061.

SEGALEN, Martine, "Avoir as part: sibling relations in partuble inheritance Brittany", in Hans Medick et David Sabean (dir.), *Interest and Emotion. Essays on the Study of Family and Kinship*, Cambridge, Cambridge University Press, 1984.

SEGUIN, Jean-Pierre, *L'Information en France avant le périodique. 517 canards imprimés entre 1529 et 1631*, Paris, Maisonneuve et Larose, 1964.

SHAPIRO, Ann-Louise, *Breaking the Codes.Female Criminality in Finde-Siècle Paris*, Stanford, Stanford University Press, 1996.

SHARPE, James A., *Crime in Seventeenth-Century England. A Country Study*, Cambridge, Cambridge University Press, 1983.

_____. *Crime in Early Modern England, 1550-1750*, Londres, Longman, 1984.

_____. "'Last dying speeches': religion, ideology and public execution in seventeenth-century England", *Past and Present*, no 107, 1985, p. 144-167.

_____. "Crime in England: long-term trends and the problem of modernization", in Eric A. Johnson et Eric H. Monkkonen (dir.), *The Civilization of Crime. Violence in Town and Country since the Middle Ages*, Urbana, University of Illinois Press, 1996.

SHOEMAKER, Robert B., *The London Mob. Violence and Disorder in Eighteenth-Century England*, Londres, Palgrave Macmillan, 2004.

SHORE, Heather, "The trouble with boys: gender and the 'invention' of the juvenile offender in early-nineteenth-century Britain", in Margaret L. Arnot et Cornelie Usborne (dir.), *Gender and Crime in Modern Europe*, Londres, UCL Press, 1999, p. 75-92.

SIBONY, Daniel, *Violence*, Paris, Seuil, 1998.
SILVERMAN, Lisa, *Tortured Subjects. Pain, Truth, and the Body in Early Modern France*, Chicago, The University of Chicago Press, 2001.
SMITH, M. Dwayne, et Zahn, Margaret A. (dir.), *Homicide. A Sourcebook of Social Research*, Thousand Oaks, Sage Publications, 1999.
SNYDERS, Georges, *La Pédagogie en France aux XVII^eet XVIIIe siècles*, Paris, PUF, 1965.
SOMAN, Alfred, *Sorcellerie et justice criminelle: le Parlement de Paris, XVe-XVIIIe siècle*, Aldershot, Variorum, 1992, notamment "La justice criminelle aux XVIe et XVIIe siècle: le parlement de Paris et les sieges subalterns", p. 15-52; "Pathologie historique: le témoignage des procès de bestialité aux XVIe-XVIIe siècles", p.149-191.

_____. "Sorcellerie, justice criminelle et société dans la France modern (l'ego-histoire d'un Américain à Paris)", *Histoire, Économie et Société*, 1993, 12e année, p. 177-217.
SORBIER, Françoise du, "De la potence à la biographie, ou les avatars du criminel et de son image em Angleterre (1680-1740)", *Études anglaises*, 1979, 22e année, p. 257-271.

_____. *Récits de gueuserie et biographies criminelles de Head à Defoe*, Paris, Didier Érudition, 1984.
SPIERENBURG, Pieter, *The Spectacle of Suffering. Executions and the Evolution of Repression.From a Preindustrial Metropolis to the European Experience*, Cambridge, Cambridge University Press, 1984.

_____. "Faces of violence: homicide trends and cultural meanings: Amsterdam, 1431-1816", *Journal of Social History*, t. XXVII, 1994, p. 701-716.

_____. "Long-term trends in homicide: theoretical reflections and dutch evidence, fifteenth to twentieth centuries", in Eric A. Johnson et Eric H. Mokkonen (dir.),*The Civilization of Crime. Violence in Town and Country since the Middle Ages*, Urbana, University of Illinois Press, 1996, p. 63-105.

_____ (dir.), *Men and Violence.Gender, Honor, and Rituals in Modern Europe and America*, Columbus, Ohio State University Press, 1998.

_____. "Knife fighting and popular codes of honor in early modern Amsterdam", *ibid.*, p. 103-127.
SREBNICK, Amy Gilman, et Lévy, René (dir.), *Crime and Culture. An Historical Perspective*, Aldershot, Ashgate, 2005.
STONE, Lawrence, *The Crisis of the Aristocracy (1558-1641)*, Oxford, Clarendon Press, 1965.

_____. "Interpersonal violence in English society, 1300-1800", *Past and Present*, t. CI, 1983, p. 22-33.
SUEUR, Philippe, *Histoire du droit public français, XVe-XVIIIe siècle*, Paris, PUF, 1989.
THOME, Helmut, "Explaining long-term trends in violent crime", *Crime, Histoire et Sociétés. Crime, History and Societies*, vol. 5, n° 2, 2001, p. 69-87.
TILLIER, Annick, *Des criminelles au village.Femmes infanticides en Bretagne (1825-1865)*, Rennes, Presses universitaires de Rennes, 2001.
TILLY, Charles, *The Contentious French. Four Centuries of Popular Struggle*, Cambridge, Harvard University Press, 1986.

_____. *Coercion, Capital, and European States, A.D. 900-1990*, Cambridge, Basil Blackwell, 1990.
Traité de Luis Fróis, s.j. (1585) sur les contradictions de mœurs entre Européens et Japonais, trad. du portugais par Xavier de Castro, Paris, Éditions Chandeigne, 1993.
UNDERDOWN, David, *Revel, Riot and Rebellion.Popular Politics and Culture in England, 1603-1660*, Oxford, Oxford University Press, 1985.
United Nations (1970-...), "United nations survey of crime trends and operations of criminal justice systems".

VAISSIÈRE, Pierre de, *Gentilshommes campagnards de l'Ancienne France. Étude sur les conditions, l'état social et les mœurs de la noblesse de province du XVIe au XVIIIe siècle*, Paris, Perrin, 1903.

_____. *De quelques assassins*, Paris, Émile-Paul, 1912.

VANDENBROEKE, Chris, "Het seksuel gedrag der jongeren in Vlaanderen sinds de late 16de eeuw", *Bijdragen tot de geschiedenis*, t. LXII, 1979, p. 193-230.

VAUCHER GRAVILI, Anne de, *Loi et transgression. Les histoires tragiques du XVIIe siècle*, Lecce, Milella, 1982.

VERDIER, Raymond, et Poly, Jean-Pierre (dir.), *La Vengeance. Études d'ethnologie, d'histoire et de philosophie*, Paris, Cujas, 1980-1986, 4 vol.

_____ (dir.), *Vengeance. Le face-à-face victim/agresseur*, Paris, Autrement, 2004.

VERNET, Alain; Henry, Franck, avec Cyril Boutet et Abdeenour Chalal, "Contribution à la comprehension des comportements agressifs et violents", *Le Journal des psychologies*, nº 241, octobre 2006, p. 59-63.

VERNET, Max, *Jean-Pierre Camus. Théorie de la contre-littérature*, Paris, Nizert, 1995.

VIALA, Alain, *Naissance de l'écrivain. Sociologie de la littérature à l'âge classique*, Paris, Minuit, 1985.

VIALLES, Noëlie, *Le Sang et la Chair. Les abattoirs des pays de l'Adour*, Paris, Éditions de la Maison des sciences de l'homme, 1987.

VIÉ, Dominique, "La criminalité à Bordeaux de 1786 à 1777 d'après les plaintes et informations de la cour des Jurats", *Positions des thèses de l'école des Chartes*, Paris, 1971, p. 193-199.

VIGARELLO, Georges, *Histoire du viol. XVIe-XXe siècle*, Paris, Seuil, 1998.

WEBER, Max, *L'Éthique protestante et l'Espirit du capitalisme*, Paris, Plon, 1964 (1re éd. allemande, 1905).

WEGERT, Karl, *Popular Culture, Crime, and Social Control in Eighteenth-Century Württemberg*, Stuttgart, Franz Steiner Verlag, 1994.

WIENER, Martin J., "The Victorian criminalization of men", in Pieter Sierenburg (dir.), *Men and Violence. Gender, Honor, and Rituals in Modern Europe and America*, Columbus, Ohio State University Press, 1998.

_____. *Men of Blood. Contesting Violence in Victorian England*, Cambridge, Cambridge University Press, 2004.

WIKSTRÖM, Per-Olof H., *Everyday Violence in Contemporary Sweden. Situational and Ecological Aspects*, Stockholm, National Council for Crime Prevention, 1985.

WILLIAMS, Alan, *The Police of Paris, 1718-1789*, Baton Rouge, Louisiana State University Press, 1979.

WILSON, Stephen, *Feuding, Conflict, and Banditry in Nineteenth-Century Corsica*, Cambridge, Cambridge University Press, 1988.

YLIKANGAS, Heikki, "What happened to violence? An analysis of the development of violence from medieval times to the early modern era based on finnish source material", in Heikki Ylikangas, Petri Karonen et Martti Lehti (dir.), *Five Centuries of Violence in Finland and the Baltic Area*, Columbus, Ohhio State University Press, 2001, p. 1-83.

_____. Karonen, Petri, et Lehti, Martti (dir.), *Five Centuries of Violence in Finland and the Baltic Area*, Columbus, Ohio State University Press, 2001.

YVER, Jean, *Égalité entre héritiers et exclusion des enfants dotés. Essai de géographie coutumière*, Paris, Sirey, 1966.

ZAGNOLI, Nello, "S'arracher la haine", in Raymond Verdier (dir.), *Vengeance. Le face-à-face victim/agresseur*, Paris, Autrement, 2004, p. 115-124.

ZEHR, Howard, *Crime and the Development of Modern Society. Patterns of Criminality in Nineteenth-Century Germany and France*, Londres, Croom Helm, 1976.

ZIMRING, Franklin E., et Hawkings, Gordon, *Crime Is Not the Problem. Lethal Violence in America*, New York, Oxford University Press, 1997.

ZMORA, Hillay, *State and Nobility in Early Modern Germany. The Knightly Feud in Franconia, 1460-1567*, Cambridge, Cambridge University Press, 1996.

www.forenseuniversitaria.com.br
bilacpinto@grupogen.com.br

Rua Álvaro Seixas 165 parte
Engenho Novo - Rio de Janeiro - RJ
Tel/Fax: 21-2201-1444
E-mail: rotaplanrio@gmail.com